ACCESO GRATIS *a la Lectura en la Nube*

Para visualizar el libro electrónico en la nube de lectura envíe junto a su nombre y apellidos una fotografía del código de barras situado en la contraportada del libro y otra del ticket de compra a la dirección:

ebooktirant@tirant.com

En un máximo de 72 horas laborables le enviaremos el código de acceso con sus instrucciones.

EL DESARROLLO DEL AUTOGOBIERNO DURANTE 40 AÑOS DE AUTONOMÍA POLÍTICA

Procedimiento de selección de originales, ver página web:
www.tirant.net/index.php/editorial/procedimiento-de-seleccion-de-originales

EL DESARROLLO DEL AUTOGOBIERNO DURANTE 40 AÑOS DE AUTONOMÍA POLÍTICA

Dirección:
MARIANO VIVANCOS
Universitat de València

Càtedra de Dret Autonòmic Valencià

tirant lo blanch
Valencia, 2026

En caso de erratas y actualizaciones, la Editorial Tirant lo Blanch publicará la pertinente corrección en la página web www.tirant.com.

© TIRANT LO BLANCH
EDITA: TIRANT LO BLANCH
C/ Artes Gráficas, 14 - 46010 - Valencia
TELFS.: 96/361 00 48 - 50
FAX: 96/369 41 51
Email: tlb@tirant.com
www.tirant.com
Librería virtual: www.tirant.es
DEPÓSITO LEGAL: V-422-2026
ISBN: 979-13-7021-997-0
MAQUETA: Tink Factoría de Color

Si tiene alguna queja o sugerencia, envíenos un mail a: *atencioncliente@tirant.com*. En caso de no ser atendida su sugerencia, por favor, lea en *www.tirant.net/ index.php/empresa/politicas-de-empresa* nuestro procedimiento de quejas.

Responsabilidad Social Corporativa: http://www.tirant.net/Docs/RSCTirant.pdf

Autores

Alexandre H. Català i Bas
Félix Crespo Hellín
Pilar María Estellés Peralta
Enrique Fliquete Lliso
Fernando García Mengual
Vicente Garrido Mayol
Alejo Martínez Quiñones
Sofía Nordlund
Alejandro De Rosa Cañete
Remedio Sánchez Ferriz
Margarita Soler Sanchez
Emilio Daniel Villarreal
Mariano Vivancos Comes

Índice

DERECHOS ESTATUTARIOS Y DESPLIEGUE LEGISLATIVO

SISTEMA INSTITUCIONAL

COMPETENCIAS

SOBRE LA ORGANIZACIÓN DEL AUTOGOBIERNO

Prólogo: 40 años de autogobierno

Celebrar un aniversario estatutario no es solamente un ejercicio de memoria institucional; es, ante todo, una invitación a revisar el camino recorrido como pueblo que decidió dotarse de autogobierno para gestionar con responsabilidad su diversidad, su identidad y sus aspiraciones colectivas. Cuarenta años después de la aprobación del Estatuto de Autonomía, la Comunitat Valenciana ha consolidado un sistema institucional estable, un marco competencial sólido y un proyecto territorial plenamente integrado en el Estado autonómico. Pero también se enfrenta a nuevos retos que requieren reflexión, rigor y apertura intelectual.

Es precisamente esa voluntad de análisis crítico la que inspira el libro que el lector tiene en sus manos. Esta obra colectiva, cuidadosamente coordinada por el profesor **Mariano Vivancos Comes**, reúne aportaciones de especialistas de distintas áreas del Derecho Público con una perspectiva transversal que enriquece el balance de estas décadas de autonomía. Su diversidad temática refleja, además, la complejidad estructural del propio Estatuto: sus símbolos identitarios, el régimen lingüístico, los derechos estatutarios, la arquitectura institucional, el ejercicio competencial y las políticas de autogobierno.

El primer bloque, dedicado a la *simbología y la cooficialidad lingüística*, aborda dos pilares de identidad que han acompañado la evolución autonómica desde sus orígenes. Las aportaciones de **Enrique Fliquete Lliso**, vicepresidente del Consell Jurídic Consultiu y profesor asociado de Derecho Constitucional; **Fernando García Mengual**, letrado de Les Corts Valencianes y profesor de Derecho Constitucional en la Universidad Católica "San Vicente Mártir" de Valencia y **Alejo Martínez Quiñones,** investigador predoctoral del Departamento de Derecho Constitucional y Ciencia Política y de la Administración de la Universitat de València, ofrecen una mirada precisa a la construcción jurídica de los símbolos y al desarrollo jurisprudencial del régimen lingüístico, un ámbito donde el diálogo entre el Estatuto y la jurisprudencia constitucional ha sido constante y determinante.

El segundo apartado se adentra en los *derechos estatutarios*, materia esencial para comprender la dimensión garantista del autogobierno. La reflexión conjunta de la catedrática de Derecho Constitucional de la Universitat de València, **Remedio Sánchez Ferriz** y la investigadora doctoral **Sofía Nordlund,** examina con notable claridad el alcance y las potencialidades del Título II del Estatuto, subrayando el papel del legislador autonómico en su despliegue efectivo.

El volumen continúa con un análisis del *sistema institucional*, núcleo estructural de cualquier comunidad política. Las contribuciones de **Alexandre H. Català i Bas**, profesor titular de Derecho Constitucional de la Universitat de València; **Alejandro De Rosa Cañete**, investigador y docente en formación en esta Universidad; y **Margarita Soler Sánchez**, presidenta del Consell Jurídic Consultiu de la Comunitat Valenciana y profesora titular de Derecho Constitucional de la Universitat de València, permiten comprender cómo la estabilidad gubernamental, la regulación del gobierno en funciones y la labor del Consell Jurídic Consultiu han ido configurando un equilibrio institucional propio, adaptado a las exigencias de la gobernanza moderna.

El último bloque, dedicado a las *competencias y políticas de autogobierno*, aborda algunos de los debates más intensos del constitucionalismo valenciano reciente: la evolución de la Policía Autonómica —analizada por **Félix Crespo Hellín,** profesor titular de Derecho Constitucional—, la reivindicación del derecho civil valenciano —estudiada por **Pilar María Estellés Peralta,** Profesora de Derecho Civil en la UCV—, la interpretación de la llamada *Cláusula Camps* por el historiador valenciano **Emilio Daniel Villarreal**, así como una revisión de dos décadas de políticas de desarrollo estatutario y fomento del autogobierno elaborada por el propio coordinador de la obra colectiva, **Mariano Vivancos,** profesor titular (ac) de la Universitat de València.

La suma de todas estas miradas ofrece una visión poliédrica, completa y honesta de los logros, tensiones y desafíos del autogobierno valenciano. Esta obra no es solo un balance; es también un punto de partida para el debate sereno sobre el futuro de nuestro modelo territorial, un futuro que dependerá en buena medida de nuestra capacidad para consolidar instituciones eficaces, preservar nuestra pluralidad cultural y proyectar un compromiso firme con la calidad democrática.

Como director de la Cátedra de Derecho Autonómico, quiero expresar mi reconocimiento a todas las autoras y autores, y muy especialmente al profesor **Vivancos Comes** por su impulso, dirección y dedicación. También deseo subrayar la importancia de que esta reflexión forme parte de nuestra **Colección de Derecho Autonómico Valenciano**, concebida precisamente para fomentar el análisis académico riguroso sobre el presente y futuro de nuestro autogobierno.

Ojalá estas páginas contribuyan a fortalecer la comprensión del Estatuto y a inspirar las decisiones que definirán los próximos cuarenta años de vida autonómica valenciana.

Vicente Garrido Mayol
Catedrático de Derecho Constitucional
Director de la Cátedra de Derecho Autonómico

Prólogo: Cuatro décadas, una mirada plural al Estatuto

La conmemoración de los cuarenta años del Estatuto de Autonomía de la Comunitat Valenciana constituye una ocasión especialmente propicia para volver la vista atrás y valorar el camino recorrido en el avance y profundización de nuestro autogobierno. Más allá del legítimo orgullo institucional, este aniversario invita a una reflexión reposada sobre la solidez del edificio estatutario, los avances normativos y el desarrollo alcanzados y los desafíos que aún se proyectan sobre la peculiar via "valenciana" a la autonomía. La madurez del sistema autonómico valenciano, consolidado tras cuatro décadas de práctica y rendimiento institucional, exige análisis rigurosos capaces de iluminar el pasado reciente y orientar las decisiones del futuro.

La obra que el lector tiene ante sí nace con esa vocación. Concebido como un estudio coral y multidisciplinar, el libro, cuyo honor he tenido la responsabilidad de coordinar, propone una lectura estructurada del desarrollo estatutario a través de diversos ejes temáticos que permiten comprender la riqueza interna de nuestra norma institucional básica y la evolución misma de nuestro modelo de autogobierno. La estructura interna del volumen, cuidadosamente ordenada, facilita una aproximación completa y coherente a los principales elementos que han definido y justifican nuestra trayectoria autonómica.

El *primer bloque* se adentra en dos ámbitos íntimamente ligados a la identidad colectiva: la simbología institucional y el régimen de cooficialidad lingüística. A través de las contribuciones del vicepresidente del Consell Jurídic Consultiu de la Comunitat Valenciana (Enrique Fliquete LLiso), del letrado de Les Corts Valencianes (Ferrán García i Mengual) y de un investigador en Derecho Constitucional especialista en el estudio de la jurisprudencia lingüística (Alejo Martínez Quiñones), se examinan las bases normativas de los símbolos valencianos y el papel que la cooficialidad ha desempeñado en la configuración cultural y jurídica de la Comunitat. Es un análisis que muestra cómo cuestiones aparentemente estáticas han sido, en realidad, objeto de una profunda elaboración doctrinal y jurisprudencial.

El *segundo bloque* aborda el marco de los *derechos estatutarios*, pieza esencial del diseño constitucional del autogobierno. Las autoras que firman este capítulo, la catedrática de Derecho Constitucional, Remedio Sánchez Ferriz, y la investigadora Sofia Nordlund, ofrecen una visión sistemática del Título II del Estatuto, destacando tanto su potencial como sus retos de desarrollo legislativo. En un momento en que los derechos de nueva generación adquieren creciente relevancia, esta reflexión resulta particularmente pertinente.

El *tercer bloque*, dedicado al *sistema institucional valenciano*, examina las funciones, límites y transformaciones de los órganos fundamentales de la Comunitat. Desde la estabilidad de los gobiernos autonómicos hasta la regulación del gobierno en funciones o la labor consultiva del Consell Jurídic Consultiu, este apartado permite apreciar la evolución de una arquitectura institucional que, a lo largo de cuatro décadas, ha logrado perfilar un modelo propio dentro del entramado autonómico español. Este bloque ha sido desarrollado en orden inverso, por la presidenta de la institución de autogobierno citada (Margarita Soler Sánchez); por un investigador en formación del Departamento de Derecho Constitucional de la Universitat de València (Alejandro de Rosa Cañete) y por un profesor titular de dicha disciplina (Alexandre Catalá i Bas), respectivamente.

Finalmente, el *último bloque* aborda las *competencias y políticas de autogobierno*, espacio en el que se han desarrollado algunos de los debates más vivos del constitucionalismo valenciano. La policía autonómica, el derecho civil valenciano, la interpretación de cláusulas estatutarias singulares o el análisis de las políticas de desarrollo estatutario implementadas durante veinte años ofrecen un cuadro dinámico de los desafíos presentes y futuros del autogobierno. De la mano de algunos especialistas destacados en dichas materias: Félix Crespo Hellín, profesor titular de Derecho Constitucional de la Universitat de València; Pilar Estellés Peralta, profesora de Derecho Civil en la Universidad Católica de Valencia "San Vicente Mártir"; Emilio Daniel Villarreal, jefe de gabinete de la segunda autoridad valenciana e historiador; y, por último, el coordinador de la obra, el profesor titular (ac) de derecho Constitucional, Mariano Vivancos Comes, secretario de la cátedra (institucional) de Dret Autonòmic Valenciá de la Universitat de València.

Esta articulación temática, que recorre desde los fundamentos simbólicos hasta las políticas públicas, revela una obra pensada no solo para hacer balance, sino también para proyectar reflexiones útiles hacia el porvenir. Su publicación en la *Colección de Derecho Autonómico Valenciano* refuerza, además, el propósito de consolidar un espacio académico estable para el estudio crítico del autogobierno y para la difusión de investigaciones de alta calidad sobre nuestro Estatuto.

Deseo también agradecer la colaboración de la *Conselleria de Participación, Transparencia, Cooperación y Calidad Democrática* quien, a través de su programa de colaboración con las universidades públicas ha hecho posible esta acción de difusión de las políticas de desarrollo estatutario y fomento del autogobierno, demostrando su utilidad para la construcción de un futuro colectivo mejor para todas y todos los valencianos.

En un momento en que la Comunitat Valenciana celebra su madurez estatutaria, esta obra se ofrece como una invitación a seguir construyendo, desde el conocimiento y el debate sosegado, un modelo de autogobierno que responda a los retos de una sociedad plural, abierta y comprometida con la calidad democrática. Que estas páginas contribuyan a ello es, sin duda, el mejor homenaje posible a cuarenta años de autonomía.

Mariano Vivancos Comes
Director de la Obra

SIMBOLOGÍA Y SISTEMA DE COOFICIALIDAD LINGÜÍSTICA

Símbolos, signos y señas para la identidad de un pueblo

ENRIQUE FLIQUETE LLISO
Vicepresidente del Consell Jurídic Consultiu de la Comunitat Valenciana
Profesor asociado de Derecho Constitucional, Universitat de València

RESUMEN: El estudio de los símbolos, signos y señas resulta esencial para comprender la construcción identitaria de un pueblo y su proyección en el marco del autogobierno. A través de una aproximación conceptual, este trabajo analiza los llamados "marcadores de identidad", tanto individuales como colectivos, distinguiendo entre aquellos de carácter esencial y los meramente accidentales. Posteriormente, se examina la compleja simbología asociada al pueblo valenciano, marcada históricamente por tensiones, duplicidades y falsos elementos identitarios, así como por la búsqueda de una identidad histórica coherente. El análisis permite comprender la importancia de los elementos simbólicos en la consolidación de la identidad colectiva y en el ejercicio del autogobierno.

ABSTRACT: The study of symbols, signs, and identity markers is essential to understanding how a people construct their collective identity and how this identity is expressed within systems of self-government. Through a conceptual clarification, this paper examines "identity markers" at both individual and collective levels, distinguishing between essential and accidental elements. It then focuses on the symbolism associated with the Valencian people, shaped by historical tensions, dual identities, erroneous markers, and the search for a coherent historical identity. This analysis highlights the relevance of symbolic elements in the consolidation of collective identity and in the development of self-governing capacities.

Palabras clave: símbolos; identidad colectiva; marcadores de identidad; pueblo valenciano; señas de identidad; autogobierno.

Key words: symbols; collective identity; identity markers; Valencian people; identity signs; self-government.

pueblo valenciano; 2 ¿Doble identidad, dos pueblos, dos grupos de marcadores de identidad?; 3. Falsos marcadores de la identidad del pueblo valenciano; 4. La Identidad histórica del pueblo valenciano. V. CONCLUSIONES. VI. BIBLIOGRAFÍA.

I. INTRODUCCIÓN

Tres conceptos se conjugan para determinar la representación definitoria de un colectivo: 1) los símbolos, señas, signos, rasgos, materialmente identificables; 2) la asunción de tales elementos por un colectivo concreto; 3) el pueblo, como elemento subjetivo que considera tales elementos como propios, determinando sus rasgos de su identidad. La identidad de un pueblo representada a través de elementos simbólicos —pues en los mismos no se integra la globalidad de lo que representan, sino que son sólo una referencia, imagen o abstracción de un sustrato espiritual colectivo— y comunes —no individualizados en todos y cada uno de los miembros del colectivo, sino que identifican a la totalidad de éste—.

Es necesario establecer la diferenciación entre los diferentes elementos que, de ordinario, se suelen utilizar de forma indistinta: símbolo, seña, signo o rasgo; pues no son términos equivalentes. De la misma forma el concepto de identidad trasciende la mera coincidencia de elementos comunes. La identidad determina la individualización de un colectivo frente a los demás, junto a la existencia de una voluntad común de identificarse con unos rasgos distintivos y diferenciales. Dos son, pues, los presupuestos esenciales para predicar la identidad: de una parte, la voluntad de asumirla por parte de los miembros del colectivo, es decir, la dimensión interna de la identidad, y, por otra, el reconocimiento por parte de los demás colectivos respecto a la identidad, esto es, su dimensión externa. Y el elemento subjetivo, el pueblo, entendido desde la concepción jurídico-política del mismo, que encuentra en su identidad la diferenciación con el resto de los pueblos, a través de unos rasgos diferenciales que atribuyen la capacidad para trascender del ámbito subjetivo del sustrato social que lo forma, para alcanzar cotas de autogobierno.

La traslación de estos elementos a las colectividades organizadas va a configurar la diferenciación entre ellas, y desde ésta, la aspiración a establecer modelos institucionales dotados de un poder y delimitados territorialmente en el ámbito físico en el cual se encuentran en comunión tales elementos. La objetivación de rasgos comunes y distintivos supone la determinación de la base humana que, bajo diferentes denominaciones —pueblo, nación, nacionalidad—, ostenta en potencia la capacidad para ejercer un poder del cual es titular el conjunto, sobre las personas que lo componen, en un territorio concreto y a través de órganos de gobierno. De esta forma, la identidad de un pueblo no es solamente un elemento externo que identifica al colectivo sino también el presupuesto para el ejercicio del poder en su ámbito personal y territorial, y frente a otros poderes ajenos a tal ámbito.

La identidad de los pueblos constituye un eje esencial en la configuración de los derechos colectivos, especialmente en contextos de diversidad cultural, étnica y lingüística. En el ámbito jurídico, el concepto ha evolucionado desde una noción sociológica, hasta su reconocimiento como derecho, protegido por los instrumentos internacionales y los textos constitucionales. El reconocimiento de la identidad colectiva no solo implica protección de tradiciones, lenguas y costumbres, sino también garantía de la dignidad, la autonomía y la participación de los pueblos en la vida pública.

Pero tal derecho, en abstracto, no es un poder superior puesto que debe adecuarse al marco normativo de las organizaciones territoriales mayores. Es el poder de gozar de un ámbito de autoorganización que dimana de la identidad común, por sí misma, como derecho ético del que es titular el pueblo. Derecho que en algunos casos puede convertirse en aspiración a la estatalidad, pero que, en otros, se limita a poder ejercerse dentro de un marco jurídico superior.

Por ello la identidad de un pueblo no implica que éste alcance la cualidad como nación, ni que el derecho ético al poder suponga *per se* el derecho a su autodeterminación. La extensión, límites, naturaleza y las cualidades del poder de esa colectividad identitaria no corresponde a la misma sino al ordenamiento en el cual se inserta, estatal o internacional. Tal sometimiento resulta de especial significación en los modelos de descentralización territorial del poder, en los cuales el reconocimiento de la identidad de los pueblos que integran el Estado está condicionado por la identidad nacional que determina el elemento humano del mismo. Es por ello que el marco constitucional es el que configura el alcance y los límites del autogobierno de los pueblos.

En el marco constitucional español, la identidad de los pueblos no permite que éstos se alcen como titulares de un derecho subjetivo colectivo para adquirir la condición de nación[1], entendida la trascendencia jurídico-constitucional del término. La Constitución proclama sin ambages el fundamento nacional del sistema: una única nación, la nación española, patria común e indivisible de todos los españoles (art. 2.1 CE), situándose como presupuesto necesario de la autonomía de las colectividades territoriales —nacionalidades y regiones—. Y lo contrario es disidencia constitucional.

---

1 Sentencia del Tribunal Constitucional 31/2010, de 28 de junio de 2010, en recurso de inconstitucionalidad en relación con diversos preceptos de la Ley Orgánica 6/2006, de 19 de julio, de reforma del Estatuto de Autonomía de Cataluña: *"La nación que aquí importa es única y exclusivamente la nación en sentido jurídico-constitucional. Y en ese específico sentido la Constitución no conoce otra que la Nación española, con cuya mención arranca su preámbulo, en la que la Constitución se fundamenta (art. 2 CE) y con la que se cualifica expresamente la soberanía que, ejercida por el pueblo español como su único titular reconocido (art. 1.2), se ha manifestado como voluntad constituyente en los preceptos positivos de la Constitución Española (...) En el contexto del Estado democrático instaurado por la Constitución, es obvio que, como tenemos reiterado, caben cuantas ideas quieran defenderse sin recurrir a la infracción de los procedimientos instaurados por el Ordenamiento para la formación de la voluntad general expresada en las leyes (por todas, STC 48/2003, de 12 de marzo). Y cabe, en particular, la defensa de concepciones ideológicas que, basadas en un determinado entendimiento de la realidad social, cultural y política, pretendan para una determinada colectividad la condición de comunidad nacional, incluso como principio desde el que procurar la conformación de una voluntad constitucionalmente legitimada para, mediando la oportuna e inexcusable reforma de la Constitución, traducir ese entendimiento en una realidad jurídica. En tanto, sin embargo, ello no ocurra, las normas del Ordenamiento no pueden desconocer ni inducir al equívoco en punto a la «indisoluble unidad de la Nación española» proclamada en el art. 2 CE, pues en ningún caso pueden reclamar para sí otra legitimidad que la que resulta de la Constitución proclamada por la voluntad de esa Nación, ni pueden tampoco, al amparo de una polisemia por completo irrelevante en el contexto jurídico-constitucional que para este Tribunal es el único que debe atender, referir el término «nación» a otro sujeto que no sea el pueblo titular de la soberanía"* (fundamento jurídico 12ª).

En este marco debe situarse el reconocimiento y protección de la identidad del pueblo valenciano —al igual que los restantes pueblos que conforman la nación española—. Puesto que la realidad identitaria de los pueblos forma parte de su ser colectivo, y no puede quedar al albur de la conveniencia ideológica o política de la casuística del poder. La desnaturalización política de la colectividad es una forma de opresión sobre las minorías, y la uniformidad es una alteración artificial de la esencia misma de las colectividades, que afrenta al propio sentido de nación. Por el contrario, su reconocimiento es una exigencia para la validez democrática del Estado.

II. SÍMBOLOS, SIGNOS Y SEÑAS: UNA PRECISIÓN CONCEPTUAL

La utilización indistinta de los términos símbolo, signo y seña, parecería advertir de un mismo significado para todos ellos. Es lo cierto que no existe un consenso en el ámbito jurídico que permita determinar la diferencia en el uso de uno u otro, pues se emplean indistintamente para hacer referencia con ellos a las mismas manifestaciones identitarias; y cuando se utilizan para identificar conceptos diferentes, los términos escogidos no siempre son los más adecuados desde la semiótica. Es por ello que algunos autores identifican tales elementos con el término “Marcadores de identidad”[2].

Parece advertirse que en la legislación autonómica existe una cierta graduación en la trascendencia jurídico-política según se utilice uno u otro término. Así, parece existir un consenso en el uso del término “símbolos” para identificar la bandera, escudo e himno en cada comunidad autónoma, dotándoles de valor estatutario al recogerse

---

2 Lacomba Avellán, J.A. (2001) “La identidad de los pueblos y el caso andaluz” en Cano García, G., Cazorla Pérez, J., Cruces Roldán, C., Delgado Cabeza, M., Escalera Reyes, J. Lacomba Avellán, J. A., Moreno Navarro, I., Ropero Núñez, M., *La identidad del pueblo andaluz*, Sevilla, Ed. Defensor del pueblo andaluz, p. 9.

en la mayoría de los estatutos de autonomía[3]. Pero no hay consenso en lo referente al uso de los términos signo, seña y rasgo identitario.

Así, por ejemplo, en el art. 3 del Estatuto de Autonomía de La Rioja, no se identifica a la bandera e himno con el término "símbolos". La Ley 4/1985, de 31 de mayo, reguladora de signos de la identidad Riojana, sí utiliza el término "signos" para referirse a Bandera, escudo, himno y conmemoración del Día de la Rioja[4]. De la misma forma, la web del Parlamento de La Rioja utiliza indistintamente los términos "símbolos y signos"[5]. Y en la web de la Comunidad Autónoma de La Rioja, se argumenta la equivalencia entre ambos términos[6]. Otro ejemplo en cuanto a la variedad terminológica podemos encon-

---

3 Estatuto de Autonomía de Andalucía, artículo 3. "Símbolos"; Estatuto de Autonomía de Aragón, artículo 3. "Símbolos y capitalidad"; Estatuto de Autonomía del Principado de Asturias, artículo 3, sin intitulación; Estatuto de Autonomía de Illes Balears, artículo 6. "Los símbolos de las Illes Balears"; Estatuto de Autonomía de Canarias, artículo 6, sin intitulación; Estatuto de Autonomía de Cantabria, artículo 3, sin intitulación; Estatuto de Autonomía de Castilla-La Mancha, artículo 5, sin intitulación; Estatuto de autonomía de Castilla y León, artículo 6. "Símbolos de la Comunidad y fiesta oficial"; Estatuto de Autonomía de Cataluña, artículo 8. "Símbolos de Cataluña"; Estatuto de Autonomía de la Comunitat Valenciana, artículo 4, sin intitulación; Estatuto de Autonomía de Extremadura, artículo 4. "Símbolos"; Estatuto de Autonomía de Galicia, artículo 6, sin intitulación; Estatuto de la Comunidad de Madrid, artículo 4, sin intitulación; Estatuto de la Región de Murcia, articulo 4, sin intitulación; Ley Orgánica de Amejoramiento del Fuero de Navarra, artículo 7, sin intitulación; Estatuto de Autonomía del País Vasco, artículo 5, sin intitulación; Estatuto de Autonomía de La Rioja, artículo 3, sin intitulación.

4 Preámbulo de la Ley4/1985, de 31 de mayo: *"Vertebrada España tras la Constitución de 1978, en una nueva organización territorial que se asienta principalmente en las Comunidades Autónomas, viene siendo normal que cada una de éstas sea representada por unos símbolos que sirvan para destacar su identidad e individualizar su personalidad propia"*

5 *"Junto a la institucionalización autonómica de La Rioja, la formalización de unos signos distintivos de la identidad riojana compone la estructura jurídica del sistema referencial riojano"*, https://www.parlamento-larioja.org/signos-de-identidad-riojana

6 *"Todos los signos distintivos, cumplen respecto a la región, en este caso respecto a La Rioja, una función simbólica (...) Los signos distintivos de esa identidad, en cuanto símbolos de la misma, forman parte de su esencia al constituir un momento*

trarlo en la Comunidad Autónoma de Extremadura al mencionar los "elementos básicos de identidad de la Junta de Extremadura"[7], o también en la Comunidad Autónoma de Aragón, donde se identifica el Patrimonio Cultural Aragonés como signo de identidad[8].

La Comunidad Valenciana aprobó en 2015 la regulación de sus señas de identidad a través de la ley 6/2015, de 2 de abril, de Reconocimiento, Protección y Promoción de las Señas de Identidad del Pueblo Valenciano[9] —norma que no llegó a cumplir un año de vigencia—. El art. 12 del Estatuto de Autonomía valenciano establece que *"La Generalitat velará por la protección y defensa de la identidad y los valores e intereses del pueblo valenciano y el respeto a la diversidad cultural de la Comunitat Valenciana y su patrimonio histórico. La Generalitat procurará asimismo la protección y defensa de la creatividad artística, científica y técnica, en la forma que determine la ley competente"*. Por su parte, el preámbulo de la ley 6/2015, considera las señas de identidad del pueblo valenciano como "elementos identificativos de una colectividad" afirmando, en su art. 2, que las señas de identidad son especialmente representativas de la personalidad del pueblo valenciano, por su especial vinculación con su historia, sus raíces y su idiosincrasia. Distingue así entre "símbolos", regulados en la Ley 8/1984, de 4 de diciembre, identificados en la bandera, himno, emblema y estandarte, y las "señas de identidad" reguladas en la ya derogada ley 6/2015, de 2 de abril, de la Generalitat.

La diferencia entre los diferentes términos permite comprender cómo se construyen los significados en distintos contextos cultura-

---

o dimensión propia de la misma: su identificación", https://www.larioja.org/comunidad/es/signos-identidad

7 Decreto 7/2002, de 29 de enero, de la Imagen Corporativa de la Junta de Extremadura

8 Preámbulo de la Ley 3/1999, de 10 de marzo, del Patrimonio Cultural Aragonés: *"El Patrimonio Cultural Aragonés constituye, en su conjunto, uno de los testimonios fundamentales de la trayectoria histórica de la nacionalidad aragonesa. Sobre él se configuran los signos de identidad que definen la idiosincrasia del pueblo aragonés y se convierten en su más relevante valor diferencial"*

9 Derogada por la Ley 1/2016, de 26 de enero, de derogación de la Ley 6/2015, de 2 de abril, de la Generalitat, de Reconocimiento, Protección y Promoción de las Señas de Identidad del Pueblo Valenciano.

les. Aunque en el lenguaje cotidiano, e incluso normativo, se usan como sinónimos, sus diferencias teóricas tienen implicaciones en la lingüística, la antropología y la cultura[10]. Para María Moliner[11] un "signo" es *"cualquier cosa, acción o suceso que, por una relación natural o convencional, evoca otra o la representa"* y por su parte "símbolo" es *"cosa que representa convencionalmente a otra"*.

La RAE define "signo" (del lat. *signum*) como *"Objeto, fenómeno o acción material que, natural o convencionalmente, representa o sustituye a otro objeto, fenómeno o acción"* y "símbolo" (del lat. *symbolum*) como *"Imagen, figura o divisa con que materialmente o de palabra se representa un concepto moral o intelectual, por alguna semejanza o correspondencia que el entendimiento percibe entre este concepto y aquella imagen"*. Se puede, por tanto, considerar, siguiendo la tradición semiótica, que en el signo existe una unión entre el significante (imagen) y el significado (concepto), en relación arbitraria y convencional[12], y los símbolos no solo representan, sino que naturalizan significados culturales[13].

El signo, por tanto, es cualquier entidad que representa otra cosa, mientras que el símbolo es un tipo de signo cuyo significado depende de unas convenciones culturales. Ambos operan en sistemas de representación, pero el símbolo añade connotación ideológica o emocional. La principal diferencia entre un símbolo y un signo radica en su relación con lo que representan: signo es representación directa y específica de algo, mientras que símbolo es representación abstracta de un concepto o idea. Un signo es una señal que indica o representa algo de manera inmediata y directa. Su significado suele ser claro y universal dentro de un contexto específico. Un símbolo es una representación compleja y subjetiva de un concepto o idea, y

---

10 Giménez, G. (2016), "El signo y el símbolo en las diferentes tradiciones de semiótica y las implicaciones para análisis de la cultura", en *Miradas semióticas,* Vercamer Duquenoy, M., Méndez Tamargo, C. (comp.), Ciudad de México, Ed. Universidad Nacional Autónoma de México, pp. 25-46.

11 Moliner, M. (1967), *Diccionario de uso del español,* 1ª ed., Madrid, Ed. Gredos.

12 Saussure, F. (1916), *Curso de lingüística general,* 24.ª ed. (1945), Buenos Aires, Ed. Losada.

13 Barthes, R. (1957), *Mitologías,* 3ª ed. (1970), Ciudad de México, Ed. Siglo XXI.

su significado no es inherente, sino que se establece por convención cultural o interpretación personal.

Por su parte el concepto de seña de identidad se refiere al rasgo distintivo que caracteriza a una persona, grupo, cultura, objeto o institución, que permite reconocerlo o diferenciarlo de otros. El concepto de seña de identidad tiene una relación directa entre significante y significado. No es una representación sino que se trata de un elemento material y tangible, que adquiere un valor en la colectividad que lo identifica como propio, y la individualiza respecto a las demás. De esta forma, la seña adquiere un valor superior respecto al objeto o elemento en sí mismo considerado, para convertirse en patrimonio inmaterial que afirma la identidad colectiva.

III. IDENTIDAD DE LOS PUEBLOS Y AUTOGOBIERNO: EL DERECHO DE LOS PUEBLOS

1. Los "marcadores de identidad" de un pueblo o los marcadores de la "identidad de un pueblo"

Para determinar la trascendencia de los marcadores de identidad, es preciso efectuar una aproximación a la propia configuración de los elementos que la integran. Al utilizar los términos "marcadores de identidad de un pueblo", se pueden establecer dos posibilidades con diferente significado: "marcadores de identidad" de un pueblo, o bien marcadores de "identidad de un pueblo". En el primer caso, los marcadores determinan la identidad, es decir, identifican al pueblo; en el segundo, la identidad de un pueblo es el presupuesto previo para que se afirmen unos elementos que representan tal identidad. La cuestión no es baladí, puesto que el sentido de los símbolos, signos y señas no es el de establecer los enlaces de identificación de un determinado colectivo, sino representar la identidad de un pueblo.

Y la "identidad de un pueblo" no se crea por el hecho de existir determinados elementos que pueden identificarlo, sino que es necesario que exista una identidad como pueblo[14], para que sus marcadores manifiesten tal identidad. En consecuencia, un pueblo sin una identidad propia solo puede identificarse e individualizarse ante los demás, pero no puede afirmarse en su identidad. La diferencia entre lo "identitario" y la "identificación".

Partiendo de tal precisión conceptual, procede tomar como presupuesto fundamental la existencia de una identidad como pueblo. Sería estéril afirmar el valor de un colectivo que no se percibe a sí mismo como tal colectivo. Un pueblo sin identidad puede tener una organización institucional, englobar un colectivo humano, ejercer sus competencias en un territorio determinado, y ser identificado como pueblo, individualizado respecto a otros. Pero su identidad será una creación, una construcción normativa, en la medida que tales estructuras de poder y su definición humana y territorial no parten del pueblo, sino de las normas que le confieren su condición como pueblo. En estos casos, los elementos que lo representan serían "marcadores de identidad" de un pueblo, pero no los marcadores de la "identidad de un pueblo".

Pero no puede considerarse que los pueblos surjan por existir una identidad como pueblo. En el origen de las colectividades no se encuentran necesariamente elementos identitarios que justifiquen la génesis de las mismas. Las primeras identidades son casuísticas, fruto de la necesidad de coexistir por diferentes motivos (familiares, autodefensa, subsistencia, etc.). Y es a partir de la conformación de la colectividad cuando aparecerán los elementos que determinarán sus rasgos de identidad. La identidad es el resultante de la historia y la evolución como colectivo. El pueblo se crea por convención, y surgen de él los elementos que lo conformarán con una identidad pro-

---

14 *"Al hablar de señas de identidad, se pide el principio, se supone que la identidad ya preexiste, ésa es la cuestión. Se supone que hay una identidad ya preexistente, identidad que, a su vez, como ya dijimos en la otra tesela, presupone una unidad. Y que la unidad de este sujeto —vamos a llamarla x— cuyas señas de identidad se establecen, es una unidad de partes trabadas, solidarias. Y solidarias frente a otros sujetos, en este caso culturas, autonomías, pueblos, naciones, etc. Y, que estas señas de identidad, pues un poco, sirven de definición de esa unidad presupuesta y de esa identidad presupuesta".* Bueno, G. (2010), "Señas de identidad", *Tesela* nº 17, Oviedo, 11 de febrero de 2010, https://www.fgbueno.es/med/tes/t017.htm

pia. Sin que sea necesario que los marcadores de identidad hundan sus raíces en el origen de los pueblos, sino que se van incorporando, de forma paulatina, como elementos propios del pueblo.

Téngase en consideración, a modo de ejemplo, que muchas de las señas de identidad de los pueblos tienen un origen reciente, y que no se adentran en la historia profunda de estos pueblos, pero que se asumen como tales señas. Así, el caso de la Comunidad Valenciana, donde las fallas tienen referencia en una antigua tradición del gremio de carpinteros que quemaban trastos viejos en la víspera de la festividad de San José. Pero la existencia de un origen histórico no determina que las fallas sean tal tradición de los carpinteros, sino una manifestación festiva cuya primera referencia data de finales del S. XVIII. De igual forma, en la tradición gastronómica de Valencia no se encuentra la paella hasta el S. XIX y su popularidad comenzaría en el S. XX.

2. *Individuo, pueblo e idiosincrasia*

En el análisis de los marcadores de identidad de un pueblo, cobra relevancia el concepto de idiosincrasia que, según el diccionario RAE, son los *"Rasgos, temperamento, carácter, etc., distintivos y propios de un individuo o de una colectividad"*. Los rasgos de identidad de un colectivo tienen una relación directa e inmediata con la individualidad de las personas, que también se traslada a la de los colectivos sociales territoriales. Pero el salto de lo individual a lo colectivo determina una pérdida de caracteres propios del sujeto. El colectivo no es la suma de las características de los miembros que lo componen, sino que supone la existencia de un nuevo carácter, asumido por todos sus miembros con renuncia a la individualidad, en el cual se ponen de manifiesto elementos comunes de los sujetos que conforman la forma del ser del colectivo. No puede pensarse que las colectividades carezcan de "forma de ser" ni estén exentos de un carácter propio y diferenciado, pues las colectividades no son entes amorfos[15].

---

15 Fliquete Lliso, E. (2015), "Valencianos y buen gobierno: esbozo de una idiosincrasia" en Marco Marco, J., Nicasio Barea, B. (coord.), *La regeneración del sistema. Reflexiones en torno a la calidad democrática, buen gobierno y la lucha*

La diversidad de las colectividades estaría determinada por la diversidad de las personas que las componen, por la asunción voluntaria de caracteres de los individuos al grupo y por el trasvase de tales caracteres al colectivo. Caracteres que son aceptados como tales por los miembros que forman la colectividad, bien de forma consciente, bien inconsciente. Cuando se trata de colectividades de adhesión voluntaria, específicamente creadas para la puesta en común de objetivos compartidos, el trasvase de lo individual a lo colectivo adquiere una doble dimensión: la contribución del individuo a la conformación del ser colectivo, y la asunción por el individuo de los planteamientos comunes del grupo, en orden a un resultado o la consecución de unos fines. Las circunstancias compartidas en colectividades de adhesión voluntaria evidencian coincidencias más allá de las meras generalidades o de los estereotipos asumidos.

Cuando se trata de colectividades naturales —no de entes de adhesión voluntaria—, la forma de ser del colectivo —en este caso, de las colectividades territoriales— determina una aportación inconsciente por parte de los individuos que lo integran, para conformar sus caracteres definitorios, pero también un reconocimiento externo al colectivo de tales elementos caracterizadores. Unos caracteres que, en general, resultan estereotipados, y que no necesariamente responden a una realidad individual ni colectiva. Son pues una forma de identificar a las colectividades, no necesariamente coincidente con realidades contrastadas, donde los ajenos al colectivo identifican los rasgos de individualidad del colectivo, y los miembros del colectivo se identifican con dichos rasgos.

No obstante, la conformación de los caracteres colectivos no solo es el resultado de la suma de los caracteres de los individuos que lo componen y que son aceptados por éstos. El ser colectivo, una vez se configuran los elementos que lo individualizan respecto a los demás, también condiciona al ser individual de su ámbito territorial. Las características asumidas por la generalidad respecto al colectivo igualmente son asumidas por los individuos que forman parte de éste, retroalimentándose. Así, si el colectivo asume como rasgo pro-

---

contra la corrupción, Valencia, Ed. AVAPOL y Universidad Cardenal Herrera-CEU, pp. 353-370.

pio, por ejemplo, "la hospitalidad de sus gentes", el individuo asume dicha hospitalidad como característica propia y actuará consciente y voluntariamente de forma hospitalaria para fortalecer el rasgo de identidad diferenciado de su colectivo.

La aportación del individuo a la colectividad no es consciente en su nivel básico y apenas es perceptible, salvo en aspectos genéricos. En la mayoría de las ocasiones todas las aportaciones del individuo a la forma de ser del grupo resultan de un anecdotario poco contrastado. Pero en su nivel de asunción de los rasgos colectivo, la aportación del individuo al grupo es voluntarista y determina la fortaleza de dichos rasgos.

No puede por ello negarse que los colectivos territoriales tienen unos rasgos que los identifican e individualizan, determinando su ser. Su origen se encuentra tanto en factores objetivos (históricos, demográficos, políticos, climáticos, costumbres), como subjetivos (suma de experiencias, anécdotas, la caracterización del grupo a partir de la trascendencia de sus individualidades más allá del propio colectivo —pintores, músicos, personajes históricos, etc.—). Y de todos ellos, surgen los rasgos identificadores del ser colectivo.

Ahora bien, la dimensión de los ámbitos territoriales determina lo certero o equívoco de la caracterización de la forma de ser de los colectivos sociales. A mayor ámbito territorial, menor certeza. Pero en la identificación de los rasgos, la menor dimensión del ámbito territorial determina una menor diferenciación respecto a los limítrofes, por su realidad histórica, política, social y climática común, y por la dificultad de encontrar elementos subjetivos que los diferencien con claridad.

Es por ello que la forma de ser de la colectividad territorial responde a la realidad en sus elementos objetivos, pero es voluntarista en cuanto a sus elementos subjetivos. El clima, la historia y las tradiciones existen. Las consecuencias en el ser colectivo, sin embargo, son simples caracterizaciones. Así, por ejemplo, las circunstancias físicas y climáticas son determinantes para las "costumbres". Pero las costumbres o usos no son una "forma de ser" del colectivo, sino su propio ser. Otras particularidades, como la comunión de gustos, no son un elemento diferencial o identificativo o privativo.

3. Señas de una identidad esencial o señas accidentales de identidad

La identidad de un pueblo no puede conformarse de forma artificial, o ser "creada" por el simple interés en diferenciarse del resto. No cabe reconocer tal identidad si la misma no responde a una realidad esencial, que es asumida por el pueblo del que se predica. Resulta, no obstante, complejo advertir si un pueblo tiene una identidad propia que la integre y sea parte de su ser, y que sea reconocida por el colectivo humano que lo conforma como una cualidad diferenciada del resto.

Tal identidad es previa a sus señas y preexiste a éstas, por lo que las señas no tienen un valor intrínseco, sino que sirven como vehículo de expresión de la identidad esencial del pueblo y para su definición. Por ello, sin una identidad, no pueden existir señas en las que se adviertan o manifiesten los rasgos esenciales de ese pueblo. El reto se encuentra, de una parte, en afirmar que un pueblo tiene una identidad esencial. Y, de otra parte, que las señas que expresan tal identidad efectivamente respondan a esa esencialidad[16].

La posibilidad de impetrar en la realidad identitaria de un pueblo exige así de un riguroso análisis histórico, cultural, geográfico, demográfico, económico, que permita advertir la existencia de elementos esenciales que lo identifican y conforman como pueblo frente a otros. Pero, especialmente, que sean asumidos por ese pueblo. Cuanto mayor es el ámbito territorial, menor es la posibilidad de determinar una identidad colectiva.

Los municipios tienen manifestaciones de esencialidad identitaria mayores, al asumir que ese pueblo como conjunto humano ha crecido en unas costumbres, y tiene un proceso de creación, formación y consolidación propio. La historia de un pueblo tiene características propias respecto a los demás y sus formas de expresión cultural igualmente difieren del resto. Al ampliar la base territorial, las identidades se difuminan y pasan a ser generalistas, advirtiéndose que las comarcas y las provincias apenas tienen una identidad propia como conjunto, más allá de las peculiaridades y las coincidencias entre los pueblos limítrofes.

---

16 Bueno, G. (2010), "Señas de identidad", *Ob. Cit.*

Pero al llegar al ámbito territorial autonómico, la identidad del pueblo no es tal, sino que se conforma como la suma de identidades de los pueblos que la integran. Y la suma de identidades de los pueblos no es una nueva identidad esencial, sino la asunción ordenada por las estructuras institucionales del poder para crear una identidad. Es pues una necesidad política la que conduce a afirmar las identidades autonómicas, creando de la suma de identidades una ficción de identidad.

En el ámbito estatal, la identidad pasa a ser una simple afirmación, fundada en la nación. Se produce una confusión entre estructura de poder, Estado e identidad. La afirmación de lo común a todo el Estado es la nación, la lengua y las instituciones. No existe una cultura nacional, sino elementos típicos y una historia diversa que se integrará como una unidad histórica. El resultante de la identidad del Estado es, precisamente, la suma de la totalidad de las realidades identitarias esenciales de los pueblos que lo integran. En esta situación, las señas de identidad del Estado no responden al ser ni al modo de ser del Estado, sino al reconocimiento del Estado como entidad nacional.

Y tras el examen de identidad, corresponde reconocer las señas que sirven para expresarla. Se advierte que la tendencia a la individualización de los pueblos y su diferenciación con los demás, convierten en marcador de identidad elementos accidentales, anecdóticos o incluso ajenos a la identidad del pueblo que pretenden definir. Si se presupone identidad, sus señas deben definirla y manifestarla. De esta forma, la relación entre el derecho de un pueblo a ejercer el poder, y la identidad esencial del pueblo, conduce a crear identidades artificiales a través de signos igualmente accidentales, que justifican la diferencia con los demás, y pretende ser título para legitimar sus derechos como pueblo. Los denominados "hechos diferenciales" engloban unas características culturales, históricas, geográficas, económicas o sociales de algunas comunidades autónomas, en virtud de las cuales intenta justificarse el reconocimiento de competencias particulares[17].

---

17 *"Terminología de génesis extrajurídica y matriz muy política, que apareció durante la Restauración como un arma defensiva del nacionalismo periférico frente a un Estado unitario y muy centralizado que no reconocía autogobierno alguno —salvo ciertas*

En el campo de la confusión entre la esencia de lo identitario y lo artificial, han surgido multitud de manifestaciones, especialmente en el ámbito autonómico. Y, posiblemente, el reconocimiento de las señas de identidad ha servido como herramienta política para dotar de un plus diferencial a las organizaciones territoriales autonómicas. En ocasiones para la atribución de unas competencias, aunque también para afirmar las diferencias respecto al Estado, invocando los derechos como pueblo. Aunque también, la asunción de algunos de los signos de identidad actúa como un mecanismo de defensa frente a los intentos de "colonización" de unas comunidades autónomas respecto a otras (*V. Gr.*, de la Comunidad Valenciana frente al expansionismo catalanista, o de la Comunidad Foral de Navarra en relación con el País Vasco).

Sea como fuere, se advierte una hiperinflación de signos de identidad, donde elementos accesorios o accidentales pasan a formar parte del elenco de los marcadores de identidad autonómicos. Así, platos tradicionales de la gastronomía local, celebraciones folclóricas de muy limitada implantación, y un sinfín de elementos culturales, han pasado de ser el patrimonio cultural inmaterial de una comunidad autónoma para reconocerse como signos de la identidad de la misma. Y, como ya se ha indicado, la identidad de un pueblo exige la existencia de rasgos esenciales y, como tales, asumidos como unidad. La suma de todos los elementos de identidad de cada pueblo no determina la génesis de una nueva identidad diferente y propia para el ámbito territorial superior, sino que es la transformación de un patrimonio cultural inmaterial en un marcador de la identidad del pueblo autonómico.

---

instituciones locales— a nacionalidades históricas como Cataluña". García Roca, J. (2000), "¿A que llamamos, en Derecho, Hechos diferenciales?", *Cuadernos de Derecho Público*, núm. 11 (septiembre-diciembre, 2000), p. 77.

La STC 50/2023, de 10 de mayo de 2023 (Recurso de inconstitucionalidad 1875-2021) recuerda que la Constitución reconoce el hecho insular como un hecho diferencial que debe ser particularmente tenido en cuenta al establecer el adecuado y justo equilibrio económico entre los territorios del Estado español, en orden al real y efectivo cumplimiento del principio de solidaridad interterritorial al que obliga el art. 138.1 CE.

4. Identidad de un pueblo y autogobierno

Avanzábamos en el anterior epígrafe que la relación entre la identidad de un pueblo y el autogobierno ha sido causa de la búsqueda de identidades autonómicas en España. Desde tal identidad se reivindican competencias, derechos de autogobierno e incluso la hipótesis de un derecho a la autodeterminación.

Para el enfoque de la cuestión, resulta necesario establecer la relación entre el pueblo y la organización institucional. El pueblo adquiere de forma progresiva una identidad que se encuentra en constante evolución. Las colectividades organizadas no tienen, en su origen, una identidad esencial, sino casuística, determinada por las circunstancias que llevaron a su creación. La configuración de una identidad diferenciada no tiene un origen único, ni tales identidades se presentan de forma uniforme en todo el devenir de la historia de los pueblos. Podría considerarse que los elementos que determinan esa identidad esencial son mutables y sólo es posible establecer una foto fija, en un momento histórico concreto, en el que tales elementos conforman sus caracteres identitarios. Se pierden unos y se suman otros a lo largo del tiempo, pues la identidad es orgánica y volátil, dependiente y sensible a una gran cantidad de factores: políticos, demográficos, culturales, económicos y de otra índole[18]. Solo la historia es inmutable.

No obstante, la relación entre pueblo y autogobierno se presenta como un hecho propio y consustancial al hombre como ser social. La necesidad de establecer una organización de poder forma parte de la naturaleza humana, frente a creaciones artificiales como son los Estados. De tal forma que toda colectividad requiere de una estructura para el ejercicio del gobierno y esa necesidad natural de gobernarse se erige como un derecho. El derecho al autogobierno implica, a su

18 *"No hay identidades culturales, étnicas, lingüísticas, religiosas, absolutas e incondicionales y no hay por tanto, derechos absolutos o incondicionales a preservar o mantener una identidad cuando, por definición, esta es relativa".* Núñez Ladevéze, L. (2003), "Derechos de los Pueblos y Derechos Humanos", *Revista de Estudios Políticos (Nueva Época),* núm. 121 (julio-septiembre 2003), p. 149.

vez, el derecho a reconocer las diferencias entre los pueblos y estas diferencias conforman el ser identitario de cada pueblo.

La identidad colectiva es, pues, un conjunto de elementos que definen a un grupo humano en su dimensión cultural, histórica, lingüística y espiritual. A diferencia de la identidad individual, que se construye desde la subjetividad y la experiencia personal, la identidad colectiva implica pertenencia, reconocimiento mutuo y continuidad histórica. Es una construcción social que se transmite y que se manifiesta en prácticas culturales, formas de organización, cosmovisiones y vínculos con el territorio.

Efectivamente, hay un derecho a mantener la diferencia dentro de la homogeneidad, pero no es un derecho incondicional ni implica la transformación del derecho al autogobierno —ínsito en la esencia de los pueblos— en un derecho a la autodeterminación. El derecho a preservar la identidad del grupo es diferente al derecho a la autodeterminación del grupo, pues el primero se sitúa en el ámbito de las libertades, y el segundo está determinado por el orden político y el ordenamiento jurídico. La identidad cultural ha sido reconocida como derecho humano fundamental, vinculado directamente con la dignidad, la libertad y la igualdad. Este derecho implica el reconocimiento de la diversidad cultural como valor jurídico, la protección de las expresiones culturales propias frente a la imposición de modelos ajenos, y la participación en la vida pública desde la propia identidad[19].

---

[19] El derecho internacional ha avanzado significativamente en el reconocimiento de la identidad de los pueblos, especialmente a través de instrumentos que protegen a las minorías y pueblos indígenas. Estos instrumentos configuran un marco normativo que obliga a los Estados a respetar y promover la diversidad cultural como expresión de los derechos humanos. Entre los principales instrumentos destacan:
1. El Pacto Internacional de Derechos Civiles y Políticos (1966), cuyo artículo 27 reconoce el derecho de las minorías étnicas, religiosas y lingüísticas a disfrutar de su cultura, practicar su religión y usar su lengua.
2. El Convenio 169 de la Organización Internacional del Trabajo (1989), que establece el derecho de los pueblos indígenas y tribales a conservar sus instituciones, formas de vida y valores.
3. La Declaración de las Naciones Unidas sobre los Derechos de los Pueblos Indígenas (2007), que consagra el derecho a la identidad cultural, la

Sin embargo, el derecho al reconocimiento de la identidad no tiene una correlación directa con un hipotético derecho a la autodeterminación. La Carta de las Naciones Unidas y el Pacto Internacional de Derechos Civiles y Políticos, reconocen el derecho de los pueblos a decidir libremente su estatus político y su desarrollo económico, social y cultural. Pero autogobierno no es autodeterminación. La autonomía jurídica y política, reconocimiento de sistemas normativos propios, y participación en la toma de decisiones que afecten su territorio, cultura y recursos naturales son manifestaciones del ejercicio del autogobierno. Pero la aspiración a la construcción de un Estado, a partir de la identidad de un pueblo, es una construcción jurídico-política que no es consustancial a tal identidad.

La autodeterminación no es, por tanto, un derecho humano universal, sino un constructo artificial diferenciado del derecho al autogobierno. El derecho a preservar la identidad del pueblo no supone un derecho a constituirse como Estado[20], pues la autodeterminación no tiene carácter universal, sino que es hipotética, condicional y está sometida a la existencia previa de otro Estado, cuyo ordenamiento jurídico es el límite infranqueable para que se la autodeterminación se pueda erigir como un derecho y a que esa identidad como pueblo se estatalice.

IV. SIMBOLOGÍA E IDENTIDAD DEL PUEBLO VALENCIANO

La Comunidad Valenciana es un caso paradigmático de la utilización de los marcadores de identidad como mecanismo de defensa ante el expansionismo de otras comunidades y como afirmación de

---

autodeterminación, la consulta previa y el respeto a las tierras, territorios y recursos tradicionales.

20 "Lo novedoso no sería la necesidad de una identidad grupal... sino la plasmación de esta necesidad en un complejo artefacto político-cultural que conocemos con el nombre de nación, cuyo carácter excluyente le lleva a convertirse en la forma de identidad colectiva por antonomasia y casi única»". Núñez Ladevéze, L. (2003), "Derechos de los Pueblos y Derechos Humanos", *Ob. Cit.*, p. 143.

posiciones ideológicas enfrentadas en la búsqueda de sus elementos identitarios.

De una parte, la tendencia política a la colonización cultural desde Cataluña hacia otras comunidades limítrofes llevó a la Comunidad Valenciana a vivir una tentativa anexionista que desnaturalizando la identidad del pueblo valenciano pretendía la integración cultural, social y política de lo valenciano como una parte integrante de los denominados *països catalans*. Los elementos propios del pueblo valenciano —como la lengua—, manifestaciones culturales históricas y la simbología de la Comunidad Valenciana, han sido —y aun son— el objeto de la reivindicación por parte de los sectores nacionalistas catalanes —incluidas sus instituciones públicas—. La bandera, lengua y denominación de la Comunidad Valenciana —como marcadores de identidad— pretendieron ser sustituidos por los propios de Cataluña, con la limitada concesión al mantenimiento de la palabra "valenciano", si bien precedida por el término "país", como referencia a su integración en aquellos países catalanes.

De otra parte, no cabe obviar que el conflicto vivido en la transición y hasta la aprobación del Estatuto de Autonomía fue una muestra del posicionamiento ideológico enfrentado en torno a los marcadores de identidad. El ámbito ideológico de la derecha, centro-derecha y centro, los defensores de la simbología tradicional; la izquierda, por su parte, contagiada por ínfulas catalanistas, defensora de la bandera cuatribarrada catalana, la identificación de la lengua valenciana como catalán, y la denominación de país valenciano.

1. El antagonismo de los símbolos y la identidad del pueblo valenciano

La batalla de lo simbólico expresaba la existencia de ideologías enfrentadas. Se defendían símbolos diferentes para una misma identidad como pueblo. La cuestión identitaria fue, en la Comunitat, el problema que protagonizó las mayores tensiones sociales. No en vano, las posiciones políticas de signo opuesto abogaron por establecer una estética en los diferentes signos de identidad que pasaron a representar el símbolo de sus respectivos idearios políticos. La izquierda, firme defensora del *país valencià*, de la lengua catalana y de la bandera cuatribarrada bicolor. La derecha, centro-derecha y centro, por su parte, abogaba por la denominación Reino de Valencia, el valenciano como lengua y la señera coronada tricolor[21].

El enfrentamiento entre sensibilidades conservadoras y progresistas, tuvo en los símbolos de identidad el máximo exponente de su fragor. Dichos símbolos identificaban de modo expreso la defensa de una u otra posición a modo de icono programático e irrenunciable. En ellos se encerraba la esencia de las posiciones políticas derecha-izquierda que tuvieron en las postrimerías de la dictadura y en la transición, su lucha más encarnizada. Tal enfrentamiento fue aprovechado —o propiciado— por el independentismo expansionista catalán, que aspiraba a conformar una suerte de estado federal llamado países catalanes, en el cual se integraba el país valenciano. El apoyo tanto político como económico del independentismo catalán a los sectores progresistas abonó el enfrentamiento, y permitió que siguiese vivo en una sociedad ya, de por sí, dividida.

Y el Estatuto de Autonomía intentó cerrar el conflicto. Un intento que, en la realidad, tan sólo determinó la oficialidad de unos símbolos respecto a otros, pero sin alcanzar una paz duradera. Los vencidos en aquel momento mantienen las aspiraciones por conseguir, de una u otra forma, el reconocimiento de sus propios marcadores de identidad. El Estatuto fue una tregua oficial, pero no ha supuesto el final de la guerra. No en vano, resulta una estética de identificación de la izquierda valenciana enarbolar la cuatribarrada catalana, mantener la unidad de las lenguas catalana y valenciana y denominar a la comunidad con título de país valenciano. Y todo ello en defensa de la identidad del mismo pueblo.

---

21 Fliquete Lliso, E. (2013), "Comentario al Título I", en Garrido Mayol. V. (dir.), *Comentarios al Estatuto de Autonomía de la Comunitat Valenciana*, Valencia, Ed. Tirant Lo Blanch, pp. 76-77.

2. *¿Doble identidad, dos pueblos, dos grupos de marcadores de identidad?*

Identidad implica un espacio común y compartido por todos miembros del grupo humano. La identidad es aquello de lo que todos participan, con independencia de su situación individual (social, cultural, económica o ideológica). La identidad implica una unidad de caracteres y rasgos propios de un determinado colectivo. Pero también determina, desde el punto de vista subjetivo, el sentimiento de pertenencia al grupo por parte de todos los individuos que lo componen, y con los que comparten esos elementos identitarios. La identidad singulariza a un colectivo en su manera de ser, de forma que los miembros que lo componen alcanzan una identificación plena con el grupo[22].

Como ya se ha indicado, cuanto mayor es el ámbito territorial del colectivo, menores son sus elementos comunes, por lo que la identificación de la identidad colectiva se deberá realizar a partir de rasgos generales, fundamentalmente la historia y la cultura, En ella, el lenguaje pasa a ser un signo inmediato de identificación del grupo pues es su forma de expresión singular, que aglutina a quieres lo comparten, y diferencia respecto al resto de los colectivos. No obsta a ello que, dentro de un mismo grupo humano, el lenguaje no sea vehículo de expresión común de todos sus integrantes. Es suficiente que exista conciencia de existencia de la peculiaridad, y que ésta se asuma como propia por todos los miembros del colectivo. En consecuencia, un mismo pueblo no tiene más que una identidad propia, con diferentes expresiones identitarias.

Por otra parte, el pueblo es una unidad en sí misma. La determinación el espacio territorial y el grupo humano que en él se encuentra, no son los únicos criterios definitorios de un pueblo. Pero tampoco se puede negar la existencia de un pueblo por la heterogeneidad de los miembros que lo componen, ni su situación social. Un pueblo es un microcosmos, formado por diferentes realidades, que subsumen su individualidad en lo colectivo. Pero la cultura y la historia compar-

---

22 Lacomba Avellán, J.A. (2001), "La identidad de los pueblos y el caso andaluz", *Ob. Cit.*, pp. 6-10.

tidas es lo que determina el sentimiento de pertenencia de la parte al todo, donde los individuos y grupos se reconocen como parte del pueblo. En definitiva, la existencia de un pueblo está determinada por los elementos comunes y por la conciencia de pueblo. El pueblo conlleva en sí mismo a la colectividad. La unidad no puede afirmarse desde la negación de la unidad, pues dejaría de ser unidad. Un pueblo no puede ser dos pueblos. La diferencia, por tanto, no crea dos unidades, pues dejaría de ser un solo pueblo. La diferencia se integra en la unidad, pero no la divide.

Por último, los marcadores de identidad son la manifestación de la identidad propia de un pueblo. Son la forma de expresar la identidad esencial del pueblo. La historia y cultura de un pueblo se exteriorizan a través de sus elementos identitarios, los cuales son resultado de la evolución del pueblo, que progresivamente ha ido adquiriendo formas distintivas que lo identifican e individualizan del resto, y que son asumidas y compartidas por todos los miembros del colectivo. Es por ello que no pueden existir marcadores de identidad antagónicos. Una bandera no puede ser ella y su contrario. Una denominación histórica no puede ceder ante otra denominación, cuando una es la negación de la otra. No se puede ser, a la vez, uno y su contrario. O el marcador identifica, expresa y manifiesta al todo y se asume como determinante de la identidad común del pueblo, o no es un marcador de identidad, sino imposición o artificio.

3. Falsos marcadores de la identidad del pueblo valenciano

La identidad no es un artificio, y por tanto, no puede asumirse un marcador de identidad ajeno al pueblo. Deberá existir una relación natural entre símbolo e identidad del pueblo que pretende representar. La paradoja se presenta cuando existen dos conjuntos contrarios de marcadores de identidad para un mismo pueblo. El pueblo valenciano tendría, así, dos grupos de elementos identitarios antagónicos: unos, que oficialmente son reconocidos en el Estatuto de Autonomía; otros, los que mantiene y defiende la izquierda ideológica.

La cuestión no es, únicamente, jurídica. No puede zanjarse solamente desde la oficialidad normativa frente a la disidencia, pues sería trasladar la cuestión a la decisión de la mayoría parlamentaria frente a la minoría, y ésta —siendo cambiante— podría afirmar unas señas de identidad artificiales o ideológicas y, por tanto, ajenas a la realidad identitaria del pueblo. La norma sólo debe reflejar los elementos identitarios del pueblo, no crearlos, pues en tal caso, no serían la expresión de la esencia de la identidad del pueblo.

Si las señas expresan la esencia identitaria de un pueblo, no pueden considerarse válidas dos señas antagónicas, pues el antagonismo, o bien reflejaría que existen dos identidades como pueblo, donde unas señas expresará una de las identidades y las antagónicas la otra de las identidades. O bien el pueblo encierra el antagonismo como esencia identitaria. O bien unas serían expresión de la esencia identitaria y las otras no. O ninguna de ellas es expresión de la identidad. O bien el pueblo valenciano carece de identidad esencial propia.

Como se ha expuesto, un pueblo no puede tener diferentes identidades. Es un conjunto único. La identidad se expresa como manifestación de la existencia del pueblo mismo y, en consecuencia, un mismo pueblo no tiene más que una identidad propia, con diferentes representaciones identitarias. No es admisible plantear que una única realidad tenga dos identidades diferentes. El pueblo de la Comunidad Valenciana tiene una identidad única, en la cual se integran todas las realidades que forman parte del mismo.

Tampoco existen dos pueblos valencianos sobre los que predicar diferentes identidades. El pueblo valenciano es uno y único, resultante de la evolución cultural e histórica, como colectivo. Es obvio que en el pueblo valenciano se integran colectivos humanos menores y que, como tales, son pueblos con identidad propia. Pero la identidad del conjunto es la que permite advertir la existencia de un pueblo valenciano como una realidad esencial, y no sólo por suma de los pueblos que lo integran.

Si sólo existe una identidad, y sólo existe un pueblo, no cabe admitir que los marcadores de identidad antagónicos, puedan ser válidos. O existen y representan, o simplemente no expresan la identidad del pueblo, y por tanto, son artificiales. El pueblo valenciano tiene una identidad propia. Y sus manifestaciones identitarias deben manifestar la identidad del pueblo valenciano. Lo que conduce al análisis de la validez de unos marcadores y otros.

La identidad del pueblo valenciano es el resultado de su historia —construcción histórica— que se determina en su propia evolución. Las transformaciones que experimenta el pueblo valenciano en su devenir histórico hacen emerger elementos que representan la esencia identitaria del pueblo valenciano. Son sus marcadores de identidad. Tales marcadores se afianzan en el colectivo humano hasta crear conciencia de identidad en el pueblo, esto es, cuando se produce la asunción de éstos por parte del pueblo.

Un breve análisis de los marcadores de identidad —la simbología— defendidos por parte de la izquierda ideológica, no permite admitir su admisibilidad:

A) La bandera cuatribarrada

Cuando Jaime I jura los Fueros de Valencia el 7 de abril de 2161, concede al recién creado Reino de Valencia la copia de su estandarte denominado "Senyera"[23]. El 12 de marzo de 1348 y desde Valencia, Pedro IV concede a Burriana que añada, en la parte junto al asta de su estandarte, el azul[24], haciéndolo extensivo a todo el Reino[25] en 1375. De esta forma, el Reino de Valencia tiene una bandera particu-

---

23 *"Furs e ordenations, lib. IX, rubr. XVIII, num.V, fol. 30 y Aureum Corpus, fol XVIII", Cit.* en Villalobos, J., *La historia de la señera valenciana en los documentos históricos,* Castellón, Ed. Aula Militar Bermúdez de Castro, https://www.aulamilitar.com/la_historia_de_la_senyera_valenciana_en_los_documentos_historicos.pdf

24 *"Colore livido que los antiguos reyes de Aragón, sus antecesors, solían en sus vanderas vencedoras lleuar y graben en él tres pequeñas coronas de los tres reinos de su Senyoria"* (A.C.A. Real Cancillería, reg. 888, fol.209)". *Ídem.* Villalobos, J., *La historia de la señera valenciana en los documentos históricos.*

25 *"Enadí la dita corona real a la dita senyal, color azul del qual los antiguos reyes d´Aragón nostros antecesors solían en sus vanderas lleuar"*, A.M.V., "Manual de Consells..." años 1375 a 1383 núm. 17; también A.C.A. Real Chancillería, reg. 888, fol. 209 r.; también en "Tercera parte de la crónica de Valencia" 1563, p. 296, *"que en a dicha añadidura del sobredicho color se sobrepongan o entretejan o se pinten e en línea recta se pongan o impriman tres coronas reales de oro".* *Ídem.* Villalobos, J., *La historia de la señera valenciana en los documentos históricos.*

lar, distinta de la del Reino de Aragón (que seguía siendo cuatribarrada). La señera cuatribarrada fue el primer estandarte concedido por el Rey Jaime I al Reino de Valencia, pero en 1375 pasó a ser la *Real Senyera* (tricolor).

B) La denominación País Valenciano

La utilización del término "país valenciano" no identifica a la Comunitat Valenciana, pues el "país valenciano", simplemente, no existe. En España ningún territorio autonómico se denomina "país valenciano"[26].

La denominación "País Valenciano" no es ajena al devenir histórico-político desde finales del S. XIX de la Comunitat Valenciana, y que transitó por diferentes términos en el S. XX para, finalmente, adoptar el determinado en el art. 1 del Estatuto: Comunitat Valenciana. El Proyecto de Constitución para el Estado Valenciano de 1904 del Partido Republicano Federal utilizó el término región valenciana igual que el Anteproyecto de Mancomunidad Valenciana de 1919 de la Diputación de Valencia y también el Anteproyecto de Estatuto del Ayuntamiento de Valencia, publicado el 11 julio de 1931. El término "país valenciano" aparece por primera vez en el Proyecto de bases para el Estatuto del País Valenciano de 23 diciembre de 1936 propuesto por la CNT, mientras que el Anteproyecto de Estatuto de 5 de marzo de 1937, de la Unión Republicana, utiliza tanto la denominación "región valenciana" en su art. 3, como "país valenciano" en su art. 2 para identificar, no a la región autónoma, sino los territorios que comprende, siendo el término región el utilizado en el Título Preliminar de la Constitución Republicana de 1931[27].

---

[26] Fliquete Lliso, E. (2024), "Los símbolos de identidad en la doctrina del Consell Jurídic Consultiu de la Comunitat Valenciana" en Vivancos Comes, M. (coord.), *Autogobierno valenciano en perspectiva. 40 años de rendimiento institucional*, Valencia, Ed. Tirant Lo Blanch, pp. 139-174.

[27] Fliquete Lliso, E. (2013), *Comentarios al Estatuto de Autonomía ..., ob. cit.*

El anteproyecto de *Estatut d´autonomía del País Valencià* de 1975 (*Estatut d´Elx*) rescató la denominación "País Valenciano" —sólo utilizada anteriormente en el proyecto de bases de estatuto de la CNT de 1936—, al igual que lo hizo el *Estatut del Consell Democràtic del País Valencià* de febrero de 1976. En el *Estatut de Morella,* de diciembre de 1978 —primer precedente directo del vigente Estatuto de Autonomía— establece la denominación "País Valenciano" en su art. 1, para identificar el territorio autonómico: "El pueblo valenciano se constituye en Comunidad Autónoma dentro del Estado español, con la denominación de país valenciano".

El término "Comunidad Valenciana" surgirá de la mano del partido UCD en la propuesta de Anteproyecto de esta formación política, como tercera vía en el enfrentamiento abierto entre los partidarios de la denominación histórica "Reino de Valencia" y los defensores de la denominación "país valenciano". El art. 1° del Proyecto de Estatuto de Autonomía para el País Valenciano, aprobado por la asamblea de parlamentarios el día 19 de junio de 1981, acogía inicialmente la denominación "país valenciano". Durante su tramitación parlamentaria, diferentes enmiendas al art. 1 abogaron por la denominación "Reino de Valencia", que es la que finalmente se incorporó al dictamen del Proyecto de Estatuto de la Comisión Constitucional.

Sin embargo, en el pleno del Congreso se rechazó la denominación Reino de Valencia y determinó la devolución del dictamen a la Comisión Constitucional, en la cual se propuso la denominación ya defendida por UCD en su propuesta de anteproyecto: "Comunidad Valenciana". Dos de las enmiendas se mantuvieron vivas: una de ellas, partidaria de la denominación "País Valenciano"; y la otra de la denominación "Reino de Valencia". Las dos fueron rechazadas por el Pleno del Congreso, aprobando definitivamente Comunidad Valenciana como denominación oficial estatutaria —que pasará a ser Comunitat Valenciana con la reforma del Estatuto de autonomía de 2006—[28].

---

28 Fliquete Lliso, E. (2024), "Los símbolos de identidad en la doctrina del Consell Jurídic Consultiu de la Comunitat Valenciana", *Ob. Cit.*

C) La lengua catalana

La denominación tradicional e histórica de la lengua del pueblo valenciano es valenciano. A partir de la segunda mitad del siglo XV, a consecuencia de la irrupción del siglo de oro valenciano, se generalizó la denominación de "valenciano" o "lengua valenciana" para referirse a la lengua hablada en el Reino de Valencia. Previamente, había recibido diversas denominaciones como *romanç,* vulgar o *pla*[29]. Ya en el S. XX, mientras la Universidad Literaria de Valencia creaba la Cátedra de Llengua Valenciana[30] y la Real Academia Española de la Lengua daba entrada a la lengua valenciana como una de las lenguas vivas peninsulares[31], se defendía, desde otros círculos políticos, y al cobijo del incipiente nacionalismo catalán, la unidad de la lengua catalana[32].

Por tanto, el debate científico sobre si la se trata de la misma lengua con el catalán, o bien es una lengua propia, no altera la conciencia común de la identidad esencial de la lengua. No es una cuestión

---

29 Morán, J. (2004*), Estudis d'història de la llengua catalana,* Barcelona, *Ed. Publicacions de l'Abadia de Montserrat,* pp. 109-115.

30 En fecha 27 de enero de 1918, siendo su primer titular y catedrático el filólogo P. Luis Fullana Mira (Benimarfull, Alicante, 5 de enero 1871 – Madrid, 21 de junio de 1948), autor de "gramática valenciana", defensor de la entidad como lengua del valenciano, diferenciada de la lengua catalana.

31 Real Decreto del 26 de Noviembre de 1926. En su artículo 1 se indica que *"La Real Academia Española se compondrá de cuarenta y dos Académicos numerarios, ocho de los cuales deberán haberse distinguido notablemente en el conocimiento o cultivo de las lenguas españolas distintas de la castellana, distribuyéndose de este modo: dos para el idioma catalán, uno para el valenciano, uno para el mallorquín, dos para el gallego y dos para el vascuence".* El ya citado R.P. Lluis Fullana fue nombrado Académico representante de la Lengua Valenciana.

32 Resulta significativo que la propia Universidad de Valencia, años después, se haya negado a sí misma y haya proclamado la unidad de la lengua catalana, cuando en 1918 consagró al valenciano como cátedra universitaria. Igualmente, la Real Academia Española, que en 1926 declaraba al valenciano como idioma diferenciado del catalán, en la actualidad afirma la unidad de la lengua catalana. El tiempo —la tenacidad y los recursos económicos y políticos obviamente también— han hecho mutar los planteamientos que, en aquel momento, es de suponer que tenían un respaldo científico y académico de, como mínimo, igual solvencia que ahora.

científica, sino cultural e histórica. Los estudios sobre el origen y la identificación —o diferenciación— de la lengua valenciana con otras lenguas o dialectos, carecen de trascendencia a la hora de determinar su carácter como marcador de identidad del pueblo valenciano.

El somero examen realizado, no otorga a los marcadores identitarios señalados la mínima consistencia como identificadores del pueblo valenciano. La bandera que el pueblo asume es la que, desde 1375, es la propia del Reino de Valencia, esto es, la *senyera* tricolor. La denominación país valenciano es un marcador artificial creado a finales del S. XIX, fruto de un momento histórico federalista, que fue asumido por los movimientos catalanistas y el incipiente nacionalismo valenciano a mediados del S. XX en su afán expansionista. La denominación tradicional ha sido históricamente Reino de Valencia desde su creación en el S. XII, si bien en aras del consenso político —tregua— se asumió la denominación oficial Comunidad Valenciana en el Estatuto de Autonomía. La denominación valenciano es la identificación social y cultural de la lengua propia del pueblo valenciano desde el S. XV.

Pueden existir grandes diferencias ideológicas, pero no pueden servir para establecer unas diferencias identitarias. La identidad es la abstracción esencial del pueblo y sus elementos identitarios deben ser comunes al pueblo, con independencia de la posición ideológica o social de los integrantes de ese pueblo. Los marcadores de identidad son necesariamente neutrales pues deben presentarse como unidad y establecerse desde la historia y la cultura del pueblo. Lo demás son artificios o imposiciones.

4. La identidad histórica del pueblo valenciano

La historia del pueblo valenciano no ha estado unida a la del pueblo catalán. Existen, por supuesto, elementos de conexión entre comunidades limítrofes, pero no permiten afirmar una unidad de identidad entre un pueblo y el otro. Dos pueblos diferentes, con identidades diferentes y con marcadores identitarios diferentes. Esa pretendida identidad común nada tiene que ver con la historia del pueblo valenciano. Un acercamiento a la historia permite advertir el origen y asunción de los marcadores de identidad del pueblo valenciano, y su inexistente relación con las pretensiones identitarias del catalanismo.

Tras la conquista de Valencia[33], su base humana de mayoría mudéjar, se alimentó con judíos, catalanes y aragoneses en la repoblación cristiana. El Reino de Valencia, gozó, como tal, de identidad propia, con sus propios fueros e instituciones, pese al recelo de la nobleza aragonesa[34] y desde el S. XIV experimentó una creciente prosperidad en lo económico y en lo cultural alcanzando su cenit en el S. XV, el Siglo de Oro valenciano. Su decadencia comienza con el reinado de Carlos I, y el progresivo centralismo que suponía la hegemonía de la Corona de Castilla, causa de las revueltas de las Germanías[35], y con la crisis demográfica que provocó la expulsión de judíos y moriscos en el S. XVII.

Con la guerra de sucesión entre las Casas de Austria y Borbón, tras la muerte de Carlos II, surgirán nuevamente las confrontacio-

---

33 Fliquete Lliso, E. (2015), "Valencianos y buen gobierno: esbozo de una idiosincrasia", *ob. Cit.*

34 Joan Fuster explicaba lo ocurrido en las Cortes de 1323 que supuso, ante el Rey Alfonso el Benigno, el acuerdo de ratificación de los Fueros valencianos, frente a los intereses de los nobles aragoneses de imponer su propio fuero en el Reino de Valencia: *"Alfons el Benigne, en 1329, presidiria la transacció. A les Corts valencianes d'aquell any són alguns senyors els qui, precisament, sol·liciten l'abolició del Fur d'Aragó al regne de València. En realitat, més que no pas l'abolició, el que va produir-s'hi fou la renúncia expressa, per part de diversos nobles, a la legislació aragonesa. El rei, a canvi, els concedia una jurisdicció especial —jurisdicció alfonsina, se'n diria—, que, inserida en els Furs de València, reservava als senyors uns poders bastant dilatats: tant, que Zurita arriba a dir que, a partir d'aleshores «en las disputas sobre la observancia de éste —el Fur de València— o del de Aragón, ya no se trataba sino del nombre del mismo». No era ben bé això, sens dubte. La jurisdicció alfonsina era molt més restrictiva que la que atorgava el dret feudal aragonès. Però la noblesa valenciana obtenia així una diàfana ratificació dels seus privilegis"* Fuster, J. (1962), *Nosaltres els valencians,* Barcelona, Ed. Ediciones 62, col. *Llibres a l'Abast.*

35 Revuelta social de las hermandades gremiales (gremios) y agricultores, contra la nobleza, en el S. XVI, tuvo como detonante el establecimiento de un Virreinato en Valencia y el incremento de poder central sobre el Reino de Valencia.

nes entre el campesinado[36] y la nobleza[37], que tomarán partido entre los contendientes, y culminarán con la victoria del Rey Felipe V en la Batalla de Almansa (1707), y la promulgación de los Decretos de Nueva Planta. Éstos supusieron la abolición de los fueros del Reino de Valencia y sus instituciones políticas[38] y consolidaron el centralismo, con extensión de los fueros de Castilla a todo el territorio, con la consiguiente pérdida de autonomía política, el declive cultural de Valencia y el resentimiento histórico hacia el monarca[39].

Un siglo después, durante la guerra de la Independencia Española (1808-1814) Valencia fue ocupada por las tropas francesas (1812)[40] y posteriormente la región se vio inmersa en la Primera Guerra Carlista (1833-1840). En 1883, se produjo la división territorial en tres provincias (Valencia, Castellón y Alicante) que perdurará hasta nuestros días. En la primera mitad del S. XIX, la instauración del absolutismo tras el regreso de Femando VII, desalentó las perspectivas libe-

---

36 *Maulets,* que prestaron su apoyo al pretendiente Archiduque Carlos, de la Casa de Austria.

37 *Botiflers,* partidarios de Felipe de Anjou, Casa Borbón, proclamado Rey de Castilla y Aragón en 1700.

38 Al Duque de Berwick, en su entrada a la ciudad de Valencia el 11 de mayo de 1707, se le atribuye una primera advertencia de lo que podían esperar la ciudad y el Reino del nuevo poder borbónico *"Este Reyno ha sido rebelde a Su Magestad y ha sido conquistado, haviendo cometido contra Su Magestad una grande alevosía, y assí no tiene más privilegios ni fueros que aquellos que su Magestad quisiere conceder en adelante". Cit.* por Beneyto Pérez, J. (1980), *Las Autonomías: El poder regional en España,* Madrid, Ed. Siglo XXI de España, p. 246.

39 En la conciencia colectiva de los valencianos quedará para la posteridad un sentimiento de rechazo hacia el Rey Felipe V. Para Joan Fuster *"(...) la ira vernacla es projecta romànticament sobre el primer Borbó espanyol, i la inversió dels quadres és una venjança simbòlica ben significativa. La innocència i la falta de sentit històric que aquestes actituds suposen, resulten més còmiques que simpàtiques —i com a simpàtiques, ja ho són!— Però la veritable qüestió és tota una altra".* Fuster, J., *Nosaltres els valencians. Ob. cit.*

40 El pueblo valenciano fue capaz de rechazar inicialmente los ataques del ejército francés a la ciudad. Tal defensa mereció grandes elogios, puesto que *"nunca antes el pueblo civil había derrotado, hasta el ridículo, a un ejército profesional".* Queipo de Llano Ruiz de Saravia, J. Mª. (1974), *Guerra de la independencia: La derrota de Napoleón,* Madrid, Ed. Círculo de Amigos de la Historia.

rales y, más tarde, durante las guerras carlistas, se evidenció el fracaso del republicanismo. La burguesía valenciana aprovechó la situación apoyando a la monarquía, y protagonizó el despegue económico de la región en la segunda mitad del S. XIX, que tuvo como principales motores la exportación agrícola (naranjas, vino, arroz) en detrimento de la industria de la seda, y el establecimiento, a finales del S.XIX y principios del S. XX, de industria textil y otras actividades productivas que permitieron el rápido crecimiento del sector industrial.

De finales del S. XIX y principios del S. XX, datan los primeros tímidos movimientos regionalistas al abrigo de la Renaixença valenciana[41]. Tras el ensayo cantonal de 1873[42] surgieron las primeras voces, y también nacieron notorias instituciones[43], que aspiraban a la autonomía política para la región[44], si bien ya apuntaban las posiciones políticas enfrentadas entre regionalistas valencianos y nacionalistas catalanes.

Tras la Guerra Civil Española, durante la cual Valencia fue capital de la República en algún periodo, España se vio sumida bajo el Régimen del General Franco. En la última etapa del Franquismo, la región valenciana protagonizó el despegue del sector turístico, el

---

41 Sus primeros antecedentes pueden encontrarse en los intentos del notario valenciano Carles Ros, en la segunda mitad del siglo XVIII, quien inicia la recuperación de la lengua valenciana, pero su definitiva manifestación se producirá con la convocatoria de los primeros *Jochs Florals* del *Liceu Valenciá* en 1859. La primera generación de *poetes de la Renaixença valenciana* la componen: Querol, Pasqual i Genís, J. Labaila, Ferrer i Bigné, liderados por Teodoro Llorente. A partir de ese momento discurrirán de forma paralela en el tiempo la Renaixença valenciana y catalana, si bien la valenciana será el germen del regionalismo valenciano y la catalana sentará bases del nacionalismo catalanista. Sobre ambos movimientos y su comparativa, *vid.* http://laverdadofende.wordpress.com/2014/03/24/valencia-origendel-termino-renaixenca-valenciana-y-el-posterior-catalanismo/

42 Se proclama el Cantón Federal de Valencia, de abrevísima existencia (apenas 20 días).

43 En 1878 se crea *Lo Rat Penat*, entidad cultural valencianista decana en Valencia y referente en la defensa, enseñanza y difusión de la lengua y cultura valencianas (de su web: loratpenal.org)

44 El proyecto de Mancomunidad, de 1919 y los proyectos de Estatuto de autonomía, nunca aprobados, durante la segunda República.

cual llegaría a suponer el principal motor de la economía valenciana. Con la muerte de Franco y ya durante la transición se evidenciaron —nuevamente en la región valenciana—, los intentos anexionistas catalanes.

Por su parte, los valencianos proclamaban públicamente su aspiración por la autonomía política y su Estatuto, en el marco de la Constitución Española de 1978. Reconocida su condición autonómica el Estatuto afirmó la lengua valenciana, la Senyera Real y la propia denominación Comunidad Valenciana, y estableció sus órganos de autogobierno.

El enfrentamiento político por causa de la lengua, instigado por el propósito nada oculto de expansión del nacionalismo catalán hacia Valencia, perdurará hasta la actualidad. Así, la defensa frente a las aspiraciones catalanistas es la penúltima de las reacciones de los valencianos ante el enésimo intento de dominio sufrido desde el inicio de la existencia del Reino de Valencia. Se advierte que las causas que históricamente han soliviantado a los valencianos, y que han tenido reflejo en sus movimientos de rebelión o lucha, tiene relación directa con motivos de índole económico, de mantenimiento del estatus foral, de lucha contra los privilegios de terceros sobre los propios y de reacción contra los intentos de dominio.

La historia del pueblo valenciano visualiza la resistencia contra los intentos de la nobleza aragonesa a imponer sus propios fueros, a principios del S. XIV. La primera Germanía, alzamiento de las clases populares productivas contra la nobleza castellana por un doble motivo: económico —restricción en el uso de las armas para la defensa de sus propiedades contra los ataques piratas—, y foral —reacción contra el dominio de la nobleza castellana que amenazaba la condición foral—. Igualmente, la participación en la guerra de sucesión alineados junto al aspirante de la Casa de los Austria, que reproducen los motivos de la primera Germanía. La defensa contra los invasores franceses, como instinto propio del invadido, y la participación en las Guerras Carlistas como un intento de alinearse con la defensa del foralismo. Incluso la exigencia de los valencianos durante la transición pare el reconocimiento de una autonomía y estatuto propios, y la reacción ante los intentos anexionistas catalanes, en la década de los años 80. Una lucha siempre ha estado siempre encabezada por las clases populares y la burguesía. El clero y la nobleza fueron *muelles*, por su propio interés[45].

Y esta es la historia que —en breves pinceladas— forjó la identidad del pueblo valenciano, y lo diferencia del resto de los pueblos. En ese proceso evolutivo se cimentó una cultura y una lengua propias, una idiosincrasia particular. Sólo los colectivos que viven la misma historia pueden alcanzar una identidad. Y en ese caso, esos colectivos integrarían un único pueblo. La identidad del pueblo valenciano, desde la obvia la amplitud de su base humana y las lógicas generalidades que tal amplitud plantea, se diferencia de los demás por tener una historia singular y una evolución, y por haber adquirido durante ella

45 *"Tenemos a los valencianos por más muelles que los catalanes y portugueses"*, frase atribuida al Conde Duque de Olivares, entendida como conformismo o resignación, o incluso como cobardía. A principios del S. XVII cuando el Conde Duque de Olivares, valido de Felipe IV, impulsó las políticas de unidad monárquica frente a la monarquía compuesta de los Austrias, se produjo el "Suceso de Monzón". Con objeto de recabar la participación económica de los Reinos de la Corona de Aragón, el Rey convocó las respectivas Cortes aragonesas, catalanas y valencianas en 1626. Las únicas Cortes que se convocaron para celebrarse fuera del propio Reino fueron las valencianas, que se celebraron en Monzón, como evidente afrenta a los Fueros y a los propios valencianos.
Siguiendo a Joan Fuster "(...) *«La gente desta tierra es blanda de suyo», afirmava en 1582 un Ximénez de Reinoso, inquisidor de València, i en 1626, quan convocà les Corts de Montsó, atrevintse a vulnerar uns principis clàssics de la legislació foral valenciana, el comte-duc d'Olivares confessà que ho feia perquè «tenemos a los valencianos por más muelles» que els súbdits del Principat i del regne d'Aragó"*. También Joan Fuster considera que el carácter del pueblo valenciano históricamente es muelle o blando *"Si els valencians, al contrari, hem estat i som més tous, més dòcilment mal·leables davant l'acció d'aquest tipus d'esdeveniments, per alguna raó deu ésser: per alguna o algunes raons particulars. La nostra feblesa no depèn tant dels atacs i de les maquinacions d'un enemic hipotètic o real, com d'una predisposició pròpia, anterior, que no ens permet de contrarestar-los amb eficiència, i posterior, que ens impedeix de superar-ne els resultats desastrosos (...) «Blandos», «muelles», «molls» (...) si hem d'ésser sincers, cal que acceptem aquests adjectius com un diagnòstic puntual i acusatori. La nostra «blanesa», la nostra trista, perillosa i pertinaç «blanesa» data de ben antic, doncs. No segueix, sinó que precedeix els pitjors atemptats contra la neta autoctonia dels valencians. No podia ésser d'una altra manera"*. Fuster, J., *Nosaltres els valencians, Ob. Cit*, pág, 8.

una cultura que es común a sus miembros y diferente a los demás, y unos rasgos identitarios.

Y sólo los auténticos símbolos, signos y señas de la identidad del pueblo valenciano son los que tienen la aptitud para expresar la esencia de este pueblo. Sin artificios ni elementos no esenciales, ni tópicos, ni formas superfluas. Y desde luego sin permitir que la identidad del pueblo sea suplantada.

V. CONCLUSIONES

1. La realidad identitaria de los pueblos forma parte de su ser colectivo, y no puede quedar al albur de la conveniencia ideológica. La desnaturalización política de la colectividad es una forma de oprimir a las minorías y la uniformidad es una alteración artificial de la esencia misma de las colectividades, que afrenta al propio sentido de nación. Por el contrario, su reconocimiento es una exigencia para la validez democrática del Estado.

2. Las señas de identidad son los rasgos distintivos que caracteriza a una persona, grupo, cultura, objeto o institución, que permite reconocerlo o diferenciarlo de otros. El concepto de seña de identidad tiene una relación directa entre significante y significado. No es una representación sino que se trata de un elemento material y tangible, que adquiere un valor en la colectividad que lo identifica como propio, y la individualiza respecto a las demás. De esta forma, la seña adquiere un valor superior respecto al objeto o elemento en sí mismo considerado, para convertirse en patrimonio inmaterial que afirma la identidad colectiva.

3. La identidad de un pueblo no se crea por el hecho de existir determinados elementos que pueden identificarlo, sino que es necesario que exista la identidad como pueblo, para que sus marcadores manifiesten tal identidad. En consecuencia, un pueblo sin una identidad propia solo puede identificarse e individualizarse ante los demás, pero no puede afirmarse en su identidad. La diferencia entre lo "identitario" y la "identificación". Es a partir de la conformación de la colectividad cuando aparecerán los elementos que determinarán sus rasgos de identidad. La identidad es el resultante de la historia y

la evolución como colectivo. El pueblo se crea por convención, y surgen de él los elementos que lo conformarán con una identidad propia. Sin que sea necesario que los marcadores de identidad hundan sus raíces en el origen de los pueblos, sino que se van incorporando, de forma paulatina, como elementos propios del pueblo.

4. La dimensión de los ámbitos territoriales determina lo certero o equívoco de la caracterización de la forma de ser de tales colectivos sociales. A mayor ámbito territorial, menor certeza. Pero en la identificación de los rasgos, la menor dimensión del ámbito territorial determina una menor diferenciación respecto a los limítrofes, por su realidad histórica, política, social y climática común y por la dificultad de encontrar elementos que los diferencien con claridad. La suma de todos los elementos de identidad de cada pueblo no determina la génesis de una nueva identidad diferente y propia para el ámbito territorial superior, sino que se transforma un patrimonio cultural inmaterial en un marcador de la identidad del pueblo autonómico.

5. La identidad de un pueblo no puede conformarse de forma artificial, o ser "creada" por el simple interés en diferenciarse del resto. No cabe reconocer tal identidad si la misma no responde a una realidad esencial, que es asumida por el pueblo del que se predica. La identidad es previa a sus señas y preexiste a éstas, por lo que las señas no tienen un valor intrínseco, sino que sirven como vehículo de expresión de la identidad esencial del pueblo y para su definición. Por ello, sin una identidad, no pueden existir señas en las que se adviertan o manifiesten los rasgos esenciales de ese pueblo.

6. En el campo de la confusión entre la esencia de lo identitario y lo artificial, han surgido multitud de manifestaciones, especialmente en el ámbito autonómico. Y, posiblemente, el reconocimiento de las señas de identidad ha servido como herramienta política para dotar de un plus diferencial a las organizaciones territoriales autonómicas. En ocasiones para la atribución de unas competencias, aunque también para afirmar las diferencias respecto al Estado, invocando los derechos como pueblo. Aunque también, la asunción de algunos de los signos de identidad actúa como un mecanismo de defensa frente a los intentos de "colonización" de unas comunidades autónomas respecto a otras.

7. Existe el derecho a mantener la diferencia dentro de la homogeneidad, pero no es un derecho incondicional ni implica la transformación del derecho al autogobierno —ínsito en la esencia de los pueblos— en un derecho a la autodeterminación. El derecho a preservar la identidad del grupo es diferente al derecho a la autodeterminación del grupo, pues el primero se sitúa en el ámbito de las libertades, y el segundo está determinado por el orden político y el ordenamiento jurídico.

8. La Comunidad Valenciana es un caso paradigmático de la utilización de los marcadores de identidad como mecanismo de defensa ante el expansionismo de otras comunidades y como afirmación de posiciones ideológicas enfrentadas en la búsqueda de sus elementos identitarios.

9. Un mismo pueblo no tiene más que una identidad propia. Un pueblo es un microcosmos formado por diferentes realidades que subsumen su individualidad en lo colectivo. La existencia de un pueblo está determinada por los elementos comunes y por la conciencia de pueblo. El pueblo conlleva en sí mismo a la colectividad. La unidad no puede afirmarse desde la negación de la unidad, pues dejaría de ser unidad. Un pueblo no puede ser dos pueblos. La diferencia, por tanto, no crea dos unidades, pues dejaría de ser un solo pueblo. La diferencia se integra en la unidad, pero no la divide.

10. Los marcadores de identidad son la manifestación de la identidad propia de un pueblo. Son la forma de expresar la identidad esencial del pueblo. La historia y cultura de un pueblo se exteriorizan a través de sus elementos identitarios, los cuales son resultado de la evolución del pueblo, que progresivamente ha ido adquiriendo formas distintivas que lo identifican e individualizan del resto, y que son asumidas y compartidas por todos los miembros del colectivo. Por ello no pueden existir marcadores de identidad antagónicos. La bandera no puede ser una y su contraria. Una denominación histórica no puede ceder ante otra denominación, cuando una es negación de la otra. O bien el marcador identifica, y manifiesta al todo y se asume como expresión determinante de la identidad común del pueblo, o no es un marcador de identidad sino imposición o artificio.

11. La identidad no es un artificio y no puede asumirse un marcador de identidad ajeno al pueblo. Deberá existir una relación natural entre símbolo e identidad del pueblo que pretende representar. Si sólo existe una identidad, y sólo existe un pueblo valenciano, no cabe admitir que los marcadores de identidad antagónicos, puedan ser válidos. O existen y representan, o simplemente no expresan la identidad del pueblo, y son artificiales.

12. El pueblo valenciano tiene una identidad propia. La identidad del pueblo valenciano es el resultado de su historia —como construcción histórica— que se determina en su propia evolución. Las transformaciones que experimenta el pueblo valenciano en su devenir histórico hacen emerger elementos que representan la esencia identitaria del pueblo valenciano. Son sus marcadores de identidad. Tales marcadores se afianzan en el colectivo humano hasta crear conciencia de identidad en el pueblo.

13. Pueden existir grandes diferencias ideológicas, pero no pueden servir para establecer unas diferencias identitarias. La identidad es la abstracción esencial del pueblo y sus elementos identitarios deben ser comunes al pueblo, con independencia de la posición ideológica o social de los integrantes de ese pueblo. Los marcadores de identidad son necesariamente neutrales pues deben presentarse como unidad y establecerse desde la historia y la cultura del pueblo. Lo demás son artificios o imposiciones.

14. Sólo los auténticos símbolos, signos y señas de la identidad del pueblo valenciano son los que tienen aptitud para expresar la esencia de este pueblo. Sin artificios ni elementos circunstanciales, tópicos o formas superfluas. Y, desde luego, sin permitir que la identidad del pueblo sea suplantada.

VI. BIBLIOGRAFÍA

Barthes, R. (1957), *Mitologías*, 3ª ed. (1970), Ciudad de México, Ed. Siglo XXI.

Beneyto Pérez, J. (1980), *Las Autonomías: El poder regional en España*, Madrid, Ed. Siglo XXI de España.

Bueno, G. (2010), "Señas de identidad", *Tesela* nº 17, Oviedo, 11 de febrero de 2010, https://www.fgbueno.es/med/tes/t017.htm (último visionado 01/11/2025)

Fliquete Lliso, E. (2013), "Comentario al Título I" y "Comentario al art. 1", en Garrido Mayol. V. (dir.), *Comentarios al Estatuto de Autonomía de la Comunitat Valenciana,* Valencia, Ed. Tirant Lo Blanch.

Fliquete Lliso, E. (2015), "Valencianos y buen gobierno: esbozo de una idiosincrasia", en Marco Marco, J., Nicasio Barea, B. (coord.). *La regeneración del sistema. Reflexiones en torno a la calidad democrática, buen gobierno y la lucha contra la corrupción,* Valencia, Ed. AVAPOL y Universidad Cardenal Herrera-CEU.

Fliquete Lliso, E. (2024), "Los símbolos de identidad en la doctrina del Consell Jurídic Consultiu de la Comunitat Valenciana", en Vivancos Comes, M. (coord.), *Autogobierno valenciano en perspectiva. 40 años de rendimiento institucional,* Valencia, Ed. Tirant Lo Blanch.

Fuentes, J. F. (2021), "Simbología de la transición democrática española: un difícil consenso", *Revista de las Cortes Generales,* núm. 110 (primer semestre 2021).

Fuster, J. (1962), *Nosaltres els valencians,* Barcelona, Ed. Ediciones 62, col. *Llibres a l'Abast.*

García Roca, J. (2000), "¿A que llamamos en derecho, hechos diferenciales?", *Cuadernos de Derecho Público,* núm. 11 (septiembre-diciembre 2000)

Giménez, G. (2016) "El signo y el símbolo en las diferentes tradiciones de la semiótica y las implicaciones para análisis de la cultura", en Vercamer Duquenoy, M., Méndez Tamargo, C. (comp.), *Miradas semióticas,* Ciudad de México, Ed. Universidad Nacional Autónoma de México, pp. 25-46.

Lacomba Avellán, J.A. (2001) "La identidad de los pueblos y el caso andaluz", en Cano García, G., Cazorla Pérez, J., Cruces Roldán, C., Delgado Cabeza, M., Escalera Reyes, J. Lacomba Avellán, J. A., Moreno Navarro, I., Ropero Núñez, M., *La identidad del pueblo andaluz,* Sevilla, Ed. Defensor del pueblo andaluz.

Moliner, M. (1967), *Diccionario de uso del español,* 1ª ed., Madrid, Ed. Gredos.

Morán, J. (2004*), Estudis d'història de la llengua catalana,* Barcelona, Ed. *Publicacions de l'Abadia de Montserrat.*

Ortega Morales, N. (2001), "El patrimonio, expresión de la identidad de un pueblo" en Estepa Giménez. J, Friera Suárez, F., Piñeiro Peleteiro, M. R. (coord.) *Identidades y territorios: un reto para la didáctica de las Ciencias Sociales,* Oviedo, Ed. Asociación Universitaria de Profesores de Didáctica de las Ciencias Sociales (AUPDCS).

Queipo de Llano Ruiz de Saravia, J. Mª. (1974), *Guerra de la independencia: La derrota de Napoleón,* Madrid, Ed. Círculo de Amigos de la Historia.

Núñez Ladevéze, L. (2003), "Derechos de los Pueblos y Derechos Humanos", *Revista de Estudios Políticos* (Nueva Época), núm. 121 (julio-septiembre 2003).

Riofrío Martínez-Villalba, J.C. (2014), "Teoría general de los signos distintivos", *La Propiedad Inmaterial,* n.º 18 (noviembre 2014), Ed. Universidad Externado de Colombia.

Salguero Lamillar, F. J. (2001) "Teoría General de los Signos y del Significado", en Nepomuceno, Quesada y Salguero (eds.) *Información: Tratamiento y Representación,* Sevilla, Ed. Servicio de Publicaciones de la Universidad de Sevilla.

Saussure, F. (1916) *Curso de lingüística general,* 24.ª ed. (1945), Buenos Aires, Ed. Losada.

Villalobos, J., "Historia de la señera valenciana en los documentos históricos", Castellón, Ed. Aula Militar Bermúdez de Castro

https://www.aulamilitar.com/la_historia_de_la_senyera_valenciana_en_los_documentos_historicos.pdf (último visionado 01/11/2025)

Villoro, L. (1998), "Sobre la identidad de los pueblos", en *Estado plural, pluralidad de culturas.* Ciudad de México, Ed. Paidós Mexicana.

Desarrollo del régimen de cooficialidad lingüística del estatuto de autonomía de la comunitat valenciana

FERNANDO GARCÍA MENGUAL
Letrado de Les Corts Valencianes
Profesor asociado de Derecho Constitucional, Universidad Católica de Valencia «San Vicente Mártir»
Profesor asociado de Derecho Constitucional, Universitat de València

RESUMEN: El régimen de cooficialidad lingüística previsto en el Estatuto de Autonomía de la Comunitat Valenciana constituye un elemento esencial en la configuración de la identidad propia del territorio y en la articulación de un sistema plural de derechos lingüísticos. Este trabajo examina la evolución estatutaria del reconocimiento del valenciano como lengua propia —desde el Estatuto de 1982 hasta la reforma de 2006— y analiza los aspectos definitorios del carácter propio de la lengua, el alcance de la cooficialidad, su incorporación a la enseñanza y a la Administración pública, así como el principio de no discriminación lingüística. Asimismo, se aborda la delimitación de los territorios de predominio lingüístico y el papel institucional de la Acadèmia Valenciana de la Llengua en la fijación de la normativa lingüística. El estudio concluye con una reflexión sobre la consolidación y los retos pendientes del régimen lingüístico valenciano.

ABSTRACT: The linguistic co-officiality regime established in the Statute of Autonomy of the Valencian Community is a key component in shaping the region's distinctive identity and guaranteeing a plural system of linguistic rights. This paper reviews the statutory evolution of the recognition of Valencian as the region's own language —from the 1982 Statute to the 2006 reform— and examines the defining features of this status, the scope of co-officiality, and the integration of Valencian into education and public administration, along with the principle of linguistic non-discrimination. It also analyses the territorial delimitation of linguistic predominance and the institutional role of the Acadèmia Valenciana de la Llengua in establishing linguistic norms. The work concludes with reflections on the consolidation of the Valencian linguistic regime and its future challenges.

Palabras clave: cooficialidad lingüística; valenciano; Estatuto de Autonomía; derechos lingüísticos; Acadèmia Valenciana de la Llengua.

Key words: linguistic co-officiality; Valencian language; Statute of Autonomy; linguistic rights; Valencian Language Academy.

Sumario: I. LA LENGUA PROPIA DE LOS VALENCIANOS: REGULACIÓN ESTATUTARIA. 1. El Estatuto de 1982. 2. El texto reformado en 2006. II. ASPECTOS DEFINITORIOS DEL CARÁCTER PROPIO DE LA LENGUA. 1. El carácter «propio» de la lengua. 2. El régimen de cooficialidad del valenciano. 3. La incorporación del valenciano a la enseñanza. 4. La incorporación a la Administración Pública. 5. El principio de no discriminación. III. LA DELIMITACIÓN DE LOS TERRITORIOS DE PREDOMINIO LINGÜÍSTICO. IV. LA ACADÈMIA VALENCIANA DE LA LLENGUA. V. CONCLUSIONES. VI. BIBLIOGRAFÍA.

El reconocimiento del valenciano como lengua cooficial de la Comunitat Valenciana es uno de los principales logros del proceso de recuperación de la autonomía valenciana de finales del siglo XX.

La reclamación de un estatuto jurídico de cooficialidad del valenciano junto con el castellano fue una constante en el proceso de Transición, pero hundía sus raíces muchos años y décadas atrás.

El Estatuto de 1982 introdujo esta cooficialidad y la reforma del Estatuto de Autonomía de la Comunitat Valenciana operada por la Ley Orgánica 1/2006, de 10 de abril, introdujo en la redacción del actual artículo 6, anterior artículo 7, la adjetivación del valenciano como lengua propia de la Comunitat Valenciana, siendo esta una de las principales innovaciones que aporta esta reforma. Es cierto que este cambio no es el único, pues también se incorpora a este precepto una referencia a la Acadèmia Valenciana de la Llengua (apartado 8) y el derecho a recibir la enseñanza de, y en, valenciano (apartado 2, *in fine*). Con estos cambios, y alguno más, el precepto queda en los siguientes términos:

> «1. La lengua propia de la Comunitat Valenciana es el valenciano.
> 2. El idioma valenciano es el oficial en la Comunitat Valenciana, al igual que lo es el castellano, que es el idioma oficial del Estado. Todos tienen derecho a conocerlos y a usarlos y a recibir la enseñanza del, y en, idioma valenciano.
> 3. La Generalitat garantizará el uso normal y oficial de las dos lenguas, y adoptará las medidas necesarias para asegurar su conocimiento.
> 4. Nadie podrá ser discriminado por razón de su lengua.
> 5. Se otorgará especial protección y respeto a la recuperación del valenciano.
> 6. La ley establecerá los criterios de aplicación de la lengua propia en la Administración y la enseñanza.

> 7. Se delimitarán por ley los territorios en los que predomine el uso de una y otra lengua, así como los que puedan ser exceptuados de la enseñanza y del uso de la lengua propia de la Comunitat Valenciana.
> 8. L'Acadèmia Valenciana de la Llengua es la institución normativa del idioma valenciano.»

I. LA LENGUA PROPIA DE LOS VALENCIANOS: REGULACIÓN ESTATUTARIA

1. El Estatuto de 1982

Como se acaba de indicar, el actual artículo 6 del Estatuto de Autonomía mantiene inalterado buena parte del contenido del artículo 7 del Estatuto de 1982 y, de hecho, solo introduce una matización en el actual apartado segundo, anterior apartado primero. Siendo las principales innovaciones, como se ha dicho, los actuales apartados primero y octavo.

Así la redacción finalmente aprobada en 1982, consecuencia de un delicado pacto entre las diferentes posiciones que se enfrentaron con vehemencia en el proceso estatuyente era la siguiente[1]:

> «1. Los dos idiomas oficiales de la Comunidad Autónoma son el valenciano y el castellano. Todos tienen derecho a conocerlos y usarlos.
> 2. La Generalitat Valenciana garantizará el uso normal y oficial de las dos lenguas, y adoptará las medidas necesarias para asegurar su conocimiento.
> 3. Nadie podrá ser discriminado por razón de su lengua.
> 4. Se otorgará especial protección y respeto a la recuperación del valenciano.
> 5. La ley establecerá los criterios de aplicación de la lengua propia en la Administración y la enseñanza.
> 6. Mediante ley se delimitarán los territorios en los que predomine el uso de una y otra lengua, así como los que puedan exceptuarse de la enseñanza y del uso de la lengua propia de la Comunidad.»

---

1 Garrido Mayol, V. (1993). «Consideraciones jurídico-políticas del proceso autonómico valenciano», en *Estudios sobre el Estatuto Valenciano,* Tomo I, Consell Valencià de Cultura, València, pp. 196 y ss.

Este precepto, salvo pequeñas correcciones, coincide tanto con el texto aprobado por el *Plenari* como por la *Assemblea* en 1981, y supone en cierta manera una suerte de común denominador de las propuestas estatutarias que presentaron los distintos partidos en el proceso estatuyente.

En el Estatuto de 1982 era esta la única disposición referida a la cooficialidad lingüística de la Comunitat Valenciana. Esta parquedad no refleja el grado de intensidad que se dio en el debate político y social en torno a la lengua[2].

El régimen jurídico establecido en 1982 se fundamentaba en dos pilares: cooficialidad, esto es, igualdad jurídica de las dos lenguas cooficiales; fomento y protección del valenciano, en tanto que lengua minorizada. A ellos había que unir la remisión al legislador de la concreción de este régimen jurídico. Era, en líneas generales, un régimen similar al establecido en otros Estatutos de Autonomía (art. 6 EAPV o el art. 5 EAG).

El texto estatutario de 1982, pese a no calificar expresamente el valenciano o el castellano como lengua propia de la Comunidad Autónoma, sí que se refiere en los apartados 5° y 6ª a la «lengua propia», al remitir al legislador infraestatutario la regulación de los criterios de aplicación de la dicha lengua a la enseñanza y a la Administración, y lo que es una particularidad del régimen lingüístico valenciano, la determinación *ex lege* de los territorios que pueden quedar excluidos de la enseñanza y uso de la «lengua propia».

De la redacción del precepto se desprende con claridad que, pese a no decirlo expresamente, la lengua que se consideraba «propia» era el valenciano, entendida como lengua propia o particular de la Comunidad Autónoma, y así lo ratificó el Tribunal Constitucional en su sentencia 75/1997, de 21 de abril.

---

2 Nadal Tàrrega, M., (1997). «Comentario a la sentencia de la Sala 2.ª del Tribunal Constitucional 75/1997, de 21 de abril», *Revista General de Derecho*, núm. 639, pp. 13857-13876. También *vid.* García Mengual, F. (2013). «Comentario al artículo 41», en Garrido Mayol, V. (dir.), *Comentarios al Estatuto de Autonomía de la Comunitat Valenciana.* Tirant lo Blanch-Consell Jurídic Consultiu de la Comunitat Valenciana, València, p. 737.

La conclusión es obvia, por otro lado, por cuanto la Comunidad Autónoma carece de título para regular el uso de la lengua oficial de todo el Estado, sino que únicamente dispone de competencias sobre la cooficialidad de la lengua propia (STC 11/2018, de 8 de febrero).

2. *El texto reformado en 2006*

La actual redacción del artículo 6 coincide en líneas generales con el texto de la propuesta de reforma estatutaria presentada en Les Corts por los Grupos Parlamentarios Popular y Socialista el 26 de mayo de 2005[3].

Durante su tramitación en Les Corts recibió este artículo hasta siete enmiendas del Grupo Parlamentario Esquerra Unida-Els Verds-Esquerra Valenciana: Entesa[4], que tenían una orientación diversa. Por una parte, con las enmiendas núm. 23 y 24 se pretendía incluir en el Estatuto la caracterización del valenciano como una variante de la lengua catalana. La enmienda 25 no alteraba sustancialmente el contenido del apartado 2, si bien, cambiaba la denominación del territorio por *País Valenciano* e introducía en la redacción otros matices como el uso del llamado lenguaje *no sexista*. La enmienda 26 comportaba un mandato a los poderes públicos de lograr la igualdad plena «*en cuanto a los derechos y deberes de los valencianos y las valencianas*». El Grupo enmendante también presentó una enmienda para incluir el llamado «requisito lingüístico» en el acceso a la función pública valenciana (enmienda núm. 28), es decir, la exigencia del conocimiento de un determinado nivel de valenciano como requisito esen-

---

3 Respecto a dicha propuesta hay una modificación de tipo gramatical, en el apartado 2, pues se afirmaba el derecho a recibir la enseñanza «*de, y en el idioma valenciano*», y en el texto finalmente aprobado se alteró la ubicación del artículo «el», según corrección que se realizó en el trámite de Comisión de Les Corts, quedando definitivamente « *del, y en idioma valenciano*». Por otra parte, en la redacción de la propuesta, el apartado 5 rezaba: «[*s*]*e otorgará protección y respeto especiales a la recuperación del valenciano*»; en trámite de enmiendas en Les Corts, los Grupos Popular y Socialista enmendaron el texto para recuperar el original de 1982 (enmienda núm. 27, BOCV núm. 115, de 26.06.2005).

4 Enmiendas núm. 23 a 30, salvo la núm. 28 (BOCV núm. 115, de 26.06.2005).

cial. Por último, en las enmiendas 29 y 30, el Grupo Parlamentario Entesa planteaba la supresión del término «idioma» para referirse al valenciano en el apartado 8, relativo a la Acadèmia Valenciana de la Llengua; y proponía que la delimitación territorial de predominio lingüístico no tuviera los efectos de determinar el régimen jurídico de las lenguas cooficiales.

Ninguna de estas enmiendas fue admitida en el trámite de Les Corts.

En la tramitación que se siguió en las Cortes Generales, en el Congreso, se presentaron varias enmiendas, principalmente por parte de los Grupos Nacionalistas y del Grupo Mixto. Varias incidieron en la incorporación del inciso «o lengua catalana» junto con la denominación de valenciano. Además de estas enmiendas que se proyectaban no solo sobre el artículo 6 sino sobre todo el texto propuesto al Congreso de los Diputados, y se reiteraron, tanto por el Grupo Parlamentario de IU como por otros Grupos algunas enmiendas ya planteadas por Entesa en Les Corts, tales como la exigencia del requisito lingüístico para el acceso a la función pública o la supresión de la posibilidad de la exclusión de la enseñanza y uso del valenciano en los territorios castellanohablantes.

Sin embargo, en sede de las Cortes Generales, se proponen cambios en el precepto que no fueron puestos sobre la mesa en el debate en el Parlamento valenciano. Así cuestiones como el exigencia de un deber de conocimiento del valenciano (enmienda 9, del BNG o enmienda 64, de ERC).

También en este estadio de la tramitación de la propuesta de reforma estatutaria se desecharon todas las enmiendas, y la única modificación sufrida por el precepto fue una corrección gramatical apuntada por el letrado de la Comisión, al sustituir el verbo «delimitará» por «delimitarán», en el apartado 7º[5].

---

[5] *Vid.* Peñaranda Ramos, J.L. (2004)., «Informe sobre la propuesta de reforma de Estatuto de Autonomía de la Comunidad Valenciana». *Revista de las Cortes Generales*, núm. 63, pp. 237 y ss.

II. ASPECTOS DEFINITORIOS DEL CARÁCTER PROPIO DE LA LENGUA

1. El carácter «propio» de la lengua

La caracterización del valenciano como "la" lengua propia de la Comunitat Valenciana en la reforma estatutaria aprobada por la Ley Orgánica 1/2006 se consideró, en el marco de este proceso como uno de los objetivos más destacados de la reforma[6]. No en vano, así se hace constar en el preámbulo de la Ley Orgánica 1/2006, aunque sin mayores explicaciones. Por ello, la afirmación, realizada de manera taxativa, se sitúa en el nuevo primer apartado del artículo 6, y con una estructura que reproduce literalmente la estructura del artículo 3.1 del Estatuto catalán de 1979.

El concepto de lengua propia como lengua específica de una determinada Comunidad Autónoma no implica en términos jurídicos un carácter excluyente o privilegiado frente a la lengua común de todos los españoles. Antes bien, el Tribunal Constitucional ha definido el régimen de cooficialidad en términos de convivencia:

> *«... el régimen de cooficialidad lingüística establecido por la Constitución y los Estatutos de Autonomía presupone no sólo la coexistencia sino la convivencia de ambas lenguas cooficiales, para preservar el bilingüismo existente en aquellas Comunidades Autónomas que cuentan con una lengua propia y que constituye, por sí mismo, una parte del patrimonio cultural al que se refiere el art. 3.3 C.E. Situación que necesariamente conlleva, de un lado, el mandato para todos los poderes públicos, estatal y autonómico, de fomentar el conocimiento y asegurar la protección de ambas lenguas oficiales en el territorio de la Comunidad. De otro, que los poderes públicos deben garantizar, en sus respectivos ámbitos de competencia, el derecho de todos a no ser discriminado por el uso de una de las lenguas oficiales en la Comunidad Autónoma.»* (STC 337/1994, de 23 de diciembre, F.J. 6º).

---

6 García Mengual, F. (2013). «Comentario al artículo 6», en Garrido Mayol, V. (dir.), *Comentarios al Estatuto de Autonomía de la Comunitat Valenciana.* Tirant lo Blanch-Consell Jurídic Consultiu de la Comunitat Valenciana, València, p. 171.

Y posteriormente, el Tribunal Constitucional incidió en esta consideración, al afirmar que la lengua propia «*es lengua peculiar o privativa* [...], *por contraste con el castellano, lengua compartida con todas las Comunidades Autónomas,* [...] *es inobjetable*», y añadió que esta consideración en sede estatutaria «*no puede suponer un desequilibrio del régimen constitucional de la cooficialidad de ambas lenguas en perjuicio del castellano*»[7], ni por supuesto, del valenciano en este caso.

Esto es, la caracterización de una lengua como propia, *per se*, carece de relevancia jurídica a la hora de definir el estatuto de las lenguas cooficiales.

Sin embargo, la consideración de una lengua como propia sí que es relevante en sentido negativo. El principio dispositivo consagrado en la Constitución, en cuanto al régimen lingüístico, permite que una determinada Comunidad Autónoma reconozca la cooficialidad de una o varias lenguas, y que establezca su régimen jurídico. Pero al mismo tiempo supone una limitación infranqueable para las Comunidades Autónomas en la medida en que solo podrán atribuir esta condición a aquellas lenguas que sean propias de la Comunidad:

> «*La lengua española distinta del castellano susceptible de ser proclamada oficial por un Estatuto de Autonomía es la lengua de la "respectiva" Comunidad Autónoma, esto es, la lengua característica, histórica, privativa, por contraste con la común a todas las Comunidades Autónomas, y, en este sentido, propia.*
> *El carácter propio de una lengua española distinta del castellano es, por tanto, la condición constitucional inexcusable para su reconocimiento como lengua oficial por un Estatuto de Autonomía.*» (STC 31/2010, de 28 de junio, F.J. 14.ºa).

Cuestión distinta es si la caracterización de una lengua como propia puede tener connotaciones políticas[8].

Y la respuesta no puede ser otra que afirmativa.

---

7 STC 31/2010, de 28 de junio, F.J. 14ºa).

8 Manent Alonso, L. (2014). «El marco constitucional y estatutario del valenciano y las demás lenguas de España». *Revista española de la función consultiva*, 21, pp. 370-371.

Las sentencias del Tribunal Constitucional extractadas anteriormente traen causa de las pretensiones de algunos poderes públicos de anudar efectos jurídicos a la caracterización de una determinada lengua como propia. Es la consecuencia aparentemente natural entre lo propio y lo ajeno.

Así, a título de ejemplo, la Ley 35/2010, de 1 de octubre, del occitano, aranés en Arán, estableció en su artículo 2 que «el aranés, nombre que recibe la lengua occitana en Arán, es la lengua propia de este territorio» (apartado 1), para seguidamente establecer en el apartado 3 que «el aranés, como lengua propia de Arán, es: a) La lengua de uso preferente de todas las instituciones de Arán, especialmente del Conselh Generau d'Aran, la Administración local y las entidades que dependen de ellos, los medios de comunicación públicos, la enseñanza y la toponimia.»

Esta preferencia derivada del carácter propio fue declarada inconstitucional por el supremo intérprete en su sentencia 1/2018, de 8 de febrero.

La referencia al carácter propio de la lengua es un argumento recurrente en la defensa de regímenes tendentes a la definición de posiciones de desequilibrio entre las lenguas cooficiales.

Ahora bien, sí que es posible derivar ciertas consecuencias de la definición de una lengua como propia. Precisamente el carácter propio o singular de un lengua de un territorio atribuye una posición especial a los poderes públicos autonómicos y locales respecto de la respectiva lengua. El mandato constitucional de otorgar especial respeto y protección a las diferentes modalidades lingüísticas (art. 3.3 CE) adquiere en este punto una significativa relevancia. El Tribunal Constitucional ha afirmado «que la realidad plurilingüe de la Nación española, en la que se constata un valor cultural no solo asumible, sino también digno de ser promovido. La Constitución "no se opone a la adopción de una política enfocada hacia la defensa y promoción de la lengua cooficial. Muy al contrario, la Constitución se refiere a la necesidad de proteger y respetar las distintas modalidades lingüísticas de España como parte de nuestro patrimonio cultural (art. 3.3 CE)" (STC 88/2017, de 4 de julio, FJ 5)» (STC 85/2023, de 5 de julio).

Esto es, los poderes públicos pueden establecer medidas específicas de fomento y protección de las lenguas propias, incluso generando un régimen de desigualdad respecto de la lengua común, pero el límite de estas políticas se sitúa en «otorgar normativamente preferencia en el uso por parte de los poderes públicos a una lengua oficial con relación a otras que también los son, esto es, establecer normativamente un trato prioritario en favor de alguna de las lenguas cooficiales.» (STC 85/2023, de 5 de julio).

Sin embargo, las particularidades históricas de la Comunitat Valenciana refuerzan la tesis de que la afirmación busca afirmar el carácter privativo del valenciano respecto de la Comunitat Valenciana[9], lo que da pie a considerar, como hizo el Consell Jurídic Consultiu que «la afirmación de carácter propio del valenciano tiene, por tanto, esta consideración: el reconocimiento de que es una lengua específica de la Comunitat Valenciana y, en consecuencia, distinta desde un punto de vista jurídico de las demás lenguas del Estado, lo que viene reforzado por la estatutización del órgano normativo, la Acadèmia Valenciana de la Llengua, lo que sitúa a la Generalitat en una posición de exclusividad respecto a su configuración normativa, fomento y protección» (Dictamen 57/2014).

Esta carácter privativo de la determinación estatutaria conlleva una dimensión excluyente respecto del Estado, naturalmente, pero también de las otras Comunidades Autónomas, en aplicación del principio de territorialidad[10].

Este hecho fue reconocido por el Tribunal Supremo en su sentencia 634/2020, de 2 de junio (Sala de lo Contencioso, Secc. 4ª, rec.

---

9 Sobre esta cuestión, es significativo el debate que se produjo en el proceso de elaboración estatutaria de 1982 en torno al uso del término «idioma» o «lengua», para referirse al valenciano. *Vid.* Asensi Sabater, J. (1985), «Comentario al artículo 7.1», en Martín Mateo, R. (dir.), *Comentarios al Estatuto de Autonomía de la Comunidad Autónoma Valenciana.* Instituto de Estudios de la Administración Local, Madrid, p. 73. García Mengual, F. (2013). «Comentario al artículo 41», en Garrido Mayol, V. (dir.), *Comentarios al Estatuto de Autonomía de la Comunitat Valenciana.* Tirant lo Blanch-Consell Jurídic Consultiu de la Comunitat Valenciana, València, pp. 737-758.

10 *Cfr.* Tasa Fuster, V. (2024). «Oficialitat lingüística i relacions entre territoris». *Revista Catalana d'Administració Pública,* 1, p. 63.

5834/2020), en la que confirmó la sentencia previa del Tribunal Superior de Justicia de la Comunitat Valenciana que declaró contraria a derecho la obligación impuesta a la Administración valenciana de redactar en valenciano exclusivamente documentos y comunicaciones dirigidos a personas domiciliadas «en comunidades pertenecientes al mismo ámbito lingüístico que el valenciano», establecida en varios preceptos del Decreto 61/2017, de 12 de mayo, del Consell, por el que se regulan los usos institucionales y administrativos de las lenguas oficiales en la Administración de la Generalitat.

El alto tribunal argumentó que

> «*Con independencia de la naturaleza, concepto o consideración que se pueda mantener sobre el valenciano y/o catalán, aun en la tesis de que una y otra lengua cooficial en las comunidades autónomas de Cataluña, Baleares y Valencia forman parte del mismo sistema lingüístico, que conforman una comunidad lingüística y ámbito lingüístico, que desde el punto de vista de la filología, valenciano y catalán sean la misma lengua, o incluso aunque se admitiera sin matices que científicamente son lo mismo valenciano y catalán y no lenguas similares —esta Sala no se define en ese punto— se juzga que el Decreto impugnado contraviene el sistema de fuentes determinado en la Constitución, aparte de no respetar el principio de jerarquía dentro del subsistema normativo autonómico valenciano. Introducir el concepto de mismo ámbito lingüístico y anudar a tal previsión importantes consecuencias directamente se contrapone con la norma estatal dictada al amparo del artículo 149.1 18° de la Constitución, en tanto que el artículo 15 de la Ley 39/2015, de 1 de octubre —consecuente, nos parece, con las determinaciones de los Estatutos de Autonomía establece la regla general de que la Administración pública instructora queda obligada a traducir al castellano los documentos, expedientes o partes de los mismos* que deban surtir efecto fuera del territorio de la comunidad autónoma, *contemplando como única excepción que* Si debiera surtir efectos en el territorio de una Comunidad Autónoma donde sea cooficial esa misma lengua distinta del castellano, no será precisa su traducción. *De* lege data *no maneja el legislador competente —tampoco la ley autonómica valenciana LUEV— otros conceptos que los de* lengua cooficial *distinta del castellano y* efectos fuera del territorio de la Comunidad autónoma respectiva. *En conexión, el artículo 13 LPACAP incluye entre los derechos de las personas en sus relaciones con las administraciones públicas el de utilizar las lenguas oficiales en el territorio de su Comunidad Autónoma. La ley, por lo demás, no abre ninguna posibilidad al legislador autonómico —menos todavía al reglamentador— para que amplíe la excepción (que como todas, habría de interpretarse restrictivamente) en ningún sentido. [...]*»

Hay un elemento más a tener en cuenta en la realidad sociolingüística valenciana que influye en esta conceptualización jurídica de la lengua: la dualidad lingüística de la Comunitat Valenciana.

El propio Estatuto en su artículo 6.7 remite al legislador infraestatutario la regulación de los territorios de predominio lingüístico valenciano y castellano. Se trata de la constatación jurídica del carácter histórico dual del territorio valenciano en el que coexisten territorios en los que la lengua hablada es el castellano y otros territorios en los que históricamente la lengua de uso era el valenciano, un hecho vinculado a vicisitudes históricas como la Reconquista o la distribución provincial del siglo XIX.

En este contexto, el carácter propio del valenciano, no puede desconocer que el castellano, además de lengua oficial en todo el Estado, es también lengua propia de una parte significativa de la Comunitat Valenciana, y si no se realiza una afirmación en el mismo sentido que la del art. 6.1, es precisamente, porque con ella lo que se pretende no es afirmar la vinculación entre territorio y lengua, como ocurre en otros Estatutos, sino la singularidad del valenciano y su carácter privativo de la Comunitat Valenciana.

2. *El régimen de cooficialidad del valenciano*

En el Estatuto se diseña de manera muy parca el régimen jurídico del valenciano, algo común en el derecho estatutario comparado de los Estatutos de primera generación. Sin embargo, contrasta en este punto el Estatuto valenciano con el Estatuto catalán de 2006, donde se realiza una estatutización, con el consiguiente blindaje, de buena parte del régimen jurídico lingüístico, y que ha sido avalado en su mayor parte por el Tribunal Constitucional[11].

El régimen jurídico del valenciano se sustenta, desde 1983, en la Ley 4/1983, de 23 de noviembre, de Uso y Enseñanza del Valenciano (en adelante LUEV). Se trata de una de las primeras leyes aprobadas

---

[11] Pla Boix, A.M. (2010). «El règim lingüístic en la Sentència 31/2010, de 28 de juny», en *Revista Catalana de Dret Públic*, núm. especial la Sentència sobre l'Estatut, pp. 144-148.

por Les Corts Valencianes tras la aprobación del Estatuto de autonomía en 1982[12] y, de entrada, contrasta que el nombre utilizado para identificarla no sea el de «Ley de Normalización Lingüística», como en el resto de Comunidades Autónomas.

La norma fue objeto de aprobación, en sesión celebrada el día 18 de noviembre de 1983 en Alicante, por la mayoría del parlamento autonómico y con la abstención del principal Grupo Parlamentario de la oposición, en este caso, el Grupo de Alianza Popular.

Los objetivos de la Ley quedan claros en el preámbulo:

> «Ante la situación diglósica en que se encuentra la mayor parte de nuestra población, consiguiente a la situación de sojuzgamiento del valenciano mantenida durante la historia de casi trescientos años, la Generalidad, como sujeto fundamental en el proceso de recuperación de la plena identidad del pueblo valenciano, tiene el derecho y el deber de devolver a nuestra lengua el rango y lugar que merece, acabando con la situación de abandono y deterioro en que se encuentra. Nuestra irregular situación sociolingüística exige una actuación legal, que, sin más demora, ponga fin a esta postración, y propiciando la utilización y enseñanza del valenciano, logre su total equiparación con el castellano.
> La presente Ley trata de superar la relación de desigualdad existente entre las dos lenguas oficiales de nuestra Comunidad Autónoma, disponiendo para ello las medidas pertinentes para impulsar el uso del valenciano en todas las esferas de nuestra sociedad, y en especial en la Administración, y la enseñanza del mismo, como vehículo de su recuperación. El fin último de la Ley es lograr, a través de la promoción del valenciano, su equiparación efectiva con el castellano y garantizar el uso normal y oficial de ambos idiomas en condiciones de igualdad, desterrando cualquier forma de discriminación lingüística.
> Y desde otro aspecto, la Ley constituye [...] el compromiso de garantizar, de acuerdo con el Estatuto de Autonomía, el uso normal y oficial de ambas lenguas y de otorgar la protección y respeto especial a la recuperación del valenciano...»[13].

---

12 Las Leyes precedentes fueron: la Ley 1/1983, de 28 de julio, de Presupuestos de la Generalidad Valenciana para 1983; la Ley 2/1983, de 4 de octubre, por la que se declaran de interés general para la Comunidad Valenciana determinadas funciones propias de la Comunidad Valenciana; la Ley 3/1983, de 8 de noviembre, de bases de Tasas de la Generalidad Valenciana; la propia Ley del Gobierno valenciano, fue posterior, en concreto la Ley 5/1983, de 30 de diciembre.

13 Preámbulo, apartado IV.

La LUEV se fundamenta en dos principios básicos: la igualdad jurídica de los dos idiomas cooficiales en todo el territorio y la consagración de un bilingüismo estricto. Junto a estos principios, la propia Ley articula ciertos mecanismos de fomento, en forma de habilitaciones a los poderes públicos para articular medidas de apoyo tales como bonificaciones fiscales, ayudas o velar para que exista una presencia adecuada del valenciano en los medios de comunicación.

Poco más.

El desarrollo de la LUEV ha generado, en líneas generales, una escasa conflictividad en sus distintos ámbitos y, destaca especialmente, que no haya planteado dudas de constitucionalidad. Tampoco plantea dudas en cuanto a su ajuste a las disposiciones de la Carta Europea de las Lenguas Regionales o Minoritarias[14].

En definitiva, y al margen de un mandato genérico para que los poderes públicos se impliquen en el proceso de recuperación del valenciano como lengua propia, aunque no como «la» lengua propia, el legislador valenciano se limitó a dotar de rango legal el haz de derechos lingüísticos de los ciudadanos en los diferentes aspectos de la vida social. Por lo demás, derechos que si bien podían resultar novedosos en 1983, no dejaban de ser el contenido mínimo y razonable del régimen de cooficialidad lingüística[15].

Esta Ley no ha tenido un desarrollo reglamentario específico y el complejo normativo relativo al régimen lingüístico del valenciano solo ha sido modificado de manera relevante con la irrupción de la Acadèmia Valenciana de la Llengua y su normativa orgánica.

Sea como sea, los poderes públicos valencianos, singularmente la Generalitat, han desplegado políticas de apoyo y fomento del valenciano en diversos campos en aras, principalmente, de garantizar la efectividad de los derechos lingüísticos subjetivos de los ciudadanos. En el ámbito legislativo, según Aguiló Lúcia, hay dos normas de ran-

---

14 Manent Alonso, L. (2014). «El valenciano ante la Carta Europea de las Lenguas Regionales o Minoritarias». *Revista valenciana d'estudis autonòmics*, 59, 2, pág.113.

15 *Vid.* Alcaraz, M.; Ochoa, J.; e Isabel, F. (2004). «La Llei d'Ús i Ensenyament del Valencià, en via morta». *Revista Llengua i Dret*, 41, 2004, p. 117.

go legal que complementan la LUEV: la Ley de creación de la Acadèmia Valenciana de la Llengua (Ley 7/1998, de 16 de septiembre); y de manera específica, la legislación relativa a la televisión pública valenciana[16].

En relación a la creación de la Acadèmia Valenciana de la Llengua, su creación fue el fruto de un amplio acuerdo entre las dos principales fuerzas parlamentarias, Partido Popular y Partido Socialista, con una clara voluntad de dejar fuera del debate político la cuestión lingüística tanto en el aspecto nominativo como en cuanto a los aspectos normativos del idioma. Sin embargo, tras varios años de vigencia de la Ley y a la vista de los debates políticos más recientes, puede ser arriesgado afirmar que se ha conseguido el objetivo, pues sigue latente y es recurrente el debate sobre los aspectos normativos y nominativos del valenciano en el ámbito político.

En cuanto a la legislación relativa a los medios de comunicación de titularidad públicas, los últimos años, especialmente desde 2013, ha sido una sucesión de normativas donde la cuestión de la promoción del valenciano ha sido más o menos intensa.

La primera Ley que creó un ente público fue la Ley 7/1984, de 4 de julio, de creación de la entidad publica "RTVV" y regulación de los servicios de radiodifusión y televisión de la Generalidad Valenciana contemplaba entre sus objetivos «l*a promoción y protección de la lengua propia de la Comunidad Valenciana*» (art. 2.1.a). Esta Ley fue sustituida por la Ley 3/2012, de 20 de julio, de Estatuto de Radiotelevisión Valenciana que, entre otras cuestiones, se fija como objetivo general del servicio público de radio y televisión «*difundir y proteger la lengua valenciana*» —art. 2.2.*j)*—; se establece que se «*utilizará preferentemente el valenciano en la prestación del servicio de comunicación audiovisual*» (art. 5); y se fija el compromiso de «*contribuir activamente a la normalización de la lengua y la cultura propias de la Comunitat Valenciana*» (art. 24). El cierre de la radiotelevisión pública en 2013 implicó la derogación de esta norma.

---

16 Aguiló i Lúcia, L.(2005). «Balanç del desplegament de la Llei d'Ús i Ensenyament del Valencià», en Alcaraz Ramos, M.; Isabel, F.; y Ochoa Monzó, J. (eds.), *Vint anys de la Llei d'Ús i Ensenyament del Valencià.* Bromera, Alzira, pp. 127 y ss.

En 2016, la Ley 6/2016, de 15 de julio, del Servicio Público de Radiodifusión y Televisión de Ámbito Autonómico, de Titularidad de la Generalitat, restableció la radiotelevisión pública valenciana y estableció como uno de los principios a observar en la prestación del servicio público de radiotelevisión «*Promover la cohesión territorial y la diversidad lingüística mediante la difusión en valenciano, que será la lengua vehicular de los medios públicos que dependan de Generalitat Valenciana*» —art. 5.1.*n)*—.

Sin embargo, esta Ley ha sido sustituida por la reciente Ley 2/2024, de 27 de junio, de la Corporación Audiovisual de la Comunitat Valenciana, que de una manera más somera, se limita a afirmar lacónicamente la obviedad de que los medios públicos se inspirarán entre otros en el principio «*de aplicación y desarrollo del artículo 6 de la Ley orgánica 5/1982, de 1 de julio, del Estatuto de autonomía de la Comunitat Valenciana*» —art. 2.1.*a)*—.

La valoración del éxito o fracaso de cualquier norma está vinculada al grado de consecución de los objetivos marcados por el propio legislador. Desde este planteamiento, quienes realizan una valoración de la LUEV desde los objetivos marcados por otros legisladores para otras normas, necesariamente concluyen que su aplicación ha sido un fracaso. Es, por lo demás, la conclusión buscada. La situación de partida del valenciano en relación a la otra lengua cooficial, el castellano, no es comparable con la de las lenguas propias de otras Comunidades, especialmente por la existencia de un bilingüismo histórico de base territorial. Por ello, el régimen de cooficialidad que contempla la LUEV, parte de supuestos distintos al de otras Comunidades[17] —especialmente Galicia, Cataluña y el País Vasco—. Así, mientras que las sucesivas leyes de normalización del catalán en Cataluña han perseguido un régimen lingüístico en el que el catalán sea la lengua preferente —como se puso de relieve en el Estatuto de 2006— y de uso normal, en la Comunitat Valenciana se ha buscado un régimen de igualdad entre valenciano y castellano, enfatizando

---

17 *Cfr.* Asensi Sabater, J. (1985), «Comentario al artículo 7.2», en Martín Mateo, R. (dir.), *Comentarios al Estatuto de Autonomía de la Comunidad Autónoma Valenciana.* Instituto de Estudios de la Administración Local, Madrid, pp. 76-77.

el ámbito de libertad de los usuarios e impulsando aquellas medidas que permitan que el derecho de elección lingüística sea efectivo. En este sentido, y por su relevancia, nos remitimos a la valoración que realizó la Acadèmia Valenciana de la Llengua con motivo del vigésimo aniversario de la LUEV, insistiendo en algunos de los aspectos que se acaban de apuntar[18].

Las encuestas del uso social de la lengua son el principal barómetro. Sin embargo, hasta la fecha la más reciente de carácter significativo es la de 2023[19], que arroja unos datos ciertamente negativos en cuanto al uso del valenciano, comparados con anteriores referencias y explicables, en parte, por el notable incremento poblacional de la Comunitat Valenciana en el período analizado, un crecimiento que en su mayoría hace unos años se imputaba a la llegada de inmigrantes extranjeros[20], si bien, los datos relativos a las capacidades y conocimiento de la lengua, pese al incremento del porcentaje de población de origen inmigrante no son tan negativos como los del uso[21]. No es este el lugar para realizar un análisis de las mismas cuya principal finalidad es sociolingüística y no jurídica, como es obvio. Si bien, son pautas válidas para orientar las políticas de fomento y promoción del valenciano.

---

18 Aguiló i Lúcia, L., «Balanç del desplegament de ..., *op. cit.*, pp. 135 y ss. También puede verse una valoración estricta de la aplicación de esta norma, sin recurrir a referencias externas a la Comunitat Valenciana en Felip i Monlleó, J.V.(2000), «La Llei d'Ús i Ensenyament del Valencià (1983-1999)», en en Garrido Mayol, V. (coord.), *Instituciones Políticas de la Comunidad Valenciana.* Fundación Profesor Manuel Broseta, Valencia, pp. 25-40.

19 Conselleria d'Educació, Cultura i Esport (2023). Baròmetre d'usos personals, professionals i públics del valencià Baròmetre d'usos personals, professionals i públics del valencià. Onada 2023. *https://ceice.gva.es/documents/161863132/354107748/indicadors_web.pdf/5b9354e6-0332-9b00-3231-bb56a1b05f63?t=1680522134343.* (Consulta 11/6/2025).

20 *Llibre blanc de l'ús del valencià - I. Enquesta sobre la situació social del valencià. 2004.* Acadèmia Valenciana de la Llengua, Valencia, 2005, p. 357.

21 Casesnoves Ferrer, Raquel. (2024). «L'enquesta del cens de 2021: coneixement, usos i trajectòries lingüístiques al País Valencià». *Revista de Llengua i Dret,* 82, pp. 268-287.

3. La incorporación del valenciano a la enseñanza

El artículo 6, en su apartado 6, remite a la ley la determinación de los criterios de incorporación del valenciano a la Administración y a la enseñanza. Previamente, en el apartado 2, se introduce un inciso importante: «Todos tienen derecho a [...] recibir la enseñanza del, y en, idioma valenciano».

Se trata, a todas luces, de una disposición prescindible en el momento de la reforma estatutaria de 2006 si bien claramente imprescindible en 1982. La razón es obvia. En 1982 la incorporación del valenciano al sistema educativo se había realizado de manera coyuntural y transitoria por medio del Real Decreto 2003/1979, de 3 de agosto. Dicho Real Decreto permitía la incorporación a la enseñanza preescolar, general básica y formación profesional de primer grado, e incluso en ciertos casos, el uso del valenciano como lengua vehicular de la enseñanza.

Sin embargo, una vez aprobado el Estatuto de autonomía, el legislador dio cumplimiento al mandato estatutario a través de la LUEV y su desarrollo.

Sin duda, la LUEV diseñó un modelo de normalización cuyo fundamento se situaba en la incorporación del valenciano al sistema educativo. El Título II de la citada norma (arts. 18 a 24) se dedican a ello, y basta comparar la redacción de los artículos del Título I, referido al uso oficial y privado, con la de este Título II: la idea de obligatoriedad y algunos mandatos a la Administración, como el del artículo 20, tienen una intensidad manifiestamente superior a la de otros preceptos de la LUEV.

Pues bien, esta obviedad de que con la generalización de la enseñanza del valenciano se obtendría una importante mejora de la situación de postergación de la lengua propia es la piedra angular del sistema de normalización establecido en la LUEV. Se garantiza la opción lingüística de los ciudadanos frente a las Administraciones y frente a los particulares, aunque sin activar medidas radicales de garantía y confiando su eficacia a la eventual reacción del ciudadano que reclama sus derechos; pero al mismo tiempo inicia una línea de actuación a largo plazo, consistente en la capacitación vía sistema educativo ordinario. De esta manera, es razonable pensar que, si el sistema de enseñanza cumple con sus objetivos formativos, a medio y largo plazo, según se incorporen, por ejemplo, a la función pública, personas que han cursado estudios en o de valenciano éstas serán capaces de dotar del perfil lingüístico necesario a la Administración y a los otros segmentos sociales. Al planteamiento no le falta lógica, pero no deja de ser cuanto menos algo ingenuo.

Sin embargo, todas las Administraciones de la Generalitat han asumido esta manera de entender la normalización lingüística del valenciano. Y así el énfasis se ha puesto en garantizar la enseñanza del y en valenciano en la Comunitat Valenciana. Buena prueba de ello es que en el texto estatutario reformado en 2006, se añade este derecho específico al final del apartado 2, en una suerte de concreción del régimen jurídico lingüístico y la estatutización de un derecho que ha sido concretado legalmente en las diferentes normativas infraestatutarias que han regulado el sistema de plurilingüismo educativo valenciano, que se abordará más adelante.

La incorporación del valenciano al sistema educativo se produjo, ya se ha dicho, en la etapa preautonómica, al menos nominalmente.

Tras la entrada en vigor de la LUEV se realizó la incorporación efectiva de la lengua valenciana al sistema educativo de la Comunitat Valenciana. Se realizó de dos maneras. Una primera fue la generalización de la enseñanza del valenciano como asignatura específica; la segunda fue la implantación progresiva de la enseñanza en valenciano, es decir, la incorporación de la lengua propia como lengua vehicular del proceso educativo. Estas medidas, junto con la articulación del valenciano como lengua propia de la comunidad educativa y de los centros, de manera que todas sus actuaciones sean redactadas en valenciano, salvo las que expresamente sean solicitadas en castellano[22], fueron reguladas en el Decreto 79/1984, de 30 de julio, del Consell, sobre aplicación de la LUEV.

Este Decreto articulaba también el mandato contenido en el art. 19.1 LUEV de que los escolares recibieran las primeras enseñanzas en su lengua habitual, lo que suponía, *de facto*, generalizar el uso del

---

22 Este objetivo figuraba en la exposición de motivos del Decreto, pero no estaba expresamente consignado en su parte dispositiva.

valenciano como lengua vehicular de la docencia en los territorios de predominio lingüístico valenciano (arts. 9 y 10 del Decreto). Con todo y con ello, el proceso se realizó de manera progresiva, tanto en el territorio de predominio lingüístico del valenciano como en el del castellano. Además, el Decreto, en consonancia con lo dispuesto en el artículo 24 de la LUEV contemplaba la posibilidad de que en las zonas castellanohablantes, los padres o tutores puedan solicitar la exención de la docencia del valenciano a sus hijos, posibilidad que también tienen quienes acrediten su residencia temporal en cualquier municipio de la Comunitat Valenciana.

En el desarrollo de este Decreto se crearon tres programas bilingües distintos de implantación del valenciano, que necesariamente debían implantarse en los municipios de predominio lingüístico del valenciano y opcionalmente, en los del castellano[23]. Los programas «de inmersión» y «de enseñanza en valenciano», ambos con docencia totalmente en valenciano, salvo las asignaturas lingüísticas, si bien con perfiles distintos según el contexto sociolingüístico en el que se desarrollaban; y el programa «de incorporación progresiva», en el que de manera paulatina se implantaba la docencia en valenciano a medida que se avanzaba en los niveles educativos[24].

Este régimen fue sustituido por el creado mediante el Decreto 127/2012, de 3 de agosto, del Consell por el que se regula el plurilingüismo en la enseñanza no universitaria en la Comunitat Valenciana, que estableció un nuevo marco con la finalidad de compatibilizar la enseñanza de y en las dos lenguas cooficiales con la de y en otras lenguas extranjeras, especialmente el inglés. Así, el nuevo régimen disponía la existencia de los siguientes programas:

- Plurilingüe: caracterizado por la enseñanza de contenidos curriculares en valenciano, en castellano y en inglés;

23 *Vid.* al respecto, el artículo 88.1 del Decreto 233/1997, de 2 de septiembre, del Gobierno Valenciano, por el que se aprueba el Reglamento Orgánico y Funcional de las Escuelas de Educación Infantil y de los Colegios de Educación Primaria; y el artículo 102 del Decreto 234/1997, de 2 de septiembre, del Gobierno Valenciano, por el que se aprueba el Reglamento orgánico y funcional de los Institutos de Educación Secundaria.

24 Felip i Monlleó, J.V., «La Llei d'Ús i Ensenyament ..., *op. cit.*, pp. 32-33.

- Programa Plurilingüe de Enseñanza en Valenciano (PPEV): programa plurilingüe que tenía como lengua base para la enseñanza el valenciano;
- Programa Plurilingüe de Enseñanza en Castellano (PPEC): programa plurilingüe que tenía como lengua base para la enseñanza el castellano.

Además, esta norma disponía expresamente la posibilidad de que los padres elijan la lengua vehicular cooficial en la que son educados sus hijos, si bien, condiciona este derecho a las posibilidades organizativas de los centros (art. 4.6 del Decreto).

Sin embargo, este régimen jurídico fue sustituido por una sucesión de normas de distinto rango que, empezando con el Decreto 9/2017, de 27 de enero, del Consell, por el que se establece el modelo lingüístico educativo valenciano y se regula su aplicación en las enseñanzas no universitarias de la Comunidad Valenciana, pasando, entre otros, por el Decreto-ley 3/2017, de 1 de septiembre, del Consell, por el que se adoptan medidas urgentes para la aplicación, durante el curso 2017-2018, de los proyectos lingüísticos de centro, para finalizar en la Ley 4/2018, de 21 de febrero, de la Generalitat, por la que se regula y promueve el plurilingüismo en el sistema educativo valenciano.

En esencia, este modelo, que fue objeto de una elevada conflictividad jurisdiccional lo que justificó la constante elevación de rango de la normativa reguladora, establecía un sistema que se articulaba en torno a una serie de niveles educativos en los que se garantizaba una docencia mínima en valenciano, castellano e inglés, siendo el peso de cada una de las lenguas determinado en el proyecto lingüístico de cada centro, definido como el «*instrumento mediante el cual cada centro educativo articula y concreta la aplicación del Programa de educación plurilingüe e intercultural de acuerdo con las características del centro educativo y del alumnado*» (art. 13.1), y que es objeto de aprobación por los consejos escolares con mayoría reforzada (2/3) o por la titularidad del centro en el caso de los concertados. Sin embargo, una de las particularidades que mayor conflictividad generó fue la desnaturalización de la exención lingüística en los territorios de predominio lingüístico castellano, pues el modelo plurilingüe se aplicó por igual en todo el territorio[25]

Precisamente la configuración de estos proyectos lingüísticos generó una notable conflictividad jurisdiccional al ser recurridos con frecuencia por padres que consideraban que no se ajustaban a la realidad lingüística del entorno del centro o por no respetar las proporciones mínimas en el equilibrio de las lenguas[26].

Este modelo ha sido sustituido por el definido en la Ley 1/2024, de 27 de junio, por la que se regula la libertad educativa, que toma como base la existencia de los territorios de predominio lingüístico definidos por la LUEV y la realización de una consulta a los representantes legales de los estudiantes para determinar la lengua base de la enseñanza entre las dos lenguas cooficiales. Esta lengua se define como la lengua habitual en que todos los escolares recibirán las primeras enseñanzas, y dispone de un mayor peso y de una mayor presencia como lengua vehicular de la enseñanza en un determinado grupo de alumnado (art. 3.3)

Otro aspecto que pone de relieve la importancia que la Generalitat ha dado al sistema educativo como agente principal del proceso de normalización lingüística del valenciano es precisamente que es en este sector en el único en el que, en la Administración de la Generalitat, se ha implementado el llamado «requisito lingüístico» dando cumplimiento así a lo previsto en el artículo 23 de la LUEV: «*Dada la cooficialidad del valenciano y castellano, los profesores deben conocer las dos lenguas*» (apartado 1). Al respecto, la Ley 1/2024, ha establecido la exigencia de acreditar el nivel C1 de valenciano para poder vehicular áreas, materias, ámbitos y módulos no lingüísticos en dicha lengua, mientras que para el resto de enseñanzas, para el

---

25 Vivancos Comes, M. (2022). Modelo educativo y autogobierno valenciano 40 años de políticas educativas en la Generalitat. *Lex Social, Revista de Derechos Sociales*, 12(1), p. 341.

26 Marzal Raga, R. (2022). «Crònica legislativa de la Comunitat Valenciana. Primer semestre de 2022. L'ús del valencià en 'proporció raonable' a l'escola i a la resta d'actuacions administratives». *Revista de Llengua i Dret*, 78, pp. 252-259.

profesorado, y para el resto de cuerpos docentes, los conocimientos de valenciano no serán un requisito, y serán tenidos únicamente en cuenta como mérito.

Por último, merece la pena reseñar que la incorporación del valenciano al sistema educativo ha sido objeto de sendos pronunciamientos del Tribunal Constitucional. En concreto las Sentencias 195/1989, de 27 de noviembre, y la 19/1990, de 12 de febrero, resolvieron sendas quejas de padres cuyos hijos no habían podido acceder a un colegio con un programa de docencia en valenciano. Al respecto, el Alto Tribunal señaló que el artículo 27 de la Ley Fundamental no «*incluye, como parte o elemento del derecho constitucionalmente garantizado, el derecho de los padres a que sus hijos reciban educación en la lengua de preferencia de sus progenitores en el Centro docente público de su elección incluye, como parte o elemento del derecho constitucionalmente garantizado, el derecho de los padres a que sus hijos reciban educación en la lengua de preferencia de sus progenitores en el Centro docente público de su elección*». Además, afirmó que la prohibición de una discriminación en razón de lengua, como la que se prevé en el artículo 6.4 EACV «*no implica ni puede implicar que la exigencia constitucional de igualdad de los españoles ante la Ley sólo puede entenderse satisfecha, como el recurrente pretende, cuando los educandos reciban la enseñanza* [...] *íntegramente en la lengua preferida por sus padres* [...] *en un Centro docente público de su elección*» (STC 195/1989, de 27 de noviembre, F.J. 3°).

Y configura los perfiles del derecho legal a la elección de centros por razón de lengua:

> «*Como derecho de creación legal, el derecho a la elección de Centros por razón de lengua tiene, como en general el derecho a la educación, dos dimensiones distintas y señaladas en nuestra Sentencia de 10 de julio de 1985 (STC 86/1985, fundamento jurídico 3.°), una dimensión de libertad y una dimensión prestacional. No es la primera de ellas la que el recurrente pone en cuestión, pues ningún obstáculo ha encontrado a su voluntad de que su hijo reciba en valenciano las enseñanzas correspondientes a la Educación General Básica, sino la dimensión prestacional de tal derecho, por entender que la prestación educativa, la oferta educativa que hace la Generalidad Valenciana a los alumnos que optan por la enseñanza en valenciano es más restringida que la que se ofrece a quienes sigan la suya en la lengua oficial del Estado*» (STC 195/1989, de 27 de noviembre, F.J. 3°).

Para concluir que:

> « ... *la oferta de Centros públicos en los que, en los niveles obligatorios, se asegure la enseñanza en valenciano está condicionada en la Ley valenciana 4/1983 (art. 19) a "las posibilidades existentes" y no se ha aducido la menor razón que autorice pensar que tales posibilidades habrían permitido la multiplicación de Centros de este género, de manera que la existencia de un sólo Centro en la ciudad de Castellón sea producto de un ánimo discriminatorio* ...» (STC 195/1989, de 27 de noviembre, F.J. 4º).

La doctrina del Tribunal Constitucional en este punto es, en cierta medida, tributaria de la jurisprudencia establecida con carácter previo por el Tribunal Europeo de Derechos Humanos. Una jurisprudencia que, como ha señalado Català i Bas, «*no cabe deducir que sea favorable a las lenguas minoritarias* [...] *pues puede ser utilizada en su contra*»[27].

4. La incorporación a la Administración Pública

La LUEV contempla la presencia del valenciano en la Administración desde dos perspectivas. La primera es desde la posición del derecho subjetivo de los administrados. Para ello, se reconoce la plena eficacia jurídica de todas las actuaciones administrativas realizadas en valenciano en la Comunitat Valenciana (art. 9.1 LUEV). La segunda perspectiva es la de la propia Administración. Se incluye en ésta no solo a la Administración de la Generalitat, sino también a la Administración Local, e incluso se entiende que también la Administración General del Estado (art. 28 LUEV) o a las empresas de carácter público (art. 16 LUEV).

En relación con los ciudadanos, en la LUEV se reconocen los derechos a:

- relacionarse en valenciano con las instancias públicas (art. 2)
- no discriminación (arts. 3, 4 y 5)

[27] Català i Bas, A.H. (1995). «Minorías, derechos lingüísticos y jurisprudencia del Tribunal Europeo de Derechos Humanos». *Revista General de Derecho*, núm. 612, p. 10190.

- la tutela judicial efectiva del derecho de opción lingüística (art. 6)
- dirigirse y relacionarse con la Generalitat, con los entes locales y demás de carácter público, en valenciano (art. 10).
- recibir las comunicaciones administrativas en la lengua elegida (art. 11)
- usar el valenciano en las relaciones con la Administración de Justicia (art. 12)
- la redacción de los documentos públicos y de los asientos registrales en valenciano (arts. 13.1 y 14)
- ser atendido en valenciano con normalidad en los servicios y empresas públicas (art. 16).

La necesidad de dotación de personal administrativo competente para atender a estas exigencias se ha satisfecho por medio de dos posibles mecanismos. De una parte estaría el sistema de un «requisito lingüístico» más o menos exigente que establece la necesidad de acreditar unos determinados conocimientos lingüísticos como requisito de acceso al sistema de selección que corresponda. El otro mecanismo consiste en el reconocimiento de los conocimientos lingüísticos como un mérito a tener en cuenta, pero sin tener el carácter excluyente del requisito.

La doctrina constitucional obliga a definir o justificar la exigencia lingüística del puesto de trabajo. La Administración goza de un cierto margen de apreciación, y en razón de las funciones asignadas al funcionario, para que en el acceso se exija como requisito excluyente el conocimiento de un determinado nivel lingüístico. Así, el Tribunal Constitucional ha avalado la exigencia de un determinado nivel de conocimientos de la lengua cooficial siempre que el citado nivel sea proporcional a las tareas que tenga asignadas el puesto a cubrir:

> *«La razonabilidad de valorar el conocimiento del catalán como requisito general de capacidad, aunque variable en su nivel de exigencia, viene justificada por diversos motivos. En primer lugar debemos mencionar el carácter del catalán como lengua de la Administración de la Generalidad, junto con el castellano, ambas de uso preceptivo (art. 5 Ley catalana 7/1983); que son válidas y eficaces las actuaciones administrativas hechas en catalán (art. 7.1 Ley catalana 7/1983); y que los*

> *particulares gozan del derecho de usar el catalán en sus relaciones con la Administración (art. 8 de la Ley 7/1983 y STC 82/1986, fundamento jurídico 3.°). Además, se trata de un requisito justificado y equitativo también en función de la propia eficacia de la Administración autónoma (art. 103.1 C.E.), por lo que resulta constitucionalmente licito exigir, en todo caso, un cierto nivel de conocimiento de la lengua catalana, que resulta imprescindible para que el funcionario pueda ejercer adecuadamente su trabajo en la Administración autonómica, dado el carácter cooficial del idioma catalán en Cataluña (art. 3.2 C.E. y art. 3.2 E.A.C.) y dada también la extensión del uso del catalán en todo el territorio de la Comunidad Autónoma.»* (STC 46/1991, de 28 de febrero, F.J. 3°).

En relación a esta necesidad de dotar de personal capacitado para permitir el ejercicio efectivo del derecho de opción lingüística de los ciudadanos, existen dos niveles distintos en los que la LUEV se proyecta de distinta manera. La Administración de la Generalitat y la Administración Local, por una parte, donde la intensidad es máxima; y la Administración General del Estado y otras Administraciones como la de Justicia, donde el grado de efectividad de la LUEV es manifiestamente menor y se limita al reconocimiento de los derechos de los ciudadanos frente a la Administración.

Respecto a las Administraciones donde la intensidad de aplicación de la LUEV es mayor, la norma contiene dos preceptos que son fundamentales: el artículo 16, que obliga a garantizar, incluso a las empresas públicas, que los trabajadores con relación directa al público posean el nivel suficiente de conocimientos del valenciano para atender con normalidad el servicio que tienen encomendado; por otra parte, el artículo 30 dispone:

> «2. En las bases de convocatoria para acceso al desempeño de cargos, empleos y funciones públicas, por la Generalidad Valenciana y las corporaciones locales, en el ámbito de sus respectiva competencias, se valorará el conocimiento del valenciano a fin de que puedan realizarse aquellas funciones públicas de acuerdo con los principios de uso del valenciano previstos en la presente Ley.
> 3. Los poderes públicos valencianos a los efectos del apartado anterior, señalarán las plazas para las que sea preceptivo el conocimiento del valenciano.»

La concreción de este mandato se realizó en la Ley 10/1985, de 31 de julio, de la Función Pública Valenciana. En concreto, el artículo 9.4 de la norma establecía que:

> «Quienes superen las pruebas selectivas, acreditarán sus conocimientos de valenciano mediante la presentación de los certificados, diplomas o títulos que hayan sido homologados por la Generalitat Valenciana, o mediante la realización de un ejercicio específico al efecto. El personal que no pueda acreditar dichos conocimientos quedará comprometido a la realización de los cursos de perfeccionamiento que a este fin organice la Generalitat Valenciana.»

y en consecuencia:

> «*La Generalitat Valenciana organizará cursos de perfeccionamiento que faciliten la formación permanente del personal funcionario y su carrera administrativa. Especialmente y conforme al artículo 29 de la Ley de Uso y Enseñanza del Valenciano, se organizarán los cursos específicos para el personal funcionario de las Administraciones Públicas de la Comunidad Valenciana que no pueda acreditar, una vez superadas las pruebas de acceso, los conocimientos del valenciano mediante la presentación de los certificados y títulos homologados por la Generalitat Valenciana.*» (art. 53.2).

El Decreto 33/1999, de 9 de marzo, del Gobierno Valenciano, por el que se aprueba el Reglamento de Selección, Provisión de Puestos de Trabajo y Carrera Administrativa del Personal comprendido en el Ámbito de Aplicación de la Ley de Función Pública Valenciana, articuló en su artículo 16, la manera en la que se podían acreditar los conocimientos de valenciano.

Posteriormente, la Ley 10/2010, de 9 de julio, de Ordenación y Gestión de la Función Pública Valenciana, mantuvo en su artículo 53 una redacción similar a la de la Ley de 1985.

La vigente Ley 4/2021, de 16 de abril, de la Función Pública Valenciana estableció, en su redacción originaria, la habilitación a la Administración para clasificar los puestos de trabajo con una determinada exigencia de conocimientos de valenciano —art. 42.2.*i)*—, lo que tenía su correlato en el establecimiento de la exigencia de acreditar estos conocimientos como requisito de participación en los procesos selectivos —art. 62.1.*g)*—, exigencia esta última que se determinará *reglamentariamente* «respetando el principio de proporcionalidad y adecuación entre el nivel de exigencia y las funciones correspondientes». Junto con estas previsiones, el artículo 111 contempla la posibilidad de establecer en sede reglamentaria la valoración como mérito en los concursos de la competencia lingüística en valenciano acreditada, cuando no constituya requisito, especialmente por su relación directa con las funciones y tareas a desempeñar en el puesto de trabajo convocado —art. 111.2.*f)*—.

Sin embargo, la tramitación de esta norma incluía un intento, si bien diferido en el tiempo, de implantar el requisito lingüístico general en el acceso a la función pública de la Generalitat, según se establecía en el apartado segundo de la disposición final tercera que en el plazo de un año desde la entrada en vigor de la Ley, reglamentariamente se determinaría el nivel de conocimiento de valenciano exigible en el ámbito del empleo público de la Comunitat Valenciana «respetando, en todo caso, los principios de proporcionalidad y adecuación a las funciones correspondientes»[28].

En desarrollo de esta disposición el Consell generó un notable debate político[29] que demoró hasta prácticamente el final de la X Legislatura, que a la postre traería un cambio de mayoría parlamentaria, la instrucción el procedimiento para aprobar el Decreto por el que se regula la acreditación de la competencia lingüística en los conocimientos del valenciano, como requisito para acceder al empleo público de la Comunitat Valenciana, que incorporaba una exigencia general de conocimiento de valenciano si bien en correlación con los subgrupos de titulación, si bien la falta de justificar la proporcionalidad concreta de exigir el nivel C1 en los subgrupos A1 y A2 fue objeto de observación esencial por el Consell Jurídic Consultiu, precisamente por no realizar un pormenorizado juicio de proporcio-

---

28 De lo controvertido de esta disposición son muestra las observaciones que realizó el Consell Jurídic Consultiu en su dictamen 305/2019, al analizar el anteproyecto de ley.

29 Vivancos Comes, M. (2024). *10 años de vigencia de la Carta valenciana de derechos sociales: de la letra de la Ley a su despliegue normativo.* Tirant lo Blanch, València, p. 167.

nalidad en atención a las funciones de cada puesto[30]. Finalmente, el Decreto no llegó a aprobarse.

El marco legal expuesto fue modificado por medio de la Ley 5/2025, de 30 de mayo, de medidas fiscales, de gestión administrativa y financiera, y de organización de la Generalitat. En concreto, en el artículo 42.2.*i)*, al abordar la introducción del perfil lingüístico de los puestos, se introdujo la necesidad de que la atribución de este perfil fuese «motivada» y adecuada «al desempeño del puesto». Sin embargo, apenas se ha alterado la referencia a la acreditación de los conocimientos en caso de ser estos requisitos de acceso al procedimiento selectivo, eliminando del precepto —art. 62.1.*g)*— la exigencia de determinación *reglamentaria* de la competencia lingüística.

Adicionalmente, esta misma Ley ha suprimido el apartado segundo de la disposición final tercera que mandataba al Consell la determinación del perfil lingüístico de todos los puestos, como dato necesario para la implantación del requisito lingüístico en el acceso a la función pública.

Como se ve, es una constante de la legislación de la función pública valenciana el abordaje de la capacitación lingüística como un mérito en el acceso, pero no como un requisito excluyente, y el único intento real de implementación de un requisito fracasó en la legislatura 2019-2023.

Ello no obstante, se trata de una de las posibles opciones de las Administraciones quienes, en todo caso, vendrán obligadas a garantizar la posibilidad de atender «con normalidad» —según la LUEV— en las dos lenguas cooficiales.

Por otro lado, es de destacar que sigue vigente, al menos en la parte que no fue declarada contraria a derecho por el Tribunal Superior de Justicia de la Comunitat Valenciana el Decreto 61/2017, de 12 de mayo, del Consell, por el que se regulan los usos institucionales y administrativos de las lenguas oficiales en la Administración de la Generalitat, que establece que *«el valenciano es la lengua propia de la Administración de la Generalitat y, como tal, será su lengua destacada de*

30 Dictamen 425/2023.

uso normal y general, sin que se pueda entender de esta declaración ninguna limitación respecto de la otra lengua oficial» (art. 4.1).

Se trata de una norma que, desprovista de su vertiente más intensa respecto al uso del valenciano en relación con el valenciano, establece un marco de incentivo que podríamos considerar moderado del valenciano en la Administración, estableciendo las comunicaciones bilingües en los territorios de predominio lingüístico castellano, el uso exclusivo del valenciano en la imagen corporativa o el uso del valenciano en las comunicaciones internas de la Generalitat.

Por último, reseñar que la LUEV habilita a la Generalitat para establecer acuerdos con otras Administraciones, especialmente con la General del Estado, para diseñar programas de formación específicos en valenciano para sus funcionarios que desarrollen su actividad en la Comunitat Valenciana. En esta misma línea, la Generalitat ha suscrito convenios y desarrollado programas de colaboración con dicha Administración, con el Consejo General del Poder Judicial y con los Colegios de Notarios, Registradores y Abogados, entre otros, de la Comunitat Valenciana.

5. *El principio de no discriminación*

En el apartado 4 del artículo 6 se consagra, como en el Estatuto de 1982, el principio general de no discriminación por razón de lengua. Se trata de un principio que figura en términos sustancialmente iguales en los Estatutos del País Vasco (art. 6.3), Galicia (art. 5.4), Illes Balears (art. 4.2) y Aragón (7.3), y de manera más difusa en el artículo 6.2 *in fine* del Estatuto catalán de 2006.

La prohibición de discriminación en razón de lengua no figura entre las categorías sospechosas del artículo 14 de la Constitución. Sin embargo, es obvio que nos encontramos ante una discriminación prohibida si se realiza una interpretación de este precepto constitucional a la luz de los Tratados internacionales suscritos por España (art. 10.2 CE)[31], o si, como apunta Garrido Mayol, se anuda la discri-

---

[31] Asensi Sabater, J., «Comentario al artículo 7.3», en Martín Mateo, R. (dir.), *Comentarios al Estatuto ..., op. cit.*, p. 79.

minación lingüística a una determinada condición étnica o racial[32]. Ahora bien, este principio estatutario de no discriminación limita sus efectos al uso de alguna de las dos lenguas oficiales, no proyectando sus efectos sobre el uso de otras lenguas.

A partir de esta afirmación, el principio enunciado en el artículo 6.4 del Estatuto constituye una limitación a la acción del legislador valenciano y a la actividad de los Poderes Públicos, y aún privados, radicados en la Comunidad Autónoma. Si bien el régimen jurídico de la cooficialidad se remite por la Constitución al Estatuto, esta limitación impide que se puedan establecer tratos desiguales en función de la lengua utilizada: ni en favor de la lengua minorizada, ni en favor de la lengua mayoritaria.

En esta línea se ha pronunciado el Tribunal Constitucional en su sentencia sobre el Estatuto de Cataluña de 2006, al declarar la inconstitucionalidad del inciso «y preferente» para referirse al uso del catalán por parte de las Administraciones Públicas y medios de comunicación públicos. En este punto, el principio de no discriminación se configura en un «*equilibrio inexcusable entre dos lenguas igualmente oficiales y que en ningún caso pueden tener un trato privilegiado*», sin perjuicio «*de la procedencia de que el legislador pueda adoptar, en su caso, las adecuadas y proporcionadas medidas de política lingüística tendentes a corregir, de existir, situaciones históricas de desequilibrio de una de las lenguas oficiales respecto de la otra, subsanando así la posición secundaria o de postergación que alguna de ellas pudiera tener*» (STC 31/2010, de 28 de junio, F.J. 14° a).

Es decir, desde una posición subjetiva, todo trato desigual que tenga su origen exclusivamente en el uso de una u otra lengua oficial devendrá ilegítimo. Sin embargo, sí que son legítimas, siempre que respondan a un juicio de proporcionalidad, las medidas de carácter general que persigan superar situaciones históricas de preterición de una de las dos lenguas oficiales, en aras de lograr una situación de equilibrio real.

---

32 Garrido Mayol, V., «La discriminación por razón de idioma», *op. cit.*, p. 209.

III. LA DELIMITACIÓN DE LOS TERRITORIOS DE PREDOMINIO LINGÜÍSTICO

El Estatuto de 1982 ya contenía una remisión al legislador de una determinación de los territorios en los cuales predominase el uso del valenciano o del castellano, con la finalidad de establecer excepciones al uso y enseñanza de la lengua propia de la Comunidad.

La técnica legislativa de la norma en 1982 era manifiestamente mejorable, como lo es en 2006, donde salvo una pequeña modificación estilística, se ha mantenido el texto de la disposición. Y mantenemos esta posición crítica por una sencilla razón. Hubiera sido legítimo prever una garantía estatutaria de la excepción de la enseñanza del valenciano en los territorios de predominio lingüístico del castellano, cuestionable, pero legítimo. Pero es a todas luces inapropiado que el Estatuto llegue a prever la posibilidad de exceptuar el uso del valenciano en los territorios de predominio lingüístico castellano. ¿Acaso esta excepción se limitaría al uso oficial, o incluiría también los usos privados?[33]. ¿en qué situación queda la libertad de expresión, en su vertiente de derecho a elegir la lengua de preferencia?[34]

Sin duda, el estatuyente de 1982 pretendió con esta cláusula dejar abierta la posibilidad de establecer un régimen lingüístico de base territorial, de manera que el valenciano fuera, de hecho, cooficial exclusivamente en los territorios de predominio lingüístico valenciano. El estatuyente de 2006 debía haber corregido este evidente *lapsus*. Esta interpretación es la que, de manera más evidente, se desprende del apartado 2 del artículo 7 del vigente Estatuto aragonés.

Salvadas estas cuestiones estilísticas, el precepto estatutario tuvo cumplimiento en el Título V de la LUEV. El artículo 35 contiene una relación, por provincias y alfabética, de los municipios de predominio lingüístico valenciano; y el artículo 36 hace lo propio con los de predominio lingüístico castellano.

---

33 Asensi Sabater, J., «Comentario al artículo 7.6», en Martín Mateo, R. (dir.), *Comentarios al Estatuto ..., op. cit.*, p. 86. El autor aporta una interpretación restrictiva del término «uso» en coherencia con el régimen de cooficialidad lingüística que crea el propio Estatuto.

34 Prieto de Pedro, J., *Lenguas, ..., op. cit.*, p. 28.

Para la elaboración de la relación se utilizó la relación de poblaciones confeccionada por el Institut de Filologia Valenciana de la Universitat de València. Se trata de un listado que se basa en criterios históricos, principalmente, como se desprende de la enmienda presentada por el Grupo Comunista que propuso la «*reestructuración total a la luz de un estudio más riguroso sobre la base de la realidad sociolingüística, y atendiendo no sólo al carácter histórico, sino a los movimientos inmigratorios internos y externos (que vienen de otras Comunidades del último tiempo. Todo ello debe buscar no la división de los valencianos, sino un conocimiento más exacto que permita planificar, programar, dotar de los servicios y medios imprescindibles*»[35].

Al margen de esta consideración, la relación propuesta fue finalmente aprobada.

Esta relación, según el artículo 37.2 de la LUEV, «*podrá ser revisada en función de la aplicación de la presente Ley*», precepto ciertamente oscuro. Caben tres interpretaciones. La primera es, desde un punto de vista lógico, imposible: si el criterio de elaboración es histórico, difícilmente la aplicación de la Ley va a comportar cambios. Las otras dos son, cuanto menos extrañas. Una de ellas implicaría que la aplicación de la Ley ha supuesto un éxito «extraordinario» y alguno de los municipios de predominio castellano ha pasado a ser lingüísticamente valenciano; la otra implicaría la vertiente negativa, la Ley ha fracasado y municipios de predominio valenciano pasan a serlo de predominio castellano. Es difícil valorar estas dos últimas opciones, en cualquier caso, como se ha apuntado anteriormente, la Ley parte de una determinación de raíz histórica, precisamente para evitar el criterio sociolingüístico de 1983 que, probablemente hubiese situado entre los territorios de predominio castellano, entre otras ciudades, a Alicante, donde deliberadamente se reunieron Les Corts para aprobar esta Ley.

No ha habido alteraciones en este —ni en otro— apartado de la LUEV, aunque es evidente que sería necesaria la adaptación de las denominaciones oficiales de los municipios y la incorporación de los

---

[35] Enmienda núm. 61 (BOCV núm. 16/I, p. 410).

municipios de nueva creación al listado[36]. Su carácter de norma de mínimos permite al legislador y a los poderes públicos un amplio margen de actuación. Y esta delimitación territorial, sin embargo, sí que tiene efectos en la configuración *de facto* del régimen jurídico del valenciano, como se ha visto en la reciente Ley 1/2024, de 27 de junio, por la que se regula la libertad educativa.

Ello es así porque mientras que en las zonas valencianohablantes sí que se da, en mayor medida, un régimen de bilingüismo entre castellano y valenciano, ciertamente imperfecto pero con tendencia a consolidarse; en las zonas de predominio castellano el régimen de bilingüismo se reduce prácticamente al ámbito educativo y de manera muy atemperada, que lo aproxima *de facto* al modelo navarro de territorialidad lingüística que no es el establecido en el Estatuto valenciano, donde la cooficialidad es en todo el territorio[37]. Una buena muestra de ello es la toponimia: mientras que son frecuentes los dobles topónimos en los municipios valencianohablantes (Alcoy-Alcoi, Elche-Elx, Castelló-Castellón o Sagunto/Sagunt), no hay ningún caso de municipios de las zonas castellanohablantes que hayan adoptado siquiera la doble denominación del topónimo.

IV. LA ACADÈMIA VALENCIANA DE LA LLENGUA

La reforma de 2006 introdujo, además del apartado 1, un último apartado, el 8, en el que reconoce a la Acadèmia Valenciana de la Llengua (AVL) su condición de institución normativa del valencia-

---

36 Desde 1983 se han creado los siguientes municipios, que no tienen reflejo en el listado de la LUEV, la mayoría por segregación de otros que sí figuran: Alquerías del Niño Perdido, Benicull de Xúquer, Emperador, Los Montesinos, Pilar de la Horadada, San Antonio de Benagéber, San Isidro y Sant Joan de Moró. Por otro lado, el municipio de Gátova, que inicialmente formaba parte de la provincia de Castellón, actualmente forma parte de la provincia de Valencia.

37 Tasa Fuster, V. y García Mengual, F. (2020). «Políticas de identidad: cultura, lengua, símbolos y patrimonio», en Martín Cubas, J. (ed. lit.), Garrido Mayol, V. (ed. lit.), Roig Berenguer, R. (ed. lit.), Política y Gobierno en la Comunitat Valenciana, València, Tirant lo Blanch, p. 493.

no, si bien la AVL es de creación anterior al Estatuto, concretamente se creó en virtud de la Ley 7/1998, de 16 de septiembre, y se constituyó en 2001, con el nombramiento de los 21 primeros académicos. Se trata de la estatutización de uno de los elementos esenciales del régimen jurídico de una lengua.

El Estatuto es la norma idónea para determinar la condición de cooficialidad de una lengua y, con ello, articular su proceso de normalización, lo que incluye tanto el establecimiento de las pautas generales de su régimen jurídico[38].

Entre estas pautas, además de los derechos y deberes de sus usuarios y de los poderes públicos, hay que encuadrar la competencia para definir los contornos de la lengua propia de la Comunidad. Y en este sentido, la determinación de la autoridad normativa de la misma encuentra pleno acomodo[39]. Ocurre así en el Estatuto del País Vasco (art. 6.4) y en el Estatuto de las Illes Balears (art. 35 § 2, y DA 2ª del EAIB de 1983)[40].

En cuanto a la estatutización de la AVL, como se ha expuesto anteriormente, tiene una connotación evidente de refuerzo del carácter *propio* del valenciano respecto a otras lenguas, al establecer un sistema normativo específico «partiendo de la tradición lexicográfica, literaria, y la realidad lingüística genuina valenciana, así como, la normativización consolidada, a partir de las llamadas Normas de

---

38 García Mengual, F. (2013). «Comentario al artículo 41», en Garrido Mayol, V. (dir.), *Comentarios al Estatuto de Autonomía de la Comunitat Valenciana.* Tirant lo Blanch-Consell Jurídic Consultiu de la Comunitat Valenciana, València, pp. 743-746.

39 Así se reconoció en la Sentencia del Tribunal Supremo, Sala Tercera, de lo Contencioso-administrativo, Sección 4ª, Sentencia de 21/9/1998, Rec. 7057/1992, en la que se anuló el acuerdo de un Ayuntamiento que determinaba la normativa del valenciano que debía utilizarse en su ámbito. El Tribunal entendió que esta actuación era competencia de la Comunidad Autónoma: «*La normalización lingüística de un idioma cooficial entra en el ámbito o esfera de intereses de la comunidad local, pero excede de ella para afectar, de modo prioritario, a los de la Comunidad Autónoma, por lo que no puede invocarse la referida capacidad de promoción de intereses propios de la colectividad municipal*»

40 García Mengual, F. (2013). «Comentario al artículo 41», *op. cit.*, pp. 746-748.

Castellón» (art. 3 de la Ley 7/1998), sin perjuicio de la posible convergencia de esta normativa con la fijada por otras autoridades normativas del dominio lingüístico al que pertenece el valenciano. Con todo, sí que tiene la importancia de enfatizar en términos jurídicos e institucionales, y también lingüísticos, la existencia de un elemento lingüístico específicamente valenciano.

La estatutización de la AVL no se produce solo en el artículo 6, sino que se enfatiza en el artículo 41, lo que comporta dotar a su régimen jurídico, económico y de funcionamiento de una garantía específica expresada en la exigencia de mayoría de 3/5 en Les Corts Valencianes para establecer su desarrollo legislativo (art. 44.5 del Estatuto). En su conformación, la AVL es la única institución de autogobierno cuya composición queda al margen del debate político, pues transcurridos 15 años desde su constitución —hecho que se produjo en 2016— la elección de sus miembros se realiza por cooptación entre los académicos.

Por otro lado, el Estatuto no solo reconoce la institución, sino que otorga un carácter vinculante a su normativa que «será de aplicación obligatoria en todas las Administraciones públicas de la Comunitat Valenciana» (art. 42), en coherencia con lo dispuesto en la Ley de creación al establecer que «las decisiones de la AVL, en el ejercicio de sus funciones, deberán ser observadas por todas las Instituciones de la Generalitat, por los poderes públicos, por el resto de Administraciones Públicas, el sistema educativo, y los medios de comunicación, las entidades, los organismos y empresas, de titularidad pública o que cuenten con financiación pública» (art. 5 de la Ley 7/1998)[41]. En este punto, hay que entender que el legislador estatutario asumió de manera específica la regulación legal ordinaria previa.

---

41 En este sentido, el Tribunal Superior de Justicia de la Comunitat Valenciana ratificó la sentencia del Juzgado de lo Contencioso-Administrativo número 6 de los de València, que confirmó la anulación de una subvención pública a una asociación por no aplicar a la actividad objeto de la subvención la normativa lingüísitica de la AVL (STSJCV 250/2022 de 30/6/2022, Sala de lo Contencioso-administrativo, Sección 4ª, 2, Rec. 659/2019).

V. CONCLUSIONES

El Estatuto de autonomía establece, al amparo de lo previsto en el artículo 3 dela Constitución, la cooficialidad del valenciano en todo el ámbito territorial de la Comunidad Autónoma. Como consecuencia de ello, el actual artículo 6 configura los rasgos esenciales de ese régimen de cooficialidad.

El régimen de cooficialidad no fue esencialmente modificado en la reforma estatutaria de 2006, antes bien, se mantuvo prácticamente inalterado y solo dos aspectos merecen ser destacados de la reforma. En primer lugar la especificación del carácter propio del valenciano, rasgo este que permite la afirmación de esta lengua como un elemento privativo específico de la Comunitat Valenciana, tanto respecto a la otra lengua cooficial, como respecto a otras lenguas que no tienen este carácter.

Como consecuencia de esta afirmación, tras la reforma, se estatutiza la Acadèmia Valenciana de la Llengua, institución normativa del valenciano creada en 1998 y que con su incorporación al Estatuto adquiere no solo la condición de institución de autogobierno, sino una garantía institucional que se manifiesta en un régimen jurídico sometido a mayorías parlamentarias reforzadas.

El desarrollo de este precepto, como el de buena parte del Estatuto de 2006, es anterior a la propia norma. En este caso concreto, la Ley 4/1983, de 23 de noviembre, de Uso y Enseñanza del Valenciano, es la principal fuente de determinación del régimen jurídico de la cooficialidad lingüística en la Comunitat Valenciana.

Uno de los elementos nucleares del régimen jurídico de la cooficialidad es el derecho ya reconocido en el Estatuto a recibir enseñanza del y en valenciano. Este, junto con los derechos de no discriminación por razón de lengua y de uso y conocimiento del valenciano, son las únicas posiciones subjetivas que condicionan la acción del legislador valenciano.

Sus principios son claros, y sus ambiciones, notablemente limitadas si se compara esta norma con otras coetáneas de otras Comunidades Autónomas y, por supuesto, con otras posteriores.

La cooficialidad lingüística de la Comunitat Valenciana se asienta sobre una posición abstencionista de los poderes públicos respecto a los usos lingüísticos de los ciudadanos. En otros términos, podríamos hablar de neutralidad lingüística. La LUEV apuesta por una igualdad escrupulosa de las dos lenguas cooficiales desde la perspectiva de la Administración, por lo que los esfuerzos de los poderes públicos en la normalización del valenciano parece que deben orientarse a alcanzar el nivel de uso del castellano, no más, ni, por supuesto, relegarlo a una condición subalterna, algo que ha sido declarado inconstitucional de manera reiterada por el Tribunal Constitucional. La otra vertiente de la cooficialidad valenciana se sitúa en la rotunda afirmación de la libertad de elección lingüística de los ciudadanos, el ejercicio del conocido como derecho de *opción lingüística*. El uso de las dos lenguas cooficiales se hace depender de la voluntad y la capacidad de sus usuarios. Ello lleva a que la LUEV sitúe como principal política de promoción del valenciano la política educativa, esto es, la capacitación de los valencianos, especialmente de las nuevas generaciones, en el uso y conocimiento de la lengua propia. Desde esta segunda óptica, los poderes públicos asumen el deber de garantizar, de manera progresiva, la viabilidad de los derechos lingüísticos de los ciudadanos. Precisamente, el ámbito educativo ha sido en los últimos años un ámbito donde se han contrastado modelos distintos de afrontar este objetivo de garantizar la promoción del valenciano y la opción lingüística.

Algunas voces han sido especialmente críticas con el rendimiento de la LUEV, y con ella, del Estatuto, en materia de normalización lingüística. Sin embargo, hay que reseñar que son voces que con frecuencia sitúan como término de comparación de su análisis el proceso de normalización lingüística de Cataluña. De esta manera, se desenfoca el objeto de valoración. Ni el estatuyente valenciano ha buscado nunca un régimen lingüístico como el catalán, ni el legislador de la LUEV persiguió definir un régimen jurídico del valenciano homologable al de las Leyes de Normalización gallega, vasca y catalana de los primeros años 80. Y no lo hizo a conciencia. La situación sociolingüística y política valenciana difiere notablemente de la de estas tres Comunidades y de la de las Illes Balears. Los objetivos y los medios no pueden ser equiparables.

Por lo demás, el problema, en última instancia es el proceso de dignificación y recuperación del valenciano. Sobre esta cuestión, como en tantas otras en la Comunitat Valenciana, no hay unanimidad. Parece evidente que el valenciano ha ganado notables cotas de prestigio en ciertos ámbitos científicos y culturales, y que se ha detenido el proceso de sustitución lingüística que en ciertas comarcas había alcanzado gran velocidad a mediados del siglo pasado. Sin embargo, persiste una situación de diglosia importante y la implantación de la lengua propia en algunas zonas de la Comunidad, incluso de predominio lingüístico valenciano según la LUEV, no deja de ser testimonial aún.

VI. BIBLIOGRAFÍA

Acadèmia Valenciana de la Llengua, *Llibre blanc de l'ús del valencià - I. Enquesta sobre la situació social del valencià. 2004*. Acadèmia Valenciana de la Llengua, Valencia, 2005.

Aguiló i Lúcia, L. (2005). «Balanç del desplegament de la Llei d'Ús i Ensenyament del Valencià», en Alcaraz Ramos, M.; Isabel, F.; y Ochoa Monzó, J. (eds.), *Vint anys de la Llei d'Ús i Ensenyament del Valencià*. Bromera, Alzira, pp. 113-138.

Aguiló i Lúcia, L. (2011). «L'Acadèmia Valenciana de la Llengua i l'Estatut d'Autonomia de la Comunitat Valenciana». *Revista Valenciana d'Estudis Autonòmics*, 56, pp. 146-161.

Alcaraz, M.; Ochoa, J.; e Isabel, F. (2004). «La Llei d'Ús i Ensenyament del Valencià, en via morta». *Revista Llengua i Dret*, 41, 2004, pp. 105-139.

Alcaraz, M.; Ochoa, J.; e Isabel, F., (eds.), *Vint anys de la Llei d'Ús i Ensenyament del Valencià*. Bromera, Alzira, 2005.

Asensi Sabater, J. (1985). «Comentario al artículo 7», en Martín Mateo, R. (dir.), *Comentarios al Estatuto de Autonomía de la Comunidad Autónoma Valenciana*. Instituto de Estudios de la Administración Local, Madrid, pp. 73-87.

Casesnoves Ferrer, R. (2024). «L'enquesta del cens de 2021: coneixement, usos i trajectòries lingüístiques al País Valencià». *Revista de Llengua i Dret*, 82, pp. 268-287.

Català i Bas, A.H. (1995). «Minorías, derechos lingüísticos y jurisprudencia del Tribunal Europeo de Derechos Humanos». *Revista General de Derecho*, 612, pp. 10175-10190.

Felip i Monlleó, J.V., «La Llei d'Ús i Ensenyament del Valencià (1983-1999)», en Garrido Mayol, V. (coord.), *Instituciones Políticas de la Comunidad Valenciana.* Fundación Profesor Manuel Broseta, Valencia, 2000, pp. 25-40.

García Mengual, F. (2013). «Comentario al artículo 41», en Garrido Mayol, V. (dir.), *Comentarios al Estatuto de Autonomía de la Comunitat Valenciana.* Tirant lo Blanch-Consell Jurídic Consultiu de la Comunitat Valenciana, València, pp. 737-758.

García Mengual, F. (2013). «Comentario al artículo 6», en Garrido Mayol, V. (dir.), *Comentarios al Estatuto de Autonomía de la Comunitat Valenciana.* Tirant lo Blanch-Consell Jurídic Consultiu de la Comunitat Valenciana, València, pp. 163-188.

Garrido Mayol, V. (1993). «Consideraciones jurídico-políticas del proceso autonómico valenciano», en *Estudios sobre el Estatuto Valenciano,* Tomo I, Consell Valencià de Cultura, València, pp. 69-227.

Garrido Mayol, V. (2011). «La discriminación por razón de idioma», en AA.VV., *Estudios Interdisciplinares sobre Igualdad.* Iustel, Madrid, pp. 209-235.

Manent Alonso, L. (2014). «El marco constitucional y estatutario del valenciano y las demás lenguas de España». *Revista española de la función consultiva,* 21, pp. 355-386.

Manent Alonso, L. (2014). «El valenciano ante la Carta Europea de las Lenguas Regionales o Minoritarias». *Revista valenciana d'estudis autonòmics,* 59, 2, pp. 92-117.

Marzal Raga, R. (2022). «Crònica legislativa de la Comunitat Valenciana. Primer semestre de 2022. L'ús del valencià en 'proporció raonable' a l'escola i a la resta d'actuacions administratives». *Revista de Llengua i Dret,* 78, 252-259.

Nadal Tàrrega, M. (1997). «Comentario a la sentencia de la Sala 2.ª del Tribunal Constitucional 75/1997, de 21 de abril». *Revista General de Derecho,* núm. 639, pp. 13857-13876.

Peñaranda Ramos, J.L. (2004). «Informe sobre la propuesta de reforma de Estatuto de Autonomía de la Comunidad Valenciana». *Revista de las Cortes Generales,* 63, pp. 223-316.

Pla Boix, A.M. (2010). «El règim lingüístic en la Sentència 31/2010, de 28 de juny», en *Revista Catalana de Dret Públic,* núm. especial la Sentència sobre l'Estatut, pp. 144-148.

Prieto de Pedro, J., *Lenguas, lenguaje y derecho.* Civitas-UNED, Madrid, 1991.

Tasa Fuster, V. (2024). «Oficialitat lingüística i relacions entre territoris». *Revista Catalana d'Administració Pública,* 1, pp. 53-70.

Tasa Fuster, V. y García Mengual, F. (2020). «Políticas de identidad: cultura, lengua, símbolos y patrimonio», en Martín Cubas, J. (ed. lit.), Garrido Mayol, V. (ed. lit.), Roig Berenguer, R. (ed. lit.), *Política y Gobierno en la Comunitat Valenciana,* València, Tirant lo Blanch, pp. 487-500.

Vivancos Comes, M. (2022). «Modelo educativo y autogobierno valenciano: 40 años de políticas educativas en la Generalitat». *Lex Social, Revista de Derechos Sociales,* 12(1), pp. 324-346.

Vivancos Comes, M. (2024). *10 años de vigencia de la Carta valenciana de derechos sociales: de la letra de la Ley a su despliegue normativo.* Tirant lo Blanch, València.

Algunos apuntes sobre la progresiva delimitación jurisprudencial del régimen de cooficialidad lingüística a cuarenta y cinco años de su aprobación

ALEJO MARTÍNEZ QUIÑONES
Investigador Formación Predoctoral FPU del Departamento de Derecho Constitucional, Universitat de València

RESUMEN: Este trabajo examina la evolución del régimen de cooficialidad lingüística en la Comunitat Valenciana desde su aprobación hace cuarenta y cinco años, con especial atención al papel de la jurisprudencia en su delimitación progresiva. Se analiza el contexto histórico de transición, la regulación constitucional y estatutaria, y la intervención del legislador en la implantación del modelo valenciano. Asimismo, se estudian las principales cuestiones constitucionales planteadas, así como la labor delimitadora del Tribunal Constitucional, evaluando la depuración jurisdiccional de excesos y los criterios jurisprudenciales más recientes. El balance final permite comprender los avances y retos del régimen lingüístico valenciano en el marco jurídico autonómico.

ABSTRACT: This paper examines the evolution of the linguistic co-officiality regime in the Valencian Community over the past forty-five years, with a particular focus on the role of jurisprudence in its gradual delimitation. It analyses the historical context of Spain's transition, the constitutional and statutory framework, and the legislator's role in implementing the Valencian model. The study also addresses the main constitutional issues raised and the delimiting function of the Constitutional Court, evaluating the judicial correction of excesses and recent jurisprudential criteria. The final assessment highlights the progress and challenges of the Valencian linguistic regime within the autonomous legal framework.

Palabras clave: cooficialidad lingüística; jurisprudencia; Estatuto de Autonomía; valenciano; Tribunal Constitucional; Comunitat Valenciana.

Key words: linguistic co-officiality; jurisprudence; Statute of Autonomy; Valencian language; Constitutional Court; Valencian Community.

CIPALES CUESTIONES CONSTITUCIONALES SUSCITADAS Y LABOR DELIMITADORA DEL TRIBUNAL CONSTITUCIONAL. V. DEPURACIÓN JURISDICCIONAL DE ALGUNOS EXCESOS Y CRITERIOS JURISPRUDENCIALES MÁS RECIENTES: UN BALANCE TRAS UNA DÉCADA DE REFORMAS LINGÜÍSTICAS. VI. CONCLUSIONES BIBLIOGRAFÍA.

I. INTRODUCCIÓN: TRANSICIÓN, LENGUA Y CULTURA

La Transición democrática supuso un período de profundas transformaciones políticas y sociales en España, y para la Comunidad Valenciana —también para otras regiones— constituyó un momento clave en la recuperación y revalorización de su identidad cultural, haciendo un especial énfasis en la lengua valenciana. El proceso democrático no solo permitió reconocer al valenciano como un elemento central del patrimonio cultural regional, sino también dotarlo de un marco jurídico que garantizara su protección, promoción y uso equitativo junto al castellano. El advenimiento de la democracia y la tarea de elaborar un nuevo marco constitucional brindó a la ciudadanía una oportunidad histórica para promover iniciativas normativas y políticas que devolvieran a las lenguas regionales la relevancia que habían perdido, y la valenciana no se quedó atrás. Desde entonces, instituciones nacionales y posteriormente autonómicas asumirían el compromiso de normalizar, proteger y promover aquellas otras lenguas distintas de la oficial del Estado, el castellano, que hasta la fecha habrían recibido un tratamiento jurídico de preterición.

En efecto, la situación de la lengua valenciana era compleja a mediados de los años setenta, y si bien la historiografía ha identificado una creciente debilidad de este idioma en los últimos trescientos años, la atención ha de fijarse esencialmente en el pasado siglo. Parece claro que ni la monarquía de los Reyes Católicos ni la de los Austrias se caracterizaron por la implantación de un proyecto lingüístico uniformador —en tal sentido debe interpretarse la ausencia de una lengua oficial y de directrices unificadoras en materia de usos institucionales[1]—, y que la progresiva castellanización de la sociedad de los siglos XVI y XVII respondió más bien a factores demográficos y a la creciente proyección nacional e internacional de la ya entonces lengua española. Ni siquiera la llegada de la dinastía borbónica, que supuso la abolición de las instituciones propias de los reinos y territorios de la Corona de Aragón y la instauración de un centralismo de corte francés, se materializó en una circunstancia en que el poder central gozara de medios suficientes para uniformar los usos lingüísticos de España más allá del estrecho ámbito de actuación que pudiera afectar a las élites sociales y políticas[2] —tampoco fue aquélla su voluntad, al menos no en la medida que otras monarquías europeas caracterizadas por una mucho menor tolerancia hacia la diversidad cultural que la española—. No, la situación más desfavorecida para nuestras lenguas regionales debe encontrarse en el siglo XX: ya entre 1902 y 1926 una serie de Reales Decretos[3] inflexibilizaron el or-

---

1 Milhou, A., "L'impérialisme linguistique castillan: Mythe et réalité", Milhou, A. (coord.), *Langues et identité dans la Péninsule Ibérique,* Cahiers du CRIAR n.° 9, Publications de l'Université de Rouen, 1989, pp. 10-11.

2 *Ibid.*, p. 8.

3 Así lo recuerda Herreras, J. C., "Lenguas y autonomías en España", *Contextos,* núm. 23-24, 1994, pp. 141-142, ofreciendo una relación de distintos instrumentos normativos: de un lado, el Real Decreto de 21 de noviembre de 1902, cuyo Preámbulo reconocía que "es vana ilusión creer que la enseñanza de la doctrina [...] en lengua distinta del castellano no habría de redundar forzosamente en lamentable desconocimiento del idioma nacional [...] que en ninguna parte importa tanto robustecer como en las escuelas", y cuyo artículo 2 disponía apercibimientos e incluso separación del magisterio para aquellos docentes que impartiesen materias en lenguas o dialectos distintos del castellano, aunque ello quedaba atemperado por la posterior aprobación del Real Decreto de 19 de diciembre de 1902, cuyo artículo 3 eximía de responsabilidad en caso de que los alumnos ignoraran la lengua oficial. De otro, el Real Decreto de 11 de junio de 1926 preveía en su artículo 1 la suspensión de empleo y sueldo de uno a tres meses para "los maestros nacionales que proscriban, abandonen o entorpezcan la enseñanza en su escuela del idioma oficial", y en su artículo 2 el traslado a otra provincia en caso de reincidencia. Por añadidura, en materia de canciones, bailes, costumbres y trajes regionales un Real Decreto de 18 de septiembre de 1923 preceptuaba que no existía prohibición alguna para el uso de lenguas regionales o dialectos, "pero en los actos oficiales de carácter nacional o internacional no podrá[n] usarse por las personas investigas de autori-

denamiento para con los idiomas distintos del castellano —aunque solo en parte, pues las Diputaciones vascas y la navarra y la Mancomunidad de Cataluña vinieron facultadas al mantenimiento de un sistema educativo en vasco o catalán[4]—, y sin perjuicio de la mayor pluralidad que en este ámbito caracterizó al periodo republicano[5], el régimen franquista alcanzó el mayor grado de dureza normativa.

En realidad, la dictadura vino marcada por dos etapas en materia lingüística y cultural. La primera se caracterizó por un cariz nacionalista, que se concretó en la prohibición sistemática del uso de las lenguas y dialectos en todos los ámbitos a partir de 1938, particularmente en lo que atañía a la educación, el registro civil y los medios de comunicación[6]; la segunda, por una progresiva apertura, que a partir de los años cincuenta permitió la creación de academias que aposta-

---

dad. Además, "las corporaciones de carácter local o regional" no quedaban obligadas al uso del castellano, aunque sí a "llevar en castellano los libros oficiales de registro".

4 García Hoz, V., *La educación en la España del siglo XX*, Ed. Rialp, 1980, p. 141.

5 Conforme al artículo 4 de la Constitución de 9 de diciembre de 1931, y a pesar de que "salvo lo que se disponga en leyes especiales a nadie se le podrá exigir el conocimiento ni el uso de ninguna lengua regional" y de la condición del castellano de lengua oficial de la República, las Cortes podrían reconocer otros derechos a las lenguas provinciales o regionales (art. 4) y las regiones autónomas podían organizar la enseñanza en sus lenguas (art. 50).

6 De nuevo, Herreras, J. C., "Lenguas y autonomías…", cit., pp. 142-144. En efecto, ya el 1 de febrero de 1938 todas las lenguas distintas del castellano fueron eliminadas de la escuela junto con la laicidad y la coeducación, y posterior Orden de 1940 es clara al disponer que "todos los funcionarios contractuales […] que se expresen en el interior o en el exterior de los edificios municipales en una lengua que no sea la del Estado serán inmediatamente destituidos, sin que tengan derecho a reclamar"; "por lo que se refiere a maestros públicos y particulares, esta falta comportará la pérdida de los derechos a enseñar". Por su parte, la Orden de 18 de mayo de 1938 rechazaba la inscripción de nombres en el registro civil en idioma distinto al español, y otra de 21 de mayo impedía la utilización de idiomas regionales en la redacción de los estatutos de sociedades y asociaciones. Circunstancia similar concurría en el caso de las marcas de los productos y en los letreros de los establecimientos comerciales con una Orden de 20 de mayo, y también en el de la denominación de los barcos con otra de 11 de enero de 1945.

rían por la recuperación de la relevancia social de las culturas minoritarias como es el caso de la vasca[7]. En la década de los setenta, y tras la ratificación por España de la Convención de las Naciones Unidas de 16 de diciembre de 1960[8], especialmente favorable a la educación en el idioma propio de las minorías lingüísticas, la Ley General de Educación de 1970 reconocería oficialmente a las lenguas regionales como parte integrante del sistema de enseñanza —aunque solo con carácter facultativo y en los niveles básicos—, y haría posible el "conocimiento [...] y el acceso a las manifestaciones culturales" de la lengua materna "a los alumnos que lo soliciten"[9]. En fin, en el año 1975 la normativa franquista abriría la puerta de la pluralidad a distintos sectores de la vida pública, declarando que "las lenguas regionales podrán ser utilizadas por todos los medios de difusión de la palabra oral y escrita y especialmente en los actos y reuniones de carácter cultural"[10].

Ante este estado de cosas, la Transición dio rápido paso a la reivindicación de la diversidad, que comprendería dos fases: inicialmente, incluso antes de la aprobación constitucional, el Ejecutivo aprobaría entre 1978 y 1979 los denominados decretos de bilingüismo[11], cuyo

---

7 Asimismo también cambió la normativa reguladora del registro civil, que permitiría los nombres extranjeros o regionales salvo que tuvieran traducción usual en castellano (Orden de 14 de noviembre de 1958, art. 192) y finalmente dispondría que "en general se propondrán palabras españolas, incluidas las regionales, pudiendo ser nombres propios o comunes y geográficos nacionales o extranjeros" (Orden de 20 de junio de 1968, art. 18).

8 Convención relativa a la lucha contra las discriminaciones en la esfera de la enseñanza, de 14 de diciembre de 1960, suscrita por España el 20 de agosto de 1969.

9 Artículo 2 del Decreto 1433/1975, de 30 de mayo, por el que se regula la incorporación de las lenguas nativas en los programas de los Centros de Educación Preescolar y General Básica.

10 Artículo 2 del Decreto 2929/1975, de 31 de octubre, por el que se regula el uso de las lenguas regionales españolas.

11 *Vid.* Real Decreto 2092/1978, de 23 de junio, por el que se regula la incorporación de la Lengua catalana al sistema de enseñanza en Cataluña; Real Decreto 1049/1979, de 20 de abril, por el que se regula la incorporación de la lengua vasca al sistema de enseñanza en el País Vasco; Real Decreto 1981/1979, de 20 de julio, por el que se regula la incorporación de la Lengua Gallega al sistema educativo en Galicia; Real Decreto 2003/1979, de 3

objetivo fue la generalización de la enseñanza obligatoria de las lenguas regionales; en segundo lugar, y una vez en vigor la nueva Constitución —cuya regulación del fenómeno lingüístico se analizará a continuación—, las transferencias educativas y la aprobación de los estatutos de autonomía permitieron a las Comunidades Autónomas la asunción de competencias en esta materia, así como la aprobación de leyes de normalización lingüística para sus territorios. En el caso valenciano, la Generalitat se erigió en motor del proceso de recuperación identitaria, que se materializó en la creación de un nuevo marco normativo que no solo reconocería el valenciano como un pilar de la identidad regional, sino que también establecería medidas concretas para su revitalización. La regulación impulsada durante este período tuvo como meta principal equiparar el valenciano con el castellano en todos los ámbitos de la vida pública, promoviendo su uso normal y garantizando que los ciudadanos pudieran ejercer su derecho a utilizarlo sin restricciones ni discriminaciones. Paso definitivo de este proceso sería la aprobación, en desarrollo de las previsiones estatutarias, de la Ley de Uso y Enseñanza del Valenciano. Vayamos pues, sin más dilación, con ello.

II. MARCO CONSTITUCIONAL Y ESTATUTARIO

La regulación constitucional de la cuestión lingüística no es extensa. Al margen de la voluntad expresada en el Preámbulo de "proteger a todos los españoles y pueblos de España en el ejercicio de los derechos humanos, sus culturas y tradiciones, lenguas e instituciones", el artículo 3 constituye la referencia esencial[12], al instituir la ofi-

---

de agosto, por el que se regula la incorporación de la Lengua Valenciana al sistema de enseñanza del País Valenciano; Real Decreto 2193/1979, de 7 de septiembre, por el que se regula la incorporación al sistema de enseñanza en las islas Baleares de las modalidades insulares de la lengua catalana y de la cultura a que han dado lugar.

12 Referencia exhaustiva en este punto es Sánchez Agesta, L. y Prieto de Pedro, J. J., "Artículo 3: Las lenguas de España", Alzaga Villaamil, Ó. (coord.), *Comentarios a la Constitución Española de 1978*, Vol. 1, (Preámbulo y artículos

cialidad de la lengua española (art. 3.1) —que se extiende también a las restantes lenguas de España en sus respectivas Comunidades Autónomas "de acuerdo con sus Estatutos" (art. 3.2), remitiendo a los mismos la decisión y la concreción del ámbito territorial y alcance de la cooficialidad— y consagrar el derecho y deber de utilizarla. De este modo, nuestro modelo constitucional eleva al máximo estatus jurídico las lenguas regionales, suponiendo uno de los más avanzados en este ámbito[13]. Además, se proclama que "la riqueza de las distintas modalidades lingüísticas de España es un patrimonio cultural que será objeto de especial respeto y protección" (art. 3.3).

La concreción de este mandato —que resulta extensible a todos los poderes públicos en un doble plano: la protección y el fomento del conocimiento tanto del castellano como de las lenguas regionales y el derecho a no ser discriminado por razón lingüística[14]— queda esencialmente, aunque no sólo, conferida a las autoridades autonómicas, y a tal efecto el artículo 148.1.17ª permite la asunción competencial del "fomento de la cultura, de la investigación y, en su caso, de la enseñanza de la lengua" por parte de las Comunidades Autónomas. En cualquier caso, el Tribunal Constitucional ha enfatizado en su jurisprudencia la necesidad de una interpretación amplia de la atribución de competencias, reconociendo que "el art. 147.2.d) de la Constitución [...] no remite exclusivamente a las determinadas en el Título VIII, sino que lo hace, más amplia o genéricamente, al «marco establecido en la Constitución»"[15]. De este modo, la norma fundamental atribuye una labor de velar por la pluralidad lingüística tanto al Estado como a las Comunidades Autónomas "de acuerdo al

---

1 a 9), 1996, pp. 241-284. Igualmente Solozábal Echavarría, J. J., "El modelo lingüístico constitucional como conjunto categorial específico", López Castillo, A. (dir.), *Lenguas y Constitución Española*, Tirant lo Blanch, 2013, pp. 35-50, y por constituir una doctrina doblemente autorizada, tanto en lo jurídico como en lo lingüístico, Muñoz Machado, S., "El castellano y las demás lenguas de España en la Constitución española", *Crónica de la lengua española 2021*, Real Academia Española, 2021, pp. 47-68.

13 López Basaguren, A., "Algunos problemas en torno a la cooficialidad lingüística y el Poder Judicial", *Jueces para la democracia*, núm. 34, 1999, pp. 24-33.

14 STC 337/1994, de 23 de diciembre.

15 STC 94/1985, de 29 de julio.

reparto general de competencias"[16], pero también con arreglo a los mandatos que genéricamente se proyectan sobre todos los poderes públicos en este ámbito.

Asimismo, el Órgano de garantías ha enfatizado que la noción constitucional de oficialidad comporta el reconocimiento de una lengua "como medio normal de comunicación en y entre ellos [los poderes públicos] y en su relación con los sujetos privados, con plena validez y efectos jurídicos" e independientemente de la "realidad y peso como fenómeno social" de cada idioma oficial; y ello por muchas dificultades adaptativas que esta cuestión pueda conllevar, pues "tales dificultades son resultado de una decisión constitucional"[17]. Sin embargo, y en cualquier caso, conviene insistir en que el régimen constitucional no es exhaustivo ni excesivamente rígido, circunstancia que acaso ha quedado desdibujada por la realidad de que todos los estatutos autonómicos han optado por una regulación similar del fenómeno lingüístico —en este punto, parte de la doctrina alude a una pérdida de perspectiva respecto al verdadero alcance de la disponibilidad estatutaria—[18].

Si atendemos al modelo valenciano, el Estatuto de Autonomía, en su actual artículo 6 y en el 7 del aprobado en 1982, ha adoptado por consenso[19] las líneas maestras de actuación: entre otras, la oficialidad

---

16 STC 56/1990, de 29 de marzo. En este punto, especial hincapié ha hecho la jurisprudencia constitucional en el papel del Estado que, conforme al artículo 149.1.1, le corresponde "para regular las condiciones básicas que garanticen la igualdad de todos los españoles en el ejercicio de los derechos y en el cumplimiento de los deberes constitucionales entre los cuales se encuentra el de conocer la lengua del Estado" (STC 6/1982, de 22 de febrero).

17 STC 82/1986, de 26 de junio.

18 Es el caso de López Basaguren, A., "Las lenguas oficiales entre Constitución y Comunidades Autónomas ¿desarrollo o transformación del modelo constitucional?", *Revista española de derecho constitucional*, núm. 79, 2007, pp. 83-112.

19 Sobre el proceso que permitió alcanzar este consenso y sus tensiones puede verse Garrido Mayol, V., "Consideraciones jurídico-políticas del proceso autonómico valenciano", Ferrando Badía, J. (coord.), *Estudio sobre el Estatuto Valenciano (Tomo I): el proceso autonómico*, Consell Valencià de Cultura, 1993, pp. 193 y ss. Igualmente, y con la perspectiva de la reforma estatutaria de

de castellano y valenciano y el reconocimiento del derecho a su conocimiento, uso y enseñanza, así como el carácter de lengua propia de la Comunidad Valenciana en el caso de este último; la no discriminación por razón lingüística; la recuperación y normalización de la lengua regional y su especial protección y respeto; y la remisión a la ley de sus criterios de aplicación en la Administración y la enseñanza y de la delimitación de los territorios de predominio lingüístico —y también de las posibles excepciones al régimen previsto, lo cual constituye, junto con el caso navarro, una previsión específica valenciana dadas nuestras particularidades sociolingüísticas, menos uniformes que en el resto de regiones bilingües—.

Sin embargo, y como ha señalado la doctrina, lo cierto es que el régimen previsto en el Estatuto para la lengua valenciana es más bien parco —a diferencia del caso catalán, en el que en 2006 se dotó de rango estatuario al modelo que, a través de la configuración legal, se había afianzado en las décadas precedentes[20]—. La labor esencial corresponderá, como inmediatamente veremos, al legislador autonómico, que no estará sometido a los rigores del mayor consenso que el proceso autonómico exigió. En todo caso, pueden apuntarse algunas particularidades de entre las previsiones que efectúa el artículo 6 del Estatuto de Autonomía:

De un lado, relevante novedad es la consideración como "propia" de la lengua valenciana en la redacción de 2006 —en este sentido, reconoce el Tribunal Constitucional la relevancia de esta calificación como "condición [...] inexcusable para su reconocimiento como lengua oficial", no pudiendo recibir tal tratamiento jurídico las lenguas que no revistan la condición de "característica, histórica y privativa" de una región"[21]—; de otro, debe repararse en que la reforma estatutaria también enfatiza el derecho a la enseñanza en la lengua

---

2006, *vid.* en Garrido Mayol, V. (dir.), *Comentarios al Estatuto de Autonomía de la Comunitat Valenciana*, Tirant lo Blanch, 2013, Camps Ortiz, F., "Tanto como el que más", pp. 35-42 y Pla i Durà, J. I., "La vía valenciana hacia la España plural, pp. 43-56. También Fliquete Lliso, E., "Artículo Primero", pp. 87-104.

20 García Mengual, F., "Artículo Sexto", Garrido Mayol, V. (dir.), *Comentarios al Estatuto...*, cit., p. 173.

21 STC 31/2010, de 28 de junio.

valenciana, al incorporar el inciso "todos tienen derecho a conocerlos y a usarlos y a recibir la enseñanza del, y en, idioma valenciano". Y en fin, debe hacerse notar que el Estatuto no obliga a que la cooficialidad de la lengua despliegue sus efectos en todo el territorio, dada cuenta de la posibilidad de introducir las señaladas excepciones y de la citada delimitación territorial de los territorios de predominio lingüístico. En este sentido, parece posible identificar en el estatuyente una cierta deferencia hacia el legislador, al que en la práctica se le permitiría incluso dejar en testimonial la cooficialidad en los lugares de predominio castellano[22].

III. EL PAPEL DEL LEGISLADOR EN LA PROGRESIVA IMPLANTACIÓN DEL MODELO VALENCIANO

Dada cuenta de la configuración estatutaria que se acaba de apuntar, el diseño esencial del régimen jurídico de la cooficialidad debe encontrarse en la Ley 4/1983, de 23 de noviembre, de Uso y Enseñanza del Valenciano, cuyo Preámbulo fue claro al referirse a la necesidad de desplegar un proceso de "total equiparación con el castellano" capaz de superar "la relación de desigualdad existente entre las dos lenguas oficiales de nuestra Comunidad Autónoma" y de garantizar la promoción y protección de aquél. A tal efecto, la ley incorporó una serie de previsiones, cuya característica esencial reside en la opción del legislador valenciano por una igualdad jurídica estricta entre lenguas —de nuevo, recordemos que el marco constitucional no predefine el tratamiento concreto que la lengua cooficial debe recibir, y que las exigencias del Estatuto son, esencialmente, las de la no discriminación y el derecho al conocimiento, uso y enseñanza—. De esta manera, nos encontramos con una apuesta por la neutralidad más alejada de otros modelos como el catalán —esencialmente, el del Estatuto de Autonomía de 2006, pero en realidad también los que caracterizaron inicialmente a las leyes normalizadoras catalana, vasca y gallega—, inclinados por la consideración preferente de la

22 En este sentido, García Mengual, G. "Artículo Sexto", cit., p. 184.

lengua regional frente al castellano: el legislador valenciano se ha centrado primordialmente en asegurar la libertad de elección de los ciudadanos, absteniéndose de intentar condicionar sus usos lingüísticos[23].

Así pues, y esencialmente, la Ley tiene por objeto los ámbitos siguientes: en primer término, y asumiendo la remisión estatutaria, regula el régimen jurídico de la lengua en la Administración y la enseñanza, reconociendo a los ciudadanos un conjunto de derechos de rango legal en su relación con aquélla (arts. 2 a 16) y garantizando la validez y plena eficacia jurídica de todas las actuaciones administrativas realizadas en valenciano (art. 19.1). Por una parte, y en orden a asegurar estos extremos, se prevé de modo expreso la necesidad de valorar los conocimientos de valenciano en el acceso a la función pública, pudiendo hacerlos obligatorios según los casos, esto es, ya no como mérito sino como requisito (arts. 30.2 y 3). En lo que se refiere al sistema educativo, la Ley hace efectiva la garantía general de enseñanza del y en valenciano, incorporándolo en todos los niveles y procurando, además, la impartición de las primeras enseñanzas en la lengua materna (art. 19.1). Por añadidura, se incorpora el requisito lingüístico en el acceso a la función docente (art. 23.1). Paralelamente, la norma cuida especialmente la no discriminación por razón lingüística (arts. 3 a 5 y 20), y además se establecen expresas previsiones en orden al fomento y extensión de la lengua y cultura regionales (arts. 30 y 34).

Y en fin, y esto es especialmente relevante, el legislador valenciano cumple también su cometido de delimitar los territorios de predominio lingüístico: sus artículos 35 y 36 realizan la correspondiente numeración teniendo en cuenta los términos municipales de las tres provincias. Con base en ella, la Ley ha previsto una serie de excepciones a su régimen general, garantizando situaciones jurídicas como la exención de la enseñanza en valenciano (art. 24). Por lo demás, la delimitación realizada no ha estado exenta de críticas, pues su fundamento es histórico y no toma por base los actuales usos de los valencianos. En este sentido, desde el ámbito de la lingüística se ha

---

23 García Mengual, F., "Artículo Sexto", Garrido Mayol, V. (dir.), *Comentarios al Estatuto...*, cit., p. 186.

recordado la importancia de disponer de "un conocimiento lo más exacto posible de la realidad" a la hora de potenciar la utilización de las lenguas regionales, e incluso una enmienda formulada por el Grupo Comunista defendió la necesidad de "un estudio más riguroso [...] atendiendo no sólo al carácter histórico, sino a los movimientos inmigratorios internos y externos"[24]. En todo caso, debe tenerse presente que el propio texto legal permite revisar la clasificación de territorios "en función de la aplicación de la presente Ley" (art. 37.2).

Por lo demás, no es de desdeñar el papel del Gobierno valenciano en la concreción de este régimen normativo. En algunas ocasiones es la propia Ley de Uso y Enseñanza la que realiza expresa remisión a tal efecto, y en otras, la tarea de desarrollar reglamentariamente la regulación de la cooficialidad es de capital importancia para su aplicación. En ciertos supuestos, como más tarde se verá, la misma no se ha ajustado a la norma legal que establece las directrices generales en este ámbito, y es aquí donde se han suscitado las principales controversias jurisdiccionales. En cualquier caso, baste con tener en cuenta por el momento que la actividad reglamentaria del Consell ha sido profunda y que los modelos desplegados han sido objeto de no pocas reformas, determinando en buena medida el sentido en que aplicar las previsiones contenidas en la Ley de Uso y Enseñanza.

IV. PRINCIPALES CUESTIONES CONSTITUCIONALES SUSCITADAS Y LABOR DELIMITADORA DEL TRIBUNAL CONSTITUCIONAL

Es precisamente el carácter abierto y no exhaustivo de la regulación de la cuestión lingüística por parte de la norma fundamental —y también de algunos Estatutos de Autonomía, esencialmente en el caso de los de primera generación— el que ha llevado a nuestro Órgano de garantías a tener que realizar una amplia labor de interpretación y delimitación de los contornos constitucionales del régimen

---

[24] Enmienda número 61 (Diario Oficial de la Comunidad Valenciana núm. 16/I, p. 410).

de cooficialidad. Como es lógico, los objetos de pronunciamiento coinciden con las principales materias hasta aquí abordadas:

En primer término, el Tribunal Constitucional ha diseccionado aquello que tiene que ver con el equilibrio entre el castellano, idioma oficial del y en todo el Estado, y los demás idiomas cooficiales, especialmente a raíz de una interpretación expansiva del concepto de *lengua propia* que en los últimos tiempos ha presidido la actuación de algunas autonomías. Así las cosas, y si bien parece que el modelo constitucional permitía dejar la puerta abierta a un régimen "asimétrico" y más favorable para la lengua común y las regionales, si esa fuera la decisión de cada estatuyente[25] —algunos autores han encontrado incluso el fundamento de ello en el deber constitucional de conocimiento del castellano presente en el artículo 3.1 CE[26]—, la línea seguida ha sido más bien la contraria y ha conducido a la consideración como *preferente* de algunas lenguas cooficiales, elevándolas a un estatus superior precisamente por el hecho de resultar propias al territorio, frente a una pretendida ajenidad del castellano.

Frente a ello, el Tribunal Constitucional, sobretodo a raíz de la impugnación del Estatuto catalán de 2006, ha sostenido que, a diferencia de la noción de *normalidad*, el concepto de *preferencia* "implica la primacía de una lengua sobre otra [...], imponiendo [...] la prescripción de un uso prioritario de una de ellas [...cuando] en ningún caso pueden tener un trato privilegiado"[27]. Del mismo modo, no se ha opuesto al concepto jurídico de *lengua propia,* al entenderla, como ya se ha visto, como "peculiar o privativa" dada cuenta de su contraste "inobjetable" con el castellano, "lengua compartida con todas las Comunidades Autónomas", aunque sí al entendimiento de que el carácter propio pudiera justificar "un desequilibrio del régimen cons-

---

25 López Basaguren, A., "Las lenguas oficiales...", cit., p. 90.

26 Es el caso, por ejemplo, de Rubio Llorente, F., "Dictamen»", *La lengua de la enseñanza en la legislación de Cataluña,* Institut d'Estudis Autonòmics, pp. 645-676 o de Solozábal Echavarría, J. J., "El régimen constitucional del bilingüismo: la cooficialidad lingüística como garantía institucional", Sauca Cano, J. M. (dir.), *Lenguas, Política, Derechos,* Universidad Carlos III, 2000, pp. 265-294.

27 STC 31/2010, de 28 de junio.

titucional de la cooficialidad"[28]. En otros términos, sí será aceptable que el legislador acuerde dispensar un tratamiento especial, incluso más intenso, a una lengua cooficial si se trata de "superar los desequilibrios existentes entre las dos lenguas" mediante "las adecuadas y proporcionadas medidas de política lingüística", subsanando así situaciones históricas de desequilibrio, pero ello no podrá conducir al establecimiento de un régimen preferente de la lengua cooficial frente al castellano[29].

En realidad, todo ello se desprende de la consideración de una cuestión básica: la reserva de Estatuto prevista en el artículo 3.2 de la Constitución limita estrictamente la actuación del estatuyente a aquello que concierne al régimen jurídico de la lengua cooficial, sin poder afectar a la lengua oficial del Estado[30]. Esta circunstancia, unida al derecho constitucional al uso del castellano previsto en el artículo 3.1, que comporta tanto una dimensión activa como otra pasiva en la relación del ciudadano con los poderes públicos, convierte en constitucionalmente ilícito el establecimiento de un régimen de preferencia en los términos descritos. De ser de otro modo, nos encontraríamos ante la paradoja de que el Estado también podría minorizar la lengua cooficial ejerciendo su competencia sobre la lengua común[31].

Por otra parte, la jurisprudencia constitucional ha enfatizado especialmente la nota progresiva de la implantación de la cooficialidad. En este sentido, el Órgano de garantías recuerda que nos encontramos ante un proceso en el ejercicio de derechos, que requerirá previamente de la adopción de las "medidas oportunas" y los "medios necesarios", de modo que, a la hora de dar cumplimiento al artículo 3.2, "cada poder público regulará los medios y el ritmo de la necesaria adaptación a las exigencias [del precepto...] en cuan-

---

28 *Ibid.*

29 SSTC 337/1994, de 23 de diciembre y 31/2010, de 28 de junio

30 López Basaguren, A., "Las lenguas oficiales...", cit., p. 90.

31 Así se recuerda en *ibid.*, donde también se trae a colación una posible línea excepcional del Tribunal Constitucional contraria a estas tesis, contenida en STC 56/1990, de 29 de marzo, al abordar el régimen de las lenguas cooficiales en la Administración de Justicia.

to a las condiciones en que tal derecho puede verse efectivamente satisfecho"[32]. En este sentido, el Tribunal Constitucional acostumbró a referirse en su jurisprudencia coetánea a las primeras andaduras del proceso autonómico a "una progresiva adaptación de las respectivas Administraciones"[33] al régimen de cooficialidad lingüística.

En relación con la enseñanza, la jurisprudencia ha hecho énfasis en que se trata de un derecho de configuración estatutaria o legal, pero que no puede comprenderse en el contenido constitucional del artículo 27, que no incluye como parte o elemento del derecho constitucionalmente garantizado "el derecho de los padres a que sus hijos reciban educación en la lengua de preferencia de sus progenitores en el Centro docente público de su elección", como tampoco puede desprenderse tal exigencia de una interpretación conjunta con el artículo 14. Lejos de ello, el Tribunal señala que nos encontramos ante un derecho de creación legal, que como en general ocurre con el derecho a la educación desplegará una vertiente de libertad y otra prestacional sujeta a las posibilidades existentes —así lo previó el propio legislador valenciano en el artículo 19 de la Ley de Uso y Enseñanza—, que en todo caso deberán aplicarse sin discriminación entre los hablantes de una u otra lengua[34].

Y en fin, cuestión que interesa especialmente destacar es la del requisito lingüístico en el acceso a la función pública. A este respecto, el Tribunal Constitucional ha entendido superado el juicio de razonabilidad en tanto que las lenguas regionales gozan de la condición de cooficiales y, por este motivo, son válidas y eficaces en las actuaciones desplegadas por todos los poderes públicos; circunstancia a la que cabe añadir el derecho que la regulación autonómica concede a los ciudadanos para dirigirse a ellos en la lengua de su elección y la exigencia constitucional de una actuación eficiente por parte de la Administración, que de no atenderse a estas previsiones quedaría en entredicho (art. 103.1 CE). Así las cosas, para nuestro máximo intérprete constitucional "resulta constitucionalmente líci-

---

32 STC 82/1986, de 26 de junio.

33 *Ibid.*

34 Todo ello en SSTC 195/1989, de 27 de noviembre y 19/1990, de 12 de febrero.

to exigir [...] un cierto nivel de conocimiento de la lengua [...] que resulta imprescindible para que el funcionario pueda ejercer adecuadamente su trabajo"[35] y, se deduce de ello, para que la normalización sea efectiva.

En realidad, esto nos lleva al complejo asunto de la limitación de derechos como consecuencia del régimen de cooficialidad lingüística. En términos generales, la jurisprudencia es clara al reconocer que el establecimiento de la misma en un territorio en los términos que hoy caracterizan a nuestras autonomías no resulta contradictoria con el principio de igualdad, y que los derechos fundamentales pueden verse modulados en su contenido a fin del cumplimiento de las exigencias inherentes a nuestro modelo constitucional de lenguas, debiéndose atender a la proporcionalidad y razonabilidad de las medidas en cuestión[36]. Esto cobra particular relevancia en el caso del artículo 23.2 —también, huelga decir, del 14 y tampoco han de olvidarse los 139.1 y 149.1—, en el que habrá que atender a las tareas concretas a desarrollar por el empleado público —el criterio lingüístico "ha de acreditarse y valorarse en relación con la función a desempeñar"— y la incidencia de la lengua sobre las mismas, de modo que aquél se convertirá en un mero elemento objetivo de mérito y capacidad.

Última cuestión en este punto tiene que ver con la posibilidad de establecer a nivel estatutario un deber genérico de conocimiento de la lengua cooficial, como el que por ejemplo trató de establecer el nuevo Estatuto catalán. La jurisprudencia constitucional ha sido clara al rechazar el encaje de una previsión de esta clase en nuestra norma fundamental —y también, en general, la doctrina, aunque pueden encontrarse algunas posiciones muy razonadas en abstracto favorables a aquél, que ponen el foco en la intensidad que caracterice al deber en la regulación estatutaria[37]—. Reproduzco por su claridad la argumentación del Tribunal:

---

[35] STC 46/1991, de 28 de febrero.

[36] *Ibid.*

[37] Es el caso de López Basaguren, A., "Las lenguas oficiales...", cit., pp. 87-89.

> "El art. 14 de la C.E, interpretado a la luz de los textos internacionales que mencionan expresamente la lengua entre las circunstancias eventualmente determinantes de discriminación inconstitucional (art. 2 de la Declaración Universal de Derechos Humanos, arts. 2, 26 y 27 del Pacto Internacional de Derechos Civiles y Políticos), de acuerdo con el art. 10.2 de la C.E., constituye un límite material respecto al ejercicio de la habilitación que el art. 3.2 de la C.E. confiere a los Estatutos de Autonomía para regular la cooficialidad de otra lengua española distinta del castellano. El criterio de vinculación más intensa a las normas constitucionales determina que, conforme al art. 3.1 de la C.E., sólo respecto del castellano quepa predicar, junto al derecho a usarlo, el deber de conocerlo, lo que se fundamenta en la singularidad de este idioma como común a todos los españoles y lengua oficial del Estado"[38].

"Ni para el legislador estatutario ni para el legislador autonómico es posible la imposición de ese deber, por resultar contrario a la Constitución. La singularidad del castellano, en cuanto que sólo para él se imponga constitucionalmente el deber de conocimiento, resulta de su exclusiva condición de idioma común a todos los españoles y lengua oficial del Estado. La significación jurídica de ese deber constitucional puede conectarse la prohibición de discriminación por razones lingüísticas que resulta del art. 14 de la C.E. en conexión con el mandato de su art. 10.2, ya que textos internacionales, como la Declaración Universal de Derechos Humanos, en su art. 2, y el Pacto Internacional de Derechos Civiles y Políticos, en sus arts. 2, 26 y 27, proscriben esa discriminación. Los poderes públicos, en cuanto que pueden presumir válidamente que todos conocen el castellano, al actuar únicamente en esa lengua no incurren en principio en discriminación que vulnere el artículo 14"[39].

---

38 STC 82/1986, de 26 de junio.

39 STC 84/1986, de 26 de junio.

V. DEPURACIÓN JURISDICCIONAL DE ALGUNOS EXCESOS Y CRITERIOS JURISPRUDENCIALES MÁS RECIENTES: UN BALANCE TRAS UNA DÉCADA DE REFORMAS LINGÜÍSTICAS

No es nuestro propósito en este punto analizar más que la jurisprudencia recaída en relación con disposiciones normativas que han incidido en el régimen jurídico del valenciano durante los últimos diez años. De este modo, quedan fuera de nuestro estudio aquellos pronunciamientos que han podido afectar a otras lenguas de España, que en algunos casos han rebasado con claridad el marco constitucional al dejar al castellano en una muy secundaria posición —y que incluso expertos de la lengua han sostenido caían en el mismo error de principio que caracterizó a los gobiernos centrales: ignorar una de las dos realidades sociolingüísticas durante largo tiempo[40]—. Lejos de ello, se trata únicamente de examinar el caso valenciano, en el que las principales controversias jurisdiccionales han procedido del ejercicio de la potestad reglamentaria del Consell, en tanto que la Ley de Uso y Enseñanza, suscitadora de un mayor consenso, no ha sido objeto de modificación, como tampoco con carácter general el régimen de cooficialidad previsto en el Estatuto de 1982 a raíz del nuevo texto de 2006. Fuera de este análisis quedan también aquellas otras reformas adoptadas en los últimos dos años, que han sido impugnadas pero respecto de las que no se dispone aún de pronunciamientos procedentes de la jurisdicción.

Esencialmente, durante la última década la jurisprudencia del Tribunal Superior de Justicia de la Comunidad Valenciana se ha caracterizado por una serie de notas básicas: en primer término, se ha mostrado defensora de una conjunta lectura de los artículos 14 y 27 de la Constitución frente a algunas previsiones normativas introducidas en el ámbito de las enseñanzas no universitarias[41]. En este sentido, han sido anulados diversos preceptos reglamentarios que

---

[40] Salvador, G., *Lengua española y lenguas de España*, Ariel Lingüística, 1987, pp. 103-104.

[41] Contenidas esencialmente en Decreto 9/2017, de 27 de enero, del Consell, por el que se establece el modelo lingüístico educativo valenciano y

establecían una "manifiesta desigualdad" en perjuicio de la lengua castellana, pues conculcaban los citados derechos fundamentales y por añadidura infringían el propio tenor de la Ley de Uso y Enseñanza —al exigir a los poderes públicos procurar, en la medida de las posibilidades organizativas de los centros, que todos los escolares reciban las primeras enseñanzas en su lengua habitual (art. 19. 1)—. Así las cosas, el Tribunal ha censurado aquellas disposiciones que determinaban que sólo se pudiera elegir un nivel lingüístico en cada centro o que incluso hacían desaparecer en la mayoría de ellos la línea en castellano; que materializaban una circunstancia insuficiente para los derechos de los padres o tutores a elegir la lengua vehicular de sus hijos, imposibilitando en la práctica la elección de centro; o que ofrecían un trato desigual injustificado en la certificación de las competencias lingüísticas al vincular su reconocimiento automático al grado de incorporación del valenciano al currículo[42].

De otro lado, relevante es la jurisprudencia en materia de usos institucionales y administrativos de las lenguas oficiales[43], en la que ha primado la línea que ya caracterizó la actuación del Tribunal Constitucional a partir de la STC 31/2010, de 28 de junio, realizando una interpretación conforme de aquella regulación que determinaba la redacción en valenciano de los elementos de identidad corporativa de la Administración de la Generalitat; aunque anulando similares disposiciones en el caso de la rotulación informativa, por no preservar el equilibrio entre las dos lenguas oficiales y tratar de forma desigual a los distintos territorios de la Comunidad Valenciana, pues sólo preveían la rotulación en castellano para los territorios de tal predominio lingüístico[44]. En este punto, la jurisprudencia valenciana

se regula su aplicación en las enseñanzas no universitarias de la Comunitat Valenciana.

42 STSJCV de 25 de abril de 2018 (R. 143/2017). Igualmente, respecto de la segunda cuestión, *vid.* STC 22/1981, de 2 de julio, y respecto de la tercera STEDH de 23 de julio de 1968, c. *Bélgica.*

43 Reformó esta cuestión, y también las sucesivas, el Decreto 61/2017, de 12 de mayo, del Consell, por el que se regulan los usos institucionales y administrativos de las lenguas oficiales en la Administración de la Generalitat.

44 STSJCV de 19 de julio de 2018 (R. 314/2017).

no es sino deudora de la del Tribunal Supremo que ha abordado la cuestión de los rótulos y placas informativas[45].

Adicionalmente, el Tribunal Superior de Justicia ha anulado aquella normativa que preceptuaba que todas las actuaciones administrativas internas de la Administración de la Generalitat se redactarían en valenciano, entendiendo que ignoraba la existencia de territorios de predominio castellano; y también de la reglamentación que mandataba el uso de la lengua cooficial en las notificaciones y comunicaciones a las personas físicas y jurídicas residentes en los territorios de predominio valenciano, salvo expresa solicitud en contrario[46]. En este punto, la jurisdicción valenciana se limitó a aplicar la referida jurisprudencia constitucional recaída en el caso del Estatuto catalán, que excluyó la posibilidad de someter a una específica carga la comunicación en castellano con los administrados y, en general, cuantas formalidades y condiciones lingüísticas pudieran redundar para ellos en una obligación adicional en su relación con la Administración. El fallo valenciano sería en última instancia confirmado por el Tribunal Supremo[47].

Paralelamente, resultaron anuladas cuantas disposiciones ordenaban los registros administrativos de la Generalitat con el empleo único del valenciano en la recogida y procesamiento de los datos salvo expresa indicación de los interesados, cuestión que además se extendía a las comunicaciones de los ciudadanos con el personal de la Administración. En este caso, el precepto conculcado era el artículo 14 de la Ley de Uso y Enseñanza, al exigir que los asientos a realizar en cualquier registro público se practicaran en la lengua oficial solicitada por el interesado y, en caso de no solicitar ninguna, en aquella en que se hubiera declarado, otorgado o redactado el documento a asentar; y también la jurisprudencia de los Tribunales Superiores de Justicia catalán y vasco, que con claridad han venido afirmando

---

45 *Vid.* STS de 26 de enero de 2000 (R. 66/1994), en relación con el vasco.

46 STSJCV de 19 de julio de 2018 (R. 314/2017).

47 SSTS 634/2020, de 2 de junio (R. 5834/2018), 923/2020, de 3 de julio (R. 5935/2018), 704/2020, de 9 de junio (R. 6525/2018) y 999/2020, de 14 de julio (R. 6527/2018).

la ilicitud de "imponer a los empleados públicos el uso de una sola [lengua...] sin justificación"[48].

Y en fin, cuestión esencial ha sido la de la Oficina de Derechos Lingüísticos —instituida, en términos del Preámbulo del decreto que le dio creación[49], ante la "necesidad de que los poderes públicos pongan al alcance de la ciudadanía un recurso [...] especializado en la atención de casos de discriminación en materia lingüística"—, que ha dado lugar a numerosa jurisprudencia y a intenso debate jurídico sobre la posible calificación de su actividad como auténtica actuación administrativa. En similar postura a la mantenida por el Consell Jurídic Consultiu[50] [51], el Tribunal Superior de Justicia determinó que las decisiones de la Oficina producían verdaderos efectos jurídicos en la esfera de derechos de los particulares y que éstos se veían, sin embargo, desprovistos de garantías en punto a la audiencia, contradicción, prueba y recurso que exigiría una actividad de esta índole, todo lo cual conculcaba el artículo 9.3 de la Constitución en sus extremos de seguridad jurídica, responsabilidad e interdicción de la arbitrariedad de los poderes públicos[52]. Tal planteamiento se vería confirmado por el Tribunal Supremo, que reconocería la capacidad de la Oficina para afectar a derechos fundamentales —esencialmente a la intimidad— y anudaría a ella una insuficiente regulación de rango reglamentario y también una ausencia de expresa habilitación en la Ley de Uso y Enseñanza para la limitación de derechos. Finalmente, y en consecuencia, la regulación impugnada se entendería también contraria a los artículos 103.1 y 105.d de la norma fundamental[53].

---

48 STSJC de 9 de diciembre de 2015 (R. 7/2012) y STSJPV de 29 de mayo de 2017 (R. 1051/2016).

49 Decreto 187/2017, de 24 de noviembre, del Consell, por el que se regula el funcionamiento de la Oficina de Derechos Lingüísticos.

50 Dictamen 506/2017, de 12 de julio.

51 He realizado un examen de la principal doctrina consultiva emitida en materia lingüística en Martínez Quiñones, A., "Una aproximación al diálogo consultivo-jurisdiccional en el ámbito de la potestad reglamentaria autonómica: el caso de los decretos del Consell", *Revista Española de la Función Consultiva*, núms. 37-38, 2022, pp. 196-200.

52 STSJCV de 22 de mayo de 2020 (R. 30/2018).

53 STS 1357/2021, de 22 de noviembre (R. 4651/2020).

VI. CONCLUSIONES

La evolución del régimen jurídico de la cooficialidad lingüística en la Comunidad Valenciana ilustra con claridad el modo en que el Estado autonómico ha permitido articular fórmulas flexibles de protección de la diversidad cultural y lingüística. A lo largo de cuatro décadas, la lengua valenciana ha transitado desde una situación de marginación institucional hacia un reconocimiento pleno en el marco constitucional y estatutario. Este proceso, marcado por un equilibrio entre el respeto a la integridad estatal y la afirmación de las identidades territoriales, ha hallado en la jurisprudencia un referente imprescindible para delimitar los contornos del principio de cooficialidad y evitar sus posibles excesos o desnaturalizaciones.

Así pues, el Tribunal Constitucional ha jugado un papel capital en esta evolución, estableciendo los límites de actuación tanto del estatuyente como del legislador autonómico, y de su doctrina se desprende una constante: la defensa de la igualdad jurídica entre las lenguas oficiales y la proscripción de toda preferencia que altere el equilibrio entre ellas y el castellano. La noción de *lengua propia* ha sido admitida como elemento de identidad cultural pero no como fundamento para el establecimiento de un régimen de primacía, y el Órgano de garantías ha venido sosteniendo una interpretación progresiva del artículo 3 de la Constitución, orientada a la efectividad del derecho de uso de las lenguas regionales, pero también a la preservación del derecho de todos los ciudadanos a utilizar el castellano sin restricciones.

En el caso valenciano, la Ley de Uso y Enseñanza ha representado, desde su aprobación, un modelo de neutralidad y equilibrio dentro del conjunto de las políticas lingüísticas autonómicas. Frente a otros sistemas más intensos en la promoción de la lengua cooficial, nuestro legislador ha optado por un planteamiento inclusivo, sustentado en los principios de libertad de elección, igualdad jurídica y ausencia de discriminación, que ha buscado garantizar que la recuperación y normalización del valenciano se llevara a cabo sin menoscabar los derechos lingüísticos de quienes optan por el uso del castellano, de manera que ambos idiomas pudieran coexistir como instrumentos de plena equivalencia. Esta orientación ha permitido compatibilizar la protección activa de la lengua con la vigencia íntegra de los derechos fundamentales de todos los ciudadanos, propiciando una convivencia lingüística ordenada y respetuosa, y ha contribuido a consolidar un modelo de cooficialidad cooperativa y flexible, atento a las particularidades sociolingüísticas del territorio y a la diversidad de sus hablantes.

En fin, la última década ha estado marcada por una intensa depuración jurisdiccional de la actividad normativa en esta materia, especialmente en el ámbito reglamentario. Las resoluciones del Tribunal Superior de Justicia de la Comunidad Valenciana —avaladas en diversas ocasiones por el Tribunal Supremo— han reforzado la necesidad de aplicar el principio de proporcionalidad en las políticas lingüísticas, asegurando que las medidas de fomento del valenciano no se tradujeran en limitaciones injustificadas de derechos. Esta jurisprudencia ha contribuido a afianzar un modelo de cooficialidad a mi juicio razonable, en el que la promoción legítima de una lengua no transgrede las fronteras marcadas por la Constitución, el Estatuto de Autonomía y en no escasa medida por la propia Ley de Uso y Enseñanza, que ha acostumbrado a ser desoída cuando en ocasiones la vía formalmente más adecuada para establecer nuevos modelos lingüísticos —sin perjuicio de la eventual colisión con aquéllos— habría sido su propia reforma.

VII. BIBLIOGRAFÍA

Camps Ortiz, F., "Tanto como el que más", Garrido Mayol, V. (dir.), *Comentarios al Estatuto de Autonomía de la Comunitat Valenciana,* Tirant lo Blanch, 2013, pp. 35-42.

Fliquete Lliso, E., "Artículo Primero", *Comentarios al Estatuto de Autonomía de la Comunitat Valenciana,* Tirant lo Blanch, 2013, pp. 87-104.

García Hoz, V., *La educación en la España del siglo XX,* Ed. Rialp, 1980.

García Mengual, F., "Artículo Sexto", *Comentarios al Estatuto de Autonomía de la Comunitat Valenciana,* Tirant lo Blanch, 2013, pp. 163-188.

Garrido Mayol, V., "Consideraciones jurídico-políticas del proceso autonómico valenciano", Ferrando Badía, J. (coord.), *Estudio sobre el Estatuto Valenciano (Tomo I): el proceso autonómico,* Consell Valencià de Cultura, 1993, pp. 69-227.

Herreras, J. C., "Lenguas y autonomías en España", *Contextos*, núm. 23-24, 1994, pp. 141-142.

López Basaguren, A., "Algunos problemas en torno a la cooficialidad lingüística y el Poder Judicial", *Jueces para la democracia*, núm. 34, 1999, pp. 24-33.

López Basaguren, A., "Las lenguas oficiales entre Constitución y Comunidades Autónomas ¿desarrollo o transformación del modelo constitucional?", *Revista española de derecho constitucional*, núm. 79, 2007, pp. 83-112.

Martínez Quiñones, A., "Una aproximación al diálogo consultivo jurisdiccional en el ámbito de la potestad reglamentaria autonómica: el caso de los decretos del Consell", *Revista Española de la Función Consultiva*, núms. 37-38, 2022, pp. 185-231.

Milhou, A., "L'impérialisme linguistique castillan: Mythe et réalité", Milhou, A. (coord.), *Langues et identité dans la Péninsule Ibérique*, Cahiers du CRIAR n.º 9, Publications de l'Université de Rouen, 1989.

Muñoz Machado, S., "El castellano y las demás lenguas de España en la Constitución española", *Crónica de la lengua española 2021*, Real Academia Española, 2021, pp. 47-68.

Pla i Durà, J. I., "La vía valenciana hacia la España plural", Garrido Mayol, V. (dir.), *Comentarios al Estatuto de Autonomía de la Comunitat Valenciana*, Tirant lo Blanch, 2013 pp. 43-56.

Rubio Llorente, F., "Dictamen»", *La lengua de la enseñanza en la legislación de Cataluña*, Institut d'Estudis Autonòmics, pp. 645-676.

Sánchez Agesta, L. y Prieto de Pedro, J. J., "Artículo 3: Las lenguas de España", Alzaga Villaamil, Ó. (coord.), *Comentarios a la Constitución Española de 1978*, Vol. 1, (Preámbulo y artículos 1 a 9), 1996, pp. 241-284.

Solozábal Echavarría, J. J., "El régimen constitucional del bilingüismo: la cooficialidad lingüística como garantía institucional", Sauca Cano, J. M. (dir.), *Lenguas, Política, Derechos*, Universidad Carlos III, 2000, pp. 265-294.

Solozábal Echavarría, J. J., "El modelo lingüístico constitucional como conjunto categorial específico", López Castillo, A. (dir.), *Lenguas y Constitución Española*, Tirant lo Blanch, 2013, pp. 35-50.

DERECHOS ESTATUTARIOS Y DESPLIEGUE LEGISLATIVO

Los derechos de los valencianos y valencianas en el Estatuto de Autonomía

REMEDIO SÁNCHEZ FERRIZ
Catedrática Emérita de Derecho Constitucional, Universitat de València

SOFÍA NORDLUND
Doctoranda en Derecho Constitucional, Universitat de València

RESUMEN: Esta reflexión aborda la escasa relevancia que tuvo inicialmente el reconocimiento de derechos en los primeros Estatutos de Autonomía, a fin de valorar adecuadamente las profundas novedades introducidas por las reformas de 2006. Dichas reformas incidieron en la configuración general del Estado autonómico, aunque en el caso valenciano este impulso se centró principalmente en la reivindicación histórica del derecho civil propio, sin éxito tras los pronunciamientos negativos del Tribunal Constitucional. Pese a los avances que el Estatuto ha supuesto, especialmente en materia de derechos sociales, su regulación presenta deficiencias técnicas notables y renuncia a una enumeración sistemática de los derechos, remitiendo al legislador la elaboración de una futura Carta de Derechos.

ABSTRACT: This paper reflects on the initially marginal role played by the recognition of rights in the first Statutes of Autonomy, in order to properly assess the significant innovations introduced by the 2006 reforms. These reforms reshaped the overall conception of Spain's autonomous system; however, in the Valencian case, the debate focused mainly on the claim to recover its own civil law, which ultimately proved ineffective after the Constitutional Court's negative rulings. Despite the progress achieved, particularly concerning social rights, the Valencian Statute lacks solid legal technique and avoids a systematic enumeration of rights, delegating to the legislator the task of drafting a future Bill of Rights.

Palabras clave: derechos; Estatuto de Autonomía; Comunitat Valenciana.

Key words: rights; Statutes of Autonomy; Valencian Community.

rechos o directrices y principios? 4. Los derechos estatutarios no crean competencias, sino al revés. III. EL ESTATUTO VALENCIANO TRAS LA REFORMA DE 2006. 1. Discretas aspiraciones. 2. El título II: derechos de los valencianos y las valencianas. 3. Peculiaridades que le alejan de otras grandes reformas de la época. 3.1. Contenido esencialmente social. 3.2. Reiteración de compromisos que asume la Generalitat. IV. A MODO DE PRIMERA CONCLUSIÓN. V. LA REALIDAD NORMATIVA HOY EN EL DESARROLLO DE LOS DERECHOS QUE LE SON PROPIOS A LA COMUNIDAD AUTÓNOMA A PARTIR DE SU ESTATUTO. 1. Aproximación a una idea general del despliegue normativo de los derechos sociales. 2. Los Derechos Sociales más destacables y su desarrollo especifico por la Comunidad Valenciana en la actualidad. 2.1. Paridad de género. 2.2. Protección integral de la familia. 2.3. Diversidad Funcional. 2.4. Derechos en materia de Vivienda. 2.5. Sanidad y Educación. 2.6. Para finalizar, el derecho a la Educación como derecho social pero realmente, también, fundamental. VI. BIBLIOGRAFÍA.

I. ALGUNA CONSIDERACIÓN PREVIA

Queremos comenzar esta presentación de lo que llamamos derechos de valencianos y valencianas con alguna precisión que, a nuestro juicio, es importante.

En primer lugar, los derechos de los valencianos son los de todos españoles en lo que a derechos fundamentales y libertades públicas (los más garantizados y reforzados por el art. 53 CE) se refiere. Por lo demás, la previsión del art. 81 CE en el que se lleva a cabo una reserva reforzada de ley orgánica también reserva a la competencia estatal el "desarrollo" de los mismos derechos y libertades[1] que se refiere a la aplicación legislativa de sus elementos esenciales sin perjuicio de todo un margen de "regulación" de mayor detalle que queda en manos del legislador ordinario[2].

---

1 Al reflexionar sobre la STC 236/2007 recordaba el carácter accesorio o secundario del papel de las Comunidades Autónomas en el desarrollo de las libertades públicas en virtud de los arts. 81.1 y 149.1.1ª CE. Ello está lejos de ser una excentricidad, pues se acepta incluso por los mayores defensores de los nuevos Estatutos que, como veremos, tratan de clarificar que no están hablando propiamente de derechos fundamentales. También, José Tudela Aranda (Tudela Aranda, J., *Derechos constitucionales y autonomía política*, Civitas, Madrid, 1994, p. 353) precisa la misma idea: "Los derechos [...] presentan importantes diferencias. Algunos se muestran como inaprehensibles".

2 Con todo, la exclusividad de los derechos fundamentales y libertades públicas como objeto de desarrollo solo por el Estado es indiscutible y no solo

En segundo lugar, cuando nos referimos al legislador ordinario no cabe olvidar la naturaleza compuesta de nuestro Estado y, por consiguiente, la existencia y actividad del legislador estatal pero también de los autonómicos cuyos parlamentos legislan con productos del mismo rango que el estatal por lo que solo la asunción licita de com-

---

alcanza a las leyes autonómicas sino a los propios Estatutos. El Estatuto tampoco puede acaparar materias que corresponden al legislador, aun cuando fuera el propio del territorio para el que representa la norma institucional básica. En la STC 31/2010, de 28 de junio, F.j. 17 puede leerse lo siguiente: "Esa función de desarrollo no puede acometerse en una ley orgánica de aprobación de un Estatuto de Autonomía; y ello por razones que tienen que ver con la condición del Estatuto como norma institucional básica, por un lado, y con su vigencia territorial limitada, por otro.
Lo primero supone que el Estatuto de Autonomía, como norma primera de un sistema normativo autónomo, tiene su ámbito más propio en el terreno de la generalidad, la abstracción y los principios, lo que no se compadece con la disciplina de desarrollo de un derecho fundamental cuya proclamación y definición sustancial (contenido mínimo) ya se habrá verificado en la Constitución, de suerte que la intervención del Estatuto sólo sería admisible si fuera reiterativa; esto es, si se limitara a hacer lo que ya se ha hecho en la Constitución, en la que se agota la función normativa necesaria en ese primer nivel de abstracción, al que sólo puede seguir ya la función de desarrollo, proceso de concreción que no corresponde al Estatuto. Lo segundo implica que la participación del Estatuto en el desarrollo de los derechos redundaría en una pluralidad de regímenes de derechos fundamentales (tantos como Estatutos), lo que afectaría al principio de igualdad de los españoles en materia de derechos fundamentales.
De otra parte, la divisoria ley orgánica/ley ordinaria en materia de derechos fundamentales (desarrollo/regulación: arts. 81.1 y 53.1 CE) supone que el Estatuto, en tanto que ley orgánica, tampoco puede, no ya declarar o desarrollar derechos fundamentales o afectar a los únicos que son tales, sino siquiera regular el ejercicio de tales derechos. Podrá hacerlo, en su caso, el legislador autonómico, en tanto que legislador ordinario y de acuerdo con el reparto constitucional de competencias, pero no el legislador (orgánico) estatuyente. De ahí que no haya paradoja alguna en el hecho de que por simple ley autonómica (ley ordinaria) pueda hacerse lo que no cabe en un Estatuto (norma superior a la autonómica). En realidad, no es que pueda hacerse más por ley autonómica; es que se hace cosa distinta, como corresponde en el juego de normas ordenadas con arreglo al criterio de competencia".

petencias por cada Estatuto de autonomía[3]. Naturalmente dispondrá de un margen menor en materia de derechos personalísimos, pero no así en todos los que requieren de un ejercicio activo que puede y debe ser regulado como también en aquellos que requieren de estructuras administrativas para ser efectivos cuyo ejemplo más claro sería, sin duda, el derecho a la educación.

Pero, en tercer lugar, donde las CCAA tienen un papel indudablemente decisivo, es en los que conocemos como derechos sociales hasta el punto de que, como en alguna ocasión ya hemos apuntado, el Estado social español se ha desarrollado a través de las CCAA[4]. Y, en este sentido, es pertinente citar a Ferrajoli, pues muy parece muy descriptiva su afirmación[5]: *mientras el Estado se ocupa de la vigencia de los derechos del Tit. I CE, las CC.AA. tienen un amplísimo margen en lo realmente importante que es su validez*. Ello, supone la vinculación de los legisladores autonómicos a los contenidos del Cap. III, del Tít. I CE, lo que nada tiene de extraordinario habida cuenta del principio de constitucionalidad (ex art. 9.1 CE), la vinculación que los derechos comportan para todos los poderes públicos (ex art. 53,1) y el principio de igualdad territorial del que se ocupan los arts. 138 y 139 CE. No hay, en principio por qué dudar del respeto al marco constitucional por más que la polémica en torno a algunos Estatutos (en especial el

---

3 Bien distinto podría ser el régimen jurídico de su ejercicio, tal como razona Ignacio Villaverde Menéndez, en "La función de los derechos fundamentales en el marco del Estado de las Autonomías", *Revista d'Estudis Autonòmics y Federals*, núm. 5, 2007, pp. 205 y ss., que construye toda su interpretación del art. 149.1.1ª sobre tal distinción (entre desarrollo del derecho fundamental y régimen jurídico de su ejercicio; cfr. p. 225). La delimitación de aquél es obra exclusiva de la Constitución y, por consiguiente, es indisponible para todo legislador, ya sea central (incluso orgánico) o autonómico. El régimen jurídico sí es susceptible de regulaciones divergentes y es ahí, justamente, donde halla su papel el art. 149.1.1ª pues debe establecer las condiciones básicas (mínimas, a partir de las cuales sí pueden «mejorar» las autonomías; cfr. pp. 235 y ss.) que garanticen la igualdad entre todos los españoles.

4 Entre otros, Catalá Bas, A.H. Estatuto valenciano y construcción del Estado social, en V. Garrido Mayol (dir.), *Modelo de Estado y reforma de los Estatutos*, Fundación Profesor Manuel Broseta, 2007.

5 Ferrajoli, L. *Derechos y Garantías. La Ley del más débil*, Trotta, 2002.

catalán) haya dado lugar a un debate doctrinal muy interesante que tal vez, pese a ser muy deseable, no se haya dado sobre ningún otro elemento constitucional a lo largo del presente régimen.

En cuarto lugar, al hablar de derechos, centrándonos en los ordenamientos autonómicos, es inevitable distinguir dos etapas que con carácter general se pueden observar en todos los Estatutos y que adquieren un significado extraordinario no solo por el desarrollo estatutario sino también por la polémica doctrinal surgida en el tránsito de una a otra etapa y la profundidad de muchos estudios desarrollados con tal ocasión que han aportado verdaderos fundamentos para una teoría del Estado compuesto y de sus posibilidades de evolución hacia la federación.

Por último, asumimos el título que se nos ha fijado y hasta lo compartimos por tratarse de un Título del propio Estatuto, pero no parece necesaria la distinción del género (gramatical) asumida como esta ya hoy, por todos los legisladores, la de la igualdad hombre-mujer.

II. DOS RESPUESTAS DIFERENTES. ANTES Y DESPUÉS DEL AÑO 2006, QUE CONSTITUYE EL PUNTO DE INFLEXIÓN

Los primeros Estatutos, como no podía ser de otra manera, respondían en esta materia a la principal preocupación del momento: poner en marcha el Estado autonómico[6] sin que la cuestión de los derechos fuera entonces prioritaria[7]. Así, bastó que todos ellos dedi-

---

6 Por todos, Parejo Alfonso, L., "La evolución del Estado Constitucional y la construcción en España del Estado de las Autonomías", *Asamblea: revista parlamentaria de la Asamblea de Madrid*, núm. Extra 1, 2006, pp. 5-96.

7 Ello sin perjuicio de interesantes aportaciones aun no existiendo debate: Entre otros, Barceló, M., *Los derechos constitucionales en el Estado Autonómico*, Civitas, 1990. También, desde el Derecho Administrativo, Martín-Retortillo Baquer, L. "Derechos y Libertades fundamentales: estándar europeo, estándar nacional y competencia de las Comunidades Autónomas", *Organización Territorial del Estado (Comunidades Autónomas)*, Instituto de Estudios Fiscales, Madrid, 1985, vol. III. Más en profundidad, a partir del estudio comparado, Baño León, J.M., *Las autonomías territoriales y el principio de uniformidad de las*

caran un artículo de remisión al art. 9.2 CE concebido como síntesis del Cap. III del Título I CE.

1. El caso valenciano: Artículo 2 del ECV de 1982

El Estatuto valenciano de 1982, como prácticamente todos los de la primera época ya confesaba tal vocación social y democrática en su art. 2 que rezaba así:

> «Los derechos, deberes y libertades de los valencianos son los establecidos o reconocidos por la Constitución y el presente estatuto. Corresponde a la Generalidad Valenciana, en el ámbito de sus competencias, promover las condiciones para que la libertad y la igualdad de los ciudadanos y de los grupos en que se integran sean reales y efectivas; eliminar los obstáculos que impidan o dificulten su plenitud, fomentar el desarrollo de las peculiaridades del pueblo valenciano y facilitar la participación de los valencianos en la vida política, económica, cultural y social».

La literalidad del texto refleja la fuerza que en este y en todos los demás Estatutos tuvo la llamada cláusula de progreso (el art. 9.2 de la Constitución) de cuya realización se responsabilizaron los poderes públicos descentralizados por obra de la configuración autonómica del Estado según se ha comentado ya. No hubo debate, pues, sobre el tema, ni era necesario.

Realmente la cuestión se inicia con la consideración de la oportunidad de inclusión de una declaración de derechos en el Estatuto[8] y la preconcepción del tema venia impuesta por la idea de los

---

condiciones de vida, INAP, 1988; Pemán Gavín, J., *Igualdad de los ciudadanos y autonomías territoriales*, Civitas, 1992; y Aparicio, M.A. (ed.) *Derechos y libertades en los Estados compuestos*, Atelier, 2005. Con posterioridad se publicaría el libro de Tudela Aranda, J., *Derechos constitucionales y autonomía política*, cit.; Sánchez Férriz, R., "La labor de los Parlamentos autonómicos en la consolidación del Estado Social", *Corts. Anuario de Derecho Parlamentario*, núm. 16, 2005; y Catalá Bas, A.H. La inclusión de una Carta de derechos en los Estatutos de Autonomía, en VII Jornadas de la función Consultiva, *Revista Española de la Función Consultiva*, núm. 4 (julio-diciembre 2005).

8 Garrido Mallol, V., "Oportunidad, constitucionalidad y relevancia de la Reforma del Estatuto de la Comunidad Valenciana", *Revista valenciana d'estudis autonòmics*, núm. 47-48, 2007, pp. 81 y ss.

derechos sobre la que se discutía: los derechos recientemente reconocidos por la joven Constitución española y sobre cuya tipología, naturaleza y eficacia directa aún no se había construido el suficiente cuerpo de doctrina que solo después de estos años podemos considerar consolidado. De esta suerte, el tema resultaba marginal respecto de lo realmente debía constituir el quehacer inmediato de entonces, que no era otro que el poner en marcha el Estado de las Autonomías y que estas fueran asumiendo competencias.

Sin embargo, la preparación de las reformas de 2006 (ya algún año antes, especialmente la catalana, preparada con mucho tiempo y con todo un programa de estudios e intervenciones académicas), provocó un intenso debate doctrinal en el que se llevaron a cabo diversas relecturas del sistema de fuentes, de la naturaleza de los Estatutos (y de su capacidad para dar vida o, al menos, legitimar comunidades políticas distintas dentro del Estado) e, incluso, de su carácter de *Estatuto-Constitución* que contara con su propia formulación de derechos "autonómicos"[9].

2. Sobre las reformas estatutarias de 2006-2007: derechos, deberes, principios rectores...

La decisiva reforma de los Estatutos, entonces, sí hizo saltar al primer plano aquella cuestión tan secundaria en los primeros años ochenta. Si alguna virtualidad pedagógica podía tener en el primer período para generar algún tipo de sentimiento «estatutario» o autonómico inicial, esa función después ya carecería de sentido, tras haberse asentado las autonomías; aunque sí cabía en el segundo intento el refuerzo de los elementos identitarios como, de hecho, se aprovechó la ocasión como una de las razones del cambio. Otras

---

9 Cfr. El conocido debate entre Diez Picazo y Caamaño: Diez-Picazo, L.M., "¿Pueden los Estatutos de Autonomía declarar derechos, deberes y principios?", *Revista Española de Derecho Constitucional*, núm. 78, 2006; Caamaño, F. "Sí pueden (Declaraciones de derechos y Estatutos de Autonomía)», *Revista Española de Derecho Constitucional*, núm. 79, 2007; Díez Picazo, L.M., "De nuevo sobre las declaraciones estatutarias de derechos: Respuesta a Francisco Caamaño", *Revista Española de Derecho Constitucional*, núm. 81, 2007.

razones serian la conveniencia de sistematizar[10] tantos derechos que a través de las leyes autonómicas se habían ido reconociendo, en la pretensión de convertir[11] muchos de los principios rectores en derechos subjetivos, añadiendo otros nuevos; ello también suscitó alguna reacción doctrinal[12] al suponer, junto al resto de los nuevos textos, una voluntad fuertemente identitaria, tal como advertía Tudela[13] al afirmar que

> «Una lectura detenida de los nuevos preceptos conlleva el interrogante de si los mismos se han escrito pensando más en sus presumibles beneficiarios o en la afirmación identitaria del correspondiente poder político. El análisis singularizado de los distintos preceptos permite identificar rastros nítidos de esta voluntad identitaria.»

Se discutía, no obstante, algo con mucho mayor calado aunque no siempre se reconozca abiertamente: los distintos modos de concebir el propio Estado, lo que comporta diversas relecturas del sistema de fuentes, de la naturaleza de los Estatutos (y de su capacidad para dar vida o, al menos, legitimar comunidades políticas distintas dentro del Estado, o, incluso, de su carácter de Estatuto-Constitución

---

10 Resulta inexcusable en este punto la cita de Ignacio De Otto y Pardo, "Los derechos fundamentales y la potestad normativa de las Comunidades Autónomas en la jurisprudencia del Tribunal Constitucional", *Revista Vasca de Administración Pública*, núm. 10, 1984, posteriormente revisado y actualizado en Estudios sobre Derecho estatal y autonómico, Civitas, 1986. Tanto más que, como recientemente recordaba Ignacio Villaverde Menéndez en «La función de los derechos fundamentales...», cit., (p. 207), su construcción fue posteriormente asumida por el Tribunal Constitucional.

11 Diez-Picazo, L.M., "¿Pueden los Estatutos de Autonomía declarar derechos, deberes y principios?", *cit.*, p. 63.

12 Se llegó a hablar de un segundo proceso autonómico por contraposición al primero subsiguiente a las cortes constituyentes de 1978. Es el caso de Manuel Aragón Reyes (Aragón Reyes, M., "La construcción del Estado Autonómico", *Revista General de Derecho Constitucional*, núm. 1, 2006, pp. 15 y ss) que suaviza la contraposición al distinguir tres fases en el desarrollo de las Autonomías. Entre los trabajos doctrinales que se irán citando, el nº 1 (2006) de la Revista General de Derecho Constitucional ya se dedicó monográficamente a la «Reforma de los Estatutos de Autonomía y Pluralismo Territorial».

13 Tudela Aranda, J., *El Estado desconcentrado y la necesidad federal*, Cívitas 2009, p. 19.

como manifestación de la naturaleza plural-federal del Estado) y, en definitiva, de la posibilidad de dar complitud a cada ordenamiento jurídico autonómico a través, también, de la formulación de derechos «autonómicos»[14].

En definitiva, la primera década del siglo nos dio la oportunidad de razonar y argumentar ampliamente sobre la constitucionalidad de tales reformas y, por consiguiente, sobre su conformidad también con los arts. 139 y 149.1. 1ª CE. Naturalmente, todos los que participan en las reformas invocan la conformidad constitucional de sus respectivas formulaciones y propuestas estatutarias a partir, lógicamente, de diversas lecturas constitucionales presentadas con mayor o menor acritud respecto de las posiciones más centralistas hasta ahora aplicadas[15].

3. ¿Derechos o directrices y principios?

Entre unas y otras posiciones medió (produciendo cierto desencanto) el propio Tribunal Constitucional en sentencia de 12 de

---

14 Por más que se pueda estar o no de acuerdo con la legítima complitud de tales ordenamientos, la inmensa mayoría de quienes han participado en el debate tienen presente la justificación política derivada de ciertos abusos por parte de los poderes estatales en la interpretación de lo que se debiera entender por legislación básica y por la extensión desmesurada de las competencias horizontales. Las quejas, puestas de manifiesto especialmente por los catalanes, son, sin embargo, generalmente justificadas. Así, por todos, Balaguer Callejón, F., "Las cuestiones competenciales en los actuales procesos de reforma de los Estatutos de Autonomía", *Revista General de Derecho Constitucional*, núm. 1, 2006, pp. 39 y ss. Por mi parte, "El Estado de las Autonomías antes y después de 2006", *Revista Valenciana d'Estudis Autonòmics*, núm. 51, 2008, pp. 17-35.

15 Vid. respectivamente: Roig Molés, E., "La reforma del Estado de las Autonomías. ¿Ruptura o consolidación del modelo constitucional de 1978? Comentario al artículo del profesor Pedro Cruz Villalón publicado en el número 2 de Revista d'Estudis Autonòmics y Federals», *Revista d'Estudis Autonòmics i Federals*, núm. 3, pp. 149 y ss.; y Viver Pí-Suñer, C., "En defensa dels Estatuts d'Autonomía com a normes juridiques delimitadores de competencies. Contribució a una polémica jurídicoconstitucional", *Revista d'Estudis Autonòmics i Federals*, núm. 1, 2005, pp. 97 y ss.

diciembre de 2007, (sobre el recurso de inconstitucionalidad interpuesto contra el art. 17 del Estatuto Valenciano de 2006 en el que se reconoce el derecho al agua de los valencianos) que más que resolver coherentemente sobre el precepto, tercia en la polémica en forma poco afortunada según la crítica unánime de la doctrina.

En efecto, tal sentencia declara constitucional la posibilidad de incluir declaraciones de derechos, y en particular por lo que a nosotros se refiere, de reconocer el derecho impugnado; pero en absoluto aporta claridad ni certeza jurídica (tal vez, como en su día apuntó Álvarez Conde, porque ya se presentían las decisiones de la posterior sentencia 31/2010, sobre el Estatuto de Cataluña). Pues, como advirtiera Tudela Aranda sobre la declaración de constitucionalidad realizada por el TC en la sentencia de referencia sobre nuestro art. 17[16],

> "se trata de una declaración confusa ya que esa constitucionalidad se encuentra subordinada a la desnaturalización de los derechos incluidos en esas declaraciones estatutarias...".

Pero sin duda la crítica más expresiva es la que se contiene en el propio Voto particular del magistrado Conde Martin de Hijas:

> "...al enjuiciar la constitucionalidad del precepto recurrido en el proceso (el art. 17 EAV), se salva su constitucionalidad, desde el momento que no se considera propiamente un derecho, sino una directriz u objetivo referido a los poderes públicos de la Comunidad Autónoma. Tal modo de razonar lo considero rechazable... Me resulta un puro artificio dialéctico prescindir de la estructura normativa del precepto, si con ello se le hace decir lo que no dice, dando por sentado que en todo caso la declaración de derechos, "con independencia de su veste", es un simple mandato al legislador autonómico, que precisará de la intervención de éste para configurar "los consiguientes derechos subjetivos de los ciudadanos" ...

---

16 Desde nuestra perspectiva, Vicente Garrido Mayol La incidencia de la STC 31/2010 en la comunidad de Valencia, en Estudios sobre la Sentencia 31/2010, de 28 de junio, del Tribunal Constitucional sobre el Estatuto de Autonomía de Cataluña / coord. por Enrique Álvarez Conde, Cecilia Rosado Villaverde, Francisco Javier Sanjuán Andrés, 2011.

En definitiva,

> "...me resulta intelectualmente inaceptable el dar por sentado que el legislador ha dicho otra cosa distinta (en este caso que ha enunciado un mandato a los poderes públicos, en vez de haber establecido un derecho), para así salvar la constitucionalidad de lo dicho...".

Ni que decir tiene que la STC 31/2010 abundaría en este tipo de reflexiones que, aunque referidas al Estatut de Cataluña, tenían una lectura general. Porque, en última instancia, se hallaba en juego una lectura general del Estado y su descentralización política.

4. Los derechos estatutarios no crean competencias, sino al revés.

Sin duda, con manifestaciones como la transcrita se pretende salir al paso de la enumeración de derechos que no respondan a la ejecución de competencias que se haya asumido expresamente en cada Estatuto y respeten el ordenamiento jurídico. Entre otras muchas, es bien clara la afirmación de la STC 31/2010, F.J. 16:

> "Los derechos reconocidos en el Estatuto han de ser cosa distinta (a los fundamentales). Concretamente, derechos que solo vinculen al legislador autonómico... y derechos, además, materialmente vinculados al ámbito competencial propio de la Comunidad Autónoma...".

En este sentido, y muy sucintamente, de esta afirmación se extrae una consideración fácilmente comprensible, y es que las Comunidades Autónomas no pueden crear nuevos derechos (fundamentales) sino, más bien, derechos de alcance autonómico, que puedan desarrollar aquéllos ya reconocidos en nuestra Constitución Española. Esta realidad, lejos de ser una limitación, es una coherencia constitucional, a saber, la de desarrollar los preceptos más generales en preceptos más concretos, para adaptarlos al Estatuto de Autonomía en cuestión.

III. EL ESTATUTO VALENCIANO TRAS LA REFORMA DE 2006

1. *Discretas aspiraciones*

En los fautores de la reforma no hubo más aspiración que la de reformar el Estatuto, sin las pretensiones ni planteamientos de otras Comunidades, en especial la catalana. Tanto es así que, *en puridad, no hay Estatuto de 2006 sino reforma de 2006 del Estatuto de 1982.* Se puso mucho más interés en ser los primeros y en poner en valor el consenso logrado en las Cortes valencianas sobre la reforma y su texto.

En todo caso, el cambio del texto en cuanto a la mención de los derechos es ostensible pues lo que no era más que un artículo (el 2 que he transcrito), se convirtió en todo un Título (arts. 8 a 19 de la reforma).

2. *El título II: derechos de los valencianos y las valencianas*

El Título II del Estatuto valenciano se enmarca por fuerza en la definición y en la normatividad del Estado constitucional impuesta desde el texto fundamental. De él derivan las dos principales dimensiones que, respecto de tal Título del Estatuto, se han de tener presentes: la significación jurídica y política de los contenidos formalizados en el Estatuto y el método por el que ha optado nuestro estatuyente al haber incluido, en la forma en que lo ha hecho, tales concretos contenidos.

Cabe decir, de entrada, que es *muy acertado el método de remitir a una intervención posterior al propio Estatuto la elaboración de la llamada Carta de derechos sociales*[17]. En primer lugar porque de tal modo se obviaba la complejísima polémica doctrinal surgida en torno al Estatuto catalán y a su detalladísima y compleja mención de todos los derechos posibles (y no sé si hasta futuribles) en la misma norma institucional autonómica con lo que de rigidificación normativa comporta para

---

17 Ley 4/2012, de 15 de octubre, por la que se aprueba la Carta de Derechos Sociales de la Comunitat Valenciana.

materias que, sobre ser delicadas, se ven afectadas por cambios socioeconómicos de los que la inmediata situación de crisis manifestada en 2008 nos proporcionó tristes y lamentables ejemplos.

Se diría, en este sentido, que *nuestro Estatuto es más coherente con el sistema constitucional que aquellos que han querido desmenuzar en exceso una serie interminable de derechos* que sin duda interfieren en el sistema constitucional y limitan la posterior adecuación que los poderes públicos tendrán que hacer con circunstancias sobrevenidas[18]. En segundo lugar, porque bueno es que los más importantes temas de cuantos se refieren a la relación ciudadano-poderes públicos se regulen y decidan en momentos más proclives a la reflexión y el compromiso que aquellos en que, por tratarse de una elaboración normativa compleja, con intervención y autoría dual de los dos parlamentos (nacional y autonómico), y con necesarios consensos bajo la dinámica política, necesariamente son presididos por criterios de actuación mucho más políticos que jurídicos.

Por último, una Carta de derechos propiamente dicha permite y exige una idea sistemática que no necesariamente ha de presidir ni la elaboración de una Constitución ni de un Estatuto (por la ya aludida preeminencia en estos casos de los "momentos" políticos, simbólicos

---

18 Más allá de las advertencias que para el concreto Estatuto catalán se han hecho en las aludidas polémicas, la cuestión no es nueva. Así, entre tantos, Preuss, U. K., "El concepto de los derechos y el Estado de bienestar", en E. Olivas (ed.), *Problemas de legitimación del Estado Social,* Trotta, 1991, escribe en la página 82: "Las políticas económicas, cuyo propósito era el incremento del poder adquisitivo de las masas, y las regulaciones proteccionistas beneficiarían, de hecho, la situación económica y social de las masas —pero estos beneficios quedarían expuestos a los ciclos económicos y políticos y de ahí que permanecieran muy inseguros—. La transformación de las condiciones favorables reales en derechos establece el correspondiente deber del Gobierno de no modificar el modelo de distribución una vez alcanzado. Tener un derecho significa disfrutar del hecho de quedar eximidos de las incertidumbres del ciclo económico y la competencia económica...". La contradicción, añadiré, es evidente y la constricción del propio sistema puede conllevar dificultades para la propia superación de una crisis que convierte en vanas las más flamantes declaraciones de solo dos años antes de la crisis.

y hasta popularmente emocionales, que suelen acompañar a la elaboración de las "normas institucionales básicas" de una Comunidad).

3. Peculiaridades que le alejan de otras grandes reformas de la época

En primer lugar, subrayamos la "lealtad" constitucional que rehúye pretensiones de cambios institucionales estatales y el también aludido acierto de la remisión al legislador para la determinación de los derechos sociales que constituyen el grueso del Título II.

En segundo lugar, su rechazo a la idea de enumeración de derechos según las clásicas declaraciones y la forma en que sí han procedido otros estatutos de la misma generación.

En tercer lugar, también se aparta de otros estatutos españoles en algo que siempre considero muy importante y suelo reprochar incluso al constituyente español que no hizo uso (al menos suficiente) de la mención y establecimiento de deberes junto a la idea de derechos

En cuarto lugar, tratar de construir un orden sistemático respetando la articulación del Título no es fácil ya que no se alcanza a entender la filosofía por la que determinados contenidos se insertan en un artículo y no en otro, o en varios (lo que, en cambio, sí es posible adivinar en el Capítulo III del Tít. I de la Constitución). Habría que revisar todo el texto del Estatuto y muy especialmente de los Títulos I y IV, referido este a las competencias de la Generalitat, en la medida en que *todos los derechos que realmente (y con mayor o menor fortuna) se han formulado como tales se hallan esparcidos dentro y fuera del Título II que ahora nos ocupa.* Obsérvese que, fuera del Título II, podríamos encontrar, derechos sociales tan típicos como los *laborales* que se contienen en el art. 80 (en el Tít. IX, dedicado a Economía y Hacienda) o los referidos a *educación* (art. 53) y a la *atención sanitaria* (art. 54.5). De ello nos ocuparemos infra.

3.1. Contenido esencialmente social

Su contenido es, en realidad, una ampliación o especificación del viejo art. 2 del Estatut: se inicia con la vinculación de los poderes públicos valencianos a todo el sistema constitucional de derechos y deberes (art. 8) y los primeros preceptos que el Estatuto dedica a "sus propios derechos" se dirigen a mandar que una ley de las Cortes valencianas regule "el *derecho a una buena administración y el acceso a los documentos...*"[19], "el *derecho a que se traten los asuntos de modo equitativo e imparcial y en un plazo razonable.*" (art. 9 EV.) para, de inmediato, entrar en el grueso de los compromisos sociales representado por el art. 10 del que los artículos subsiguientes son mera ampliación o especificación para casos o colectivos concretos.

En cuanto a la naturaleza del cuerpo normativo representado por el Título, aun gozando en principio de la normatividad de todo el texto estatutario, su comprensión entronca con la especialidad de tratamiento normativo y jurisdiccional que es propia del Capítulo III del Título I de la Constitución (fuente de la que, como recuerda Mestre, derivaría la eficacia de los derechos sociales ahora, de nuevo, reconocidos).

3.2. Reiteración de compromisos que asume la Generalitat

En el Título II del Estatuto valenciano las *particulares menciones de derechos constituyen la excepción,* siendo la asunción de compromisos por parte de las instituciones de la Generalitat el punto de mira des-

---

[19] El derecho, inicialmente previsto en el art. 105 CE, en el estricto marco de la actuación administrativa, ha adquirido en los últimos años gran preponderancia a partir del estudio doctrinal y de la ley propia referida a la transparencia. Entre tantísima literatura al respecto, nos limitamos a recordar las múltiples aportaciones de Lorenzo Cotino Hueso: La nueva Ley de transparencia y acceso a la información, en
Anuario de la Facultad de Derecho, Nº. 7, 2014, pp. 241-256; con Ricard Martínez, Políticas de transparencia, calidad democrática y buen gobierno, en Política y Gobierno en la Comunitat Valenciana / Joaquín Martín Cubas (ed. lit.), Vicente Garrido Mayol (ed. lit.), Rosa Roig (ed. lit.), 2020, pp. 453-464; Implantando la transparencia y los registros públicos de algoritmos: la experiencia pionera en la Comunidad Valenciana, en Revista valenciana d'estudis autonòmics, Nº 68, 2023, pp. 55-96; La regulación de la participación y de la transparencia a través de Internet y medios electrónicos: propuestas concretas, en P3T, Public Policies and Territory, Vol. 1, Nº. 2, 2012 (Ejemplar dedicado a: Participation, citizens control, governance), 13 pp.

de el que se desarrollan sus contenidos. Así, podemos leer que "la Generalitat velará por una administración de Justicia sin demoras..." (en el art. 9.3), "la Generalitat promoverá la participación..." (en el art. 9.4 y en el 10.4), "la Generalitat defenderá y promoverá los derechos sociales..." (en el art. 10.1), "la Generalitat velará..." (en el art. 11 y en el 12 que, además añade que "la Generalitat procurará..", expresión que se repite también en el art. 13.2), "la Generalitat garantizará..." (en el art. 13.1 y 4, así como en el art. 16), "la Generalitat protegerá..." (en el art. 17.2), "la Generalitat adoptará..." (en el art. 18) y, por último, "la Generalitat impulsará... y promoverá...", se lee en el art. 19. Veremos infra las principales actuaciones normativas con las que se ha dado cumplimiento a estos mandatos estatutarios.

Desde esta perspectiva, en la que la Generalitat se convierte en el centro de imputación de todos los mandatos del Estatuto tendentes a mejorar la calidad de vida y las posibilidades de participación de los valencianos en los diversos ámbitos de la vida social y política, sin perjuicio de alguna vinculación más específica, como en los casos referidos a las *personas afectas de discapacidad* tal como se establece en el art. 13. 1 ("La Generalitat... garantizará en todo caso a toda persona afecta de discapacidad[20], el derecho a las prestaciones públicas necesarias...") y en el párrafo 3 del mismo art. 13 en el que se afirma que "*las familias*[21] que incluyan personas mayores o menores dependientes[22]... tienen derecho a una ayuda de la Generalitat, en la forma que determine la Ley".

---

20 Tal vez la materia más desarrollada en la Carta de derechos sociales (arts. 40 a 47), junto a la protección integral de la familia (arts. 29 a 39 incl.). Naturalmente en este aspecto derivan multitud de compromisos para la Administración en función de las circunstancias familiares. Cfr. Fabiola García Vaz. Familia y discapacidad...., en Revista Padres y Maestros / *Journal of Parents and Teachers*, N°. 354, 2013. También, entre tantos, Maria Eugenia Torres Costas, Familia, discapacidad y vivienda,.

21 Este es un aspecto que merece ser destacado por no haberse contemplado en la CE. El Título III de la Carta de los Derechos sociales lo ha desarrollado ampliamente contemplando asimismo la protección en el caso de las uniones de hecho formalizadas.

22 De la promoción de los menores y de la juventud se ocupan los arts. 6 y 7 de la Carta social mientras que su art. 8 desarrolla la protección de las personas mayores. El art. 9 se explaya en la protección y medidas para las

También se establece en dos ocasiones que "la Generalitat garantiza el derecho de los valencianos en estado de necesidad a la solidaridad y a una renta de ciudadanía[23] en los términos previstos en la Ley" y "...garantizará el derecho de acceso a una vivienda digna de los ciudadanos valencianos. Naturalmente, la principal apuesta se hace en favor de los más clásicos derechos sociales[24].

3.3. Nuevos derechos[25]

También la Carta contiene otros derechos que responden a las más novedosas formulaciones, ya sea con referencia a nuevos conte-

---

personas en situación de dependencia. Debe subrayarse la dedicación de todo el Título IV de la Carta a las personas con discapacidad.

23 La carta le dedica el Artículo 17. De la renta de ciudadanía:
"1. La Generalitat garantiza el derecho de la ciudadanía a una renta mínima, en los términos previstos en la ley.
2. La renta de ciudadanía se configura como una prestación económica de carácter universal, que permite favorecer la inserción sociolaboral de las personas que carezcan de recursos suficientes para mantener un adecuado bienestar personal y familiar, atendiendo a principios de igualdad, solidaridad, subsidiariedad y complementariedad.
3. La renta de ciudadanía será gestionada por la red pública de servicios sociales, y su prestación queda vinculada al compromiso de las personas destinatarias de promover de modo activo su inserción sociolaboral".

24 En lo que se refiere a la eficacia de concretos derechos que se mencionan en el marco de los compromisos que la Generalitat va asumiendo, unos son derechos ya consolidados en otros ámbitos normativos, cual es el caso del "derecho a participar" (art. 9. 4 E. V. reconocido en el art. 23 CE así como en el 48, ambos con amplio desarrollo legislativo), el "derecho de acceso a una vivienda digna" (art. 16 E. V. reconocido en art. 47 CE) o el "derecho a gozar de una vida y un medio ambiente seguro, sano y ecológicamente equilibrado" (art. 17.2 E. V. y art. 45 CE). Todo ello sin perjuicio de las faltas de técnica adecuada como el caso que señala Martinez Sospedra sobre los novedosos derechos que no ha tenido la necesaria adecuación en las competencias del Sindic de greuges (Martínez Sospedra, M., "¿Obras de mejora? Instituciones del estatuto", *Revista valenciana d'estudis autonomics*, núm. 63, 2018, p. 136).

25 Aunque se califican de nuevos (Ana I. Marrades Puig, Los nuevos derechos sociales: El derecho al cuidado como fundamento del pacto constitucional, en *Revista de Derecho Político*, N° 97, 2016, pp. 209-242) en este trabajo, en

nidos cual es el caso del "derecho de acceso a las nuevas tecnologías" (en línea con las disposiciones europeas a las que el Estado español ha ido adaptando su legislación), ya sea como reformulación (también con influencia de las directrices europeas)[26] de viejos derechos reconocidos por la legislación administrativa, cual es el caso de "el derecho a una buena administración y el acceso a los documentos" (tampoco desconocido por el texto constitucional *ex* art. 105)[27]

Para finalizar, creo que el título hubiera resultado más coherente sin la inclusión en él de dos artículos que bien pudieron ubicarse en el Título I por cuanto tienen de aspectos identitarios y sin perjuicio de posibles actuaciones en las materias que le son propias y que se contemplan entre las competencias de la Generalitat; me refiero al *art. 12 y al 18 cuyos contenidos no son propiamente derechos sociales.*

En el 12 se contienen dos referencias de muy distinta naturaleza y significado, ambas en un solo párrafo. La primera creo que hallaría un más apropiado acomodo en el Título I pues se refiere a la *protección y defensa de la identidad del pueblo valenciano*, de sus intereses de

---

realidad, se avala un nuevo enfoque desde los cuidados mas que derechos nuevos pues, aunque es su estilo sumario y a veces ambiguo ya se contemplan en Capítulo III del Tit. I CE.

26 Martínez Sospedra cree que una de las innovaciones más importantes del Estatuto es la de incluir una amplia gama de derechos sociales provenientes de la Carta de Derechos de la Unión Europea, que excede, con mucho, al catálogo de tales derechos que figura en la Constitución, toda vez que la Carta de la UE se redactó a la vista de la segunda versión de la Carta Social Europea, que es posterior a la Constitución (Martínez Sospedra, M., "¿Obras de mejora? ...", *cit.*, p. 135). Aunque el propósito primario de esa incorporación, más allá de los componentes simbólicos, era de la prevenir las incongruencias que pudieren producirse según se tratare o no de supuestos de aplicación del Derecho de la Unión que la Generalitat aplica, dicha incorporación perseguía asimismo ampliar el área de los derechos de prestación a los que la Generalitat viene obligada.

27 Entre tantos han de destacarse las obras de Lorenzo Cotino Hueso de la que solo citamos alguna en bibliografía. En especial, Lorenzo Cotino Hueso Políticas de transparencia, calidad democrática y buen gobierno, en Política y Gobierno en la Comunitat Valenciana... También, Sánchez Ferriz, R. La transparencia como derecho-deber y sus relaciones con el derecho fundamental a ser informado. De nuevo, discrepando, en *Teoría y realidad constitucional*, Nº 51, 2023, pp. 159-186.

orden cultural, con expresa referencia a su patrimonio histórico... En cuanto al art. 18, contiene el *compromiso con una política agraria eficiente*[28]; resulta curioso, como en el caso anterior, más por su ubicación que por su justificación de la que no carece en absoluto.

IV. A MODO DE PRIMERA CONCLUSIÓN

El Título II del Estatuto valenciano es peculiar respecto de sus homólogos. Adolece de una defectuosa sistemática; pero en lo sustancial es respetuoso con el sistema constitucional y, en particular, con los principios rectores del texto fundamental que asume en su propio ámbito tratando de desarrollarlos.

Su acertada remisión a la Carta de derechos sociales, obvia el riesgo de rigidificación que hubiera comportado la determinación de los derechos en el texto del Estatuto y dejó abierta una puerta a una regulación más ordenada y sistemática de tantos derechos de configuración legal como cabe derivar del Estatuto y que, en efecto, se han ordenado en la Carta de derechos sociales de los valencianos.

V. LA REALIDAD NORMATIVA HOY EN EL DESARROLLO DE LOS DERECHOS QUE LE SON PROPIOS A LA COMUNIDAD AUTONOMA A PARTIR DE SU ESTATUTO

1. *Aproximación a una idea general del despliegue normativo de los derechos sociales*

Retomando la idea de Ferraioli, los derechos de los españoles se convierten en derechos de los valencianos a través de la normativa

---

[28] Debe destacarse que esta es la única materia en la que el TC reconoce a la Comunidad Valenciana la competencia civil en base al derecho consuetudinario. Cfr. Ley 3/2013, de 26 de julio, de la Generalitat, de los Contratos y otras Relaciones Jurídicas Agrarias. Revisión vigente desde 28 de febrero de 2019.

propia de la Generalitat Valenciana que los hace reales y efectivos. La regulación, en particular de los derechos sociales, —que como también quedó dicho, son los propios de las CCAA—, ha resultado francamente prolífica en nuestra Comunidad y hoy su sola mención y aproximación requeriría de un espacio y tiempo del que no disponemos y que, por lo demás ha sido desarrollado recientemente por Vivancos Comes. Así, nos limitaremos a recordar las normas más significativas de cada uno de tales derechos.

La Carta Valenciana de Derechos Sociales, aprobada por la Ley 4/2012, de 15 de octubre, constituye uno de los instrumentos jurídicos más ambiciosos del autogobierno valenciano. Nacida en cumplimiento del mandato del Estatuto de Autonomía de 2006, su objetivo fue dotar de reconocimiento normativo propio a los derechos sociales principales —vivienda, salud, educación, inclusión y servicios sociales— bajo el prisma del artículo 9.2 de la Constitución Española. Sin embargo, tras más de una década de vigencia, la eficacia real de la Carta sigue siendo objeto de debate, al evidenciarse una brecha significativa entre el desarrollo normativo y la efectividad material de los derechos reconocidos (Vivancos, 2024, p. 15).

2. *Los Derechos Sociales más destacables y su desarrollo especifico por la Comunidad Valenciana en la actualidad*

2.1. Paridad de género[29]

Entre los desarrollos priorizados por la *Carta Valenciana de Derechos Sociales*, cabe destacar, en primer lugar, el acometido que pretende con respecto a la igualdad entre sexos, la paridad y la violencia de género, la cual, apunta Vivancos, reviste de un carácter "integral" y "transversal", ofreciendo, como principal aportación, la necesidad de considerar a los menores víctimas directas de la violencia de género, así como aquellas personas sujetas a la tutela y/o acogimiento de la

---

[29] Sanchez Ferriz, en Recensión a Vivancos (2024) señala la improcedencia de considerar estos aspectos de la paridad como derechos sociales sin perjuicio de que, como vemos en el texto, sí pueden tener serios efectos en el caso de violencia tanto respecto de la mujer como los hijos.

mujer víctima. También incluye un ambicioso y novedoso programa de sensibilización y prevención, con medidas educativas, publicitarias, sanitarias e incluso privadas, a través de entidades concertadas.

Destaca Vivancos que la introducción del principio de presencia equilibrada entre hombres y mujeres ha terminado por proyectarse, también, en otros órganos o instituciones de ámbito autonómico en cuya elección, designación o nombramiento intervienen les Corts Valencianes (Vivancos, 2024, p. 55).

En este sentido, la *Ley 9/2003, de 2 de abril, para la igualdad entre mujeres y hombres*, y posteriormente la *Ley 7/2012, integral contra la violencia sobre la mujer en el ámbito de la Comunitat Valenciana*, constituyen —según Vivancos— los instrumentos normativos de desarrollo directo del mandato igualitario previsto en la Carta. Ambas leyes incorporan el principio de transversalidad de género en las políticas públicas valencianas, extendiéndolo a los ámbitos educativo, sanitario, laboral, audiovisual y administrativo. Asimismo, consolidan la figura de la *Agència Valenciana d'Igualtat*, reforzando la coordinación institucional y la evaluación periódica del impacto de género en la normativa autonómica.

De forma paralela, la Carta ha propiciado la creación de mecanismos de protección integral frente a la violencia machista, no limitándose al ámbito penal o asistencial, sino abarcando la prevención, la educación y la reparación simbólica. Vivancos subraya que "el enfoque valenciano supera la visión fragmentaria y se orienta hacia una política de igualdad estructural", destacando como innovaciones la atención a las víctimas menores y la inclusión de programas de reinserción social y laboral para las mujeres supervivientes (Vivancos, 2024, p. 59)..

Finalmente, esta proyección transversal de la igualdad se ha extendido a la composición de órganos colegiados y entes institucionales, donde el principio de presencia equilibrada ha pasado de ser una recomendación política a una exigencia jurídica de cumplimiento obligatorio. Ello se ha materializado en reformas estatutarias y en las normas de elección de órganos dependientes de Les Corts —como el *Síndic de Greuges*, el *Consell Jurídic Consultiu* o el *Consell Valencià de*

Cultura—, en los que la paridad se configura como un criterio de legitimidad democrática y de calidad institucional.

En definitiva, el desarrollo normativo derivado de la Carta en materia de igualdad de género ha supuesto un avance cualitativo del Derecho autonómico valenciano, integrando la perspectiva de género no solo en las políticas públicas, sino también en la propia estructura del poder autonómico. Sin embargo, se advierte que su efectividad práctica sigue condicionada por la falta de dotación presupuestaria suficiente y la desigual aplicación territorial, factores que limitan la transformación real del principio de igualdad formal en una igualdad sustantiva (Vivancos, 2024, p. 62).

2.2. Protección integral de la familia

Otra situación que puede generar derechos sociales muy destacables, y, también, oportunamente contemplado por Vivancos, es la situación familiar, en concreto, la de la "protección integral de la familia". En este ámbito, el autor señala varias cuestiones de relevancia.

Una de ellas, es que la equiparación de las uniones de hecho al estatus jurídico de los matrimonios; lo cual ha tenido efectos concretos en materia de subvenciones y ayudas otorgadas por el Gobierno Valenciano. A juicio del propio Vivancos, contribuye a fomentar la creación y el desarrollo de la familia en términos amplios, bajo un enfoque inclusivo, plural y acorde con la realidad social contemporánea. La equiparación de las uniones de hecho a los matrimonios civiles es un avance significativo si la finalidad es fomentar la creación de bases sociales más fuertes y estables a través de las familias.

En este sentido, dentro del ámbito familiar, el autor también hace referencia al Proyecto de Ley Valenciana de Diversidad Familiar y Apoyo a las Familias, en el cual lo más destacable es el debate en torno a la necesidad de establecer un marco jurídico autonómico para el reconocimiento de la diversidad familiar y la aplicación de políticas públicas de apoyo, entendidas como garantía de bienestar y de igualdad en el acceso a los servicios sociales (Vivancos, 2024, pp. 68-69).

Dentro de los límites competenciales autonómicos, la normativa valenciana, además, reconoce expresamente a las familias numerosas, monoparentales y a las uniones de hecho formalizadas, un trato singularizado en atención a sus circunstancias específicas.

En relación con los derechos propios de las familias numerosas y monoparentales, la Carta establece que estas merecen una protección reforzada, la cual se traduce, a nuestro juicio, en tres ideas fundamentales:

(i) los poderes públicos deben adoptar medidas específicas de apoyo económico, educativo y social; (ii) deben evitar cualquier forma de discriminación por el tipo de estructura familiar;

(ii) deben evitar cualquier forma de discriminación por el tipo de estructura familiar; y

(iii) se debe fomentar la conciliación de la vida laboral y familiar. En cuanto a esta última, destacar un frustrado intento de proposición de ley de conciliación familiar en la Comunitat Valenciana[30], pues, como afirma Vivancos, "el Consell, a pesar de afirmar expresamente que compartía sus objetivos, mostraría un criterio desfavorable a su toma en consideración" y que no pasará de la fase de anteproyecto.

Por otra parte, en lo que respecta a las uniones de hecho, la Carta las integra dentro de un concepto amplio y plural de familia, aunque su regulación jurídica concreta se encuentra en la Ley 5/2012, de uniones de hecho formalizadas de la Comunitat Valenciana. No obstante, tales uniones deben entenderse incluidas en la categoría general de familia, lo que implica el reconocimiento de derechos equivalentes a los de las familias constituidas por matrimonio civil, en el marco de las competencias autonómicas.

El desarrollo normativo en materia de familia, especialmente respecto de aquellas que reciben un trato singularizado (familias monoparentales y numerosas), se ha articulado mediante distintas leyes y decretos autonómicos, en cumplimiento de la obligación de las insti-

---

30 BOCV núm. 96/X de 5 de agosto de 2020, p. 11486.

tuciones valencianas de desarrollar los principios de la Carta. Como advierte Vivancos, esta no crea derechos subjetivos directamente exigibles, sino que formula principios rectores, al modo de una norma de orientación constitucional (Vivancos, 2024, p. 72).

Ejemplos de este desarrollo legislativo son, entre otros, la Ley 1/2020, de Servicios Sociales Inclusivos, que regula la acción social dirigida a colectivos en situación de vulnerabilidad, incluyendo expresamente a las familias monoparentales y numerosas; o el Decreto 19/2018, del Consell, que crea el título oficial de familia monoparental de la Comunitat Valenciana, reconociendo las situaciones de vulnerabilidad o desventaja socioeconómica derivadas de la existencia de un único progenitor responsable del hogar.

Entre los beneficios derivados de dicho reconocimiento destacan, a nivel educativo, la prioridad en becas, ayudas escolares y sociales, así como reducciones o exenciones en tasas de matrícula, comedor o material escolar; y, a nivel tributario, diversas bonificaciones autonómicas en impuestos como transmisiones patrimoniales o actos jurídicos documentados relativos a la vivienda habitual.

Por su parte, la Ley 5/2012, antes citada, no concede ayudas directas, pero sí equipara determinados derechos con los del matrimonio civil en el ámbito autonómico, especialmente en materia de asistencia social, vivienda y beneficios administrativos.

En lo referente a la Ley estatal 40/2003, de Protección a las Familias Numerosas, esta ocupa una posición reforzada dentro del sistema, pues reconoce deducciones fiscales directas, tales como 1.200 euros anuales para familias numerosas de categoría general y 2.400 euros para las de categoría especial.

No obstante, no existen evidencias concluyentes de que estas medidas hayan incrementado la natalidad. Según datos recientes, en la primera mitad de 2024 se registraron 156.202 nacimientos, un 25 % menos que hace una década (INE, 2024). En cambio, sí se observa un incremento en el número de familias numerosas reconocidas, pasando de 757.410 en 2021 a 818.585 en 2023, aunque este aumento no parece deberse a un alza real en la natalidad, sino a la ampliación de los supuestos legales para obtener el título de familia numerosa

En cuanto a la Comunitat Valenciana, la tendencia sigue siendo la del descenso sostenido de la natalidad, lo que confirma que, pese al reconocimiento formal del derecho de apoyo a las familias en la Carta y al esfuerzo normativo desplegado, no se ha producido un impacto demográfico significativo. La Carta ha logrado institucionalizar la protección de la diversidad familiar, pero aún no ha conseguido transformar los incentivos estructurales que condicionan la formación y el crecimiento de los hogares en el contexto socioeconómico actual.

2.3. Diversidad Funcional

El concepto de diversidad funcional surge como una evolución del término "discapacidad", al considerar que este último puede tener connotaciones negativas o peyorativas al centrarse en la carencia o limitación frente a un modelo normativo de persona "capaz". En cambio, la noción de diversidad funcional pone el acento en la pluralidad de formas de funcionamiento humano, entendiendo que las diferencias no deben implicar desigualdad de derechos ni exclusión social.

No obstante, una parte de la doctrina sostiene que ambos conceptos pueden ser compatibles, ya que reconocer la existencia de limitaciones no significa negar la realidad, sino afrontarla desde una perspectiva de derechos y dignidad. Así, el término diversidad funcional no pretende eliminar la referencia a la discapacidad, sino reformularla desde un enfoque positivo, centrado en la autonomía, la participación y la accesibilidad.

En definitiva, esta nueva concepción actúa como un impulso transformador de las políticas públicas y un motor para reforzar las garantías jurídicas y sociales destinadas a proteger a las personas con discapacidad o diversidad funcional dentro del marco de los derechos sociales reconocidos por el ordenamiento jurídico valenciano y estatal.

Entre los ámbitos en los que se evidencian avances significativos destaca la diversidad funcional, término que, como hemos subrayado, progresivamente sustituye al de "discapacidad", en consonancia con el modelo social de los derechos humanos promovido por la Convención de las Naciones Unidas sobre los Derechos de las Personas con Discapacidad (2006).

En este sentido, la Carta introduce un enfoque de igualdad sustantiva y no discriminación, reconociendo a las personas con diversidad funcional como titulares plenos de derechos y no meros beneficiarios de políticas asistenciales. El texto legal dispone la obligación de la Generalitat de garantizar la igualdad de oportunidades, la accesibilidad universal y la integración social, educativa, laboral y cultural de las personas con discapacidad, impulsando además medidas de acción positiva orientadas a la inclusión real y efectiva.

Asimismo, la Carta incorpora en su articulado el derecho a la protección integral de las personas en situación de dependencia, asegurando su autonomía personal y su participación en la vida comunitaria. Estos principios se complementan con la exigencia de adoptar un lenguaje no discriminatorio y de aplicar la transversalidad de las políticas sociales, de modo que la atención a la diversidad funcional impregne todas las actuaciones públicas.

La efectividad de estos mandatos ha sido reforzada por el desarrollo normativo posterior, especialmente mediante la Ley 11/2003, de 10 de abril, del Estatuto de las Personas con Discapacidad, modificada por la Ley 9/2018, de 24 de abril, que incorpora expresamente el concepto de "diversidad funcional" y adapta la normativa valenciana a los estándares internacionales de derechos humanos. A ello se suma el Decreto 65/2019, de 26 de abril, del Consell, sobre accesibilidad en la edificación y en los espacios públicos, que concreta las obligaciones en materia de diseño universal y eliminación de barreras arquitectónicas.

En definitiva, la Ley 4/2012 constituye un avance normativo de carácter estructural, al situar la diversidad funcional en el centro de las políticas sociales de la Comunitat Valenciana y al fijar las bases para un modelo de inclusión plena.

Si bien su contenido tiene en gran medida un carácter programático y directivo, su valor jurídico radica en haber establecido los principios rectores que inspiran la legislación posterior y consolidan la transición desde un paradigma asistencial hacia un modelo basado en derechos, autonomía y participación activa de las personas con diversidad funcional.

2.4. Derechos en materia de Vivienda[31]

Como se ha ido viendo, la Carta de derechos Sociales de la Comunitat valenciana, constituye el punto de partida del actual sistema valenciano de protección social, al reconocer el derecho a una vivienda digna y adecuada como pate esencial del bienestar y la inclusión ciudadana. No obstante, su carácter es fundamentalmente programático, por lo que se limita a establecer los principios rectores de la acción pública, y por tanto, deja su concreción a las normas sectoriales y a la planificación autonómica.

Este marco axiológico encuentra parte de su desarrollo efectivo en la Ley 2/20217, de 3 de febrero, de la Generalitat, por la función social de la vivienda, que transforma el derecho a la vivienda en un derecho subjetivo exigible en el ámbito autonómico.

Así, su artículo 1 reconoce expresamente "el derecho de toda persona con vecindad administrativa en la Comunitat Valenciana a disfrutar de una vivienda asequible, digna y adecuada, y el articulo 2 obliga a los poderes públicos valencianos a garantizar dicho derecho mediante todos los instrumentos jurídicos y materiales previstos en la norma. La ley incorpora en su artículo 4 la función social de la propiedad, habilitando a la Administración a adoptar medidas de intervención sobre viviendas deshabitadas, sancionar su desocupación injustificada o incluso, expropiar temporalmente su uso en supuestos de emergencia habitacional (arts. 10 y 14). La realidad no es muy llamativa, pero ha de destacarse lo siguiente:

---

31 Entre tantos, Garrido Mayol Retos de la transparencia y rendición de cuentas, en Calidad democrática, transparencia e integridad / coord. por Jaime Rodríguez-Arana Muñoz, Mariano Vivancos Comes, Josu Ahedo Ruiz, 2016. Vicente Garrido Mayol Hacia una nueva configuración del derecho constitucional a la vivienda, en Vivienda y colectivos vulnerables / coord. por Alejandro Nieto Cruz..., 2022

En primer lugar, la Generalitat ha consolidado y ampliado su parte público de vivienda, gestionado por la Entidad Valenciana de Vivienda y Suelo (EVha) que entre 2016 y 2024 ha pasado de unas 6.000 a más de 14.000 viviendas sociales. Estas actuaciones se enmarcan en los Planes Valencianos de Vivienda y Rehabilitación, coordinados con el Plan Estatal de Vivienda 2022-2025, aprobado mediante el Real Decreto 42/2022, y financiados parcialmente con fondos europeos Next Generation EU regulados en el Real Decreto 853/2021, de 5 de octubre.

A pesar del indudable avance normativo que representan los programas de ayudas al alquiler en la Comunitat Valenciana, su diseño técnico plantea una clara limitación estructural: la práctica exclusión de las rentas medias y medias-bajas del acceso efectivo a dichas subvenciones. De acuerdo con lo establecido en el artículo 67 del Real Decreto 42/2022, de 18 de enero, y las bases reguladoras de la convocatoria autonómica (DOGV n.º 9873, de 25 de junio de 2024), el umbral general de ingresos para poder acceder a las ayudas se fija en tres veces el IPREM anual en catorce pagas, lo que en 2025 equivale a 27. 720 euros anuales (considerando un IPREM de 9 240 €). Este límite puede ampliarse únicamente hasta 36 960 € (4 × IPREM) o 46 200 € (5 × IPREM) en supuestos excepcionales —familias numerosas, personas con discapacidad o víctimas de violencia de género o terrorismo—.

La consecuencia práctica es que una unidad de convivencia compuesta por dos adultos con ingresos conjuntos de 30 000 € anuales, cifra que se sitúa en el umbral de las rentas medias-bajas, queda excluida del acceso a la ayuda ordinaria al alquiler, por superar levemente el límite previsto. De este modo, las ayudas no se orientan hacia la clase media trabajadora, sino hacia colectivos en situación de especial vulnerabilidad o riesgo de exclusión residencial, tales como personas con rentas muy bajas, hogares monoparentales, jóvenes sin estabilidad laboral o población extranjera en situación económica precaria.

En el caso del Bono Alquiler Joven, regulado en los artículos 114 a 122 del mismo Real Decreto 42/2022, el enfoque es individual y dirigido a menores de 35 años, con un límite idéntico de 3 × IPREM anual (27 720 €). Aunque esta modalidad permite que varios jóvenes compartan vivienda, no soluciona la brecha de acceso a la vivienda para quienes, aun disponiendo de empleo estable, no alcanzan capacidad económica suficiente para afrontar los precios del mercado libre. En consecuencia, el sistema de ayudas resulta insuficiente para atender las necesidades reales de la clase media joven, que queda atrapada en un espacio intermedio: sin los ingresos necesarios para adquirir o arrendar vivienda en condiciones de mercado, pero a la vez sin poder acogerse a los programas públicos por exceder mínimamente los límites económicos exigidos.

Desde una perspectiva jurídico-social, esta configuración genera un efecto de segmentación del derecho a la vivienda, restringiéndolo de facto a colectivos de vulnerabilidad extrema y dejando fuera a amplias capas de población que, aunque no se hallan en riesgo de exclusión, tampoco pueden ejercer de forma efectiva el derecho constitucional reconocido en el artículo 47 de la Constitución Española.

Ello evidencia una tensión estructural entre la universalidad formal del derecho y su aplicación material selectiva, que debería ser objeto de revisión normativa y presupuestaria si se pretende avanzar hacia una verdadera garantía autonómica del derecho a la vivienda como derecho social exigible.

2.5. Sanidad y Educación

En materia de sanidad, la prioridad de la acción del legislador español y valenciano ha estado enfocada en devolver al derecho a la sanidad un carácter universal, a partir del Decreto-Ley 3/2015, de 25 de julio a nivel estatal, y. a través de la validación de este con la Resolución 10/IX, de 9 de septiembre de 2015, del Pleno de las Cortes Valencianas[32].

En este sentido, se reconocerían, a través de diversas medidas legislativas ulteriores, como titulares de este derecho, "a las personas con nacionalidad española y a las personas extranjeras residentes en España pero, también, a cuantos no teniendo su residencia habitual

---

[32] DOCV núm. 7619 de 21 de septiembre de 2015.

en dicho territorio, tienen reconocido su derecho a la asistencia sanitaria a través de cualquier otro título jurídico, como es el caso de los pensionistas españoles no residentes, los trabajadores desplazados o, incluso, los trabajadores transfronterizos". (Vivancos, p. 84).

No obstante, la pretendida universalidad, según Vivancos, no ha sido verdaderamente efectiva, pues siguen existiendo requisitos que limitan el derecho, a modo de ejemplo: las personas indocumentadas deben acreditar una estancia en España de al menos 90 días, que coincide con el período máximo de estancia temporal establecido por la ley 4/2000 sobre Derechos y Libertades de los Extranjeros en España y su integración social, a través del empadronamiento, entre otras fórmulas, lo que, paradójicamente, es un paso hacia atrás en la pretendida universalidad de este derecho.

Para finalizar, el derecho a la Educación como derecho social pero realmente, también, fundamental

De cuantos derechos y políticas sociales hemos ido destacando sin duda es la esencial por cuanto siquiera deriva del Capítulo III del Título I CE. Este es el único derecho social que tiene naturaleza fundamental por su inclusión en la Secc. 1ª del capítulo II del Título I CE. Su justificación es más que evidente por constituir la base y punto de partida de todo progreso social.

En el caso de la Comunidad Valencia apenas si hemos de entrar en tantos aspectos conocidos más allá de la polémica nunca acabada del bilingüismo oficial que plantea problemas en función de la opción política dominante en cada caso a la hora de exigir mayor o menor inclusión del valenciano en la enseñanza, y del hecho innegable de que en nuestra comunidad existen zonas claramente castellanohablantes. La cuestión, por tanto exige una tratamiento detallado y monográfico que no procede en esta sede de simple mención al reconocimiento de los derechos sociales.

VI. BIBLIOGRAFÍA

Aparicio, M.A. (ed.), *Derechos y libertades en los Estados compuestos,* Atelier, 2005.

Aragón Reyes, M., "La construcción del Estado Autonómico", *Revista General de Derecho Constitucional,* núm. 1, 2006, pp. 15 y ss.

Balaguer Callejón, F., "Las cuestiones competenciales en los actuales procesos de reforma de los Estatutos de Autonomía", *Revista General de Derecho Constitucional,* núm. 1, 2006, pp. 39 y ss.

Baño León, J.M., *Las autonomías territoriales y el principio de uniformidad de las condiciones de vida,* INAP, 1988.

Barceló, M., *Los derechos constitucionales en el Estado Autonómico,* Civitas, 1990.

Caamaño, F., "Sí pueden (Declaraciones de derechos y Estatutos de Autonomía)», *Revista Española de Derecho Constitucional,* núm. 79, 2007.

Catalá Bas, A.H., La inclusión de una Carta de derechos en los Estatutos de Autonomía, en VII Jornadas de la función Consultiva, *Revista Española de la Función Consultiva,* núm. 4 (julio-diciembre 2005).

Catalá Bas, A.H., Estatuto valenciano y construcción del Estado social, en V. Garrido Mayol (dir.), Modelo de Estado y reforma de los Estatutos, Fundación Profesor Manuel Broseta, 2007.

Cotino Hueso, L., Políticas de transparencia, calidad democrática y buen gobierno, en Política y Gobierno en la Comunitat Valenciana / Joaquín Martín Cubas (ed. lit.), Vicente Garrido Mayol (ed. lit.), Rosa Roig (ed. lit.), 2020, pp. 453-464.

Cotino Hueso, L., La transparencia y el derecho de acceso en la Comunitat Valenciana: desarrollo normativo y propuestas de regulación, en Ética, Transparencia, Buen Gobierno y Sistema Electoral. Propuestas de Mejora de la Normativa Valenciana / coord. por Ignacio Aymerich Ojea, Rosario García Mahamut; Antonio Fernández Hernández (dir.), 2019, pp. 143-180.

De Otto y Pardo, I., "Los derechos fundamentales y la potestad normativa de las Comunidades Autónomas en la jurisprudencia del Tribunal Constitucional", Revista Vasca de Administración Pública, núm. 10, 1984.

Diez-Picazo, L.M., "¿Pueden los Estatutos de Autonomía declarar derechos, deberes y principios?", *Revista Española de Derecho Constitucional,* núm. 78, 2006.

Díez Picazo, L.M., "De nuevo sobre las declaraciones estatutarias de derechos: Respuesta a Francisco Caamaño", *Revista Española de Derecho Constitucional,* núm. 81, 2007.

Ferrajoli, L., *Derechos y Garantías. La Ley del más débil,* Trotta, 2002.

García Vaz, F., Familia y discapacidad, una oportunidad para educar, en Revista Padres y Maestros / Journal of Parents and Teachers, Nº. 354, 2013 (Ejemplar dedicado a: Familia y discapacidad intelectual).

Garrido Mallol, V., "Oportunidad, constitucionalidad y relevancia de la Reforma del Estatuto de la Comunidad Valenciana", *Revista valenciana d'estudis autonòmics,* núm. 47-48, 2007, pp. 81 y ss.

Garrido Mayol, V., La incidencia de la STC 31/2010 en la comunidad de Valencia, en Estudios sobre la Sentencia 31/2010, de 28 de junio, del Tribunal Constitucional sobre el Estatuto de Autonomía de Cataluña / coord. por Enrique Álvarez Conde, Cecilia Rosado Villaverde, Francisco Javier Sanjuán Andrés, 2011.

— Retos de la transparencia y rendición de cuentas, en Calidad democrática, transparencia e integridad / coord. por Jaime Rodríguez-Arana Muñoz, Mariano Vivancos Comes, Josu Ahedo Ruiz, 2016

— Hacia una nueva configuración del derecho constitucional a la vivienda, en Vivienda y colectivos vulnerables / coord. por Alejandro Nieto Cruz, Covadonga López Suárez; María Dolores Cervilla Garzón (dir.), Isabel Zurita Martín (dir.), 2022.

— El derecho a una vivienda digna de las ciudadanas y los ciudadanos valencianos, en.. DRETS. *Revista Valenciana De Reformes Democràtiques* [Núm. 6/2022].

Martín-Retortillo Baquer, L., "Derechos y Libertades fundamentales: estándar europeo, estándar nacional y competencia de las Comunidades Autónomas", *Organización Territorial del Estado (Comunidades Autónomas),* Instituto de Estudios Fiscales, 1985, vol. III.

Martínez Sospedra, M., "¿Obras de mejora? Instituciones del estatuto", *Revista valenciana d'estudis autonomics,* núm. 63, 2018, pp. 132 y ss.

Marrades Puig. A. I., Los nuevos derechos sociales: El derecho al cuidado como fundamento del pacto constitucional, en Revista de Derecho Político, Nº 97, 2016

— Marrades Puig (coord.) Los cuidados en la era Covid-19: análisis jurídico, económico y político. Tirant lo Blanch, Tirant Humanidades, 2021

Parejo Alfonso, L., "La evolución del Estado Constitucional y la construcción en España del Estado de las Autonomías", *Asamblea: revista parlamentaria de la Asamblea de Madrid,* núm. Extra 1, 2006, pp. 5-96.

Pemán Gavín, J., *Igualdad de los ciudadanos y autonomías territoriales,* Civitas, 1992.

Preuss, U. K., "El concepto de los derechos y el Estado de bienestar", en E. Olivas (ed.), *Problemas de legitimación del Estado Social,* Trotta, 1991.

Roig Molés, E., "La reforma del Estado de las Autonomías. ¿Ruptura o consolidación del modelo constitucional de 1978? Comentario al artículo del profesor Pedro Cruz Villalón publicado en el número 2 de Revista d'Estudis Autonòmics y Federals», *Revista d'Estudis Autonòmics i Federals,* núm. 3, pp. 149 y ss.

Sánchez Férriz, R., "La labor de los Parlamentos autonómicos en la consolidación del Estado Social", *Corts, Anuario de Derecho Parlamentario,* núm. 16, 2005.

Sánchez Férriz, R., "El Estado de las Autonomías antes y después de 2006", *Revista Valenciana d'Estudis Autonòmics,* núm. 51, 2008, pp. 17-35.

Sanchez Ferriz, R., Recension a Mariano Vivancos Comes. 10 años de vigencia de la Carta valenciana de derechos sociales. De la letra de la ley a su despliegue normativo. Tirant lo Blanch, 2024. En Asamblea: revista parlamentaria de la Asamblea de Madrid, Nº. 46, 2024, pp. 297-304.

Sánchez Ferriz, R., Cuarenta años de Derechos Fundamentales: Un ejemplo de culminación de su efcacia: el derecho a la información como fundamento del deber de transparencia de la actuación pública, en Corts: Anuario de derecho parlamentario, ISSN 1136-3339, Nº. Extra 31, 2018 (Ejemplar dedicado a: 40 aniversari de la Constitució Espanyola), pp. 39-58.

Torres Costas, Mª. E., Familia, discapacidad y vivienda, en La vivienda familiar / coord. por Judith Solé Resina, María del Carmen Gete-Alonso Calera, 2025, pp. 421-460.

Tudela Aranda, J., *Derechos constitucionales y autonomía política,* Civitas, 1994.

Tudela Aranda, J., *El Estado desconcentrado y la necesidad federal,* Cívitas 2009.

Viver Pí-Suñer, C., "En defensa dels Estatuts d'Autonomía com a normes juridiques delimitadores de competencies. Contribució a una polémica jurídicoconstitucional", *Revista d'Estudis Autonòmics i Federals,* núm. 1, 2005, pp. 97 y ss.

Villaverde Menéndez, I., "La función de los derechos fundamentales en el marco del Estado de las Autonomías", *Revista d'Estudis Autonòmics y Federals,* núm. 5, 2007.

Vivancos Comes, M., 10 años de vigencia de la Carta valenciana de derechos sociales. De la letra de la ley a su despliegue normativo. Tirant lo Blanch, 2024.

SISTEMA INSTITUCIONAL

El principio de estabilidad gubernamental y su impacto en el equilibrio institucional entre Les Corts y el Consell

ALEXANDRE H. CATALÀ I BAS
Profesor Titular de Derecho Constitucional
Universitat de València

RESUMEN: El principio de estabilidad gubernamental constituye uno de los pilares del sistema político tanto en España como en la Comunitat Valenciana, actuando como garantía del adecuado funcionamiento del Ejecutivo y de su relación con el Parlamento. Este trabajo analiza cómo dicho principio se integra en la arquitectura institucional valenciana, especialmente a través del modelo de parlamentarismo racionalizado vigente en Les Corts. Se examinan los principales mecanismos de control parlamentario —exigencia de responsabilidad política, solicitudes de información, debates, control normativo y comisiones de investigación— y su función en la configuración del equilibrio entre Les Corts y el Consell. La reflexión final aborda las tensiones inherentes entre estabilidad gubernamental y control democrático, así como los retos para reforzar el equilibrio institucional.

ABSTRACT: The principle of governmental stability is a cornerstone of the political system in both Spain and the Valencian Community, ensuring the proper functioning of the Executive and its relationship with Parliament. This paper examines how this principle is embedded within the Valencian institutional framework, particularly through the model of rationalised parliamentarism applied in Les Corts. It analyses the main parliamentary oversight mechanisms—political accountability instruments, information requests, debates, executive normative control, and investigative committees—and their role in shaping the balance between Les Corts and the Consell. The final reflection highlights the inherent tensions between governmental stability and democratic oversight, as well as the challenges in strengthening institutional equilibrium.

Palabras clave: estabilidad gubernamental; parlamentarismo racionalizado; control parlamentario; Les Corts; Consell; equilibrio institucional.

Key words: governmental stability; rationalised parliamentarism; parliamentary oversight; Les Corts; Consell; institutional balance.

SUMARIO: I. INTRODUCCIÓN. II. EL PRINCIPIO DE ESTABILIDAD GUBERNAMENTAL PIEZA ANGULAR DEL SISTEMA POLÍTICO ESPAÑOL Y VALENCIANO. III. EL PARLAMENTO RACIONALIZADO EN EL CONGRESO DE LOS DIPUTADOS Y EN LES CORTS VALENCIANES. 1. Instrumentos de exigencia de responsabilidad política. 2. Instrumentos de Solicitud de Información y Debate. 3. Control de la Normativa del Ejecutivo 4. Las Comisiones de investigación. IV. A MODO DE REFLEXIÓN FINAL. V. BIBLIOGRAFÍA.

I. INTRODUCCIÓN

Esta contribución aborda el estudio de las relaciones entre Les Corts y el Consell, con constantes referencias a las dinámicas existentes entre el Congreso y el Gobierno, a fin de mostrar el seguidismo institucional y la falta de originalidad que caracterizan el desarrollo político-institucional de la Comunitat Valenciana.

Dicha relación se inscribe en el marco de un modelo de parlamentarismo racionalizado que, concebido originalmente para garantizar la estabilidad en contextos de fragilidad democrática, ha terminado por confundir la estabilidad gubernamental con la estabilidad del sistema político en su conjunto. Con el paso del tiempo, algunas de las instituciones diseñadas para asegurar esa estabilidad han derivado hacia prácticas de mal uso o abuso, lo que, si bien puede proporcionar réditos políticos inmediatos a los partidos, acaba debilitando la legitimidad del sistema a medio y largo plazo.

Este fenómeno debe entenderse en el contexto más amplio de la crisis del Estado de partidos, donde los partidos políticos —núcleo articulador del sistema representativo— han adquirido una posición privilegiada que, en su evolución hacia formas de cartelización, los ha ido distanciando progresivamente de la ciudadanía. En consecuencia, la sociedad percibe a los partidos como estructuras cerradas, jerarquizadas y excesivamente disciplinadas, más preocupadas por la lucha partidista y electoral que por la atención a las demandas sociales.

El trabajo analiza los diferentes instrumentos de relación entre Les Corts y el Consell, deteniéndose especialmente en aquellos que se están utilizando con una finalidad partidista y no con el propósito para el que fueron concebidos, lo que justifica la distinta extensión del tratamiento de unos y otros. Todo ello, naturalmente, dentro de los límites propios de una contribución de este tipo.

II. EL PRINCIPIO DE ESTABILIDAD GUBERNAMENTAL PIEZA ANGULAR DEL SISTEMA POLÍTICO ESPAÑOL Y VALENCIANO

La estabilidad gubernamental es un principio basilar de nuestro sistema político y, sin embargo, no se recoge expresamente en nuestra Constitución. Es un principio implícito a pesar de que estuvo muy presente en los debates de la constituyente. Paniagua ha recordado que el diseño del régimen parlamentario español buscó evitar la inestabilidad política y el "desgobierno", priorizando la estabilidad del Gobierno y su capacidad de acción, influenciado por la historia española y modelos europeos[1].

Si en la actualidad este principio ocupa ese lugar central no es fruto de la casualidad ni del azar sino que ha sido debido a una planificación minuciosa de actores políticos y jurídicos que han ido tejiendo una serie de instituciones para extenderla y consolidarla. Se alzan voces críticas al respecto. En primer lugar, se aduce que buscar la estabilidad gubernamental tiene sentido en un escenario de transición política hacia la democracia. Hoy con una democracia consolidada, aunque no exenta de peligros y desafíos, no cabe asimilar estabilidad del sistema con estabilidad gubernamental y menos en el caso de España que posee sistema democrático perfectamente consolidado. Lo que podía tener un sentido durante la Transición hoy la ha perdido por completo. Hay voces que denuncian que este principio limita la actuación de los operadores políticos y puede llevar a la

La estabilidad del sistema político y la estabilidad gubernamental son conceptos relacionados pero distintos. La primera alude a la permanencia y legitimidad de las reglas fundamentales del régimen,

---

1 Paniagua, J. L. (2012). España: "Un parlamentarismo racionalizado de corte presidencial". En J. Lanzaro (Ed.), *Presidencialismo y parlamentarismo. América Latina y Europa meridional.* Centro de Estudios Políticos y Constitucionales, pp. 225-226.

es decir, a que la Constitución, las instituciones y el marco de convivencia sean aceptados por la sociedad y los actores políticos como los mecanismos válidos para procesar conflictos, lo que garantiza la continuidad del sistema aun cuando existan tensiones o cambios de actores en el poder. En cambio, la estabilidad gubernamental se refiere a la duración, cohesión y eficacia de un gobierno específico, dependiente de su capacidad para mantener mayorías parlamentarias, sostener acuerdos y aplicar sus políticas sin caer en crisis ministeriales o cambios constantes de gabinete. Así, un país puede atravesar situaciones de inestabilidad gubernamental, con frecuentes reemplazos de jefes de gobierno o coaliciones frágiles, y sin embargo conservar una alta estabilidad del sistema político si la ciudadanía continúa reconociendo las reglas democráticas y las instituciones como legítimas y perdurables. Un ejemplo claro es Italia, que a lo largo de la posguerra ha atravesado una gran inestabilidad gubernamental con frecuentes cambios de primer ministro y de coaliciones en el Parlamento, pero sin que ello supusiera un cuestionamiento profundo a la democracia como régimen político, lo que demuestra que un país puede mantener estabilidad del sistema político pese a la inestabilidad de sus gobiernos.

En 2011 estalló en toda Europa un movimiento de protesta ante la grave crisis económica. Hessel con su obra *Indignaos* exhortaba a los jóvenes a indignarse, "todo buen ciudadano debe indignarse actualmente porque el mundo va mal, gobernado por unos poderes financieros que lo acaparan todo"[2]. El mensaje de Hessel era un *llamamiento a la conciencia y a la movilización ciudadana* para, con acciones pacíficas, combatir la pasividad, defender los derechos sociales y buscar una sociedad más justa. Su obra era un recordatorio de que la indignación y la acción colectiva son fundamentales para la democracia y la dignidad.

En España ese movimiento, el 15-M adquirió especial protagonismo. Conmocionada por una terrible crisis económica, la ciudadanía giró sus ojos hacia las instituciones, los partidos políticos y sus dirigentes considerándoles responsables de la situación. Por toda España se oía un eslogan, «no nos representáis», dirigido contra aquellos que

---

2 Hessel, S. (2020). ¡Indignaos!, Destino.

meses antes habían sido elegidos en las urnas creando una fractura entre una legitimidad de origen, que da los votos, y una legitimidad de ejercicio que otorga o retira la actuación diaria de aquellos que han sido elegidos para ocuparse de los asuntos concernientes a la *res publica*. Estos movimientos sociales clamaban por una regeneración democrática poniendo sobre el tapete como algo novedoso lo que Panebianco señalaba ya como una fuente fundamental de conflicto en las sociedades actuales, el *cleavage* establishment/antiestablishment/casta/anticasta[3] enfrentando vieja política a nueva política y lanzando el mensaje de que había que sustituir los partidos tradicionales y sus dirigentes por nuevos partidos que no cayeran en los defectos y excesos de aquellos. Se trataba de una crisis que afectaba al propio sistema pues se cuestionaban instituciones, partidos y gobernantes y se instaba a una profunda regeneración democrática.

Fue un rechazo a las instituciones, especialmente, Gobierno, Parlamento y partidos políticos que no respondían a las necesidades sociales durante la crisis económica. El lema "*no nos representáis*" mostraba claramente una pérdida de legitimidad del sistema político en su conjunto, no únicamente del Ejecutivo. Así el documento político de Podemos rezaba que: "no nos podemos parecer a los partidos viejos". "La desconexión entre los viejos partidos del turno y la realidad de su pueblo ha operado por esta vía. Hemos visto a representantes de esos partidos dedicar mucho tiempo a defender su escaño o su cargo, sus privilegios y su jubilación dorada, su cuota de recursos y su aparato, su baronía o su familia. Ese tiempo es tiempo robado a la defensa de las necesidades del país y es lo que ha permitido hacer de la profesionalización de la política un lugar de privilegio. Mediante este camino, los partidos acaban convirtiéndose en agencias de colocación o en lugares donde desarrollar una carrera. Y es así como acaban finalmente intervenidos y cooptados por las élites".

Con el tiempo, esa crisis de legitimidad del sistema fue superada sin grandes cambios. Entre los más notables podemos citar la aparición de nuevos partidos políticos, la instauración de ciertos mecanismos para luchar contra la corrupción y favorecer la transparencia de la acción política, la introducción de mecanismos de participación

---

3 Panebianco, A. (1995), Modelo de partidos, Alianza, p. 507.

ciudadana en la esfera pública y ciertos cambios, más bien limitados para democratizar el funcionamiento interno de los partidos. Partidos que pretendían "asaltar los cielos" han acabado por reproducir muchos d ellos defectos de los partidos tradicionales: burocracia partidista, políticos profesionales, élites endogámicas, funcionamiento interno escasamente democrático, etc. En definitiva, los cambios no pusieron en peligro la estabilidad gubernamental

Desde la instauración de la democracia, el sistema político español y valenciano, se ha caracterizado por una notable estabilidad gubernamental. Desde la consolidación democrática, los partidos políticos en España han sido no solo los principales impulsores del proceso de institucionalización del nuevo régimen, sino también los verdaderos constructores del sistema político surgido tras 1978. Su intervención decisiva en la redacción de la Constitución y en el desarrollo normativo posterior les permitió establecer un entramado institucional en el que se situaron en el centro del poder político y representativo, controlando los mecanismos de intermediación entre ciudadanía y Estado. En el ámbito de la Comunitat Valenciana, el modelo institucional y las pautas de competencia entre formaciones reflejan lo que Detterbeck denomina partido multinivel: organizaciones que actúan de forma coordinada en distintos niveles de gobierno (nacional, autonómico y local) y que conservan una estructura jerárquica y dependiente[4]. Este esquema explica la estrecha correspondencia entre el sistema de partidos autonómico y el nacional, en el que los mismos actores dominan los procesos de acceso al poder y reproducen sus lógicas organizativas y de control vertical.

Esta estabilidad fue facilitada por el predominio de los dos partidos principales, el Partido Popular (PP) y el Partido Socialista Obrero Español (PSOE). A lo largo de las distintas legislaturas, estas formaciones han logrado ostentar el poder bien sea a través de mayorías absolutas, gobiernos en solitario con apoyos parlamentarios puntuales, o mediante pactos de coalición más estructurados. Este modelo de bipartidismo imperfecto garantizó que, incluso en ausencia de una mayoría absoluta, el Ejecutivo pudiera mantener una relativa so-

---

4 Detterbeck, K (2012). *Multi-Level Party Politics in Western Europe*, Basingstoke, Palgrave Macmillan.

lidez y llevar adelante su programa de gobierno sin grandes sobresaltos. El escenario político de la XV Legislatura estatal marca una ruptura significativa con esta tradición de estabilidad pues el gobierno, liderado por el PSOE, se sostiene sobre una mayoría parlamentaria notoriamente frágil y poliédrica. Sin embargo, la caída o colapso del Gobierno no se materializa y ello debido a la inercia del entramado institucional y político que se ha consolidado en España a lo largo de los años, diseñado, precisamente, para favorecer la estabilidad gubernamental.

Entre los elementos clave de este diseño institucional. aunque no los únicos, destacan:

a) la consolidación de partidos estables y cohesionados, con escasa democracia interna. Los partidos políticos se han dotado de un marco normativo, principalmente la Ley orgánica de Partidos políticos, y sus propios Estatutos y el reto de normativa interna, que les ha permitido un margen amplio de autoorganización que ha derivado en partidos jerarquizados y con una fuerte disciplina partidaria. En este sentido, la LOPP, de forma muy parca, solo exige en su artículo 7 que el órgano superior de gobierno del partido, encargado de tomar las principales decisiones (no dice cuales), sea una asamblea general de miembros y que los órganos directivos de los partidos deberán ser provistos mediante sufragio libre y secreto. Y en las obligaciones que impone la Ley a los miembros del partido (a) Compartir las finalidades del partido y colaborar para la consecución de las mismas. b) Respetar lo dispuesto en los estatutos y en las leyes.c) Acatar y cumplir los acuerdos válidamente adoptados por los órganos directivos del partido) se deduce la facilidad con que los partidos pueden imponer un régimen disciplinario severo. En este sentido, por ejemplo, todos los partidos someten a sus representantes a un mandato imperativo de facto sancionando la ruptura de la disciplina de voto (art. 14.1.e) y art. 15.1.i). Estatutos Partido Popular[5]; art. 67.3

---

5 chrome-extension://efaidnbmnnnibpcajpcglclefindmkaj/https://www.pp.es/storage/2025/07/ESTATUTOS_PARTIDOPOPULAR_2025.pdf. Consulta 30 de septiembre de 2025.

Estatutos PSOE[6]; art. 35.2.b). Estatutos Vox[7]; Norma 44 Estatutos Compromís[8]; arts. 75.2.1 y 75.3.j). Estatutos de Podemos[9]; art. 11.1.e.) Estatutos Movimiento Sumar[10]; y art. 85 Estatutos Ciudadanos[11].

b) la instauración de un sistema electoral que favorece a los partidos grandes, otorgándoles estabilidad, y perjudicaba a los partidos menores o a las nuevas formaciones que intentaban incorporarse al sistema en una operación de un claro ejemplo de *herestética* electoral "esto es, con la manipulación de las reglas del juego político en beneficio propio y con resultado de victoria durante el proceso de negociación entre élites políticas sobre el sistema electoral" tal como ponen de relieve Lago y Montero[12] en favorecer su momento de la UCD y que, posteriormente el PSOE mantuvo[13]. El principio de estabilidad, no recogido de forma expresa en la Constitución, ha llegado a desvirtuar el de proporcionalidad recogido en el artículo 68.3 CE, por los graves sesgos mayoritarios del sistema. Como

---

6 chrome-extension://efaidnbmnnnibpcajpcglclefindmkaj/https://www.psoe.es/media-content/2024/12/Estatutos-Federales-41%C2%BA-CF.pdf. Consulta 30 de septiembre de 2025.

7 https://www.voxespana.es/espana/estatutos. Consulta 30 de septiembre de 2025.

8 https://compromis.net/transparencia/estatuts-i-documents/. Consulta 30 de septiembre de 2025.

9 chrome-extension://efaidnbmnnnibpcajpcglclefindmkaj/https://podemos.info/wp-content/uploads/2022/05/Estatutos_de_Podemos-Septiembre-2021.pdf. Consulta 30 de septiembre de 2025.

10 chrome-extension://efaidnbmnnnibpcajpcglclefindmkaj/https://movimientosumar.es/transparencia/wp-content/uploads/sites/6/2025/07/Estatutos-tras-Asamblea-2025_DEF.pdf. Consulta 30 de septiembre de 2025.

11 https://www.ciudadanos-cs.org/estatutos. Consulta 30 de septiembre de 2025.

12 Lago, I. y Montero, J.R. (2005), "Todavía no sé quiénes pero ganaremos. Manipulación política del sistema electoral", Sistemas electorales, *Zona Abierta,* núm. 110/111, 284

13 Alzaga, O. (1989), "I rapporti tra Capo dello Stato, governo e Parlamento, en Rolla, G. (ed.*), Il X aniversario della Constituzione spagnola: bilancio, problema, prospettive,* Centro stampa della Facoltà di Scienze Economiche i Bancaire, Siena.

han destacado, entre otros, Valles y Bosch[14], Montero y Riera[15], Crespo, Nohlen y Alvira[16], esta obra de ingeniería electoral ha funcionado relativamente bien en relación a los objetivos pretendidos que eran reducir el número de fuerzas políticas parlamentarias favoreciendo su concentración en aras a la estabilidad gubernamental, aunque ello supusiera un sacrificio del principio de proporcionalidad y creara mayorías manufacturadas

c) un modelo de financiación de inspiración europea, basado en la financiación pública para todo tipo de actividades y no solo las electorales que favorece y estabiliza los partidos mayoritarios y perjudica a los minoritarios y a los nuevos que desean entrar en la contienda política. Santano[17], acertadamente concluye que éste fue concebido en la Transición como medida para asegurar un estado de partidos estable. Con el tiempo, este modelo ha perdido su sentido y no responde a las expectativas de la sociedad actual. Como advierte Sánchez Muñoz[18], el modelo español refuerza en exceso el *statu quo* de los grandes partidos, ya que vincula la financiación (especialmente la electoral) casi exclusivamente a los resultados electorales o la representación parlamentaria, beneficiando desproporcionadamente a los grandes partidos y penalizando a los pequeños.

d) un parlamentarismo racionalizado que limitaba el poder del Parlamento, garantizaba la estabilidad gubernamental y otor-

---

14 Vallés, J.M. y Bosch A. (1997): *Sistemas electorales y gobierno representativo,* Ariel, p. 250.

15 Montero, J.R. y Riera, P. (2009): "El sistema electoral español: cuestiones de desproporcionalidad y de reforma", *Anuario de la Facultad de Derecho de la Universidad Autónoma de Madrid,* núm. 13, p. 236

16 Crespo, I. Nohlen, D. y Alvira, R. (2019), "El sistema electoral español" en Montalbes, J. y Martínez, A. (eds.), *Gobierno y política en España,* Tirant lo Blanch, p. 409.

17 Santano,A.C. (2016). *La financiación de los partidos políticos en España,* Madrid: CEPC.

18 Sánchez Muñoz, O. (2022). Razones para regular (mejor) la financiación de los partidos. Más allá de la corrupción política. *EUNOMÍA. Revista en Cultura de la Legalidad,* núm.23, p. 125.

gaba el protagonismo de la vida parlamentaria a los grupos parlamentarios, más que a los diputados individualmente considerados.

III. EL PARLAMENTO RACIONALIZADO EN EL CONGRESO DE LOS DIPUTADOS Y EN LES CORTS VALENCIANES

El diseño del Parlamento racionalizado ha contribuido a consolidar la hegemonía de los partidos en el proceso político. La configuración de un sistema en el que el Gobierno depende de una mayoría parlamentaria estable, junto con el establecimiento de mecanismos como la moción de censura constructiva o la limitación de la iniciativa legislativa individual, refuerza el poder del Ejecutivo y de los grupos parlamentarios mayoritarios, a la vez que restringe la autonomía del parlamentario individual. En la práctica, el diputado o diputada actúa como delegado del partido más que como representante libre de sus electores, lo que se traduce en altos niveles de disciplina y cohesión interna, pero también en una

La Constitución Española de 1978 diseñó un conjunto de instrumentos jurídicos que articulan este equilibrio, y el Estatuto de Autonomía de la Comunitat Valenciana, al igual que el resto de Estatutos de Autonomía, ha reproducido este modelo casi en su totalidad, adaptándolo al ámbito autonómico. De este modo, puede afirmarse que el parlamentarismo valenciano es una proyección directa del parlamentarismo estatal.

1. *Instrumentos de exigencia de responsabilidad política*

El primero de los instrumentos del parlamentarismo racionalizado es el procedimiento de investidura del presidente del Gobierno. El artículo 99 de la Constitución Española establece que, tras las elecciones generales, el candidato propuesto por el Rey debe obtener la confianza del Congreso de los Diputados por mayoría absoluta en primera votación o por mayoría simple en segunda votación, celebrada cuarenta y ocho horas después. Si transcurren dos meses sin que ningún candidato obtenga la confianza, las Cortes se disuelven y se convocan nuevas elecciones. Este esquema es reproducido por el artículo 27 del Estatuto de Autonomía de la Comunitat Valenciana, que dispone que el President de la Generalitat es elegido por Les Corts Valencianes de entre sus miembros y nombrado por el Rey, debiendo obtener la mayoría absoluta en primera votación o mayoría simple en segunda. Si en el plazo de dos meses no se logra la investidura, Les Corts se disuelven y se convocan nuevas elecciones. La coincidencia literal de ambos textos refleja la voluntad de trasladar al ámbito autonómico el mismo equilibrio institucional previsto en el artículo 99 CE.

El segundo instrumento es la cuestión de confianza, regulada en el artículo 112 de la Constitución Española. Este precepto permite al Presidente del Gobierno plantear ante el Congreso una cuestión de confianza sobre su programa o una declaración de política general, que se entenderá otorgada si obtiene la mayoría simple de los diputados. Si no la obtiene, el presidente debe dimitir. En el ámbito autonómico, el artículo 30 del Estatuto de Autonomía de la Comunitat Valenciana reproduce este mecanismo al prever que el President de la Generalitat puede plantear ante Les Corts una cuestión de confianza sobre su programa, una decisión política o un proyecto de ley, que se considerará aprobada si recibe la mayoría simple de los votos. En caso contrario, el President debe presentar su dimisión ante Les Corts, siguiendo así el mismo procedimiento y consecuencias previstos en la Constitución para el Presidente del Gobierno. La única diferencia es que el Estatuto permite plantear al President de la Generalitat una cuestión de confianza en relación a un proyecto de ley, supuesto no previsto en la Constitución española

Es pertinente traer a colación la a proposición no de ley presentada por el Grupo Parlamentario Junts en diciembre de 2024[19] que fue admitida a trámite por la Mesa del Congreso pero que nunca llegó a debatirse. En su exposición de motivos, la iniciativa señalaba que, transcurrido más de un año desde la investidura, se constataba "la falta de voluntad política por parte del mismo de hacer efectivos, de forma completa y ágil, los acuerdos asumidos". Esta situación, según

---

19 BOCG, Serie D, núm. 277 (2025), p. 20.

Junts, había impedido consolidar la base de confianza necesaria para garantizar la estabilidad y el cumplimiento de la agenda de gobierno durante el resto de la legislatura. A partir de este diagnóstico político, la proposición no de ley instaba formalmente al Congreso de los Diputados a dirigirse al presidente del Gobierno para que "considerara la oportunidad de plantear una cuestión de confianza", conforme a la prerrogativa que el artículo 112 de la Constitución Española reserva en exclusiva al propio presidente.

La iniciativa reconocía expresamente su carácter político y no vinculante, y pretendía tener un efecto simbólico: impulsar al jefe del Ejecutivo a someterse voluntariamente a una cuestión de confianza ante la Cámara, a fin de reafirmar o renovar su legitimidad parlamentaria. No obstante, desde un punto de vista constitucional, esta proposición resultaba de carácter extravagante o improcedente, ya que la cuestión de confianza es una facultad que depende exclusivamente de la voluntad del presidente del Gobierno, sin posibilidad de ser forzada o instada por el Congreso mediante acuerdo alguno. El artículo 112 CE establece de forma clara que solo el presidente puede plantearla, de modo que ningún otro órgano o grupo parlamentario puede exigirle o sugerirle jurídicamente que lo haga. Por ello, aunque la proposición de Junts podía entenderse como una manifestación política o como una herramienta de presión parlamentaria, carecía de efectos jurídicos reales y se situaba fuera de la lógica estricta del parlamentarismo racionalizado diseñado por la Constitución.

En tercer lugar, la moción de censura constituye otro instrumento esencial del parlamentarismo racionalizado. El artículo 113 de la Constitución Española dispone que el Congreso puede exigir la responsabilidad política del Gobierno mediante una moción de censura que debe ser constructiva, es decir, incluir un candidato alternativo a la Presidencia del Gobierno. Esta solo puede aprobarse por mayoría absoluta. De forma análoga, el artículo 28.2 y del Estatuto de Autonomía de la Comunitat Valenciana en relación con los artículos 149 a 151 del Reglamento de Les Corts Valencianes establecen que Les Corts pueden exigir la responsabilidad política del President de la Generalitat mediante una moción de censura que también debe ser constructiva y propuesta al menos por la quinta parte de los diputados y diputadas. Si la moción es aprobada por mayoría absoluta, el candidato propuesto se considera investido automáticamente como nuevo President. De esta forma, el modelo valenciano copia fielmente la técnica de la moción de censura constructiva del artículo 113 CE, garantizando, en principio, la estabilidad institucional al impedir mociones, en principio, obstruccionistas.

Detengámonos en este instrumento por su especial trascendencia política. Se la considera un instrumento de control y de exigencia de responsabilidad política que, en último término, busca comprobar si el ejecutivo cuenta o no con la confianza del parlamento. En este sentido está consagrada la moción de censura en el título V de nuestra Constitución que regula las relaciones entre el Gobierno y las Cortes Generales (arts. 113 y 114 CE)".

En una democracia parlamentaria, si un gobierno pierde el respaldo de la mayoría de la Cámara, no solo no puede, sino que no debe seguir gobernando. En este sentido, resulta cuestionable que al candidato propuesto en una moción de censura se le exija el apoyo de la mayoría absoluta, una condición que no se impone, sin embargo, al gobierno censurado. Como acertadamente señala Bar, en el caso español es perfectamente posible la existencia de ejecutivos sin mayoría absoluta[20], y, de hecho, ésta ha sido la tónica habitual en varias legislaturas, incluida la actual. Ante tal evidencia cabe preguntarse si es viable y legítimo gobernar en minoría, ¿por qué se imponen tantos obstáculos a una mayoría parlamentaria que pretende sustituir al gobierno en funciones?

La crítica se refuerza con la reflexión de Burdeau, quien subraya el sinsentido de fundir en un solo acto dos decisiones de naturaleza distinta: la censura a un gobierno, que se basa en el rechazo a su gestión, y la investidura de un nuevo candidato, que exige una deliberación específica sobre su programa. Al exigir que ambas decisiones se tomen simultáneamente, se sacrifica la lógica parlamentaria en aras de una supuesta estabilidad que, en la práctica, puede provocar un efecto contrario: la parálisis institucional. El resultado es un

---

[20] Bar, A. (1985). "Artículo 99. Nombramiento del Presidente del gobierno". En O. Alzaga (Dir.), *Comentarios a la Leyes Políticas* (Tomo VIII, p. 182). Editoriales de Derecho Reunidas.

gobierno sin apoyo político suficiente que, sin embargo, permanece en funciones, sin impulso ni legitimidad para desarrollar su acción, únicamente porque el sistema impide o dificulta la formación de una nueva mayoría[21].

Desde esta perspectiva, el diseño actual de la moción de censura la desnaturaliza como mecanismo de control y de exigencia de responsabilidad. Por una parte, porque desplaza el foco del control parlamentario (la evaluación crítica de la acción del gobierno) hacia la propuesta de alternativa, diluyendo así la función de responsabilidad política. Por otra, porque, con frecuencia, se convierte en un instrumento táctico, más orientado a desgastar al Ejecutivo o a proyectar la figura del líder de la oposición que a ejercer un auténtico control institucional. Esta instrumentalización política ha sido evidente en casos como la moción de censura presentada por el Grupo Popular en marzo de 1987 contra el Gobierno de Felipe González, o las impulsadas por Vox en de 2020 con Santiago Abascal como candidato y en 2023 con Ramón Tamames como candidato contra el Gobierno de Pedro Sánchez. Un caso especialmente llamativo de abuso de este instrumento fue, en mi opinión, la moción de censura presentada por Ciudadanos en 2021 en la Región de Murcia, orientada más al cálculo táctico que al cumplimiento de la función institucional de control y sustitución del Ejecutivo[22].

Vista la experiencia histórica, parece conveniente una reformulación de la moción de censura que pase por aligerar las exigencias del parlamentarismo racionalizado. Bastaría con exigir mayoría simple en vez de mayoría absoluta en una primera o segunda votación. Es lo que ya se exige a nivel local desde 2021[23].

---

21 Bourdau, G. *Traité de Science Politique*, Vol IX, París, LGDJ. 1976, p. 404

22 Català i Bas, A. H. (2024). "Uso, mal uso y abuso de la moción de censura constructiva y sus consecuencias". En V. Garrido Mayol (Dir.), *El control en las Cortes y el control de la actividad de las Cortes*, pp. 207-246.

23 Ley Orgánica 2/2011, de 28 de enero que dio una nueva redacción al artículo 197 LOREG que regula la moción de censura de los alcaldes y que en lo que aquí importa, suprimió la letra f) del artículo 197 que exigía mayoría absoluta para su aprobación. Vide el punto 3º del Acuerdo de la Junta Electoral Central 45/2014 de 20/03/2014: "La votación de una moción de censura contra un Alcalde, una vez admitida a trámite, es un acto libre

Otra opción sería separar los dos actos: la censura, que podría mantener la mayoría absoluta o reducirla a la simple, y la investidura del nuevo candidato en la que bastaría la mayoría simple de tal suerte que sin el respaldo mayoritario de la Cámara a ambas cuestiones la moción fracasaría. Separar ambos actos, además, permitiría dos debates completamente distintos. El primero sobre la acción del gobierno y las razones para censurarlo y el segundo sobre la propuesta de gobierno del candidato y las razones para investirlo.

El cuarto instrumento es la facultad de disolución de las cámaras, regulada en el artículo 115 de la Constitución Española, que permite al Presidente del Gobierno, previa deliberación del Consejo de Ministros y con la firma del Rey, disolver las Cortes Generales, salvo en determinados supuestos como la tramitación de una moción de censura o si ha transcurrido menos de un año desde la última disolución. El artículo 28.4 del Estatuto de Autonomía de la Comunitat Valenciana establece de modo equivalente que el President de la Generalitat, previa deliberación del Consell, puede disolver Les Corts y convocar elecciones, con las mismas limitaciones temporales y materiales que prevé el artículo 115 CE. Así, se mantiene en el ámbito autonómico el mismo equilibrio entre la facultad de disolución y la garantía de estabilidad institucional.

---

e incondicionado de los concejales que forman parte de la Corporación local sin que le sea aplicable la previsión establecida en el artículo 197.1.a) de la LOREG. Para la aprobación de la moción de censura basta con que los votos favorables sean superiores a los contrarios, al no exigir la LOREG ninguna mayoría cualificada. La mayoría necesaria puede lograrse con los votos de cualesquiera miembros de la Corporación local, con independencia del grupo municipal del que formen parte." Mayoría inmodificable tal como advierte la Junta Electoral Central en su Acuerdo de la Junta Electoral Central 202/2014 de 15/07/2014. Ante la consulta sobre si podría el Reglamento Orgánico de la Corporación exigir una mayoría cualificada para que prospere la moción de censura contra un Alcalde, desaparecida del art. 197.1 de la LOREG la exigencia de mayoría cualificada en la votación, la JEC *consideró que* "que resulta contrario a los principios de legalidad y de jerarquía normativa consagrados en el artículo 9.3 de la Constitución, así como al principio de reserva legal de esta materia (artículo 9.3 y 81.1 de la Constitución), que un Reglamento municipal modifique lo dispuesto en la Ley Orgánica de Régimen General".

Señala al respecto Garrido Mallol que, si bien "la posibilidad de disolver el parlamento no puede merecer más que un juicio positivo, sin embargo, bien es verdad que no es infrecuente que se haga un uso abusivo o torcido de tal facultad. En efecto, la disolución se ha utilizado para convocar elecciones anticipadas cuando, no concurren las situaciones antes descritas [gobiernos minoritarios cuya confianza se pone en entredicho, minorías sobrevenidas como consecuencia de transfuguismo, ruptura de la coalición gubernamental], considera el presidente que es un buen momento para que el partido al que pertenece vuelva a ganar las elecciones"[24].

2. *Instrumentos de Solicitud de Información y Debate*

En el parlamentarismo racionalizado, el control del Parlamento sobre el Gobierno se ha reducido. En las actuales democracias de partido existe un dominio casi absoluto del segundo sobre el primero desde el momento en que aquel está apoyado por la mayoría parlamentaria. No se trata de dos poderes enfrentados sino de dos poderes coordinados por la mayoría parlamentaria[25]. El Gobierno controla la actividad del Parlamento a través de dicha mayoría de tal suerte que acertadamente se distingue entre control del parlamento y control en el parlamento por parte de la minoría[26]. De esta manera, la función fiscalizadora de la actividad del Gobierno recae básicamente en la minoría parlamentaria[27] La realidad nos muestra como

---

24 Garrido Mayol, V. (2024). La configuración del sistema parlamentario de gobierno: el control al gobierno y el control del gobierno. Especial referencia a la facultad presidencial de disolución del parlamento. En V. Garrido Mayol (Dir.), *El control en las Cortes y el control de la actividad de las Cortes* (pp. 13-38). Tirant lo Blanch, p. 17.

25 Virgala Foruria, E. *La moción de censura en la Constitución de 1978,* Centros de Estudios Constitucionales, Madrid, 1988, p. 179. Vide, entre otros, Molas, I, Pitarch, I.E., *Las Cortes Generales en el sistema parlamentario español,* Tecnos, Madrid, 1993, pp. 223 y ss.; y Montero Gibert, J.R. y García Morillo, J., *El control parlamentario,* Tecnos, Madrid, 1984, p. 145.

26 Vide Aragón Reyes, M., "El control parlamentario como control político", *Revista de Derecho Político,* núm. 23, 1986, p. 27.

27 Distinguen Montero Gibert, J.R. y García Morillo, J., *El control parlamentario, op. cit.*, p. 51, entre control de la mayoría y de la minoría de tal suerte que

la mayoría actúa en defensa del Gobierno convirtiéndose así en auténtico impedimento de las funciones de control. En este escenario, el control político y la exigencia de responsabilidad política están tan menguados que conducen, en palabras de Loewenstein, a un "parlamentarismo castrado" en el seno de un régimen "demoautoritario" en el que "si bien el gobierno llega al cargo de forma democrática, el liderazgo político será posteriormente ejercido autoritariamente"[28]. Y, sin embargo, como pone de relieve Aragón Reyes, el control parlamentario es, entre todas las funciones parlamentarias, la más significativa que permite al parlamento "actuar como Cámara de crítica y no de resonancia de la política gubernamental"[29].

El análisis de los instrumentos de control que ejercen el Congreso de los Diputados (RC) sobre el Gobierno de la Nación y Les Corts Valencianes (RCV) sobre el Consell de la Generalitat revela una profunda similitud en su diseño y finalidad, ya que ambos Parlamentos emplean mecanismos de fiscalización que son directamente análogos, tal como se establece en sus respectivos reglamentos.

El núcleo del control parlamentario ordinario se articula mediante las interpelaciones y las preguntas, cuyos procedimientos son casi idénticos en ambas cámaras.

Las interpelaciones están diseñadas en ambos reglamentos para versar sobre los motivos o propósitos de la conducta del ejecutivo en cuestiones de política general, ya sea del Gobierno/Consell o Departamento Ministerial/Conselleria (art. 181 RC), (art. 152.2 RCV). En el Congreso, estas dan lugar a una moción en la que la Cámara manifiesta su posición (art. 184.1 RC), un trámite que también es

---

"el control de la minoría se encaminará a demostrar que la actividad gubernamental no se corresponde con la que habría de realizar, mientras que el control de la mayoría constará en verificar que el gobierno no lleva a la práctica el programa". En mi opinión, esa asfixiante disciplina de partido diluye en gran medida ese control que puede darse con más intensidad en los gobiernos de coalición tal como advierten estos autores (p. 55). Vide igualmente Sánchez Navarro, A.J., "Control parlamentario y minorías", *Revista de Estudios Políticos*, Nº 88, 1995, págs. 223-256.

28 Loewenstein, K. (1976). *Teoría de la Constitución*, Ariel, Barcelona, pp. 114-115.

29 Aragón Reyes, M. (1986). "El control parlamentario ..., *op. cit.*, p. 27.

esencial en Les Corts Valencianes, donde puede dar lugar a una moción subsiguiente (art. 155.1 RCV).

En cuanto a las preguntas, la similitud se mantiene. Las preguntas para respuesta oral ante el Pleno del Congreso no pueden contener más que la "escueta y estricta formulación de una sola cuestión" sobre un hecho o una situación (art. 188.1 RC). Les Corts también requiere la contestación oral en el Pleno para "cuestiones de interés general que por su actualidad requieran contestación inmediata" (art. 159.1 RCV).

Respecto a las preguntas escritas, en defecto de indicación se entenderá que quien formula la pregunta solicita respuesta por escrito (art. 187 RC), (art. 158 RCV).

Ambos órganos garantizan el control periódico en sesión plenaria: el Congreso dedicará, por regla general, dos horas como tiempo mínimo a preguntas e interpelaciones (art. 191 RC). Les Corts dedicará, por regla general, dos horas como tiempo máximo a preguntas especiales de urgencia (art. 162 RCV). Además, Les Corts Valencianes regula una comparecencia semanal del president del Consell ante el Pleno para contestar preguntas (art. 173.1 RCV), limitando el tiempo total de intervención para cada interviniente a cinco minutos (art. 173.6.1° RCV).

En la práctica, el control sobre el Gobierno resulta muy débil, debido a la imposibilidad de que los tribunales fiscalicen el contenido de las respuestas que éste ofrece al Parlamento. El Tribunal Constitucional ha establecido de forma reiterada que las preguntas parlamentarias y las respuestas del Gobierno forman parte del ámbito de control político entre el Legislativo y el Ejecutivo, sin proyección jurídica susceptible de revisión constitucional. En este sentido, ha señalado que dichos instrumentos "agotan sus efectos en el campo estrictamente parlamentario", por lo que queda excluida la fiscalización judicial o constitucional de las posibles irregularidades que se produzcan en esas relaciones institucionales (STC 220/1991, FJ 5; en el mismo sentido, STC 196/1990). Asimismo, el Tribunal ha precisado que el derecho de los parlamentarios a formular preguntas no implica un derecho correlativo a obtener una respuesta determinada o materialmente satisfactoria, ni permite al Tribunal valorar su contenido o oportunidad política (STC 44/2001; STC 27/2011). En consecuencia, la jurisprudencia constitucional mantiene que el contenido de las respuestas del Gobierno a las preguntas formuladas por el Parlamento no puede ser objeto de valoración por el Tribunal Constitucional, al tratarse de actuaciones insertas en la dinámica propia del control político y no en el ámbito de control jurídico-constitucional.

A esta debilidad institucional se añade el uso estratégico que los grupos parlamentarios de la oposición hacen de las preguntas al Gobierno, que con frecuencia dejan de cumplir su función genuina de instrumento de control para convertirse en herramientas de crítica política o de desgaste. En lugar de buscar una rendición efectiva de cuentas o la obtención de información relevante para la labor parlamentaria, estas preguntas se orientan muchas veces a la confrontación mediática y al posicionamiento partidista. Esta dinámica, lejos de fortalecer el control parlamentario, refuerza el carácter dialéctico y polarizado de la relación entre Gobierno y oposición. El Ejecutivo, por su parte, aprovecha esta misma lógica para responder de manera igualmente política, utilizando las réplicas no como actos de rendición de cuentas, sino como oportunidades para desacreditar o deslegitimar a la oposición, consolidando así un intercambio retórico que vacía de contenido el control parlamentario y lo transforma en un espacio más de disputa partidista que de supervisión democrática efectiva.

En este contexto, también resulta pertinente cuestionar la razón de ser de las preguntas formuladas por los propios grupos parlamentarios que sostienen al Gobierno. Si se acepta que la función de control político corresponde esencialmente a la minoría parlamentaria, en tanto contrapeso del poder ejecutivo, pierde sentido que quienes integran la mayoría gubernamental y, por tanto, participan en la acción de gobierno ejerzan formalmente ese mismo control. Las preguntas del grupo mayoritario suelen carecer de un propósito genuino de fiscalización y se orientan, más bien, a reforzar el discurso del Ejecutivo, a poner en valor su gestión o a generar marcos favorables de comunicación política. De este modo, el instrumento parlamentario de la pregunta se desvirtúa y se convierte en un acto de apoyo o propaganda institucional, más que en un mecanismo de rendición de cuentas.

Esta práctica pone de relieve una distorsión estructural del parlamentarismo de partidos: la identificación entre Gobierno y mayoría parlamentaria diluye la separación funcional entre control y acción política. En consecuencia, el control efectivo queda reducido a la capacidad de la oposición —ya de por sí limitada por su posición numérica y por la disciplina de partido—, mientras que la mayoría utiliza las herramientas de control para legitimar al Gobierno ante la opinión pública, no para someterlo a escrutinio. Así, el Parlamento acaba reproduciendo las lógicas internas del sistema de partidos, en lugar de actuar como un verdadero espacio de vigilancia y equilibrio institucional.

Mayor control existe en relación a la solicitud de información: En principio, el Tribunal Constitucional ha mantenido que las solicitudes de información y documentación formuladas por los parlamentarios forman parte del ámbito del control político, por lo que como señala en la STC 165/2023, de 21 de noviembre el alto Tribunal señala que.

> "no es discutible que el derecho de los parlamentarios a obtener información por parte de las administraciones públicas, y con él su derecho fundamental a ejercer su función representativa, pueden verse lesionados tanto por los órganos del Ejecutivo como por los de la propia Cámara parlamentaria." (FJ 4)

Sin embargo, la propia sentencia recuerda que el gobierno puede negarse siempre que existan razones fundadas en Derecho que impidan facilitar la información solicitada,

Tanto el Reglamento del Congreso (RC) como el Reglamento de Les Corts Valencianes (RCV) otorgan a los parlamentarios la facultad de solicitar datos, informes o documentos que obren en poder de las Administraciones públicas (art 7.1 RC) o de las administraciones públicas de la Generalitat, sus instituciones y organismos (art 12.1 RCV).

Si la documentación no se facilita, la Administración está obligada a motivar legalmente su negativa, basándose en "razones fundadas en derecho que lo impidan" (art 7.2 RC y art 12.2. RCV. Añade el Reglamento de les Corts que "Cuando los datos, informes o documentos solicitados por los diputados o diputadas afecten al contenido esencial de los derechos fundamentales o libertades públicas constitucionalmente reconocidas, la Mesa, a petición del Consell, podrá declarar el carácter no público de las actuaciones, disponiendo el acceso directo a aquellos en los términos establecidos en el apartado anterior, pudiendo el diputado tomar notas pero no obtener copias ni actuar acompañado de asesor (art. 12.4. RCV). Sobre esta cuestión señala Garcia Mengual que el recurso previsto en el aert. 12.RCV es "prácticamente inédito en la praxis reciente de las relaciones entre el parlamento valenciano y el Consell. Por el contrario, una práctica in crescendo es la declaración del carácter no público de las documentaciones solicitadas"[30].

Pone de relieve Durban Martín que "desde hace poco más de un lustro, por vez primera en nuestra historia democrática, el derecho de los parlamentarios a recabar documentación de las administraciones públicas se ha judicializado en la vía contencioso-ad-ministrativa. Un cúmulo de casos con un único foco común: las tensas relaciones gobierno-parlamento en el ámbito de la Comunitat Valenciana. Dicha conflictividad ha dado lugar, en el transcurso de estos años, a un elevado número de resoluciones tanto del Tribunal Superior de Justicia de la Comunitat Valenciana como del Tribunal Supremo. Un total de más de cuarenta sentencias que han incidido de forma considerable en la delimitación de este derecho"[31].

La jurisprudencia contencioso-administrativa ha perfilado criterios específicos ante varias justificaciones de denegación que puede sistematizarse siguiendo a este autor:

- Secreto Sumarial: La reserva judicial solo afecta a las actuaciones del sumario, no a los documentos administrativos preexistentes que se solicitan (como contratos) (STSJCV de 29 de abril de 2011).

30 García Mengual, F. (2024). "Las solicitudes de información de los miembros del parlamento: reflexiones sobre su transformación desde les Corts valencianes". En V. Garrido Mayol (Dir.), *El control en las Cortes y el control de la actividad de las Cortes,* p. 199.

31 Durbán Martín, I. (2019). "El derecho de los parlamentarios a recabar documentación administrativa. Nuevas perspectivas jurisprudenciales a raíz de su creciente judicialización". *Revista de Derecho Político,* núm. 104, p. 194.

- Documentos Internos o en Elaboración: El carácter de "uso interno" o estar "en fase de elaboración" no es un argumento legítimo para la denegación (STSJCV de 14 de enero de 2014)
- Documentación Inexistente o Sin Soporte Escrito: Si la información es posible de facilitar (por ejemplo, a través de registros informáticos), la negativa formal alegando la inexistencia del documento físico no se considera justificada (STSJCV de 27 de marzo de 2014).
- Volumen de Documentación (Ingente o Dispersa): La dificultad o profusión de la información solicitada no justifica una negativa. La administración debe proponer soluciones, máxime si cuenta con soporte informático (STSJCV de 7 de octubre de 2014,). Tampoco es admisible remitir al diputado a distintas administraciones para que recopile la información (STSJCV de 4 de noviembre de 2016).
- Protección de Datos: Aunque invocado, la doctrina sugiere que la participación política posee, con carácter general, un valor preferente sobre el derecho individual a la protección de datos, a menos que exista un mandato legal expreso que limite el acceso.

Por último, poner de relieve que el autor denuncia "el posible ejercicio espurio de este derecho, es decir, la perspectiva de que pueda ser utilizado, no para cumplir con la tarea fiscalizadora del gobierno que corresponde desempeñar al representante, sino para obstruir el normal funcionamiento de aquél o incluso para desgastarlo políticamente" (...) que, paradójicamente, puede verse agravada por la existencia de un corpus jurisprudencial como el examinado toda vez que ha dotado de un plus de legitimidad a los representantes políticos en sus demandas de información que, como acaba de indicarse, en los últimos tiempos parecen inscribirse más en la lógica de la contienda partidista que busca erosionar la gestión del adversario político que en la genuina (y necesaria) función parlamentaria de control al gobierno" por lo que aboga, siguiendo a la doctrina que ha tratado esta cuestión, por introducir "criterios de ponderación que permitan cohonestar el normal ejercicio de este derecho fundamental con la existencia de límites que impidan eventuales utilizaciones desviadas del mismo"[32].

3. Control de la Normativa del Ejecutivo

Respecto al control de la legislación de urgencia y la delegada, se observa el mismo patrón:

1. Decretos-leyes: El debate y votación sobre la convalidación o derogación de los Reales Decretos-leyes (RC) o Decretos leyes (RCV) se realiza en el Pleno o en la Diputación Permanente antes de que transcurran los treinta días siguientes a su promulgación (art. 151.1 RC), (art. 141.2 RCV). El debate se realiza conforme a lo establecido para los de totalidad (art. 151.2 RC), (art. 141.3.1° RCV). Convalidado, se pregunta si se tramitará como proyecto de ley por el procedimiento de urgencia (art. 151.4 RC), (art. 141.3.3° RCV).
2. Legislación Delegada: Una vez publicado el texto articulado o refundido (art. 152 RC) y (art. 140 RCV), si en el plazo de un mes ningún diputado o grupo formula objeciones, se entenderá que el uso de la delegación es correcto (art. 153.2 RC), (art. 140.2 RCV).

4. Las Comisiones de investigación

La regulación de las Comisiones de Investigación en el Reglamento del Congreso de los Diputados (RC) y en el Reglamento de Les Corts Valencianes (RCV) presenta una estructura muy similar en cuanto a su objeto, procedimiento y funcionamiento, aunque con algunas diferencias puntuales. En ambos casos, el Pleno puede crear comisiones para investigar asuntos de interés público (art. 52.1 RC; art. 54.1 RCV). La iniciativa puede partir, en el Congreso, del Gobierno, la Mesa, dos Grupos Parlamentarios o una quinta parte de los diputados (art. 52.1 RC), mientras que en Les Corts basta con

---

[32] *Idem*, p. 191

un grupo parlamentario, el Consell, la Mesa o una décima parte de los miembros (art. 54.1 RCV). Estas comisiones son no permanentes (art. 51 RC) (art. 53.2 RCV) y se extinguen al concluir su labor o, en Les Corts, al término del plazo máximo de seis meses salvo acuerdo distinto (art. 4 Resolución de Presidencia 1/XI[33]). Su funcionamiento es similar y en cuanto a la toma de decisiones, el RC dispone que las votaciones en las Comisiones de Investigación se realicen según el criterio de voto ponderado (art. 52.3 RC), mientras que en Les Corts Valencianes las decisiones se adoptan por mayoría simple (art. 54 RCV; art. 18 Resolución de Presidencia 1/XI). Las conclusiones, sin efectos vinculantes para los tribunales (art. 52.4 RC), se plasman en un dictamen debatido en Pleno y posteriormente publicado en el Boletín Oficial de las Cortes Generales o en el Butlletí Oficial de Les Corts Valencianes, remitiéndose, en su caso, al Ministerio Fiscal (art. 52.5 RC; arts 54.5 RCV y art. 23 Resolución Presidencia 1/XI).

Lo verdaderamente trascendente de la regulación de las Comisiones de Investigación, tanto en el Congreso de los Diputados como en Les Corts Valencianes, es que su constitución, funcionamiento y resultados dependen en última instancia de la mayoría parlamentaria que sostiene al Gobierno[34]. Esta mayoría es la que decide si procede o no la creación de una comisión, incluso cuando el objeto de la investigación afecta directamente a la actuación del propio Ejecutivo. Además, una vez constituida, dicha mayoría controla la composición interna de la comisión, fija el plan de trabajo, determina las comparecencias y, finalmente, aprueba el dictamen que recoge las conclusiones de la investigación. Este dictamen, aunque posteriormente se debate en el Pleno, refleja el criterio político de la mayoría gubernamental, que puede modular, suavizar o incluso neutralizar las críticas al Gobierno.

En consecuencia, la capacidad real de las Comisiones de Investigación para actuar como instrumento efectivo de control parla-

---

33 BOCV número 66, de 28 de mayo de 2024

34 Al respecto vide: García Mahamut, R. (2002). "El reconocimiento del derecho de la minoría a crear Comisiones de investigación resultaría suficiente para un ejercicio eficaz del control parlamentario?". *Cuadernos de derecho público*, 17, 27-48.

mentario se ve seriamente limitada. En lugar de ser un espacio de fiscalización independiente, se convierten con frecuencia en un instrumento político al servicio de la mayoría, donde la oposición desempeña un papel meramente testimonial. Así, aunque formalmente estas comisiones representan uno de los mecanismos de control más relevantes previstos por los reglamentos parlamentarios y el art. 76 de la Constitución, en la práctica su eficacia queda condicionada por la lógica de las mayorías, que impide que cumplan plenamente su función de control al Gobierno.

Los tiempos de la política no coinciden con los de la justicia, y aunque la lógica podría sugerir que debería esperarse a que los tribunales determinasen las posibles responsabilidades jurídicas antes de exigir las responsabilidades políticas, en la práctica esto resulta inviable. Los procesos judiciales suelen prolongarse durante años, lo que haría que la apertura de una comisión de investigación se produjera demasiado tarde, cuando los hechos investigados y sus protagonistas ya forman parte del pasado político. En tales circunstancias, la investigación perdería gran parte de su sentido, pues las responsabilidades políticas deben depurarse en el momento oportuno, mientras los actores implicados siguen teniendo relevancia institucional y la ciudadanía puede valorar su actuación de forma inmediata. De lo contrario, el control parlamentario se convierte en un ejercicio retrospectivo sin eficacia política real.

Por otra parte, las comisiones de investigación tienen el peligro de no intentar averiguar la verdad sino utilizar la mayoría parlamentaria con el objeto de o alabar la acción de gobierno o denostar a la oposición. Puede darse, incluso, el caso de que sobre unos mismos hechos se constituyan dos comisiones de investigación en distintas legislaturas, llegando cada una de ellas a conclusiones diametralmente opuestas. Así, una primera comisión, integrada y controlada por la mayoría parlamentaria que respalda al Gobierno en ese momento, puede aprobar un dictamen en el que se minimicen las responsabilidades políticas o se exonere de toda culpa a los actores implicados. Posteriormente, tras un cambio de correlación de fuerzas en la Cámara (por ejemplo, con la llegada al poder de un nuevo Gobierno y una nueva mayoría parlamentaria), se puede acordar la creación de otra comisión sobre los mismos hechos, que apruebe un dictamen totalmente diferente, fijando responsabilidades donde antes se negaban.

Esto es lo que aconteció en les Corts Valencianes en relación al accidente de metro acecido en Valencia el 3 de julio de 2006[35]. La primera comisión de investigación, con una mayoría parlamentaria del partido popular, se constituyó el 17 de julio de 2006 y concluyó con un dictamen aprobado en el Pleno el 11 de agosto de 2006 que el accidente fue una desgraciada consecuencia de un "exceso de velocidad, y que no cabía responsabilizar políticamente del fatal resultado pues "ha quedado demostrado que el sistema de frenado instalado en la línea 1 era el adecuado para las características de la línea" y que, por último, "el accidente no era previsible ni evitable"[36].

Dos legislaturas más tarde, se crea una nueva Comisión de investigación sobre los mismos hechos aprobándose en el Pleno el correspondiente Dictamen el 5 de julio de 2016[37] que llega a conclusiones opuestas al anterior. Así se afirma que: "Las causas del accidente fueron múltiples y todas tuvieron su origen en la falta de inversión y mala gestión de FGV, especialmente en materia de seguridad en la circulación"; que "la empresa FGV era conocedora de la importancia y conveniencia de adoptar medidas de seguridad como estaban implementadas en la línea 3 y 5 y no las instaló en la línea 1 hasta que aconteció el accidente"; y que: "la seguridad de la circulación se hizo descansar en el factor humano (exceso de velocidad del maquinista) ante la falta de previsión e inversión en sistemas de seguridad".

---

35 Al respecto vid. Vivancos, M. (2023). "¿Para qué han servido las Comisiones Parlamentarias de Investigación en las Cortes Valencianes? Análisis de su experiencia en el autogobierno valenciano (1982-2023) en V. Garrido (Dir.). *El control en las Cortes y el control de la actividad de las Cortes,* Tirant lo Blanch, pp. 247-318.

36 Resolución 231/VI. De 11 de agosto de 2006. Boletín Oficial de les Corts Valencianes, núm. 219, de 23 de agosto de 2006. https://www.cortsvalencianes.es/es/consulta_boc#boc/iniciativa/clau/185043493590001. Consulta 1 de noviembre de 2025.

37 Boletín Oficial de Les Corta Valencianes, núm. 104/IX, de 19 de agosto de 2016.,https://www.cortsvalencianes.es/es/consulta_boc#boc/iniciativa/clau/188696404271142. Consulta 1 de noviembre de 2025

Tras ello, se exigió responsabilidades políticas a una pluralidad de sujetos, entre otros al responsable de recursos humanos de FGV: en los siguientes términos: "hubo incumplimiento de la Ley de prevención de riesgos laborales y de los acuerdos del comité (artículo 16.3 de la Ley 31/1995). No se investigó el accidente ni simultáneamente ni con posterioridad, incumpliendo la Ley de prevención de riesgos laborales. No consta de la documentación examinada ni se desprende del testimonio de los comparecientes que se nombrara ningún enlace". En conclusión, dicho cargo era: "responsable por la falta de cumplimiento de la Ley de prevención de riesgos laborales".

El Tribunal Constitucional en su sentencia 133/2018, de 13 de diciembre, amparo al responsable de recursos humanos señalando que que las Cámaras, en el ejercicio de sus facultades de investigación, emiten juicios de oportunidad política que, por fundados que sean, carecen de valor jurídico y no pueden sustituir la certeza que sólo un proceso judicial garantiza (STC 46/2001, FJ 2). Sus decisiones responden a criterios políticos o de oportunidad y, por tanto, no producen efectos jurídicos (STC 39/2008, FJ 7). Es decir;

> "las conclusiones que las Cámaras puedan alcanzar en el ejercicio de sus facultades investigadoras deben estar exentas de cualquier apreciación o imputación individualizada de conductas o acciones ilícitas a los sujetos investigados" (FJ 8)

Considera el Tribunal que una imputación en los términos aseverativos que se formula en dicho Dictamen excede, por las razones expuestas, del ámbito propio de una actividad de ese tipo, pues a las Cámaras no les corresponde declarar la existencia de conductas punibles y la determinación de su autoría y concluye que dichas aseveraciones vulneran el derecho al honor del recurrente.

> "La afrenta padecida en este caso por la demandante resulta aún más intensa dada la directa conexión que presenta la imputación que se le hace con su actividad profesional en el momento de producirse el accidente, en el que desempeñaba la dirección de recursos humanos en la empresa pública FGV, correspondiéndole entre otros cometidos la prevención de riesgos laborales". (FJ. 9)

En el mismo Dictamen se responsabilizó también a la directora gerente de: "no adoptar decisiones en el ámbito de sus responsabilidades y competencias en todos y cada uno de los departamentos de FGV que habrían podido evitar el accidente o minimizar sus consecuencias; responsable de no abrir investigación interna; responsable de la contratación de la empresa de comunicación H&M Sanchis, propiedad de Jorge F. U., empresa encargada de manipular y adoctrinar a los y las comparecientes en la comisión de investigación".

El Tribunal Superior de Justicia de la Comunidad Valenciana (TSJCV), en su reciente sentencia 443/2025, de 13 de octubre, ha reconocido que el Dictamen aprobado por Les Corts Valencianes en 2016 es vulnerador del derecho al honor de la demandante. El TSJCV, siguiendo la doctrina constitucional, tras afirmar que las imputaciones de conductas ilícitas que excedan del ámbito propio de la actividad parlamentaria de investigación, a la que no corresponde declarar la existencia de conductas punibles de empleados públicos ni la determinación de su autoría, constituyen una lesión al derecho al honor, concluye que a la ex directora gerente se le había ocasionado:

> "un daño en su persona al haberse la Comisión de Investigación extralimitado al haber juzgado sus funciones desempeñadas tras el accidente del metro de Valencia, de forma similar al proceder propio del ámbito jurisdiccional penal".(FJ 8)

Este fenómeno pone de manifiesto el carácter profundamente político de las comisiones de investigación, cuya eficacia y credibilidad dependen más de la composición de la mayoría parlamentaria que de una búsqueda objetiva de la verdad. Lejos de constituir un instrumento estable de control del poder, estas comisiones pueden convertirse en herramientas de confrontación partidista, sujetas a la alternancia política y a la estrategia de cada grupo. En consecuencia, la volatilidad de sus conclusiones y su dependencia de las mayorías de cada momento debilitan su valor institucional y restan legitimidad a su función de depuración de responsabilidades políticas, convirtiéndolas en un escenario más del debate político, antes que en un verdadero mecanismo de control democrático.

En definitiva, el ámbito de actuación de las comisiones de investigación se debería limitar al esclarecimiento político de los hechos y a la determinación de responsabilidades políticas, pudiendo formular propuestas o recomendaciones, pero sin entrar en la valoración jurídica de posibles ilícitos penales o administrativos. De acuerdo con la jurisprudencia constitucional, las Cámaras no pueden calificar jurídicamente los hechos ni atribuir responsabilidades individuales, pues tales funciones corresponden exclusivamente a los jueces y tribunales, titulares del ius puniendi del Estado. En consecuencia, las comisiones de investigación deben preservarse como instrumentos de control parlamentario orientados al interés general y no como herramientas partidistas destinadas a la confrontación política.

IV. A MODO DE REFLEXIÓN FINAL

Las relaciones entre el Gobierno y el Parlamento en el marco de un parlamento racionalizado se articulan habitualmente en una dinámica de asimetría funcional, en la que el primero se encuentra subordinado al segundo solo formalmente. En la práctica, el Parlamento está dominado por la mayoría parlamentaria que sustenta al Gobierno, lo que invierte parcialmente la relación y permite al Ejecutivo controlar la agenda y el ritmo de la actividad parlamentaria mediante grupos disciplinados y cohesionados.

Tanto el sistema político español como el valenciano responden a este modelo, diseñado —como se ha señalado— para garantizar la estabilidad gubernamental. Desde la Transición, la búsqueda de dicha estabilidad ha condicionado la configuración del sistema político: ha modelado el sistema de partidos, la legislación electoral, la financiación partidaria y la dinámica parlamentaria, entre otros aspectos. Sin embargo, esta búsqueda constante de estabilidad se ha realizado, en no pocas ocasiones, a costa de principios constitucionales como la proporcionalidad del sistema electoral o el equilibrio entre poderes.

El principio de estabilidad se ha asegurado hasta tal punto que hoy un Ejecutivo puede seguir gobernando sin contar con una mayoría parlamentaria efectiva. Es el caso del Gobierno presidido por Pedro Sánchez en octubre de 2025, cuando Junts anunció que dejaba de respaldarlo y pasaba a la oposición. Este diseño institucional, concebido para evitar la inestabilidad de etapas anteriores, ha terminado generando un efecto paradójico: gobiernos en minoría que resisten con presupuestos prorrogados desde enero de 2024 y que acumulan constantes derrotas parlamentarias, sin que ello implique necesariamente una pérdida de poder efectivo.

Al mismo tiempo, se observa un uso instrumental y distorsionado de las instituciones propias del parlamentarismo racionalizado. Herramientas como la moción de censura, la disolución parlamentaria, las comisiones de investigación o las solicitudes de información se utilizan, con frecuencia, no para cumplir su finalidad constitucional, sino como instrumentos de desgaste político. Así, se presentan mociones de censura sin posibilidad de prosperar, se disuelven cámaras para obtener ventajas electorales, se crean comisiones de investigación orientadas a la confrontación y no al esclarecimiento de los hechos, o se formulan preguntas cuyo objetivo no es la rendición de cuentas sino el ataque al adversario político.

Cabe preguntarse si estas prácticas no son, en el fondo, una reacción a los estrechos márgenes de actuación que impone el parlamentarismo racionalizado, y si los partidos recurren a estos comportamientos como vías no ortodoxas de expresión y conflicto político ante un sistema excesivamente cerrado. Sea como fuere, los partidos deberían ser conscientes de que este cortoplacismo erosiona la legitimidad del sistema, alimentando el desapego ciudadano hacia las instituciones.

Esta inadaptación parcial de los principios del parlamentarismo racionalizado a la realidad política actual debe entenderse en el marco de un fenómeno más amplio: la crisis de legitimidad que atraviesa el Estado de partidos. Las normas e instituciones diseñadas para garantizar la estabilidad y la gobernabilidad en el contexto de la posguerra o de la transición democrática ya no responden plenamente a las exigencias de una sociedad más plural, fragmentada y demandante de participación directa.

El modelo clásico de mediación partidaria, que aseguraba la conexión entre ciudadanía e instituciones, se ha visto progresivamente erosionado por la pérdida de confianza en los partidos, la percepción de cierre del sistema político y la creciente distancia entre representantes y representados. De este modo, los mecanismos del parlamentarismo racionalizado, concebidos para evitar la inestabilidad y las crisis gubernamentales, resultan hoy insuficientes para canalizar las nuevas formas de participación y de conflicto político, y en ocasiones incluso acentúan la desconexión entre el sistema institucional y la sociedad civil.

Así, la tensión entre estabilidad institucional y legitimidad democrática se convierte en uno de los principales desafíos del Estado de partidos contemporáneo, que debe repensar sus fundamentos si quiere seguir siendo un instrumento válido de representación en democracias cada vez más complejas y exigentes. Sin embargo, los partidos parecen no sentirse interpelados. Lejos queda el espíritu regenerador del 15-M y las promesas de una democracia más participativa y transparente.

Los partidos políticos, convertidos en actores dominantes del escenario institucional, no solo han frenado las reformas regenerativas sino que han mantenido estructuras internas jerarquizadas, hiperliderazgos, escasa democracia interna y una fuerte disciplina de grupo. Todo ello orientado más a preservar su statu quo que a resolver los problemas que afectan a la ciudadanía, en un proceso de cartelización partidaria, tal como denunciaron en su momento Katz y Mair que profundizan en la tesis del *vaciamiento democrático,* al sostener que los partidos han dejado de ser mediadores entre sociedad y Estado para convertirse en *agencias estatales* dependientes de recursos públicos. Su teoría del *partido cartel* describe a los partidos como organizaciones que buscan proteger su posición en el sistema, priorizando su supervivencia sobre la representación. Entre sus rasgos destacan la dependencia de la financiación estatal, el cierre del sistema político para impedir nuevos competidores, la cooperación estratégica interpartidista, la pérdida de vínculo con la sociedad civil y el desapoderamiento de las bases[38].

Es cierto que hoy por hoy no existe una alternativa viable a la democracia de partidos. En esta línea, Urbinati defiende la necesidad del Estado de partidos como barrera frente al populismo y al tecno-

---

38 Katz, R. S., y Mair, P. (2009). *La cartelización de los partidos políticos: la transformación de los modelos de partidos y de la democracia de partidos.* Revista Española de Ciencia Política, núm. 20, 9-49; y Katz, R. S., y Mair, P. (2022). *Democracia y cartelización de los partidos políticos.* Catarata

cratismo. La autora sostiene que la mediación partidaria es inevitable y esencial para articular el interés general desde la pluralidad: los partidos "articulan el interés universal desde puntos de vista periféricos" y "traducen las diversas particularidades en un lenguaje general" Además, cumplen la función de "integrar la multitud" unificando ideas e intereses y manteniendo viva la presencia del soberano[39].

No obstante, Urbinati es también muy crítica con los abusos de poder partidario, su oligopolización, la reducción tecnocrática del debate público y la pérdida de deliberación parlamentaria, factores que, a su juicio, explican en parte el auge del populismo[40] En el mismo sentido, Lafont cuestiona cualquier forma de obediencia automática a las élites políticas o a los partidos[41]. Reclaman partidos abiertos y transparentes, capaces de reducir la distancia con la ciudadanía y de promover mecanismos deliberativos y participativos que reactiven el vínculo democrático. Pero para que ello sea posible, las propias élites partidarias deben renunciar a sus privilegios y reformar las estructuras internas de los partidos. Sin embargo, los partidos tradicionales no asumen este desafío como una prioridad, mientras observan cómo olas de populismo autoritario avanzan en Francia, Italia, Alemania, Austria o el Reino Unido. España, por su parte, no es ajena a este fenómeno.

Resulta, por tanto, arriesgado sostener posiciones como las de Rosenblum[42], Rosenbluth y Shapiro[43], que abogan por fortalecer a los partidos políticos a toda costa, rechazando cualquier medida democratizadora por considerar que podría debilitarlos. La verdadera fortaleza del sistema no radica en blindar a los partidos frente a la ciudadanía, sino en reconstruir la confianza pública mediante insti-

---

39 Urbinati, N. (2017). *La democracia representativa: Principios y genealogía*, Prometeo, p. 63,64, 67.

40 Urbinati, N. (2021). *Yo, el pueblo: Cómo el populismo transforma la democracia.* México: Grano de Sal.

41 Lafont, C. (2021). *Democracia sin atajos: Una concepción participativa de la democracia deliberativa.* Trotta.

42 Rosenblum, N. L. (2008). *On the side of the angels: An appreciation of parties and partisanship.* Princeton: Princeton University Press.

43 Rosenbluth, F. y Shapiro, I. (2018). *Responsible parties: Saving democracy from itself.* New Haven: Yale University Press

tuciones más abiertas, deliberativas y responsables. Solo así el parlamentarismo racionalizado podrá cumplir su promesa inicial: garantizar la estabilidad sin sacrificar la legitimidad democrática.

V. BIBLIOGRAFÍA

Alzaga, O. (1989). I rapporti tra Capo dello Stato, governo e Parlamento. En G. Rolla (Ed.), *Il X aniversario della Costituzione spagnola: bilancio, problema, prospettive.* Centro stampa della Facoltà di Scienze Economiche e Bancarie.

Aragón Reyes, M. (1986). El control parlamentario como control político. *Revista de Derecho Político,* (23), 27.

Bar, A. (1985). Artículo 99. Nombramiento del Presidente del Gobierno. En O. Alzaga (Dir.), *Comentarios a las Leyes Políticas* (Tomo VIII, p. 182). Editoriales de Derecho Reunidas.

Bourdau, G. (1976). *Traité de Science Politique* (Vol. IX). LGDJ.

Català i Bas, A. H. (2024). Uso, mal uso y abuso de la moción de censura constructiva y sus consecuencias. En V. Garrido Mayol (Dir.), *El control en las Cortes y el control de la actividad de las Cortes* (pp. 207-246).

Crespo, I., Nohlen, D., & Alvira, R. (2019). El sistema electoral español. En J. Montalbes & A. Martínez (Eds.), *Gobierno y política en España* (p. 409). Tirant lo Blanch.

Detterbeck, K. (2012). *Multi-Level Party Politics in Western Europe.* Palgrave Macmillan.

Durbán Martín, I. (2019). El derecho de los parlamentarios a recabar documentación administrativa: nuevas perspectivas jurisprudenciales a raíz de su creciente judicialización. *Revista de Derecho Político,* (104), 194.

García Mahamut, R. (2002). El reconocimiento del derecho de la minoría a crear Comisiones de investigación resultaría suficiente para un ejercicio eficaz del control parlamentario? *Cuadernos de Derecho Público,* (17), 27-48.

García Mengual, F. (2024). Las solicitudes de información de los miembros del parlamento: reflexiones sobre su transformación desde Les Corts Valencianes. En V. Garrido Mayol (Dir.), *El control en las Cortes y el control de la actividad de las Cortes* (p. 199).

Garrido Mayol, V. (2024). La configuración del sistema parlamentario de gobierno: el control al gobierno y el control del gobierno. En V. Garrido Mayol (Dir.), *El control en las Cortes y el control de la actividad de las Cortes* (pp. 13-38). Tirant lo Blanch.

Hessel, S. (2020). *¡Indignaos!* Destino.

Katz, R. S., & Mair, P. (2009). La cartelización de los partidos políticos: la transformación de los modelos de partidos y de la democracia de partidos. *Revista Española de Ciencia Política,* (20), 9-49.

Katz, R. S., & Mair, P. (2022). Democracia y cartelización de los partidos políticos. Catarata.

Lafont, C. (2021). *Democracia sin atajos: Una concepción participativa de la democracia deliberativa.* Trotta.

Lago, I., & Montero, J. R. (2005). Todavía no sé quiénes pero ganaremos. Manipulación política del sistema electoral. Sistemas Electorales, *Zona Abierta,* (110/111), 284.

Loewenstein, K. (1976). *Teoría de la Constitución.* Ariel.

Montero, J. R., & García Morillo, J. (1984). El control parlamentario. Tecnos.

Montero, J. R., & Riera, P. (2009). El sistema electoral español: cuestiones de desproporcionalidad y de reforma. *Anuario de la Facultad de Derecho de la Universidad Autónoma de Madrid,* (13), 236.

Panebianco, A. (1995). *Modelo de partidos.* Alianza.

Paniagua, J. L. (2012). España: "Un parlamentarismo racionalizado de corte presidencial". En J. Lanzaro (Ed.), *Presidencialismo y parlamentarismo: América Latina y Europa meridional* (pp. 225-226). Centro de Estudios Políticos y Constitucionales.

Rosenblum, N. L. (2008). *On the Side of the Angels: An Appreciation of Parties and Partisanship.* Princeton University Press.

Rosenbluth, F., & Shapiro, I. (2018). *Responsible Parties: Saving Democracy from Itself.* Yale University Press.

Santano, A. C. (2016). *La financiación de los partidos políticos en España.* Centro de Estudios Políticos y Constitucionales.

Sánchez Muñoz, O. (2022). Razones para regular (mejor) la financiación de los partidos. Más allá de la corrupción política. Eunomía. *Revista en Cultura de la Legalidad,* (23), 125.

Urbinati, N. (2017). *La democracia representativa: Principios y genealogía. Prometeo.*

Urbinati, N. (2021). *Yo, el pueblo: Cómo el populismo transforma la democracia.* Grano de Sal.

Vallés, J. M., & Bosch, A. (1997). *Sistemas electorales y gobierno representativo.* Ariel.

Virgala Foruria, E. (1988). *La moción de censura en la Constitución de 1978.* Centro de Estudios Constitucionales.

Vivancos, M. (2023). ¿Para qué han servido las comisiones parlamentarias de investigación en las Cortes Valencianas? Análisis de su experiencia en el autogobierno valenciano (1982-2023). En V. Garrido Mayol (Dir.), *El control en las Cortes y el control de la actividad de las Cortes,* (pp. 247-318), Tirant lo Blanch.

Hacia una regulación sistemática del gobierno en funciones en la comunidad valenciana: propuesta de mejora normativa a la luz del derecho comparado autonómico

ALEJANDRO DE ROSA CAÑETE
Investigador predoctoral (ACIF-GVA) en Derecho Constitucional, Universitat de València

RESUMEN: El funcionamiento del Gobierno en funciones en la Comunidad Valenciana carece actualmente de una regulación sistemática que ofrezca seguridad jurídica y delimite de manera expresa las competencias que pueden seguir ejerciéndose durante los periodos de interinidad. A partir del análisis del marco autonómico vigente, de la normativa estatal y de la comparación con los distintos modelos autonómicos (mínimos, intermedios y avanzados), este trabajo plantea una propuesta de mejora normativa. Se examina especialmente la posible reforma de la Ley 5/1983, de 30 de diciembre, del Gobierno Valenciano, con el fin de dotar de mayor claridad, precisión y eficacia a la actuación del Ejecutivo en funciones.

ABSTRACT: The functioning of the caretaker Government in the Valencian Community currently lacks a systematic regulation that provides legal certainty and expressly defines the powers that may continue to be exercised during interim periods. Based on an analysis of the existing regional framework, state legislation and a comparison with different sub-state models (minimal, intermediate and advanced), this paper presents a proposal for normative improvement. Particular attention is given to the potential reform of Law 5/1983, of 30 December, on the Valencian Government, with the aim of providing greater clarity, accuracy and effectiveness to the actions of the caretaker Executive.

Palabras clave: Gobierno en funciones; Derecho autonómico; Gobierno Valenciano; interinidad; competencias; reforma normativa.

Key words: Caretaker government; regional law; Valencian Government; interim periods; powers; legal reform.

I. INTRODUCCIÓN: LA NECESIDAD DE UNA REGULACIÓN AUTONÓMICA CLARA

La experiencia autonómica valenciana, consolidada tras más de cuatro décadas de autogobierno, ha estado marcada por una notable estabilidad institucional, pero también por relevantes episodios de transición gubernamental que han puesto a prueba la solidez de su arquitectura jurídica. Desde la aprobación del Estatuto de Autonomía de 1982, el sistema político valenciano ha reproducido con fidelidad los rasgos del parlamentarismo propio del modelo constitucional español: la elección del President por Les Corts, la responsabilidad política del Consell ante la Cámara y la dependencia de la confianza parlamentaria para el ejercicio de la acción de gobierno. Este diseño ha permitido asegurar la continuidad institucional y la sucesión ordenada de los ejecutivos autonómicos, si bien en más de una ocasión el relevo presidencial ha evidenciado vacíos normativos y dudas interpretativas en torno al régimen aplicable durante las fases de interinidad.

A lo largo de su historia política, la Comunidad Valenciana ha conocido diversos supuestos de sustitución del President, ya sea a consecuencia de los procesos electorales —que han traído consigo alternancias de signo político— o por dimisiones derivadas de circunstancias personales o coyunturales. Estas transiciones, pese a haberse desarrollado con normalidad institucional, han puesto de manifiesto una carencia estructural del ordenamiento valenciano: la falta de una regulación sistemática y detallada del Gobierno en funciones. La Ley 5/1983, de 30 de diciembre, del Consell, se ha limitado a reproducir la fórmula genérica del artículo 101.2 de la Constitución Española, disponiendo que el Consell cesa tras la celebración de elecciones, la pérdida de una cuestión de confianza o la dimisión o fallecimiento de su President, y que continúa en funciones hasta la toma de posesión del nuevo Gobierno. Sin embargo, ni esta norma ni el propio Estatuto de Autonomía delimitan con precisión el alcance de las competencias del Ejecutivo interino.

Esta insuficiencia normativa no ha paralizado el funcionamiento institucional, pero ha obligado a recurrir a criterios de prudencia política y a la práctica administrativa para suplir el vacío jurídico. El resultado ha sido una regulación implícita, más basada en la costumbre que en disposiciones positivas, lo que ha generado una inevitable incertidumbre acerca de la extensión de las facultades del Consell en funciones.

El examen de las sucesivas etapas de interinidad revela, además, una constante tensión entre la necesidad de garantizar la continuidad administrativa de la Generalitat y la exigencia de preservar la neutralidad política de un gobierno carente de respaldo parlamentario. La ausencia de reglas claras sobre la motivación de los actos, la gestión de los supuestos de urgencia o los mecanismos formales de traspaso de poderes ha convertido las transiciones gubernamentales en procesos más guiados por la autorregulación política que por la seguridad jurídica.

A la luz de esta experiencia, se hace evidente la necesidad de una reforma normativa que proporcione al ordenamiento valenciano una regulación sistemática del Gobierno en funciones, equiparable a la que ya han incorporado otras Comunidades Autónomas. En este sentido, el presente trabajo tiene por objeto analizar la situación actual del régimen del Consell en funciones, contrastarla con la regulación estatal y autonómica comparada, y proponer una serie de mejoras orientadas a reforzar la seguridad jurídica, la neutralidad institucional y la transparencia en los periodos de transición gubernamental.

II. MARCO JURÍDICO ACTUAL EN LA COMUNIDAD VALENCIANA

El régimen jurídico del gobierno en funciones en la Comunidad Valenciana se asienta, en lo esencial, sobre el armazón institucional previsto por la Ley Orgánica 5/1982, de 1 de julio, de Estatuto de Autonomía de la Comunidad Valenciana (EACV) y su legislación de desarrollo, sin que exista una positivación propia y sistemática de las limitaciones materiales durante la interinidad. El Título III del EACV configura la investidura y la eventual disolución de Les Corts, así como la posición del President y del Consell.

De manera particularmente relevante, el artículo 27 regula el procedimiento de elección del President y prevé que, si en el plazo de dos meses[1] desde la primera votación de investidura ningún candidato obtuviera la confianza de la Cámara, el Presidente de les Corts, por acuerdo de la Mesa, ordenará la disolución y el President "en funciones" convocará nuevas elecciones, lo que ofrece el único anclaje estatutario explícito al régimen de interinidad (art. 27.6). Por su parte, el artículo 28 perfila la jefatura del Consell y la responsabilidad política, incluyendo la potestad de disolución de Les Corts con acuerdo previo del Consell; y los artículos 29 a 32 precisan la estructura y responsabilidad solidaria del Consell ante Les Corts, sin desarrollar, sin embargo, un estatuto funcional específico para el período de "Gobierno en funciones".

Ese silencio estatutario se proyecta sobre la Ley 5/1983, de 30 de diciembre, del Consell (Ley del Consell), que asegura la continuidad

---

1 El plazo de dos meses que prevé el artículo 27.6 EACV reproduce literalmente el establecido en el artículo 99.5 CE, y ha suscitado un recurrente debate doctrinal acerca de su conveniencia y eventual reforma. Frente a las propuestas de acortar dicho término para agilizar la repetición electoral, Ridaura Martínez defiende su mantenimiento, destacando que este intervalo temporal cumple una función deliberativa esencial: ofrecer un periodo de sosiego, reflexión y negociación antes de acudir a la disolución automática de las Cámaras. Véase García Fernández, J., Gómez Montoro, Á. J., Montilla Martos, J. A., Revenga Sánchez, M., Reviriego Picón, F., Ridaura Martínez, M. J. y Seijas Villadangos, E., "Encuesta sobre el Gobierno en funciones", *Teoría y realidad constitucional*, nº 40, 2017, p. 27.

orgánica del ejecutivo cesante pero no incorpora una cláusula valenciana de "despacho ordinario" ni un catálogo propio de prohibiciones materiales. Así, el artículo 29 establece que los consellers cesan, entre otros supuestos, por cese del President, "si bien continuarán en sus funciones hasta la toma de posesión del nuevo Consell", fórmula que garantiza la continuidad operativa del Consell pero que no delimita qué actos pueden —o no— adoptarse durante la interinidad.

Aunque, en una primera aproximación, podría sostenerse que la disposición final segunda de la Ley del Consell habilita la aplicación supletoria de la nacional Ley 50/1997, de 27 de noviembre, del Gobierno, "para lo no previsto" —mediante la equiparación funcional de órganos—, y, por tanto, que el artículo 21 de la norma estatal serviría de pauta general para delimitar el radio de acción del Ejecutivo en funciones, esta lectura es matizada de forma expresa por la Abogacía de la Generalitat en su informe "relativo a las funciones que puede desarrollar el Consell en funciones tras la disolución de las Cortes por celebración de elecciones"[2].

En dicho informe se razona que no cabe extrapolar por analogía las limitaciones estatales ni importar sin más las que otros ordenamientos autonómicos han positivizado, porque el alcance del gobierno en funciones se inserta de modo sustancial en el ámbito del autogobierno y, por tratarse de limitaciones de funciones, su imposición ha de interpretarse restrictivamente, de suerte que solo procede cuando exista cobertura expresa en el EACV o en la Ley del Consell[3].

---

2 Generalitat Valenciana, *Funciones a realizar por el Consell en funciones*, Conselleria de Participación, Transparencia, Cooperación y Calidad Democrática, 19 de mayo de 2015. Disponible en línea: https://participacio.gva.es/documents/162282364/362980318/Funciones+a+realizar+el+Consell+en+funciones.pdf/1e1c86f2-78a8-5e80-e0b4-a391a70828e2?t=1659338054510.

3 Al respecto, resulta particularmente ilustrativo el criterio empleado por el Tribunal Superior de Justicia de Galicia (Sala de lo Contencioso-Administrativo, Sección 2.ª), en su Sentencia 614/2008, de 11 de septiembre (rec. 4178/2006, JUR 2009\82090, FJ 2.º), que —con referencia expresa al artículo 21 de la Ley 50/1997, del Gobierno— afirma: "Pero esta norma no tiene carácter básico y no puede por ello ser aplicada directamente a gobiernos autonómicos". Aunque no se trata de un pronunciamiento del Tribunal Superior de Justicia de la Comunidad Valenciana, la *ratio decidendi* de la

La supletoriedad estatal, de esta forma, opera aquí como criterio hermenéutico auxiliar, no como una incorporación automática de límites materiales predeterminados.

Con todo, el informe no desconoce que la situación de gobierno en funciones impone límites que dimanan de la lógica institucional del parlamentarismo. Aun sin trasplantes automáticos, el estándar de actuación del Consell debe quedar reconducido a la continuidad administrativa y a la neutralidad política: resultan admisibles las decisiones indispensables para asegurar el funcionamiento ordinario de la Administración, para cumplir mandatos legales inaplazables o para evitar perjuicios graves al interés general. Por el contrario, deben aplazarse aquellas opciones de orientación estratégica o de compromiso político duradero que exceden la mera gestión y condicionan la acción del futuro ejecutivo. La motivación reforzada de los casos excepcionales, así como su control ulterior parlamentario y jurisdiccional, constituyen garantías imprescindibles en esta etapa.

De esta arquitectura se sigue la conclusión que el propio informe formula con claridad: salvo en los supuestos en que la lógica institucional imponga restricciones, el ejercicio del resto de funciones no aparece tasado *ex lege* y queda, en última instancia, al arbitrio de la "autorrestricción y autocontrol del Consell". Es decir, hasta que el legislador valenciano positivice un estatuto propio de Gobierno en funciones —y sin perjuicio de los controles jurisdiccionales *ex post*—, el cierre del sistema no es heterónomo por derivación automática de la Ley estatal, sino endógeno, apoyado en la prudencia institucional, en la motivación de las decisiones que exceden la rutina y en la rendición de cuentas ante Les Corts y los tribunales.

---

sentencia resulta plenamente aplicable: dado que el artículo 21 de la Ley 50/1997 no tiene carácter básico, su aplicación en el ámbito autonómico no puede ser directa ni automática, sino meramente supletoria en sentido interpretativo. En esta línea, coincide con la tesis de la Abogacía de la Generalitat, según la cual las limitaciones materiales del Consell en funciones —por incidir en su autogobierno y potestad de autoorganización— requieren una previsión expresa en el Estatut o en la Ley del Consell, quedando la normativa estatal como referencia interpretativa y no como fuente limitativa inmediata.

Concretada la arquitectura general, conviene precisar en qué supuestos se activa jurídicamente la situación de Consell en funciones. El presupuesto habilitante es el cese del President de la Generalitat, que determina *ipso iure* la interinidad del Ejecutivo hasta el momento en que el nuevo President adquiere la plenitud de funciones con la publicación de su nombramiento en el Boletín Oficial del Estado (art. 4 Ley del Consell).

El elenco de causas de cese aparece tasado en el art. 8 de la misma Ley e incluye, entre otras, la renovación de Les Corts tras elecciones[4], la aprobación de una moción de censura, la denegación de una cuestión de confianza, la dimisión o renuncia, la pérdida de la condición de diputado, la incompatibilidad no subsanada, la incapacidad permanente declarada por Les Corts y el fallecimiento; en todos estos supuestos, "el President [...] continuará sus funciones" hasta la efectiva toma de posesión de su sucesor, garantizando así la continuidad institucional.

A esta regla general se anudan especialidades relevantes. Como se ha señalado, en caso de investidura fallida, si transcurren dos meses desde la primera votación sin que ningún candidato obtenga la confianza, el Presidente de Les Corts —por acuerdo de la Mesa— disolverá la Cámara y el President "en funciones" convocará elecciones, configurándose aquí el principal anclaje estatutario expreso del régimen interino (art. 27.6 EACV). Esta configuración presenta un rasgo singular: escinde la decisión de disolución de la de convocatoria, quebrando la unidad de acto propia del régimen general, en el que ambas decisiones se formalizan conjuntamente mediante Decreto del President, previo acuerdo del Consell (arts. 28.4 EACV y 12.m) Ley del Consell). Además, el contenido de la convocatoria —número de diputados por circunscripción, duración de la campaña, fecha de

4 Debe precisarse que el EACV, incluso después de la reforma estatutaria de 2006, no positiviza de modo expreso la "renovación de Les Corts" como causa autónoma de cese del President, aunque tal previsión sí se contiene en el art. 8 de la Ley del Consell. Aun cuando del entramado estatutario —régimen de investidura y disolución, y de responsabilidad política— cabe inferir implícitamente dicho efecto cesante, sería técnicamente preferible su consagración expresa en sede estatutaria, por razones de claridad sistemática y seguridad jurídica.

la votación y constitución de Les Corts— queda determinado por el propio decreto convocatorio (art. 59 Ley del Consell); de ahí que, en el supuesto excepcional de investidura fallida, tales extremos pasen a ser definidos por un Ejecutivo en funciones, lo que introduce una tensión sistémica adicional al encomendar a un gobierno interino la delimitación de elementos estructurales del proceso electoral, aun tratándose de decisiones necesarias para reencauzar el ciclo de legitimación parlamentaria[5].

En los supuestos extremos de incapacidad o fallecimiento, el orden de sustitución se bifurca: asume las funciones representativas del President el Presidente de Les Corts, mientras que la jefatura del Consell recae en los Vicepresidentes por su orden —o, en su defecto, en el conseller más antiguo—, de nuevo para salvaguardar la continuidad sin vacíos de poder (art. 8, párrafo final, Ley del Consell)[6].

El estatuto parlamentario del Ejecutivo explica este diseño. El Estatut impone una responsabilidad política solidaria del Consell ante Les Corts y articula sus instrumentos cardinales —moción de censura y cuestión de confianza— sobre la figura del President, de modo que la quiebra del vínculo fiduciario precipita el cese del President y, con él, del Consell en bloque (arts. 28.2-3 y 30 EACV). En un esquema netamente parlamentario, la legitimación del Gobierno nace de la Cámara a través de su President, que la obtiene en la investidura y está obligado a conservarla durante todo el mandato; de ahí que sea la persona que encarna la jefatura del Consell quien fija la dirección política del Ejecutivo y responde políticamente por el conjunto de su acción. La unidad de esa responsabilidad, canalizada unipersonalmente, explica que la retirada de la confianza determine la caída

---

5 Martínez Sospedra, M., "Artículo 27", *Comentarios al Estatuto de Autonomía de la Comunitat Valenciana (según redacción dada por la Ley Orgánica 1/2006, de 10 de abril, de Reforma de la Ley Orgánica 5/1982, de 1 de julio, del Estatuto de Autonomía de la Comunidad Valenciana),* en GArrido Mayol, V. (dir.), Tirant lo Blanch, Valencia, 2013, p. 517.

6 Climent Barberá, J., "El Presidente", *Comentario al Estatuto de Autonomía de la Comunidad Valenciana,* en Baño León, J. M. (dir.), Tirant lo Blanch, Valencia, 2007, p. 130.

simultánea del President y del Consell[7], sin perjuicio de su permanencia en funciones hasta la toma de posesión del nuevo titular, en coherencia con el equilibrio de poderes que estructura la Generalitat y con la centralidad de Les Corts como órgano representativo y de control[8].

Por lo que respecta a la organización interna, la Ley del Consell preserva la operatividad del Gobierno cesante al establecer expresamente que, producido el cese del President, los consellers "continuarán en sus funciones hasta la toma de posesión del nuevo Consell", lo que delimita la continuidad del aparato administrativo durante la transición (art. 29.2.a, Ley del Consell).

En suma, el Consell en funciones surge automáticamente en los supuestos de cese del President previstos en la legislación autonómica y se prolonga hasta que produce efectos el nombramiento del sucesor, con reglas específicas de sustitución para los casos de incapacidad o fallecimiento. Este esquema resulta del entrelazamiento del Título III del Estatut (investidura, confianza y censura) y de la Ley del Consell, que asegura la operatividad del Ejecutivo durante la transición. Si bien esta última no perfila de manera exhaustiva las potestades ejercitables en la interinidad, sí articula mecanismos que preservan el funcionamiento ordinario y el relevo entre titulares —incluso en escenarios extremos— mediante una sustitución diferenciada de las funciones representativas y de las ejecutivas. Vigente con rango legal desde 1983 y confirmado por reformas posteriores, este diseño garantiza la continuidad institucional con carácter transitorio. Con todo, la falta de una delimitación positiva y sistemática de las facultades aconseja promover una reforma, cuando menos legal (y, aunque más complejo, estatutaria), que defina con precisión el

---

7 Sánchez Ferriz, R. "Artículo 30." *Comentarios al Estatuto de Autonomía de la Comunitat Valenciana (según redacción dada por la Ley Orgánica 1/2006, de 10 de abril, de Reforma de la Ley Orgánica 5/1982, de 1 de julio, del Estatuto de Autonomía de la Comunidad Valenciana),* en GArrido Mayol, V. (dir.), Tirant lo Blanch, Valencia, 2013, p. 558.

8 Climent Barberá, J., "El Presidente", *Comentario al Estatuto de Autonomía de la Comunidad Valenciana,* en Baño León, J. M. (dir.), Tirant lo Blanch, Valencia, 2007, p. 150.

estatuto del Consell en funciones y positivice la técnica de suplencias por razones de coherencia sistemática y seguridad jurídica.

III. LA REGULACIÓN ESTATAL DEL GOBIERNO EN FUNCIONES: FUNDAMENTO CONSTITUCIONAL, DESARROLLO LEGAL Y DOCTRINA DEL TRIBUNAL SUPREMO

El modelo constitucional español configura un sistema de equilibrio entre estabilidad gubernamental y control parlamentario. De acuerdo con el artículo 99 de la Constitución Española (CE), el Gobierno solo adquiere plena legitimidad una vez que su Presidente ha obtenido la confianza del Congreso de los Diputados, expresión esencial del principio parlamentario que articula el sistema político español. En este marco, el Presidente del Gobierno actúa como eje vertebrador del sistema: su designación condiciona tanto el nombramiento del resto del Ejecutivo como su eventual cese, de modo que la continuidad o ruptura del vínculo fiduciario entre el Congreso y el Presidente determina la existencia misma del Gobierno[9].

Esa centralidad del Presidente se refuerza a través de los mecanismos de control recíproco previstos en la Constitución. Por un lado, el Presidente puede someter su programa o una declaración de política general a una cuestión de confianza, que se supera mediante mayoría simple (art. 112 CE). Por otro, el Congreso puede exigir la responsabilidad política del Ejecutivo mediante la moción de censura conforme al artículo 113 CE[10]. Estos instrumentos expresan la lógica parlamentaria del sistema.

El artículo 101 CE delimita los supuestos en que el Gobierno cesa y pasa a encontrarse "en funciones". Tal situación se produce cuando tienen lugar elecciones generales, cuando se pierde la confianza par-

---

9 Álvarez Conde, E., "El Gobierno en funciones", *Documentación Administrativa*, n º 246-247, 1996-1997, p. 195.

10 Carrillo López, M., "Las atribuciones del Gobierno en funciones", *Revista Española de Derecho Constitucional*, nº 109, 2017, p. 125.

lamentaria, o por dimisión o fallecimiento del Presidente. En estos casos, el Ejecutivo cesante permanece en funciones hasta la toma de posesión del nuevo Gobierno, según el apartado segundo del artículo 101. Así, la Constitución evita vacíos de poder y garantiza la continuidad del funcionamiento del Estado[11].

El Tribunal Constitucional ha destacado reiteradamente que la figura del Gobierno en funciones responde a una doble finalidad: por un lado, asegurar la continuidad administrativa y evitar interrupciones en el ejercicio del poder público[12]; por otro, garantizar una transición ordenada entre el Gobierno saliente y el entrante, manteniendo la neutralidad política durante ese proceso. La expresión "en funciones" encierra, por tanto, un sentido de provisionalidad: el Ejecutivo mantiene la titularidad formal de sus competencias, pero su legitimidad política se encuentra degradada, y con ella, su capacidad de dirección política[13].

Desde un punto de vista teórico, el fundamento jurídico de esta continuidad se halla en la *prorrogatio*, figura que permite la subsistencia temporal de los órganos cesantes hasta la renovación de los nuevos titulares. Dicha *prorrogatio*[14] no crea un nuevo mandato, sino

---

11 González Alonso, A., "Los gobiernos cesante y en funciones en el ordenamiento constitucional español", *Asamblea: revista parlamentaria de la Asamblea de Madrid*, nº 12, 2005, p. 247.

12 STC 97/2018, de 19 de septiembre de 2018 (ECLI:ES:TC:2018:97), FJ 2º.

13 Luque Regueiro, F., "Limitaciones del Gobierno en funciones en la Constitución y en la regulación estatal. Jurisprudencia del Tribunal Supremo. Regulación autonómica", *Revista Jurídica de la Comunidad de Madrid*, nº 2023, 2023, p. 3.

14 Como advierte Gómez Corona, la ausencia de una regulación específica sobre el estatuto del Gobierno en funciones en determinadas Comunidades Autónomas no puede interpretarse como una habilitación plena del Ejecutivo cesante para ejercer todas sus competencias en situación de interinidad. Antes bien, esta laguna normativa implica —en términos doctrinales— una remisión a la teoría general de la *prorrogatio* gubernamental, conforme a la cual el Gobierno mantiene su legitimidad orgánica pero ve degradada su capacidad de dirección política, debiendo limitarse al despacho ordinario de los asuntos públicos y absteniéndose de adoptar decisiones de orientación política o de alcance estructural. Véase Gómez

que prolonga provisionalmente el anterior con el único objetivo de evitar la interrupción de la acción gubernamental[15].

No obstante, la Constitución guarda silencio sobre los límites materiales del Gobierno en funciones. Los artículos 97 y 101 se limitan a reconocer su existencia y a describir las funciones generales del Ejecutivo, sin especificar qué actos puede o no realizar durante la interinidad. La aprobación de la Ley 50/1997, de 27 de noviembre, del Gobierno (Ley del Gobierno), vino a colmar ese vacío normativo y fijó por primera vez el marco jurídico del Gobierno en funciones.

El artículo 21 de la Ley del Gobierno, tras reproducir el contenido del precepto constitucional, delimita el ámbito de actuación del Ejecutivo cesante. En su apartado segundo establece que este "se limitará al despacho ordinario de los asuntos públicos", quedando vedadas aquellas iniciativas que impliquen una orientación política o requieran la intervención del Congreso de los Diputados, salvo que concurran razones de urgencia o de interés general debidamente acreditadas. El concepto de "despacho ordinario" no se define en la norma, pero su interpretación se ha ido perfilando a través de la jurisprudencia. En general, comprende los actos de gestión cotidiana y aquellos que resultan indispensables para la administración de los asuntos públicos, mientras que se excluyen las decisiones de dirección política, las reformas estructurales y la aprobación de medidas que impliquen un compromiso presupuestario o programático duradero. La regla general, por tanto, es la de la autolimitación, salvo en los casos en que la urgencia o el interés general hagan imprescindible la actuación.

La urgencia, como excepción a la regla de restricción, plantea el principal reto interpretativo. La Ley del Gobierno no prohíbe expresamente que el Gobierno en funciones apruebe Decretos-leyes, pero su utilización exige una justificación especialmente rigurosa. El Ejecutivo debe demostrar que concurren circunstancias extraordinarias y que la medida no tiene un componente de dirección política

Corona, E., "Las limitaciones del Parlamento recién constituido durante la *prorrogatio* gubernamental", *Revista de Derecho Político,* nº 96, 2016, p. 160.

15 Carrillo López, M., "Las atribuciones del Gobierno", op. cit., p. 129.

que condicione al futuro Gobierno. En consecuencia, cada decisión ha de valorarse caso por caso, con base en criterios objetivos y bajo control jurisdiccional posterior. Junto a la urgencia, la Ley admite la actuación extraordinaria del Gobierno en funciones cuando lo requiera el interés general. Esta cláusula pretende permitir la adopción de medidas imprescindibles para salvaguardar bienes públicos o garantizar el cumplimiento de obligaciones internacionales o legales inaplazables[16].

La indeterminación de los criterios que permiten al Gobierno actuar durante la interinidad ha llevado al legislador a exigir una justificación reforzada de cualquier decisión que exceda la gestión ordinaria. Sin embargo, esta exigencia de motivación enfrenta dos obstáculos: la imprecisión conceptual de ambas categorías y la inevitable carga política que acompaña a su interpretación[17]. Consciente de ello, el legislador quiso acotar el margen de discrecionalidad del Gobierno cesante y, para evitar abusos o decisiones con proyección estratégica, introdujo en la Ley 50/1997 una serie de prohibiciones explícitas que definen los límites materiales de la interinidad. Así, por ejemplo, el artículo 21 establece que el Ejecutivo en funciones no podrá aprobar el proyecto de Ley de Presupuestos Generales del Estado ni presentar proyectos legislativos ante las Cámaras, excluyendo así las iniciativas de mayor contenido político (art. 21.5).

De igual modo, el Presidente en funciones carece de las facultades para proponer la disolución del Congreso o del Senado, plantear una cuestión de confianza o promover la convocatoria de un referéndum consultivo, actos todos ellos que implican el ejercicio activo de la dirección política (art. 21.4). Asimismo, las delegaciones legislativas otorgadas por las Cortes quedan suspendidas mientras dure el periodo de interinidad derivado de la celebración de elecciones generales (art. 21.6).

El diseño legal persigue así un doble propósito: asegurar la continuidad institucional del Estado e impedir que el Gobierno en funcio-

---

16 González Alonso, A., "Los gobiernos cesante", op.cit., p. 252.

17 Reviriego Picón, F., Brage Camazano, J., "Gobierno en funciones y despacho ordinario de los asuntos públicos (las SSTS de 20 de septiembre y 2 de diciembre de 2005)", *Teoría y realidad constitucional*, nº 18, 2006, p. 451.

nes utilice su posición para proyectar su propio programa político o condicionar las decisiones del futuro gabinete. La jurisprudencia del Tribunal Supremo ha desempeñado en este punto un papel decisivo al perfilar el contenido y alcance del concepto "despacho ordinario de los asuntos públicos"[18], estableciendo criterios materiales que determinan cuándo un acto puede considerarse incluido en dicho ámbito y cuándo lo excede[19].

La sentencia del Tribunal Supremo de 2 de diciembre de 2005[20] constituye el punto de referencia esencial en esta materia. El caso analizado se refería a un acuerdo del Consejo de Ministros, adoptado por un Gobierno en funciones, que denegó una solicitud de indulto. La controversia giraba en torno a si ese acto podía enmarcarse dentro del despacho ordinario de los asuntos públicos o si requería la concurrencia de urgencia o interés general. El Tribunal estableció que los límites del Gobierno en funciones no derivan de una previsión expresa de la Constitución, sino de la naturaleza misma de su situación: al haber cesado la relación de confianza con el Parlamento, el Ejecutivo conserva únicamente la titularidad formal de sus competencias, pero no la plenitud de su capacidad de dirección política. De ahí que sus decisiones deban ser siempre interpretadas de manera

---

18 Reviriego Picón y Brage Camazano aluden a la Nota Informativa elaborada por la Vicesecretaría General Técnica del Ministerio de Presidencia y presentada al Consejo de Ministros el 17 de marzo de 2000, en la que se concretan los actos incluidos en el "despacho ordinario de los asuntos públicos". El documento enumera decisiones administrativas y de gestión que un Gobierno en funciones puede adoptar sin incurrir en dirección política, como la concesión o denegación de indultos, los ascensos y ceses de altos cargos, la resolución de recursos, las autorizaciones para la celebración de contratos sin extensión plurianual, la gestión de extradiciones, la declaración de obras de emergencia, la convalidación de gastos o las autorizaciones de endeudamiento a Comunidades Autónomas. Véase Reviriego Picón, F., Brage Camazano, J., "Gobierno en funciones", op. cit., p. 465.

19 Torres Gutiérrez, A., "La Actuación del Gobierno en Funciones y su Control Jurisdiccional y Político: A propósito de la Sentencia del TC de 14 de Noviembre de 2018", *Civitas Europa: revue juridique sur l'évolution de la nation et de l'État en Europe = revista jurídica sobre la evolución de la nación y del estado en Europa = legal journal on the development of nation and State in Europe*, nº 42, 2019, p. 193.

20 STS, de 2 de diciembre de 2005, RJ 2006\2271, Recurso núm. 161/2004.

restrictiva y orientadas exclusivamente a garantizar la continuidad administrativa.

En su Fundamento Jurídico Octavo, el Tribunal precisó que el Gobierno en funciones ha de continuar ejerciendo sus tareas sin introducir nuevas directrices políticas ni condicionar las que deba fijar el futuro Ejecutivo. Aplicando este criterio al caso concreto, el Tribunal concluyó que la denegación del indulto no constituía un acto de dirección política, puesto que no afectaba a la política general del Estado ni comprometía al futuro Gobierno.

La importancia de esta sentencia radica también en su contraste con otro pronunciamiento del propio Tribunal Supremo dictado pocos meses antes, el 20 de septiembre de 2005[21], en el que se había anulado un acuerdo del Consejo de Ministros —también en funciones— que concedía una extradición. Sin embargo, la sentencia de diciembre matizó y corrigió aquel enfoque (*overruling*) al sostener que lo relevante no es la existencia de motivaciones políticas, sino el efecto del acto sobre la libertad de dirección del nuevo Gobierno. Con este razonamiento, el Alto Tribunal dio un paso hacia una interpretación más funcional y equilibrada, que evita tanto el inmovilismo como la extralimitación.

A partir de esta evolución jurisprudencial, el concepto de despacho ordinario quedó vinculado a un análisis casuístico que exige valorar cada actuación atendiendo a su naturaleza, a las consecuencias de la decisión y al contexto en que se adopta. En este sentido, el Tribunal Supremo advirtió que reducir en exceso las facultades del Ejecutivo en funciones podría colocar al Estado en una situación de parálisis incompatible con la eficacia constitucional del poder público. La mayoría de las decisiones gubernamentales, incluso las de carácter administrativo, comportan inevitablemente elementos de valoración política; pretender una neutralidad absoluta equivaldría, en la práctica, a impedir el funcionamiento normal de la Administración (FJ 9°).

---

21 STS, de 20 de septiembre de 2005, RJ 2005\7502, Recurso núm. 123/2004.

Las decisiones judiciales dictadas desde entonces[22] han contribuido a consolidar una red de precedentes que dota de previsibilidad al régimen jurídico del Gobierno en funciones, permitiendo un equilibrio razonable entre la exigencia de neutralidad política y la necesidad de mantener la operatividad del Estado.

IV. REGULACIÓN AUTONÓMICA DEL GOBIERNO EN FUNCIONES: MODELOS MÍNIMOS, INTERMEDIOS Y AVANZADOS

La regulación del Gobierno en funciones en el ámbito autonómico español presenta un panorama heterogéneo que refleja la pluralidad institucional de cada Comunidad y el grado de madurez de sus sistemas parlamentarios. Aunque la mayoría de las autonomías comparten la raíz constitucional del artículo 101 CE y la lógica del parlamentarismo como principio estructural, el desarrollo legislativo posterior ha sido irregular, generando tres grandes modelos: las Comunidades que carecen de regulación específica (modelo mínimo), aquellas que han seguido de forma casi literal la pauta estatal de la Ley 50/1997 (modelo intermedio) y las que han alcanzado un grado de desarrollo más completo y sistemático (modelo avanzado). Si los modelos avanzados —como los de Baleares, Extremadura, Aragón o Canarias— buscan garantizar seguridad jurídica y continuidad institucional mediante normas precisas y detalladas, los modelos mínimos e intermedios reflejan una realidad más dispersa, en la que la delimitación de competencias del Ejecutivo cesante depende en

---

22 Entre otras, STS de 28 de mayo de 2013 (ECLI: ES:TS:2013:2602); STS 1793/2017, de 22 de noviembre (ECLI: ES:TS:2017:4202); STS 2078/2017, de 27 de diciembre (ECLI: ES:TS:2017:4743); STS 5/2018, de 24 de enero (ECLI: ES:TS:2018:165); STS 308/2018, de 27 de febrero (ECLI: ES:TS:2018:627); STS 447/2018, de 20 de marzo (ECLI: ES:TS:2018:935); STS 507/2019, de 11 de abril (ECLI: ES:TS:2019:1239); STS 1326/2020, de 15 de octubre (ECLI: ES:TS:2020:3378); y STS 1711/2020, de 14 de diciembre (ECLI: ES:TS:2020:4186).

buena medida de la interpretación jurisprudencial y de la práctica política[23].

1. Modelos mínimos

El grupo de Comunidades Autónomas que carecen de regulación específica sobre el Gobierno en funciones constituye el nivel más elemental del desarrollo normativo autonómico. En estos territorios —el Principado de Asturias, Galicia, el País Vasco, la Comunidad de Madrid y la Comunidad Valenciana— ni los Estatutos de Autonomía ni las leyes del Gobierno contienen disposiciones que definan el estatuto jurídico del Ejecutivo en funciones ni los límites materiales de su actuación. La única referencia habitual es la previsión estatutaria del cese y continuidad del Gobierno hasta la toma de posesión del nuevo, siguiendo la fórmula del artículo 101.2 CE, pero sin ulteriores precisiones sobre el alcance funcional de esa continuidad.

Este silencio normativo no puede entenderse, sin embargo, como una "carta blanca"[24] al Ejecutivo saliente. Por el contrario, en el marco de un sistema parlamentario de gobierno, la pérdida de la confianza de la Cámara supone automáticamente la degradación de la legitimidad política del Gobierno, lo que exige restringir su actuación al despacho ordinario de los asuntos públicos. En el País Vasco y en Galicia, los textos normativos originales —la Ley 7/1981, de 30 de junio, de Gobierno Vasco, y la Ley 1/1983, de 22 de febrero, reguladora de la Xunta y de su Presidente— fueron aprobados en una fase temprana del desarrollo autonómico y no contemplaron de forma expresa la situación del Gobierno en funciones. Algo similar ocurre en la Comunidad de Madrid, donde la Ley 1/1983, de 13 de diciembre, de Gobierno y Administración, omite toda referencia al régimen del Ejecutivo cesante. En el caso del Principado de Asturias, la Ley 6/1984, de 5 de julio, del Presidente y del Consejo de Gobierno, alude únicamente a los mecanismos de confianza parlamenta-

---

23 Pons Portella, M., "El gobierno en funciones en la nueva Ley 1/2019, de 31 de enero, del Gobierno de las Illes Balears", *RJIB. Revista jurídica de les Illes Balears*, nº 17, 2019 p. 57.

24 Gómez Corona, E., "Las limitaciones del Parlamento", op. cit., p. 160.

ria (moción de censura y cuestión de confianza), pero no regula las competencias residuales del Ejecutivo tras el cese del Presidente.

En todas estas Comunidades, por tanto, la única guía operativa es la teoría general de la *prorrogatio* —que no la aplicación analógica de la legislación nacional— que impone la continuidad funcional del Gobierno con carácter puramente administrativo. Ello significa que el Ejecutivo en funciones puede adoptar actos necesarios para el mantenimiento de la Administración ordinaria, pero carece de facultades para introducir nuevas orientaciones políticas, aprobar normas de alcance general, modificar estructuras organizativas o comprometer recursos presupuestarios significativos.

Esta remisión a la *prorrogatio* tiene una doble implicación. En primer lugar, preserva el principio de continuidad institucional evitando vacíos de poder. En segundo lugar, garantiza la neutralidad del Ejecutivo cesante, impidiéndole actuar como un Gobierno en plenitud política cuando ha perdido la confianza de la Cámara.

2. *Modelos intermedios*

El segundo bloque de Comunidades Autónomas está formado por aquellas que han optado por reproducir, con mayor o menor literalidad, el modelo estatal establecido en el artículo 101.2 CE y desarrollado por la Ley del Gobierno. Este grupo —integrado por Andalucía, Cantabria, Castilla-La Mancha, Castilla y León, Cataluña, La Rioja, la Región de Murcia y Navarra— configura un régimen en el que el Ejecutivo en funciones debe limitar su actuación al despacho ordinario de los asuntos públicos, regulando prohibiciones expresas en materia legislativa, presupuestaria y de delegaciones legislativas. Se trata de un modelo de contención política. Su principal diferencia respecto al modelo mínimo es la explicitación normativa de las limitaciones, que aporta mayor seguridad jurídica.

La Ley 6/2006, de 24 de octubre, del Gobierno de la Comunidad Autónoma de Andalucía, es el ejemplo más representativo. Su artículo 37 limita al Ejecutivo en funciones a facilitar el proceso de formación del nuevo Consejo y el traspaso de poderes, restringiendo su actuación al despacho ordinario salvo en casos de urgencia o interés general debidamente acreditados. Además, delimita con precisión las facultades del Presidente y del Consejo durante la interinidad: el primero no puede ser sometido a moción de censura ni ejercer potestades de reorganización institucional —como nombrar o cesar consejeros, crear o suprimir departamentos, disolver el Parlamento o plantear cuestiones de confianza—, mientras que el Consejo tiene prohibido aprobar el proyecto de presupuestos o presentar proyectos de ley, reforzando su neutralidad institucional.

Castilla-La Mancha, Castilla y León, Cantabria, La Rioja y la Región de Murcia representan versiones casi idénticas de este esquema. En Castilla-La Mancha, la Ley 11/2003, de 25 de septiembre, del Gobierno y del Consejo Consultivo, impide al Ejecutivo cesante presentar proyectos de ley o aprobar presupuestos, suspendiendo además las delegaciones legislativas. En términos similares, la Ley 3/2001, de 3 de julio, del Gobierno y de la Administración de Castilla y León; y la Ley 5/2018, de 22 de noviembre, de Cantabria; la Ley 8/2003, de 28 de octubre, del Gobierno e Incompatibilidades de sus miembros, de La Rioja, reproducen esas mismas restricciones. La Ley 6/2004, de 28 de diciembre, del Estatuto del Presidente y del Consejo de Gobierno de la Región de Murcia, reafirma la sujeción del Ejecutivo en funciones al despacho ordinario y veda toda iniciativa legislativa o presupuestaria. En conjunto, estos ordenamientos configuran un régimen de neutralidad institucional, donde el Gobierno en funciones actúa como autoridad de mera gestión administrativa, sin capacidad para definir la orientación política de la comunidad.

En Cataluña, la Ley 13/2008 establece que el Gobierno en funciones debe ceñirse al despacho ordinario de los asuntos públicos, incluido el ejercicio de la potestad reglamentaria en ese marco. A la vez, se admite la aprobación de decretos-ley en los supuestos de urgencia previstos estatutaria y legalmente, lo que proyecta una lectura más dinámica —pero motivada y excepcional— del principio de continuidad gubernamental.

La Comunidad Foral de Navarra presenta un desarrollo más completo dentro del grupo. Su Ley Foral 14/2004, de 3 de diciembre, del Gobierno y de su Presidente, además de prohibir la creación o supresión de Departamentos y la aprobación de proyectos legislativos o presupuestarios, impone al Ejecutivo en funciones la obligación de preparar el traspaso de poderes mediante inventarios detallados de la documentación esencial para el nuevo Gobierno. Dichos inventarios deben recoger información sobre la estructura y funciones de cada Departamento, los programas en ejecución, los convenios vigentes, la ejecución presupuestaria, las disponibilidades financieras, los compromisos económicos y los contratos en vigor, garantizando una transición transparente y ordenada.

En suma, este segundo bloque muestra un desarrollo normativo intermedio: las limitaciones del Gobierno en funciones están positivadas, pero sin innovaciones sustantivas respecto al modelo estatal. Predomina el principio de neutralidad política, que obliga al Ejecutivo cesante a abstenerse de decisiones que comprometan al nuevo Gobierno, salvo en casos excepcionales debidamente motivados. No obstante, la uniformidad es solo aparente: mientras la mayoría de Comunidades reproducen la Ley estatal, Andalucía y Navarra introducen avances —la primera al precisar las competencias presidenciales y la segunda al reforzar la transparencia del traspaso de poderes—. Cataluña, por su parte, innova al permitir el uso excepcional del decreto ley. El resto mantiene un esquema formalista y poco desarrollado de la interinidad gubernamental[25].

3. Modelos avanzados

3.1. El modelo balear: de la remisión estatutaria a la regulación sistemática

El punto de partida se encuentra en las Islas Baleares, cuyo Estatuto de 1983 reprodujo literalmente el esquema del artículo 101.2 CE al establecer, en su artículo 57.8, que el Gobierno cesante "continuará en funciones hasta la toma de posesión del nuevo Gobierno". Esta previsión, de carácter meramente declarativo, fue desarrollada muchos años después por la Ley 4/2001, de 14 de marzo, y, a continuación, por la Ley 1/2019, de 31 de enero, del Gobierno de las Islas Baleares (LGIB), cuyo título II, capítulo V, constituye uno de los mar-

25 Gómez Corona, E., "Las limitaciones del Parlamento", op. cit., p. 164.

cos más completos y avanzados del derecho autonómico en materia de Gobierno en funciones.

La LGIB sistematiza con notable detalle la posición del Gobierno en funciones, estructurando su regulación en torno a cuatro ejes: la norma general (art. 27), los principios de actuación (art. 28), las limitaciones (arts. 29 y 30) y los supuestos de actuación extraordinaria (art. 31). El artículo 27.2 de la LGIB fija el principio rector según el cual el Gobierno en funciones debe limitarse a la gestión ordinaria de los asuntos públicos, pudiendo adoptar medidas extraordinarias solo en casos de urgencia o por razones de interés general debidamente acreditadas. Este mandato se complementa con una densa arquitectura competencial: la ley no se limita a reproducir las fórmulas estatales de autolimitación, sino que desarrolla criterios sustantivos que orientan la interpretación y la práctica administrativa. El artículo 28 consagra los principios de intervención mínima, neutralidad política, lealtad institucional y transparencia informativa, de los cuales se deriva una obligación reforzada de motivación de los actos adoptados durante la interinidad, que deben ir acompañados —según el artículo 31— de una memoria justificativa que acredite expresamente si la actuación responde a gestión ordinaria, urgencia o interés general.

En este sentido, el artículo 31[26] amplía esta lógica, enumerando los supuestos excepcionales en los que el Ejecutivo en funciones puede ejercer determinadas competencias: la aprobación de decretos leyes, reglamentos o convenios con efectos económicos, la autorización de contratos sujetos a regulación armonizada, la concesión de subvenciones excepcionales, aprobar las bases o la convocatoria de procesos selectivos para acceder a puestos de trabajo para proveerlos, el nombramiento de cargos públicos y la modificación de relaciones de puestos de trabajo, entre otros.

El modelo balear se caracteriza, pues, por su flexibilidad regulada: aunque parte de un principio de restricción competencial, reconoce que la continuidad institucional requiere cierta capacidad de decisión.

---

26 Pons Portella, M., "El gobierno en funciones en la nueva Ley 1/2019", op. cit., p. 81.

3.2. La experiencia extremeña: pionera en la institucionalización del traspaso de poderes

La Comunidad Autónoma de Extremadura inauguró una nueva etapa en la regulación autonómica con la aprobación de la Ley 4/2015, de 26 de febrero, de regulación del proceso de transición entre Gobiernos (Ley 4/2015), primera norma autonómica que abordó de forma integral el período de interinidad. Su promulgación respondió a la experiencia del cambio político de 2011, que puso de relieve la ausencia de mecanismos claros de control y transparencia durante el relevo gubernamental[27].

La ley extremeña centró su atención en el procedimiento de traspaso de poderes, configurándolo como un proceso reglado y sujeto a control parlamentario. El artículo 2.1 establece el principio de continuidad del Gobierno, orientado a "garantizar el buen funcionamiento del Gobierno y de la Administración, el correcto y leal traspaso de poderes y la formación del nuevo Ejecutivo". Este principio se desglosa en cuatro directrices de actuación (art. 2.2)—intervención mínima, neutralidad política, lealtad y colaboración, e información y transparencia—.

El capítulo I regula la acción del Gobierno tras el cese del Presidente, definiendo las limitaciones materiales de la Junta de Extremadura en funciones y las restricciones personales del Presidente en funciones. El Gobierno queda limitado al despacho ordinario de los asuntos públicos, sin posibilidad de aprobar proyectos de ley, modificar la estructura administrativa o adoptar decisiones de orientación política. Además, la ley amplía el alcance de estas limitaciones a los órganos administrativos y entes del sector público autonómico[28].

No obstante, la mayor aportación de la ley extremeña reside en el Capítulo II, dedicado al traspaso de poderes entre Gobiernos, que

---

27 Reviriego Picón, F., "La permanencia en funciones del Gobierno; algunas reflexiones tras 314 días de interinidad", *Lecciones constitucionales de 314 días con el Gobierno en funciones*, con Aranda Álvarez, E. (coord.), Tirant lo Blanch, Valencia, 2017, p. 165.

28 Pons Portella, M., "El gobierno en funciones en la nueva Ley 1/2019", op. cit., p. 58.

introduce instrumentos inéditos de rendición de cuentas. El Gobierno saliente debe aprobar un acuerdo de traspaso (art. 7) que incluya la relación de asuntos pendientes, su estado de tramitación, las disponibilidades de tesorería y las obligaciones de pago. Este acuerdo se adopta en la última reunión del Consejo de Gobierno antes de las elecciones o, en los demás casos de cese del Gobierno, en la primera sesión posterior a este.

Paralelamente, el artículo 10 autoriza la constitución de comisiones parlamentarias de traspaso, a solicitud del candidato a la Presidencia, con el fin de verificar el cumplimiento de las obligaciones de transparencia y colaboración del Gobierno saliente. Este mecanismo, ha sido calificado de "parlamentarización del control del Gobierno cesante"[29]. La Ley 4/2015, aunque considerada también como "demasiado encorsetadora y limitadora"[30] al introducir un conjunto de limitaciones extensas que se proyectan no solo sobre el Ejecutivo cesante, sino también sobre la Administración autonómica y su sector público instrumental, supuso un punto de inflexión en el tratamiento autonómico del Gobierno en funciones.

3.3. Canarias y la adaptación flexible del modelo extremeño

La Ley 4/2023, de 23 de marzo, de la Presidencia y del Gobierno de Canarias, representa una versión más moderna y equilibrada del esquema inaugurado por Extremadura. extremeño como del estatal. El artículo 48 regula el Gobierno en funciones, limitando su actuación al despacho ordinario de los asuntos públicos, pero reconociéndole la posibilidad de adoptar medidas excepcionales "en casos de urgencia o por razones de interés general debidamente acreditadas". De manera singular, la ley no excluye categóricamente la iniciativa legislativa durante la interinidad, permitiendo que el Gobierno en funciones la ejerza cuando concurran las circunstancias excepcionales antes mencionadas. Este aspecto convierte a Canarias en una excepción en el panorama autonómico, ya que la totalidad de las leyes

---

29 Reviriego Picón, F., "La permanencia en funciones del Gobierno", op. cit., p. 165.

30 Ibidem.

—y en especial la estatal— prohíben expresamente que un Ejecutivo en funciones haga valer su iniciativa legislativa.

El modelo canario combina así rigor jurídico y flexibilidad operativa, situándose entre el formalismo extremo de Extremadura y la elasticidad funcional de Baleares. Se trata de un enfoque que asume la inevitabilidad de la acción política incluso durante la interinidad, pero que impone condiciones estrictas de motivación, proporcionalidad y control.

3.4. Aragón: formalismo garantista y control documental del relevo institucional

Finalmente, la Ley 2/2022, de 19 de mayo, del Presidente y del Gobierno de Aragón, ha incorporado la experiencia acumulada en las comunidades precedentes, construyendo uno de los marcos más precisos y exigentes del derecho autonómico. Su régimen del Gobierno en funciones —artículos 21 a 24— se caracteriza por la minuciosa delimitación competencial y la exhaustiva regulación del traspaso de poderes.

El artículo 21 circunscribe la actuación del Gobierno en funciones al despacho ordinario de los asuntos públicos, prohibiéndole de forma expresa una larga lista de actuaciones (la más extensa de cuantas leyes autonómicas existen): aprobar proyectos de ley, iniciar reformas estatutarias, constituir comisiones delegadas, autorizar convenios o acuerdos de cooperación con impacto financiero, convocar consultas populares, nombrar altos cargos, modificar la estructura orgánica de los departamentos, autorizar contratos de cuantía superior a tres millones de euros o conceder subvenciones directas por importe superior a 900.000 euros.

No obstante, otro de los rasgos más innovadores del modelo aragonés (siguiendo el ejemplo extremeño) radica en el procedimiento de traspaso de poderes, recogido en los artículos 22 a 24. El Gobierno saliente está obligado a elaborar una documentación detallada que constituya la base del relevo institucional, cuyo contenido mínimo se define con una precisión inédita: debe incluir la relación y estado de tramitación de los asuntos pendientes, el estado de ejecución presupuestaria, la situación y disponibilidades de la Tesorería, el importe de las obligaciones pendientes de pago y los compromisos financieros que afecten a los dos ejercicios siguientes. Asimismo, debe consignar el importe y características de las operaciones de endeudamiento concertadas, los resultados de los planes y programas de gobierno, los contratos y concesiones en ejecución superiores a dos millones de euros y los contratos de obra pública de valor estimado superior a diez millones de euros.

V. PROPUESTA DE MEJORA NORMATIVA

1. Reforma de la Ley 5/1983, de 30 de diciembre, del Gobierno Valenciano

La regulación vigente del Gobierno en funciones en la Comunidad Valenciana, contenida de forma implícita en el artículo 27.6 EACV y en los preceptos generales de la Ley del Consell, presenta un notable déficit de sistematicidad y precisión. La ausencia de un capítulo específico que defina con claridad las competencias, límites y deberes del Ejecutivo en situación de interinidad contrasta con las tendencias observadas en otras Comunidades Autónomas, que en los últimos años han optado por reforzar la seguridad jurídica de este período mediante una regulación expresa y detallada. A partir de la experiencia comparada de Islas Baleares, Extremadura, Aragón y Canarias, se considera conveniente acometer una reforma integral de la Ley del Consell que incorpore un capítulo específico sobre el Gobierno en funciones, articulado en cuatro ejes: (i) principios generales; (ii) limitaciones materiales; (iii) supuestos excepcionales; y (iv) mecanismos de transición y rendición de cuentas.

A) Principios generales

La futura regulación debería partir de una formulación expresa de los principios que informan la actuación del Gobierno en funciones, inspirándose en la técnica empleada por las legislaciones de las Islas Baleares (arts. 27 y 28 LGIB) y de Extremadura (art. 2 Ley

4/2015). Tales principios —continuidad institucional, neutralidad política, lealtad y transparencia— constituyen el marco interpretativo necesario para equilibrar la doble exigencia de garantizar la operatividad del Ejecutivo y evitar desviaciones partidistas durante la interinidad.

A partir de estos principios, el texto reformado debería precisar que la actuación del Gobierno en funciones se limitará al despacho ordinario de los asuntos públicos y a la adopción de medidas imprescindibles por razones de urgencia o interés general debidamente acreditadas. Esta fórmula, común al derecho estatal y autonómico, debe complementarse con una definición orientativa de qué se entiende por "gestión ordinaria", a fin de reducir la discrecionalidad interpretativa que caracteriza actualmente la práctica valenciana. Podría, a este respecto, acogerse la línea jurisprudencial establecida por el Tribunal Supremo en su sentencia de 2 de diciembre de 2005, según la cual el Gobierno en funciones puede adoptar aquellos actos que no introduzcan nuevas orientaciones políticas ni condicionen las que corresponda adoptar al nuevo Ejecutivo.

B) Limitaciones materiales

En coherencia con los modelos autonómicos más avanzados, la futura ley debería recoger un catálogo explícito de limitaciones materiales aplicables tanto al Presidente de la Generalitat como al Consell en funciones. Dicho catálogo cumpliría una función doble: ofrecer seguridad jurídica al Ejecutivo saliente y garantizar la neutralidad institucional del proceso de transición.

Entre las prohibiciones más relevantes, cabría incluir, como mínimo, las siguientes:

1. Prohibición de presentar proyectos de ley, incluidos los de presupuestos de la Generalitat. Este límite, ya presente en la legislación estatal y autonómica, preserva el principio democrático al impedir que un Gobierno carente de confianza parlamentaria impulse medidas de alcance estructural. La restricción se inspira en el artículo 21.5 de la Ley del Gobierno. Con redacciones sustancialmente coincidentes, la misma prohibición

ha sido recogida por numerosos ordenamientos autonómicos: Andalucía (art. 37.5 Ley 6/2006), Cataluña (art. 27.2 de la Ley 13/2008), Castilla y León (art. 22.2 Ley 3/2001) o Castilla-La Mancha (art. 18.3 Ley 11/2003).

2. Del mismo modo, las delegaciones legislativas otorgadas quedarán en suspenso durante todo el tiempo en que el Gobierno esté en funciones, evitando que el Ejecutivo interino pueda ejercer potestades normativas de desarrollo con efectos sustantivos o de dirección política. Esta previsión reproduce la fórmula establecida en el artículo 21.6 de la Ley del Gobierno, y ha sido incorporada, con redacciones análogas, por la mayoría de los ordenamientos autonómicos: Islas Baleares (art. 29.2 LGIB), Castilla-La Mancha (art. 18.4 Ley 11/2003) y Región de Murcia (art. 29.4 Ley 6/2004).

3. Prohibición de disolver Les Corts o plantear cuestiones de confianza, en línea con lo dispuesto en los artículos 21.4.a) Ley del Gobierno, 30.a) LGIB o 3.3 Ley 4/2015. La pérdida del vínculo fiduciario hace incongruente el uso de mecanismos parlamentarios de refrendo o renovación de confianza.

4. Prohibición de nombrar o cesar consellers, salvo en los supuestos estrictamente necesarios por causa legal o fuerza mayor —como enfermedad, fallecimiento o incompatibilidad sobrevenida—. Esta limitación responde a la lógica del principio de continuidad institucional, sin introducir alteraciones, y encuentra precedentes en la legislación autonómica: el artículo 30.c) LGIB; los artículos 37.4.a) y 37.4.b) de la Ley 6/2006, del Gobierno de Andalucía, que impide designar o separar a las personas titulares de las Vicepresidencias o de las Consejerías; o el artículo 28.2 de la Ley Foral 14/2004, del Gobierno y de su Presidente, de Navarra, que establece la imposibilidad de crear, modificar o suprimir departamentos durante el periodo de interinidad.

C) *Supuestos excepcionales*

La experiencia comparada demuestra que toda regulación del Gobierno en funciones debe prever mecanismos excepcionales de actuación en casos de urgencia o por razones de interés general. Sin embargo, estos supuestos requieren una formulación especialmente rigurosa para evitar que se conviertan en cláusulas de escape que desvirtúen el régimen de limitación.

Inspirándose en los artículos 31 y 32 de la LGIB, el texto valenciano podría establecer que las actuaciones extraordinarias del Consell en funciones deberán ir acompañadas de una memoria justificativa en la que se acrediten las razones concretas de urgencia o de interés general que motivan la medida. Esta memoria, incorporada al expediente administrativo correspondiente, cumpliría una función de control *ex ante* y *ex post*, permitiendo tanto la fiscalización parlamentaria como la revisión jurisdiccional posterior. Asimismo, la ley debería definir expresamente qué materias pueden considerarse susceptibles de actuación extraordinaria.

D) *Mecanismos de transición y rendición de cuentas*

Una de las carencias más significativas del régimen actual es la ausencia de mecanismos formales de transición entre gobiernos. Para corregir esta laguna, resultaría conveniente incorporar un precepto inspirado en el artículo 32 de la LGIB y en los artículos 6 a 10 de la Ley 4/2015 de transición entre gobiernos, que regule de forma detallada las obligaciones del Consell en funciones respecto a la transmisión de información al nuevo Ejecutivo.

En particular, el Consell en funciones debería estar obligado a elaborar una memoria final de actuaciones, que recoja todos los acuerdos adoptados durante el período interino, las medidas de urgencia o de interés general aprobadas con su correspondiente justificación, y el estado de ejecución presupuestaria y administrativa de cada conselleria. Esta memoria debería aprobarse en la última sesión del Consell en funciones y remitirse al nuevo Gobierno en el acto de toma de posesión. Del mismo modo, se podría establecer el deber de facilitar el traspaso de poderes mediante la entrega ordenada de documentación, la elaboración de inventarios de asuntos pendientes, programas en ejecución, convenios vigentes, contratos relevantes, compromisos económicos o el estado del personal.

Estas medidas no solo reforzarían la confianza institucional y la cultura de responsabilidad política, sino que contribuirían a consolidar una práctica de gobierno abierta y verificable, en consonancia con las exigencias de buen gobierno y rendición de cuentas consagradas en la legislación estatal de transparencia.

VI. CONCLUSIÓN

La ausencia de una regulación sistemática del Gobierno en funciones en la Comunidad Valenciana constituye una de las lagunas más evidentes del actual entramado institucional autonómico. A diferencia de otras Comunidades, que han avanzado hacia modelos de interinidad plenamente desarrollados, el ordenamiento valenciano mantiene todavía una formulación genérica heredada de la literalidad del artículo 101.2 CE. Esta simplicidad normativa, tolerable en los inicios del autogobierno, resulta hoy insuficiente ante la madurez institucional y la complejidad administrativa alcanzadas por la Generalitat.

La práctica acumulada en los distintos relevos presidenciales ha demostrado que la continuidad institucional ha dependido más de la prudencia política y del sentido de responsabilidad de los actores implicados que de un marco jurídico definido. Esta dependencia de la autorregulación política presenta, sin embargo, riesgos evidentes: la falta de criterios normativos claros genera incertidumbre sobre los límites de la actuación del Ejecutivo cesante, dificulta el control parlamentario y puede comprometer la neutralidad del proceso de transición. De ahí que la codificación de un estatuto propio del Consell en funciones constituya una necesidad jurídica inaplazable.

El derecho comparado autonómico muestra un avance progresivo hacia modelos más precisos y garantistas. Las experiencias de Baleares o Extremadura demuestran que la regulación del Gobierno en funciones no debe limitarse a la reiteración de fórmulas generales, sino estructurarse en torno a tres pilares: la definición de principios de actuación, la enumeración de límites materiales y la institucionalización del traspaso de poderes. Estos modelos no solo han aportado seguridad jurídica, sino que han convertido la interinidad en una fase reglada del ciclo político.

La propuesta de reforma planteada en este trabajo —centrada en la modificación de la Ley 5/1983, de 30 de diciembre, del Consell— pretende superar esta situación mediante la introducción de un capítulo específico dedicado al Gobierno en funciones. Su objetivo no es restringir indebidamente la capacidad del Ejecutivo, sino dotar de certeza jurídica y transparencia a su actuación, reforzando al mismo tiempo la confianza ciudadana en las instituciones. Incorporar una regulación clara de los principios de continuidad, neutralidad y lealtad institucional; establecer prohibiciones materiales expresas; y prever un procedimiento reglado de traspaso de poderes, permitiría situar al ordenamiento valenciano en la línea de los sistemas autonómicos más avanzados.

En suma, la regulación del Consell en funciones no constituye un mero ejercicio técnico, sino una cuestión de calidad institucional y de cultura democrática. Solo mediante una reforma integral de la Ley del Consell que clarifique los límites de la actuación gubernamental, asegure la neutralidad en los periodos de interinidad y refuerce los mecanismos de rendición de cuentas podrá la Comunidad Valenciana consolidar un modelo de gobierno moderno, responsable y garantista.

VII. BIBLIOGRAFÍA

Álvarez Conde, E., "El Gobierno en funciones", *Documentación Administrativa,* n º 246-247, 1996-1997, pp. 191-218.

Carrillo López, M., "Las atribuciones del Gobierno en funciones", *Revista Española de Derecho Constitucional,* nº 109, 2017, pp. 121-154.

Climent Barberá, J., "El Gobierno", *Comentario al Estatuto de Autonomía de la Comunidad Valenciana,* en Baño León, J. M. (dir.), Tirant lo Blanch, Valencia, 2007.

Climent Barberá, J., "El Presidente", *Comentario al Estatuto de Autonomía de la Comunidad Valenciana,* en Baño León, J. M. (dir.), Tirant lo Blanch, Valencia, 2007.

García Fernández, J., Gómez Montoro, Á. J., Montilla Martos, J. A., Revenga Sánchez, M., Reviriego Picón, F., Ridaura Martínez, M. J. y Seijas Villadangos, E., "Encuesta sobre el Gobierno en funciones", *Teoría y realidad constitucional,* nº 40, 2017, pp. 11–76.

Gómez Corona, E., "Las limitaciones del Parlamento recién constituido durante la *prorrogatio* gubernamental", *Revista de Derecho Político,* nº 96, 2016, pp. 149-180

González Alonso, A., "Los gobiernos cesante y en funciones en el ordenamiento constitucional español", *Asamblea: revista parlamentaria de la Asamblea de Madrid,* nº 12, 2005, pp. 221–276.

Luque Regueiro, F., "Limitaciones del Gobierno en funciones en la Constitución y en la regulación estatal. Jurisprudencia del Tribunal Supremo. Regulación autonómica", *Revista Jurídica de la Comunidad de Madrid,* nº 2023, 2023.

Martínez Sospedra, M., "Artículo 27", *Comentarios al Estatuto de Autonomía de la Comunitat Valenciana (según redacción dada por la Ley Orgánica 1/2006, de 10 de abril, de Reforma de la Ley Orgánica 5/1982, de 1 de julio, del Estatuto de Autonomía de la Comunidad Valenciana),* en GArrido Mayol, V. (dir.), Tirant lo Blanch, Valencia, 2013.

Pons Portella, M., "El gobierno en funciones en la nueva Ley 1/2019, de 31 de enero, del Gobierno de las Illes Balears", *RJIB. Revista jurídica de les Illes Balears,* nº 17, 2019 pp. 47-94.

Reviriego Picón, F., Brage Camazano, J., "Gobierno en funciones y despacho ordinario de los asuntos públicos (las SSTS de 20 de septiembre y 2 de diciembre de 2005)", *Teoría y realidad constitucional,* nº 18, 2006, pp. 445-486.

Reviriego Picón, F., "La permanencia en funciones del Gobierno; algunas reflexiones tras 314 días de interinidad", *Lecciones constitucionales de 314 días con el Gobierno en funciones,* con Aranda Álvarez, E. (coord.), Tirant lo Blanch, Valencia, 2017, pp. 151-176.

Sánchez Ferriz, R. "Artículo 30." *Comentarios al Estatuto de Autonomía de la Comunitat Valenciana (según redacción dada por la Ley Orgánica 1/2006, de 10 de abril, de Reforma de la Ley Orgánica 5/1982, de 1 de julio, del Estatuto de Autonomía de la Comunidad Valenciana),* en GArrido Mayol, V. (dir.), Tirant lo Blanch, Valencia, 2013.

Torres Gutiérrez, A., "La Actuación del Gobierno en Funciones y su Control Jurisdiccional y Político: A propósito de la Sentencia del TC de 14 de Noviembre de 2018", *Civitas Europa: revue juridique sur l'évolution de la nation et de l'État en Europe = revista jurídica sobre la evolución de la nación y del estado en Europa = legal journal on the development of nation and State in Europe*, nº 42, 2019, pp. 189-205.

La función del Consell Jurídic Consultiu de la Comunitat Valenciana como institución de la Generalitat Valenciana[1]

MARGARITA SOLER SÁNCHEZ

Presidenta del Consell Jurídic Consultiu de la Comunitat Valenciana

Profesora Titular de Derecho Constitucional, Universitat de València

RESUMEN: El Consell Jurídic Consultiu (CJC) de la Comunitat Valenciana constituye la institución consultiva suprema de la Generalitat y desempeña un papel esencial en la mejora de la calidad normativa y en la garantía de la legalidad en el ámbito autonómico. Este trabajo analiza su configuración institucional, su naturaleza jurídica y los principios que rigen su actuación, destacando su independencia y especialización técnica. Se examinan sus funciones —dictámenes preceptivos y facultativos, asesoramiento en proyectos normativos, control preventivo de legalidad y protección de derechos— así como su composición, organización interna y relevancia práctica. El estudio se completa con una reflexión comparada sobre la función consultiva en el Estado español y con una valoración final acerca de la contribución del CJC al fortalecimiento del Estado autonómico.

ABSTRACT: The Consell Jurídic Consultiu (CJC) of the Valencian Community is the highest consultative institution of the Generalitat and plays a crucial role in improving regulatory quality and ensuring legality within the regional legal system. This paper examines its institutional framework, legal nature, and the principles guiding its work, with particular emphasis on its independence and technical expertise. It analyses its functions —including mandatory and optional opinions, legislative advisory work, preventive legality control, and the protection of rights— as well as its composition, internal organisation, and practical influence. The study concludes with a comparative overview of consultative functions in Spain and an assessment of the CJC's contribution to strengthening the autonomous state.

---

1 Este trabajo está basado en la conferencia que con el mismo título presenté en las Jornadas "El desarrollo del autogobierno durante 40 años de autonomía política", celebradas los días 27 de septiembre y 4 de octubre de 2022.

Palabras clave: Consell Jurídic Consultiu; Generalitat Valenciana; órgano consultivo; legalidad; calidad normativa; Derecho autonómico.

Key words: Consell Jurídic Consultiu; Generalitat Valenciana; consultative body; legality; regulatory quality; regional law.

I. INTRODUCCIÓN

El estudio del Consell Jurídic Consultiu de la Comunitat Valenciana (en adelante, CJCCV) reviste una importancia singular en el marco del Estado autonómico español. Su consideración como órgano consultivo supremo de la Generalitat lo sitúa en una posición institucional destacada, en tanto que actúa como garante de la legalidad, la calidad normativa y la coherencia jurídica de la actuación administrativa.

La existencia de órganos de naturaleza consultiva responde a una necesidad estructural de los sistemas democráticos avanzados: equilibrar la dimensión política de la toma de decisiones con un componente técnico-jurídico que garantice el respeto a la Constitución, al Estatuto de Autonomía y al resto del ordenamiento jurídico[2].

---

2 Sobre el papel que desarrollan los Consejos Consultivos como *expresión institucional de la autonomía política reconocida a las Comunidades Autónomas y contribuyen al cumplimiento de principios esenciales en nuestro sistema jurídico vid* Nevado-Batalla Moreno, PT, Función consultiva y garantía del Estado de

A lo largo de este trabajo analizaremos la función del CJCCV como institución de la Generalitat, evaluando su naturaleza, competencias e impacto práctico en el ordenamiento autonómico.

Para ello haremos una descripción del marco normativo e institucional en el que se inserta el CJC, el análisis de su naturaleza jurídica y su condición de órgano de relevancia estatutaria. Examinaremos sus funciones y competencias, diferenciando entre dictámenes preceptivos y facultativos, así como su papel en la elaboración normativa y en el control preventivo de legalidad. También nos detendremos en su composición y organización interna, con especial atención a las garantías de independencia, así como el impacto de su actuación en la calidad normativa, en la práctica administrativa y en la jurisprudencia. Compararemos el CJC con otros órganos consultivos autonómicos y con el Consejo de Estado, señalando similitudes, para llegar a algunas conclusiones.

II. MARCO INSTITUCIONAL Y NORMATIVO

El Estatut d'Autonomia de la Comunitat Valenciana (EACV), aprobado por Ley Orgánica 5/1982 y reformado en 2006 mediante Ley Orgánica 1/2006, constituye la norma institucional básica de la Comunitat. En su artículo 20 se establece que *El conjunto de las instituciones de autogobierno de la Comunitat Valenciana constituye la Generalitat,* de la que forman parte les Corts, el President y el Consell, así como la Sindicatura de Comptes, el Síndic de Greuges, el Consell Valenciá de Cultura, l'Acadèmia Valenciana de la Llengua, el Consell Jurídic Consultiu y el Comité Econòmic i Social.

Es el artículo 43 del EACV el que establece que el CJC es el órgano consultivo supremo de la Generalitat, ordenando que una ley regule su composición, organización y funciones. Así, La existencia de un órgano consultivo como el CJC responde a la necesidad de aportar seguridad jurídica y coherencia al ejercicio de las competencias que

Derecho (a propósito de un debate desleal),en *Revista española de la función consultiva*,, N°. 23, 2015, pp. 17-42.

ejerce la Generalitat, asegurando que la producción normativa y la actuación administrativa se ajusten al marco legal y constitucional.

La ley de creación a la que mas arriba hacíamos referencia, es la Ley 10/1994, de 19 de diciembre, del Consell Jurídic Consultiu de la Comunitat Valenciana, que constituye la norma básica de referencia[3].

Los aspectos principales, que dicha ley contempla a los efectos que aquí nos interesan, son:

- Composición y designación de consejeros y consejeras, así como la elección de la persona titular de la presidencia.

---

[3] Ley 10/1994, de 19 de diciembre, de la Generalitat Valenciana, de Creación del Consell Jurídic Consultiu de la Comunitat Valenciana. Esta ley ha sido modificada por las siguientes leyes:
Ley 14/1997, de 26 de diciembre, de Medidas de Gestión Administrativa y Financiera y de Organización de la Generalitat.
- Ley 6/2002, de 2 de agosto, de Estatuto de los Expresidentes de la Generalitat.
- Ley 11/2002, de 23 de diciembre, de Medidas Fiscales, de Gestión Administrativa y Financiera, y de Organización de la Generalitat Valenciana.
- Ley 16/2003, de 17 de diciembre, de Medidas Fiscales, de Gestión Administrativa y Financiera, y de Organización de la Generalitat Valenciana.
- Ley 5/2005, de 4 de agosto, de la Generalitat, de reforma de la Ley 10/1994, de 19 de diciembre, de creación del Consell Jurídic Consultiu de la Comunitat Valenciana.
- Ley 10/2006, de 26 de diciembre, de Medidas Fiscales, de Gestión Administrativa y Financiera, y de Organización de la Generalitat.
- Decreto 195/2011, de 23 de diciembre, del Consell, por el que se modifica la cuantía a que se refiere el artículo 10.8.a) de la Ley 10/1994, de 19 de diciembre, de la Generalitat, de Creación del Consell Jurídic Consultiu de la Comunitat Valenciana.
- Ley 12/2017, de 2 de noviembre, de la Generalitat, de modificación de las leyes reguladoras de las instituciones de la Generalitat para garantizar la igualdad entre mujeres y hombres en sus órganos.
- Ley 11/2018, de 21 de mayo, de la Generalitat, de modificación de la Ley 10/1994, de 19 de diciembre, de Creación del Consell Jurídic Consultiu de la Comunitat Valenciana.

- Competencias consultivas, diferenciando entre dictámenes preceptivos y facultativos.
- Régimen de funcionamiento.
- Garantías de independencia, mediante el establecimiento de incompatibilidades para sus miembros, estatuto especial y autonomía orgánica.

La Ley 10/1994 se inspira claramente en el modelo del Consejo de Estado regulado en la Ley Orgánica 3/1980, aunque adaptado a la realidad autonómica. Esta conexión revela la función que han tenido los órganos consultivos autonómicos, siguiendo la estela del órgano consultivo estatal como referencia de prestigio técnico y de tradición histórica.

La Constitución española de 1978, en lo relativo a la organización territorial del poder, configuró a España como un Estado autonómico. En ese marco, y conforme a los criterios fijados por la propia Constitución, se constituyeron las Comunidades Autónomas con, entre otras, la facultad de autoorganizar sus instituciones. La mayoría de las Comunidades Autónomas han creado, en ese contexto, sus Consejos Consultivos: órganos análogos al Consejo de Estado, pero en el ámbito autonómico. Sus funciones principales consisten, de forma general, en examinar si los anteproyectos de ley se ajustan a la Constitución, al ordenamiento jurídico común y al propio de cada comunidad; así como en verificar la legalidad de proyectos de reglamentos, convenios y actos administrativos que les sean sometidos, con especial atención a las solicitudes de responsabilidad de las entidades gestoras de determinados servicios —cuestiones sobre las que volveremos más adelante—. En esa misma línea, nuestra comunidad ha constituido el CJCCV como órgano consultivo encargado de emitir dictámenes técnicos y jurídicos, incluidos los relativos a constitucionalidad y a la oportunidad jurídica. En el caso valenciano, la creación del CJC supuso un salto cualitativo en la consolidación del autogobierno, al añadir a las instituciones de dirección política un órgano con vocación técnica e independiente.

III. NATURALEZA JURÍDICA DEL CJC

1. Órgano consultivo supremo de la Generalitat

El Consell Jurídic Consultiu de la Comunitat Valenciana se configura, conforme al artículo 43 EACV, como el órgano consultivo supremo de la Generalitat. Esta calificación de "supremo" comporta que el CJC ocupa la cúspide dentro del sistema consultivo autonómico.

El carácter de órgano "supremo" no debe confundirse con el de órgano decisorio. Sus dictámenes carecen en principio de fuerza vinculante, salvo en los casos en que la ley les atribuye efectos procedimentales concretos. Sin embargo, su autoridad deriva de su posición institucional y de la calidad técnico-jurídica de sus pronunciamientos.

En este sentido, el CJC actúa como garante de la legalidad y de la coherencia normativa, asegurando que las actuaciones administrativas y normativas se ajusten al ordenamiento.

3. Carácter independiente y funciones propias

El CJC posee un estatuto de independencia reconocido tanto en el EACV como en su ley de creación y su reglamento[4]. Sus consejeros y consejeras deben ser juristas de reconocido prestigio con al menos quince años de experiencia profesional. Además, se establece un régimen estricto de incompatibilidades, que busca evitar conflictos de interés y garantizar la imparcialidad[5].

La independencia de la Institución se manifiesta tanto en su aspecto orgánico, pues no depende jerárquicamente del Consell ni de ninguna Conselleria, como en la independencia de sus miembros,

---

4 Decreto 37/2019, de 15 de marzo, del Consell, por el que se aprueba el Reglamento del Consell Jurídic Consultiu de la Comunitat Valenciana.

5 Vid artículo 6. *Nombramiento, toma de posesión e incompatibilidades de las miembros y los miembros del Consell Jurídic Consultiu* de la Ley 10/1994, de creación del CJCCV.

garantizada por las condiciones de designación y cese de los mismos, aspecto en el que profundizaremos mas adelante.

Los Consejos Consultivos son órganos ajenos a la Administración activa, independientes del Gobierno, e integrados por profesionales, que aconsejan a aquél en relación con determinados asuntos de especial relevancia, con la pretensión de que su actuación sea acertada y ajustada a Derecho. Y lo hacen con la independencia de criterio que deriva de no estar sometido a relación jerárquica respecto a quien decide: objetividad técnica y separación respecto a la acción administrativa directa son dos notas que deben caracterizar esta función.

La labor consultiva, sin duda trascendente para el Estado de Derecho y para los ciudadanos que gozan de sus beneficios, sólo se puede desarrollar adecuadamente con esta garantía de independencia y autonomía orgánica y funcional.

El CJC desarrolla funciones propias que lo diferencian de otros órganos de asesoramiento: emite dictámenes preceptivos y facultativos, ejerce un control preventivo de legalidad, vela por la coherencia sistemática del ordenamiento autonómico y actúa como garante indirecto de los derechos ciudadanos al exigir motivación y respeto al procedimiento. No sustituye la competencia decisoria de las administraciones, pero sí condiciona su actuación en la medida en que sus dictámenes —cuando son preceptivos— forman parte del procedimiento y su omisión o rechazo inmotivado puede afectar a la validez de las decisiones.

La jurisprudencia ha reconocido que la falta de dictamen preceptivo o la ausencia de motivación suficiente al apartarse de él puede determinar la anulabilidad del acto administrativo[6]. Ello implica que, aunque no sea formalmente vinculante, el dictamen del CJCCV opera como límite indirecto a la discrecionalidad administrativa.

En suma, el CJC se inserta en un entramado institucional donde cumple una función de equilibrio y racionalización de la actividad pública, asegurando que las decisiones sobre políticas públicas o so-

---

6 Vid por todas STSJ CV 4088/2014, 20-11-2014 (rec. 2426/2013).

bre determinadas actuaciones administrativas se ajusten a los límites jurídicos[7].

IV. FUNCIONES Y COMPETENCIAS DEL CJC

El Consell Jurídic Consultiu de la Comunitat Valenciana ejerce un conjunto de competencias consultivas que tienen como objetivo principal garantizar la juridicidad y la corrección técnica de las actuaciones de las administraciones de la Comunitat valenciana. En este sentido cabe diferenciar entre dictámenes preceptivos y dictámenes facultativos, así como las funciones vinculadas al asesoramiento en la elaboración normativa y al control preventivo de legalidad que sucintamente pasamos a analizar.

1. Dictámenes preceptivos y facultativos

Los dictámenes preceptivos son aquellos que la Administración autonómica está obligada a solicitar antes de adoptar determinadas decisiones. Entre ellos destacan:

- Los proyectos de leyes autonómicas, que deben ser dictaminados por el CJCCV antes de su remisión a Les Corts.
- Recursos de inconstitucionalidad y conflictos de competencia ante el Tribunal Constitucional
- Los reglamentos ejecutivos de las leyes.
- Convenios o Acuerdos de cooperación con otras Comunidades Autónomas.
- Los conflictos de atribuciones entre los distintos departamentos del Consell

---

7 Sobre las funciones del CJC en distintos ámbitos, como garantes de la legalidad de las disposiciones de carácter general, vid el trabajo de Fliquete Lliso, E. "Los símbolos de identidad en la doctrina del Consell Juridic Consultiu de la Comunitat Valenciana", en Vivancos Comes, (Coord.) *Autogobierno Valenciano en perspectiva,* Tirant Lo Blanch Valencia, 2024, pp. 124 y ss.

- Las modificaciones de los planes de urbanismo, las normas complementarias y subsidiarias y los programas de actuación que tengan por objeto una diferente zonificación o uso urbanístico de las zonas verdes o de los espacios libres previstos.
- Los recursos extraordinarios de revisión
- Los expedientes de responsabilidad patrimonial de la Administración, cuando superan un determinado umbral económico que actualmente está fijado en 30.000.
- Los procedimientos de revisión de oficio de actos administrativos nulos de pleno derecho.
- Los expedientes sobre nulidad, interpretación y resolución de los contratos administrativos cuando se formule oposición por parte del contratista y, en todo caso, en los supuestos previstos en la legislación de contratos del Estado. Y en esos mismos casos también en las concesiones administrativas

En cambio, los dictámenes facultativos son solicitados en asuntos jurídicamente complejos o de gran trascendencia, a discreción del Consell, el President o las Conselleries, pero también de las administraciones locales, de las Universidades públicas, y de las otras Entidades y Corporaciones de Derecho Público de la Comunitat Valenciana no integradas en la administración autonómica. Estos permiten al CJC actuar como foro técnico de reflexión en materias novedosas, consolidando su papel como asesor independiente y cualificado.

Cabe destacar que tras la ultima reforma de la ley de creación de la Institución, se ha introducido una nueva modalidad de consulta facultativa, fijando la posibilidad de que sean Les Corts Valencianes quienes la planteen sobre una proposición de Ley, si bien cumpliendo con una serie de requisitos en el planteamiento de la consulta, Así, lo será a propuesta de dos o más grupos parlamentarios que representen la mitad o más de grupos de la cámara o la mayoría de diputados o diputadas, siendo uno de los firmantes el autor o uno de los autores de la iniciativa en caso de que fuera conjunta,. Se fija además que el momento en que se puede realizar es una vez hayan sido admitidas a trámite en la toma en consideración y con carácter previo al trámite de registro de enmiendas a las citadas proposiciones. El dictamen se solicitará con carácter de urgencia y se limitará a aspectos de técnica jurídica o a la posible colisión de los textos legislativos con otras normas de ámbito autonómico, estatal o europeo

2. *Asesoramiento en proyectos normativos*

Una de las funciones centrales del CJC es el examen de proyectos normativos, donde valora entre otras cuestiones:

- La adecuación a la Constitución y al Estatuto de Autonomía de la norma propuesta.
- La coherencia sistemática con el resto del ordenamiento jurídico.
- La adecuación a los principios de buena regulación: necesidad, eficacia, proporcionalidad, seguridad jurídica, transparencia y eficiencia, recogidos en la Ley 39/2015 y la Ley 40/2015.
- La calidad de la memoria justificativa y de los informes de impacto que acompañan al texto normativo[8].
- El cumplimiento de los trámites de audiencia y consulta ciudadana.

El dictamen del CJC en esta materia tiene un impacto directo en la técnica legislativa y en la calidad de la regulación. Con frecuencia, el órgano propone modificaciones en la redacción, advierte sobre posibles conflictos competenciales y recomienda ajustes para asegurar la compatibilidad con el ordenamiento jurídico.

Así, el CJCCV realiza un control de la actividad normativa tanto desde una perspectiva sustantiva, velando por la adecuación al orden

---

8 Sobre los distintos informes de impacto vid: García Mengual, F. "Los informes de impacto en la infancia y adolescencia y en la familia¿Intrusos en el procedimiento normativo?", pp. 229 y ss. y Ventura Franch, A. "La transversalidad del principio de igualdad y los instrumentos para su cumplimiento: Los informes de impacto de género en la doctrina del Consell Juridic Consultiu de la Comunitat Valenciana", pp. 331 y ss., ambos en Soler Sánchez, M. (coord.) *La función consultiva en la Comunitat Valenciana: XXV aniversario del Consell Jurídic Consultiu*. Valencia: Tirant lo Blanch, 2021.

constitucional de distribución de competencias y por la conformidad con el resto del ordenamiento jurídico, como también desde la perspectiva de los aspectos formales y de la técnica legislativa; que, aunque de menor relevancia que los aspectos sustantivos, son de singular importancia para una adecuada comprensión de la norma.

3. Control preventivo de legalidad

El CJC ejerce un control preventivo de legalidad sobre determinados expedientes administrativos y normativos, complementando así el control a posteriori ejercido por la jurisdicción contencioso-administrativa.

Este control preventivo actúa como un filtro de juridicidad que reduce el riesgo de que se dicten actos contrarios al ordenamiento, lo que se traduce en una disminución de la litigiosidad y en un mayor grado de confianza en la Administración.

El valor de este control es doble: Interno, porque obliga a la Administración a justificar con rigor la corrección de sus decisiones; Externo, porque refuerza la seguridad jurídica de los ciudadanos, que perciben que las actuaciones administrativas han pasado un examen independiente.

4. Función de garantía en la protección de derechos

El CJC no es un órgano jurisdiccional, ni ejerce funciones de defensa directa de derechos fundamentales, pero su labor tiene un efecto indirecto en la protección de los derechos de los ciudadanos. Al exigir el respeto a la legalidad, la motivación adecuada de los actos y la correcta tramitación de los procedimientos, el órgano contribuye a la efectividad de principios como el de seguridad jurídica (art. 9.3 CE).

El CJC ha subrayado en diversos dictámenes la importancia de garantizar la proporcionalidad y la motivación reforzada en decisiones administrativas que afectan a derechos individuales.

Como ha señalado Nevado-Batalla, la función consultiva despliega concretos y reales efectos que redundan positivamente en la vida de los ciudadanos en la medida que disfrutan de decisiones más correctas y un mejor espacio jurídico en el que desarrollar sus derechos y libertades, así como cumplir con sus obligaciones[9].

V. COMPOSICIÓN Y ORGANIZACIÓN INTERNA

La configuración orgánica del Consell Jurídic Consultiu de la Comunitat Valenciana responde a la necesidad de dotarlo de independencia, colegialidad y rigor técnico. La Ley 10/1994, de 19 de diciembre, establece sus normas de composición, designación y funcionamiento. Pero en cuanto a la composición hay que recordar además que la Ley 6/2002, de 2 de agosto, de Estatuto de los ex presidentes de la Generalitat Valenciana que *Los expresidentes de la Generalitat serán miembros natos del Consell Jurídic Consultiu de la Comunitat Valenciana durante un plazo de quince años, cuando hayan ejercido el cargo de presidente por un periodo igual o superior a una legislatura completa. En los restantes casos, serán miembros natos del Consell Jurídic Consultiu de la Comunitat Valenciana por un período igual al tiempo que hayan ejercido el cargo de presidente, con un mínimo de dos años*[10].

1. Designación de consejeros y consejeras y de la presidencia

El CJC está compuesto por un tres consejeros y tres consejeras de carácter electivo. Todos ellos deben ser juristas de reconocido prestigio, con al menos quince años de ejercicio profesional. Los seis miembros que componen el Consell Jurídic Consultiu se nombrarán por un período de cuatro años, reelegibles por un único mandato de otros cuatro años. Tras la última modificación de la Ley de creación, dos son designados por el Consell y cuatro por Les Corts. Los miembros elegidos por Les Corts lo serán mediante un acuerdo adoptado por mayoría de tres quintas partes de los diputados y diputadas.

---

9 Nevado-Batalla Moreno, PT, Función consultiva y garantía del Estado de Derecho (a propósito de un debate desleal), *op. cit.*, pp. 17-42.

10 Art. 4 de la Ley 6/2002, de 2 de agosto, de Estatuto de los ex presidentes de la Generalitat Valenciana.

También tras la mencionada reforma en el 2018 de la Ley 10/1994, el modo de designación de la persona que ostenta la presidencia ha sido modificada, habiéndose previsto en la misma que la presidencia del Consell Jurídic Consultiu será elegida entre los miembros no natos del CJC que se propongan por votación secreta. En caso de que ninguna de las personas propuestas consiguiera mayoría absoluta, se realizará una segunda votación entre las personas más votadas, donde saldrá elegida la persona que haya conseguido más votos. Si se diera un empate, la presidencia será elegida mediante un sorteo entre las personas que hayan obtenido más apoyos en la primera votación. Después de esta elección, se procederá a su nombramiento a cargo del President de la Generalitat

2. *Estructura organizativa y funcionamiento*

El CJC se organiza en Pleno, Comisiones y Secretaría General.

- El Pleno es el órgano principal de deliberación y decisión. En él participan la persona titular de la presidencia y los consejeros y consejeras, y sus acuerdos se adoptan por mayoría de los miembros electos. Los consejeros natos cuentan con voz pero no con voto.
- Por otra parte, esta prevista la creación de Comisiones para el estudio y resolución de determinados expedientes, especialmente cuando su complejidad exige un análisis especializado.
- Por último, la Secretaría General se ocupa de la tramitación de expedientes, del soporte técnico-jurídico y de la custodia de los dictámenes y participa su titular en los Plenos con voz pero sin voto

El funcionamiento del CJC se rige por principios de colegialidad, deliberación y motivación, lo que significa que cada dictamen refleja un análisis colectivo y razonado, y no la opinión individual de un consejero.

El procedimiento de elaboración de los dictámenes sigue, de manera simplificada, estas fases:

1. Recepción y registro del expediente.
2. Designación de un ponente o comisión encargada del estudio.
3. Elaboración de un borrador de dictamen.
4. Debate y aprobación en el Pleno.
5. Emisión del dictamen definitivo, con los votos particulares que, en su caso, sean emitidos.

3. Principios de independencia e imparcialidad

El estatuto de los miembros del CJC se caracteriza por un estricto régimen de incompatibilidades: no pueden ejercer cargos electivos, desempeñar funciones ejecutivas en partidos políticos, ni realizar actividades profesionales. Así la ley determina que están sometidos al régimen de incompatibilidades establecido con carácter general para los altos cargos de la administración, exceptuándose la posibilidad de llevar a cabo actividades docentes o investigadoras. Asimismo, están sometidos a las reglas de abstención y recusación previstas en la legislación administrativa.

La independencia se refuerza por el carácter colegiado del órgano, que impide la concentración de poder en un solo miembro, y por la obligación de motivar sus dictámenes de manera exhaustiva. Una colegialidad que permite garantizar de manera mas eficaz su imparcialidad mediante la publicidad de sus dictámenes y votos facultativos que no solo por la previsión en la norma del régimen de incompatibilidades

De este modo, el CJC combina garantías formales (normativas) y materiales (prácticas de deliberación, prestigio de sus miembros) que consolidan su autoridad como órgano consultivo de la Generalitat y del resto de las administraciones.

VI. IMPACTO EN LA PRÁCTICA JURÍDICA Y ADMINISTRATIVA

La relevancia del Consell Jurídic Consultiu de la Comunitat Valenciana (CJC) no se mide únicamente por su posición normativa, sino también por su incidencia real en la práctica jurídica y administrativa de la Generalitat y del conjunto de administraciones para las que ejerce de supremo órgano consultivo. Sus dictámenes, aunque solo en algunos casos vinculantes, tienen un valor técnico que orienta las decisiones administrativas, y contribuyen a consolidar una cultura de juridicidad en el ámbito autonómico.

1. Aportaciones a la calidad normativa

Uno de los ámbitos donde el CJC ha dejado una huella más significativa es en la calidad de la legislación y la reglamentación autonómica. Al examinar proyectos de leyes y reglamentos, esta Institución:

- Detecta deficiencias en la técnica legislativa, recomendando correcciones en la redacción y sistematización de las normas.
- Advierte de problemas competenciales, evitando la aprobación de disposiciones que invadan competencias estatales.
- Introduce exigencias de coherencia con el Derecho europeo, asegurando la compatibilidad de la normativa valenciana con las directivas y reglamentos de la Unión.

2. Influencia en la toma de decisiones de la Generalitat y del conjunto de las administraciones consultantes.

Los dictámenes del CJC ejercen una influencia indirecta pero decisiva sobre la actuación del Consell y de la Administración autonómica y municipal, en tanto que orienta en la toma de decisiones. Aunque formalmente no sean vinculantes, en la práctica los órganos de gobierno rara vez se apartan de ellos sin una motivación reforzada.

El CJC actúa como un "freno jurídico" que obliga a la Administración a justificar sus decisiones con mayor rigor y a evitar resoluciones que podrían ser anuladas en sede judicial.

Además, el Consell o los Ayuntamientos utilizan con frecuencia la facultad de solicitar dictámenes facultativos sobre materias de especial complejidad, lo que da muestra de la confianza institucional en el órgano como referente técnico de máxima solvencia.

3. Jurisprudencia y relevancia en el derecho autonómico

La influencia del CJC se refleja también en la jurisprudencia contencioso-administrativa. El Tribunal Superior de Justicia de la Comunitat Valenciana (TSJCV) y, en alguna ocasión, el Tribunal Supremo, han tenido en cuenta los razonamientos del CJC en casos relativos a la legalidad de reglamentos, la responsabilidad patrimonial de la Administración o la revisión de oficio de actos nulos.

En particular, los tribunales han declarado que la ausencia de dictamen preceptivo o la falta de motivación suficiente al apartarse de él puede suponer un vicio procedimental determinante de anulabilidad. Esto refuerza la relevancia jurídica de los dictámenes, que actúan como garantía adicional para la ciudadanía.

Es por ello por lo que si bien, los dictámenes no son vinculantes, si poseen una fuerza persuasiva que obliga a la Administración a justificar detalladamente cualquier decisión contraria a su contenido.

VII. LA FUNCIÓN CONSULTIVA EN EL ESTADO ESPAÑOL

La configuración del Consell Jurídic Consultiu de la Comunitat Valenciana no puede entenderse de manera aislada, sino dentro del conjunto de órganos consultivos que integran el Estado español: el Consejo de Estado, como órgano consultivo supremo del Gobierno, y los diversos Consejos Consultivos autonómicos creados a partir de la década de 1990.

El Consejo de Estado regulado por la Ley Orgánica 3/1980, de 22 de abril, constituye el órgano consultivo supremo del Gobierno de la Nación. Su función es emitir dictámenes sobre proyectos de normas, tratados internacionales, disposiciones reglamentarias y actos administrativos de especial relevancia.

El objetivo común de todos estos órganos es dotar a las Comunidades Autónomas de una instancia técnica independiente que sirva como garantía de juridicidad y calidad normativa. No obstante, cada consejo presenta particularidades derivadas de su marco estatutario y de la legislación autonómica que lo regula.

Los consejos consultivos autonómicos comparten con el Consejo de Estado similitudes:

- El carácter de órganos colegiados.
- La función de emitir dictámenes preceptivos y facultativos.
- El papel de garantes de la legalidad y de la calidad normativa.
- La exigencia de independencia e imparcialidad de sus miembros.

Sin embargo, también existen diferencias en cuanto a lo que respecta, entre otras cuestiones, a su alcance competencial; su composición, dado que el Consejo de Estado cuenta con secciones permanentes y consejeros natos (expresidentes del Gobierno, magistrados del Supremo, etc.), mientras que los consejos autonómicos suelen estar integrados exclusivamente por juristas designados políticamente; o incluso su visibilidad institucional dado que, con 500 años de historia, el Consejo de Estado tiene una proyección nacional e internacional, mientras que los consejos autonómicos son menos conocidos fuera de sus territorios e incluso en ocasiones en el suyo propio.

VIII. CONCLUSIONES

El análisis del Consell Jurídic Consultiu de la Comunitat Valenciana cuando se cumplen cuarenta años del Estatut de Autonomía, permite extraer varias conclusiones fundamentales sobre su papel como institución de la Generalitat y sobre su contribución al fortalecimiento del Estado autonómico:

1. Se ha configurado como una institución esencial del autogobierno valenciano: el reconocimiento del CJC en el *Estatut d'Autonomia* y su regulación en la Ley 10/1994 lo sitúan en el núcleo de la arquitectura institucional de la Comunitat,
2. Es un órgano consultivo independiente: aunque sus dictámenes no sean vinculantes en sentido estricto, la independencia orgánica y funcional de sus miembros, así como su carácter colegiado, garantizan la imparcialidad de sus pronunciamientos.
3. Función de control preventivo de legalidad: el CJC constituye un filtro jurídico previo que mejora la calidad normativa, evita litigios innecesarios y contribuye a reforzar la seguridad jurídica de los ciudadanos.
4. Impacto práctico y jurisprudencial: la Administración autonómica suele seguir sus dictámenes o, en caso contrario, debe motivar, en la mayoría de los supuestos su discrepancia. Además, los tribunales han reconocido que la ausencia de dictamen preceptivo puede determinar la anulabilidad de actos administrativos.

En definitiva, el CJC se configura como un pilar del sistema autonómico valenciano, que contribuye al fortalecimiento del autogobierno, a una mejor calidad normativa, a una Administración más responsable y a una mayor protección de los derechos de la ciudadanía.

IX. BIBLIOGRAFÍA

Fliquete Lliso, E. Los símbolos de identidad en la doctrina del Consell Juridic Consultiu de la Comunitat Valenciana", en Vivancos Comes, (Coord.) *Autogobierno Valenciano en perspectiva,* Tirant Lo Blanch Valencia, 2024, pp. 124 y ss.

García Mengual, F. Los informes de impacto en la infancia y adolescencia y en la familia¿Intrusos en el procedimiento normativo?, en Soler Sánchez, M. (coord.) *La función consultiva en la Comunitat Valenciana: XXV aniversario del Consell Jurídic Consultiu.* Valencia: Tirant lo Blanch, 2021, pp. 229 y ss.

Garrido Mayol, V. El Consejo Jurídico Consultivo de la Comunidad Valenciana, órgano equivalente y homologable al Consejo de Estado. *Revista de Estudios de la Administración Local y Autonómica,* nº 271-272, 1996 (jul.-dic.), pp. 807-836.

Garrido Mayol, V. El Consejo Jurídico Consultivo de la Comunidad Valenciana. En: *Actas de las Jornadas sobre la Función Consultiva,* nº 1, 1998 (mayo), pp. 153-195.

Garrido Mayol, V. El Consell Jurídic Consultiu. En: *Instituciones políticas de la Comunidad Valenciana,* 2009, pp. 251 y ss.

Granado Hijelmo, I. La función de los Consejos Consultivos. *Revista Jurídica de Navarra,* nº 28, 1999, pp. 50 y ss.

Monzó Báguena, P. La responsabilidad patrimonial de la Administración Pública en el ámbito sanitario en la doctrina del Consell Jurídic Consultiu de la Comunitat Valenciana. *Revista Española de la Función Consultiva,* nº 26, 2016 (jul.-dic.), pp. 127-138.

Monzó Báguena, P. Consejo Jurídico Consultivo de la Comunidad Valenciana: la responsabilidad patrimonial urbanística. *Revista Española de la Función Consultiva,* nº 30-31, 2018-2019, pp. 389-410.

Navarro Ruiz, J. C. El Consejo Jurídico Consultivo de la Comunidad Valenciana. En: *Estudio sobre el Estatuto valenciano,* vol. 2, 1996, pp. 265-289.

Rubio Llorente, F. La función consultiva en el Estado de las Autonomías. *Revista Española de la Función Consultiva,* nº 2, 2004 (jul.-dic.).

Soler Sánchez, M. (coord.). *La función consultiva en la Comunitat Valenciana: XXV aniversario del Consell Jurídic Consultiu.* Valencia: Tirant lo Blanch, 2021.

Tornos Mas, J. La posición institucional de los Consejos Consultivos. *Revista Española de la Función Consultiva,* nº 12, 2009 (jul.-dic.).

Torner Ávalos, N. El derecho a la igualdad efectiva de mujeres y hombres en los dictámenes del Consejo Jurídico Consultivo de la Comunidad Valenciana. *Revista Española de la Función Consultiva,* nº 30-31, 2018-2019, pp. 231-251.

Ventura Franch, La transversalidad del principio de igualdad y los instrumentos para su cumplimiento: Los informes de impacto de genero en la doctrina del Consell Juridic Consultiu de la Comunitat Valenciana, en Soler Sánchez, M. (coord.). *La función consultiva en la Comunitat Valenciana: XXV aniversario del Consell Jurídic Consultiu.* Valencia: Tirant lo Blanch, 2021, pp. 331 y ss.

Vidal Zapatero, J. M. La posición institucional de los Consejos Consultivos. En: Biglino Campos, P. (coord.), *Consejos Consultivos y Comunidades Autónomas: la institución en Castilla y León*, pp. 53 y ss.

COMPETENCIAS

Evolución de la Policía Autonómica de la Comunidad Valenciana en el marco de la realidad estatutaria y legislativa: una configuración operativa distante de lo previsto

FÉLIX CRESPO HELLÍN
Profesor de Derecho Constitucional
Universitat de València

RESUMEN: Este trabajo analiza la evolución de la Policía Autonómica en la Comunitat Valenciana dentro del marco estatutario y legislativo vigente, poniendo de relieve la distancia entre la configuración operativa de la Unidad Adscrita y las previsiones normativas iniciales. Se estudia el contexto histórico y normativo, los fines y objetivos institucionales, y se examinan las luces y sombras de su desarrollo. Asimismo, se aborda la naturaleza de la Unidad Adscrita, señalando sus limitaciones para considerarse plenamente Policía Autonómica, así como los retos y perspectivas de futuro, incluyendo la proyección de los Cuerpos de Policía Local como vía alternativa para fortalecer la seguridad autonómica.

ABSTRACT: This paper examines the evolution of the Autonomous Police in the Valencian Community within the existing statutory and legislative framework, highlighting the gap between the operational configuration of the Adscribed Unit and the initial legal provisions. It studies the historical and regulatory context, institutional purposes and objectives, and analyses the successes and shortcomings of its development. The paper also addresses the nature of the Adscribed Unit, noting its limitations to be considered a full-fledged Autonomous Police, and discusses future challenges and perspectives, including the promotion and projection of Local Police Corps as an alternative to strengthen regional security.

Palabras clave: Policía autonómica; Unidad Adscrita; Comunitat Valenciana; marco normativo; seguridad autonómica; desarrollo operativo.

Key words: autonomous police; Adscribed Unit; Valencian Community; regulatory framework; regional security; operational development.

I. INTRODUCCIÓN

Analizar la evolución histórica y normativa de la Policía Autonómica en la Comunidad Valenciana, nos obliga necesariamente a prestar una especial atención a la normativa que regula su funcionamiento, los fines desarrollados y objetivos cumplidos. Pero más allá de los datos descriptivos y de análisis, subyace un elemento previo de debate aún pendiente de resolver como es la naturaleza particular de esta Unidad Adscrita, que, a pesar de sus avances, no ha llegado a consolidarse plenamente como Policía Autonómica dejando así el largo y repetitivo debate en torno a si se quiere o no subir el escalón para constituirse en auténtico cuerpo policial autonómico y, si no es así, dejar evidenciado el elenco de motivos y razones que sustentan esta segunda postura, con sus argumentos técnicos y políticos por separado. En cualquier caso, la cuestión nos lleva a un análisis crítico sobre la cuestión a día de hoy para delimitar así las limitaciones y retos institucionales que afectan a esta policía, situándola en el marco del modelo policial autonómico español.

Es cierto que hay que partir con una reflexión inicial tantas veces invocada, como criticada, en el sentido de evidenciar la falta de un diseño en la arquitectura constitucional de 1978 en España que hubiese definido claramente el modelo policial por el que se optaba.

De esta manera, la configuración de las policías autonómicas —al igual que la propia definición del modelo de Estado Autonómico y su funcionamiento—, ha sido un proceso variable, condicionado por la diversidad histórica, política y jurídica de las comunidades autónomas, dando ello como resultado un modelo policial des homogeneizado, cambiante en conceptos y ámbitos competenciales, creando un sistema policial donde los ámbitos nacional, autonómico y local cayeron en una batalla competencial y de operatividad que, lejos de buscar la eficacia y la atención al servicio, se perdió entre sus clases políticas de mando en un objeto de debate sin prefijar de antemano el marco de actuación, los parámetros inabordables por intereses políticos o los indiscutibles principios de actuación.

Por supuesto que la Comunidad Valenciana no iba a quedar exenta de este debate técnico-político, pues a la ya existente e importante demanda social y política de autogobierno, se encaminó a desarrollar un modelo policial particular basado en la Unidad Adscrita de la Policía Nacional, cuando quizá este debate no estaba ni cerrado en su concepción estructural, ni por supuesto servía para definir de antemano los fines a conseguir en este modelo híbrido, sus dotaciones económicas, presupuestarias y de personal, así como el desarrollo de los fines estatutarios o el plantearse asumir competencias correspondientes a los cuerpos policiales de ámbito nacional a la luz del de la Ley Orgánica 2/1986 de Fuerzas y Cuerpos de Seguridad del Estado (en lo sucesivo LOFCSE). Dentro de la extensión moderada que permiten estas publicaciones, pretendemos analizar la evolución institucional, normativa y operativa de la Policía Autonómica en la Comunidad Valenciana, centrándonos en la Unidad Adscrita del Cuerpo Nacional de Policía, estudiar su desarrollo desde una perspectiva jurídica, política e institucional, asi como sus fines y objetivos, su marco legislativo, la jurisprudencia relevante, y los retos que enfrenta en su consolidación como cuerpo autonómico propio. La conclusión nos evidenciará cómo este modelo representa una forma intermedia de descentralización policial, limitada por su dependencia del Estado.

Así comprobaremos cómo el proceso de descentralización en el Estado autonómico español ha afectado a numerosas competencias, entre ellas, la seguridad pública. Mientras comunidades como Cataluña, País Vasco y Navarra han desarrollado cuerpos policiales propios (Mossos d'Esquadra, Ertzaintza y Policía Foral, respectivamente), otras regiones como la Comunidad Valenciana han optado por modelos menos ambiciosos, materializados en Unidades Adscritas del Cuerpo Nacional de Policía (CNP).

La creación de estas unidades responde a lo previsto en la LOFCSE y al marco competencial del Estatuto de Autonomía. No obstante, la Comunidad Valenciana aún carece de un cuerpo policial autonómico pleno, lo que ha generado un modelo híbrido cuya operatividad y autonomía han sido objeto de debate doctrinal y jurisprudencial, sin que además en estos más de 40 años de desarrollo autonómico se hayan percibido signos de querer variar o cambiar este cuadro funcional y competencial

II. CONTEXTO HISTÓRICO Y NORMATIVO DE LA POLICÍA AUTONÓMICA EN LA COMUNIDAD VALENCIANA

1. *Orígenes y evolución*

La configuración de los cuerpos policiales autonómicos en España responde, como ya dejábamos entrever, a la singularidad del Estado autonómico y a la transferencia progresiva de competencias a las comunidades autónomas que ha ido realizándose desde la entrada en vigor del texto constitucional, más allá del reparto competencial constitucional recogido en los artículos 148 y 149, así como en varios principios constitucionales y la variada jurisprudencia constitucional.

Sin embargo, la Comunidad Valenciana presenta desde su concepción y estructura un modelo policial particular basado en la figura de la Unidad Adscrita, integrada dentro del Cuerpo Nacional de Policía pero con funciones específicas de seguridad pública en el ámbito autonómico y adscripción a la Generalitat Valenciana, a tenor de lo dispuesto en la Orden del Ministerio del Interior de 16 de septiembre de 1992 y previa formalización del Acuerdo de colaboración entre el Ministerio del Interior y la Generalitat Valenciana el 22 de junio de 1992, donde ya quedaba delineada una dependencia orgánica del Ministerio del Interior y una adscripción funcional a la Generalitat Valenciana —todo ello en el marco del Real Decreto 221/1991 por el que se regula la organización de Unidades del Cuerpo Nacional de Policía adscritas a las Comunidades Autónomas y el artículo 38.1 de la LOFCSE—.

Esta situación ubica a la referenciada Unidad Adscrita como la llamada Policía Autonómica Valenciana, denominada así para su fácil identificación pero sin olvidar su origen ya referido y sobre todo subrayando como queda en una posición intermedia que impide su consolidación como policía autonómica plena. El análisis de la evolución normativa y operativa de esta unidad, los fines institucionales y los objetivos alcanzados, así como los límites y retos que afrontó la Comunidad Valenciana, tras la aprobación del Estatuto de Autonomía de 1982, sirvió para iniciar un proceso de transferencia de competencias que incluyó, entre otras, las relativas a seguridad pública. Sin embargo, aun habiéndose dado un paso importante, a diferencia de Cataluña o el País Vasco, no se creó un cuerpo policial propio, sino que se estableció una Unidad Adscrita del Cuerpo Nacional de Policía. Y ahí surgen ya los primeros interrogantes de cuales fueron esos motivos que lo impidieron o que supusieron optar por un modelo de segundo escalón y que son tan amplias y variadas cómo el posible excesivo ámbito presupuestario, la necesidad de crear un nuevo ámbito estructural, el complejo campo competencial por desarrollar que se planteaba, la evidente carencia de infraestructuras, o incluso, la falta de una ambición política en tener una pieza más en la construcción del modelo policial autonómico.

De hecho, para autores como González (2010), "*la creación de la Unidad Adscrita en la Comunidad Valenciana obedeció a un modelo de colaboración institucional que pretendía compatibilizar la autonomía territorial con la coordinación estatal en materia de seguridad*" (p. 123). Es decir, coincidimos en que nunca se planteó inicialmente la consecución de otro modelo más ambicioso y complejo, sino que se buscó estructurar de forma básica un cuerpo próximo al modelo de cuerpo autonómico propio, pero dentro de las limitaciones que la propia norma técnica (LOFCSE), como los órganos políticos ejecutivos (Ministerio Interior). De ahí que la creación de esta unidad fue oficialmente establecida en 1994 tras acuerdos entre la Generalitat y el Ministerio del Interior, otorgándole competencias específicas dentro del territorio valenciano y a diferencia de cuerpos plenamente autonómicos que ya existían —caso de la Ertzaintza o los Mossos d'Esquadra—, la Unidad Adscrita recibía, y mantiene actualmente, la dependencia funcional y jerárquica del Cuerpo Nacional de Policía lo que es evidente que limita su autonomía real.

En esta misma línea, una aportación doctrinal relevante en torno a este complejo panorama evolutivo-normativo de los cuerpos policiales autonómicos es la tesis doctoral defendida por Gil Vicente (2014) que tras analizar el desarrollo normativo de los cuerpos policiales autonómicos viene a plantear una crítica del modelo policial español desde una doble perspectiva —su estructura constitucional y su evolución práctica—, comparando la situación nacional con otros modelos descentralizados europeos. Y es que los debates en torno a la configuración constitucional, incide en resaltar la constatación de que el artículo 149.1.29 CE atribuye al Estado la competencia exclusiva en materia de seguridad pública, si bien matizado por el hecho de que el artículo 148.1.22 CE permite a las comunidades autónomas asumir competencias en materia de policía, con los límites que fija la legislación orgánica. Como hemos mantenido de forma reiterada, será la LOFCSE, así como los distintos convenios de adscripción suscritos entre el Ministerio del Interior y varias comunidades autónomas los que han ido aportando al pretendido formato de modelo policial, toda una serie de formatos hibrídos que se encuentran a caballo de las dos líneas competenciales consticionales diseñadas y que han tenido como resultado final la aprobación y desarrollo de las unidades adscritas del Cuerpo Nacional de Policía, como es el caso de la Comunidad Valenciana.

Desde un enfoque comparado, Gil Vicente examina los modelos policiales de países como Alemania, Italia, Reino Unido y Francia, destacando que la descentralización policial puede coexistir con la eficacia operativa y el principio de unidad del Estado, siempre que existan normas claras de coordinación y estructuras funcionales diferenciadas. En este sentido, es evidente que nuestro principal caballo de batalla es el tener vigente un modelo policial como el español que adolece de una ambigüedad normativa estructural, ya que permite la existencia de cuerpos autonómicos sin haber desarrollado un marco homogéneo previo de coordinación y formación. Si a ello añadimos la aparición de las unidades adscritas que constituyen un instrumento híbrido carente de autonomía real —insistimos en su dependencia funcionalmente de las comunidades autónomas, pero orgánicamente del Ministerio del Interior—, provocan un auténtico panorama de descoordinación y desmembramiento al carecer de una regulación común y de un campo competencial prefijado. Y lo que es más importante, impidiendo su consolidación como verdaderos cuerpos autonómicos, lo que arrastra un evidente distanciamiento cada vez mayor con la posibilidad de diseñar y acceder a un modelo policial con competencias mayores en el diseño de nuestro texto constitucional.

Entre sus propuestas más destacadas se encuentra la creación de una Ley Marco de Coordinación de Policías Autonómicas, la institucionalización de un Consejo Interpolicial Autonómico y la reconversión progresiva de las unidades adscritas en cuerpos policiales autonómicos plenos, con estructura, régimen jurídico y estatuto propio. Estas reformas, según Gil Vicente, permitirían mejorar la eficacia policial y la transparencia institucional, reforzando al mismo tiempo el autogobierno sin comprometer la unidad constitucional del Estado.

2. *Normativa reguladora*

Como ya señalábamos al inicio, el marco jurídico fundamental está constituido por la Ley Orgánica 2/1986, de 13 de marzo, de Fuerzas y Cuerpos de Seguridad (LOFCSE), que establece en su artículo 30 la posibilidad de adscribir efectivos policiales a las comunidades autónomas con competencias en seguridad pública. Tras la entrada en vigor del Estatuto de Autonomía de la Comunidad Valenciana (Ley Orgánica 5/1982, de 1 de julio), se habilitó un marco competencial para el ejercicio de funciones de seguridad pública, en particular, en su artículo 31 que establece: "Corresponde a la Generalitat, en los términos establecidos en la Constitución y en las leyes que la desarrollan, la competencia exclusiva en materia de policía autonómica y coordinación de las policías locales de la Comunidad Valenciana". Sin embargo, no se optó por la creación de un cuerpo policial autonómico propio, sino por una fórmula intermedia: la adscripción de efectivos del Cuerpo Nacional de Policía a la Generalitat Valenciana. Mediante el Acuerdo de Consejo de Ministros de 5 de febrero de 1993, se autorizó la creación de la Unidad Adscrita a la Comunidad Valenciana, oficializada por el Convenio de colaboración entre el Ministerio del Interior y la Generalitat Valenciana de 1994, para el ejercicio de funciones policiales de competencia autonómica —anteriormente ya citado—.

Empezó así a gestarse un modelo que no generaba expectativas organizativas dentro de la policía, más allá de generar la sensación de cumplimiento de una disposición estatutaria pero sin la ambición, ni el interés claro y decidido de configurar una auténtica policía autonómica. En palabras de González Porras (2012), este modelo "*nació como un instrumento de transición hacia un modelo policial autonómico más ambicioso, pero quedó estancado en una forma de descentralización funcional sin desarrollo estructural*" (p. 233). Quizá la voluntad política, o en su caso la directriz formalizada desde instancias de decisión del modelo político, desaconsejaron abordar crear la policía autonómica valenciana desde una concepción más amplia y diferenciada

En consecuencia, la normativa reguladora cabalgó entre la legislación que regula esta Unidad fragmentada por ámbitos competenciales y legislativos de ámbitos políticos generadores de normativa estatal y autonómica:

- Ley Orgánica 2/1986, de Fuerzas y Cuerpos de Seguridad del Estado, en su artículo 37: "*Las Comunidades Autónomas que no hayan asumido competencias para la creación de cuerpos propios podrán solicitar del Gobierno la adscripción de unidades del Cuerpo Nacional de Policía para el ejercicio de las funciones de seguridad de su competencia*" y en el Acuerdo de Colaboración con el Ministerio del Interior a tenor del Real Decreto 221/1991.
- Estatuto de Autonomía de la Comunidad Valenciana, reformado por Ley Orgánica 1/2006, de 10 de abril, cuyo artículo 49.1.23.ª otorga competencia en "*Coordinación y demás facultades en relación con las Policías Locales de la Comunitat Valenciana en los términos que establezca una ley de Les Corts.*"
- Ley 8/1994, de Coordinación de Policías Locales de la Comunidad Valenciana, que también regula aspectos de coordinación con la Unidad Adscrita, norma ya actualizada por la Ley 17/2017, de 13 de diciembre, de Coordinación de policías locales de la Comunitat Valencana.
- El anteriormente mencionado Convenio de 1994, actualizado posteriormente, que establece las condiciones de funcionamiento, número de efectivos, dependencias, y competencias de la Unidad Adscrita. Un posterior Reglamento de régimen

interior de la Unidad Adscrita concretó las funciones, estructura, mando, coordinación y control operativo de la unidad, en la compleja dependencia tanto del Ministerio del Interior en su aspecto orgánico, como de la Agencia Valenciana de Seguridad y Respuestas a las Emergencias (AVSRE) en su ámbito funcional.

Para asentar el modelo diseñado, la Sentencia del Tribunal Constitucional 175/1997 confirma la constitucionalidad de las funciones que pueden asumir las Comunidades Autónomas en materia de seguridad pública, estableciendo de forma específica una puerta que asentaba la constitucionalidad de este modelo y que ratificaba su validez: "*La seguridad pública es competencia exclusiva del Estado, sin perjuicio de la posibilidad de creación de policías propias por las comunidades autónomas, cuando así lo prevean sus Estatutos*" (FJ 4).

De ahí resulta más fácilmente entendible, que no convincente, que el Estatuto de Autonomía Valenciano basándose en su artículo 28, contemplara y permitiese la proyección de la colaboración en materia de policía pero sin prever la creación de un cuerpo autonómico propio. Posteriormente, la Ley 8/1994, de 28 de diciembre, de Coordinación de Policías en la Comunidad Valenciana —diferenciada de la hoy Ley 17/2017, de 13 de diciembre, de Coordinación de Policías Locales de la Comunidad Valenciana—, reguló la adscripción y funcionamiento de la Unidad Adscrita, estableciendo competencias en materia de prevención, investigación y mantenimiento del orden público en el ámbito territorial valenciano.

Ello llevó a generalizar un sentido o línea crítica hacia éste modelo que suponía la pérdida de una oportunidad histórica de modificar el sistema policial vigente hasta esos momentos. Así, según Fernández y López (2017), "*la regulación normativa que sustenta la Unidad Adscrita genera un modelo híbrido que, si bien incrementa la presencia policial autonómica, restringe su independencia operativa y jerárquica*" (p. 212).

Las reformas posteriores han intentado flexibilizar esta adscripción, pero sin alcanzar una autonomía plena, quedando la Unidad Adscrita bajo dependencia directa del Ministerio del Interior en aspectos clave y en muchas de las materias esenciales dentro del concepto de Seguridad Ciudadana. Ello sin embargo, se ha visto aderezado por avatares políticos convulsos, y se ha podido comprobar el posicionamiento de posturas extremas cuando en pasajes vividos en el ámbito de la política nacional hemos visto convertirse en moneda de cambio muchas de las competencias inamovibles y exclusivas del Estado a cambio de acuerdos políticos. Y todo ello con un resultado desalentador cuando comprobábamos cómo fruto de los acuerdos y transacciones políticas derivadas de intereses políticos y que no entraban a valorarse cómo elementos básicos de la concepción policial y su modelo a desarrollar en este Estado Autonómico. Las Comunidades Autónomas han ido quedando marginadas y se ha actuado como si fueran simples y meras decisiones políticas provocadas por el afán de aumentar el ejercicio y la adscripción de competencias hasta entonces estatales, y el hecho de asumir sus contenidos tenía como consecuencia vaciar al Estado en materias y competencias policiales. De esa manera se iba provocando progresivamente una mayor reducción en la capacidad de influencia del Estado español sobre las Comunidades Autónomas más reivindicativas y aumentando éstas de forma inversamente proporcional su capacidad de autogobierno en esa subida constante y paulatina de peldaños en la consecución del objetivo de forma completa y total de generar una capacidad de actuación lo más amplia y absoluta posible.

3. *El complejo cuadro competencial*

En esta materia, algo sin embargo se olvida con demasiada facilidad: las competencias policiales exclusivas del Estado con carácter de no delegables y que no pueden ser asumidas en consecuencia por las policías autonómicas ni por las unidades adscritas, están recogidas principalmente en el artículo 11.1 de la Ley Orgánica 2/1986, de Fuerzas y Cuerpos de Seguridad, y derivan del artículo 149.1.29ª CE. Estas funciones asignadas normativamente a las Fuerzas y Cuerpos de Seguridad del Estado (Cuerpo Nacional Policía y Guardia Civil) están reservadas por ley al ámbito nacional y no pueden ser asumidas ni siquiera por las comunidades autónomas con cuerpos policiales propios (como Mossos o Ertzaintza), ni por las Unidades Adscritas del CNP, que actúan solo en materias autonómicas concretas (medio ambiente, espectáculos, juego, etc.):

1. La expedición del Documento Nacional de Identidad (DNI) y pasaportes.
2. Control de entrada y salida del territorio nacional de españoles y extranjeros (inmigración y fronteras).
3. Vigilancia y control de costas, fronteras, puertos y aeropuertos.
4. Extranjería, asilo, emigración e inmigración (salvo funciones de colaboración).
5. Persecución de delitos contra la seguridad del Estado (terrorismo, rebelión, sedición...).
6. Control de armas, explosivos y sustancias peligrosas.
7. Seguridad en instituciones del Estado (Congreso, Senado, órganos constitucionales...).
8. Policía judicial en causas de especial relevancia o competencia estatal.
9. Protección de altas personalidades del Estado (Gobierno, Casa Real, etc.).

El cuadro comparativo entre las competencias exclusivas del Estado (no delegables a policías autonómicas ni a unidades adscritas) y las competencias que sí pueden ejercer los cuerpos policiales autonómicos y las unidades adscritas, dan lugar a una visualización evidentemente diferenciada en el sentido de ahondar la percepción y efectividad de los mismos en el ámbito de la seguridad ciudadana, máxime cuando el Estado nunca ha delegado funciones que afectan a la seguridad nacional, fronteras, documentación, terrorismo, control armamentístico o protección de altas instituciones. De esta manera, Las policías autonómicas plenas como Mossos d'Esquadra, Ertzaintza o Policía Foral tienen las denominadas competencias propias, además de funciones de colaboración con el Estado. Y tan solo con una actuación reciente en el ámbito del acuerdo político del Gobierno con los partidos políticos catalanes que apoyan el mandato del ejecutivo, consiguiendo trasferencias en materias y competencias no contempladas en el siguiente cuadro competencial, con el añadido de que las Unidades adscritas, al depender jerárquicamente del Estado sin perjuicio de que se coordinen funcionalmente con la comunidad autónoma correspondiente, se han quedado fuera de ese aumento quizá desmedido de objetivos competenciales en materia policial, y han servido para ahondar mas las diferencias entre estos cuerpos policiales pues sus funciones están reguladas y limitadas a la literalidad de los convenios firmados —por ejemplo, el de la Comunidad Valenciana con el Ministerio del Interior—.

De esta manera el sistema de distribución de competencias en materia de seguridad pública en el Estado español tiene una base y una nueva configuración constitucional desde1978, y que parte de establecer un marco general que permite a las comunidades autónomas asumir determinadas funciones policiales. La norma clave, como hemos señalado anteriormente, es el artículo 149.1.29ª CE que procede a atribuir al Estado la competencia exclusiva sobre seguridad pública. Reiterar esta idea es importante, por cuanto constituye un límite infranqueable que sin embargo en recientes episodios de la política nacional, ha llegado a convertirse en un claro objetivo a alcanzar por Comunidades Autónomas como Cataluña o País Vasco fruto del momento político actual, dejando al resto de territorios autonómico la posibilidad de que las comunidades creen sus propios cuerpos policiales —así reza el art. 149.1.29ª CE literalmente al señalar de forma drástica que "*el Estado tiene competencia exclusiva sobre [...] seguridad pública, sin perjuicio de la posibilidad de creación de policías por las comunidades autónomas en la forma que se establezca en sus respectivos Estatutos, en el marco de lo que disponga una Ley Orgánica*"—. Esta previsión se complementa con el artículo 148.1.22ª CE, que como decíamos reconoce a las comunidades autónomas la posibilidad de asumir competencias en materia de policía local y autonómica. El desarrollo normativo esencial lo constituye la Ley Orgánica 2/1986, de Fuerzas y Cuerpos de Seguridad (LOFCSE), que articula el modelo policial español y regula tanto las competencias estatales como las de los cuerpos de policía autonómicos, incidiendo los artículos 37 a 47 de la LOFCSE un régimen jurídico de las policías autonómicas, precisando que podrán ejercer funciones de:

- Policía administrativa en materias propias de la Comunidad.
- Orden público dentro del ámbito territorial.
- Policía judicial de conformidad con lo dispuesto por los jueces, tribunales o el Ministerio Fiscal.

- Vigilancia de edificios e instalaciones autonómicas.
- Protección de altas personalidades autonómicas.

Este panorama hace volver a plantearse si es forma de reconstruir este claro y concluyente esquema constityucional de una forma tan forzada y sin el debido consenso y estudio de encaje en este modelo competencial. Es evidente que se ha apartado el estudio y el debate, para dar paso a la pura y simple negociación y conveniencia política.

Cuadro comparativo de asignación de competencias policiales

Ámbito competencial **Cuerpos Estatales (PN y GC) – *Exclusivas*** **Policías Autonómicas – *Delegables/propias*** **Unidades Adscritas – *Colaboración***			
Identificación (DNI, pasaporte)	☑ Solo Estado	☒ No	☒ No
Control de fronteras y extranjería	☑ Solo Estado	☒ No	☒ No
Terrorismo, crimen organizado, seguridad del Estado	☑ Solo Estado	☒ No	☒ No
Control de armas y explosivos	☑ Solo Estado	☒ No	☒ No
Policía judicial en delitos graves o competencia nacional	☑ Prioridad Estado	▦ Colaboración limitada	▦ Colaboración limitada
Orden público y seguridad ciudadana	☑ Sí	☑ Sí (en su territorio)	☑ Bajo convenio
Tráfico (excepto vías interurbanas en GC)	☒ No (en CCAA con competencia transferida)	☑ Sí (si asumido)	☑ Limitado por convenio
Protección de autoridades autonómicas e instituciones propias	☒ No	☑ Sí	☑ Sí
Inspección ambiental, juego, espectáculos públicos	☒ No	☑ Sí (si legislado)	☑ Sí (frecuente)
Colaboración en emergencias y protección civil	☑ Sí	☑ Sí	☑ Sí

La transferencia de competencias policiales a las policías autonómicas plenas (caso de Cataluña, País Vasco y Navarra) se apoya en un marco constitucional y legal que ha generado un amplio debate y que ha pretendido permitir a estas comunidades autónomas el asumir funciones en materia de seguridad pública, en detrimento del resto.

El marco legislativo inicial es indiscutible que ha servido para sentar unas bases en este nuevo modelo policial que surje del texto constitucional, aunque si bien han ido quedando vías abiertas para su desvirtuación como ahora comprobaremos. Si a la regulación constitucional del art. 149.1.29ª, donde se parte del punto básico de considerar al Estado con competencia exclusiva sobre "*seguridad pública, sin perjuicio de la posibilidad de creación de policías por las comunidades autónomas en la forma que se establezca en sus respectivos estatutos, en el marco de lo que disponga una ley orgánica*", rápidamente se advierte que se pretende nivelar la balanza, aunque de una forma inexacta y demasiado ambigua, al comprobar como el art. 148.1.22ª CE permite a las comunidades autónomas el que pueden asumir competencias en materia de vigilancia y policía en espacios propios.

El desarrollo de la LOFCSE será la que en sus artículos 37 a 47 regule el régimen de las policías autonómicas, detallando sus competencias, escalas, organización y funciones de coordinación con el Estado, reconduciendo a su ámbito territorial donde estos cuerpos policiales puedan ejercer funciones de vigilancia, orden público, policía administrativa y judicial. Así se puede comprobar la priorización territorial en los Estatutos de Autonomía reformados en *Cataluña* —Ley Orgánica 6/2006, art. 164 a 168—, *País Vasco* —Ley Orgánica 3/1979, art. 17— y en *Navarra* en su Amejoramiento del Fuero —Ley Orgánica 13/1982, art. 49—. Y subsiguientemente en los Convenios de colaboración Estado-CCAA que suscribieron los instrumentos jurídicos mediante los cuales se transfirieron material y personal y se fijaron los mecanismos de coordinación a través de las Juntas de Seguridad.

Este esquema teórico-jurídico a nivel constitucional, ha tenido un apoyo claro y evidente en el Tribunal Constitucional, con una jurisprudencia relevante que ha avalado este sistema descentralizado de seguridad, interpretando que la creación de policías autonómicas era perfectamente compatible con la unidad del Estado, pues para ello parecía un punto intangible y consideraba barrera infranqueable siempre el que se respeten los límites del artículo 149.1.29ª CE. Sirva como ejemplo la STC 104/1989, de 8 de junio, sobre el debate competencial entre la LOFCSE y los Mossos d'Esquadra en la que aseveró tajantemente que "la competencia exclusiva del Estado sobre seguridad pública no impide que las comunidades autónomas, en virtud de su estatuto y de la Ley Orgánica, puedan crear sus propios cuerpos policiales, siempre que se integren en un modelo de seguridad coherente y coordinado." *(FJ 4)* y abundando posteriormente en este mismo aspecto con pronunciamientos como la STC 175/1999, de 30 de septiembre, sobre el traspaso de competencias a Navarra, y donde aseveró que "*el sistema constitucional admite una pluralidad de cuerpos policiales si se dan mecanismos adecuados de cooperación y coordinación que eviten la fragmentación del sistema.*" *(FJ 8)*, entendiendo además que "*la participación autonómica en la seguridad pública no contradice la competencia estatal, sino que la complementa en el marco de un Estado compuesto*" —STC 133/2006, de 27 de abril *(FJ 6)*.

En conclusión, el Tribunal Constitucional ha ratificado que las comunidades autónomas pueden desarrollar cuerpos policiales propios, con competencias operativas significativas, siempre que se respete el marco legal común y los principios de coordinación, jerarquía y cooperación. De esta forma queda fijada la LOFCSE como el marco que acota las fronteras competenciales, o como señala el propio Tribunal Constitucional en la sentencia 31/2010 sobre la reforma del estatuto catalán, la LOFCSE se convierte en la ley habilitante, estableciendo los límites y garantías del sistema. En consecuencia con ello, las Comunidades Autónomas pueden participar del sistema policial de una forma clara y evidente, y reconociendo entre las competencias autonómicas la materia de seguridad pública, sin perjuicio de fijar los límites claros y nítidos en cuanto a materias como la cooperación internacional o aquellas funciones anteriormente singularizadas en el cuadro de reparto y que son exclusivas del Estado.

III. FINES Y OBJETIVOS DE LA POLICÍA AUTONÓMICA EN LA COMUNIDAD VALENCIANA: ENTRE LUCES Y SOMBRAS

1. *Finalidad institucional*

El principal fin de la Unidad Adscrita —según se obtiene de lo dispuesto en la legislación vigente—, es sin lugar a dudas la de garantizar la seguridad pública dentro del territorio valenciano, en coordinación con otras fuerzas de seguridad como ya hemos señalado en el modelo conceptual previo. Esto se traduce en la necesaria prevención del delito, en la consecuente investigación criminal y en el necesario mantenimiento del orden público, dentro del marco de funciones genéricas que la LOFCSE atribuye a los cuerpos policiales. Pero además, pretende reforzar la autonomía valenciana en materia de seguridad, aumentando la capacidad operativa dentro del territorio y adaptándose a las particularidades culturales y sociales del ámbito geopolítico valenciano. Ese ámbito competencial genérico podemos encontrarlo sustentado en la normativa estatal en materia policial ya citada, y en la posterior autonómica de concordancia con la misma.

De esta manera, la Unidad Adscrita desempeña funciones propias del ámbito autonómico, plasmado en el artículo 2 del Convenio de 1994 y que señala explícitamente que "*corresponderá a la Unidad Adscrita la vigilancia e inspección de competencias propias de la Comunidad Valenciana que requieran presencia policial especializada, sin perjuicio de las competencias de los cuerpos estatales.*"

Ello ha provocado que, a nuestro modo de ver y cómo así se ha expresado doctrina especializada en esta materia, de la concepción teórica al desarrollo en la práctica de este modelo policial singular, se ha generado una realidad bien distinta al fin inicialmente pretendido. De hecho y definido de una forma certera, en palabras de Martínez (2018), nos encontramos con un modelo que se quiere justificar con una doble funcionalidad donde "*la Unidad Adscrita actúa como una extensión del Estado en la Comunidad Valenciana, pero con una doble función: atender a las especificidades autonómicas y mantener la coordinación con el marco estatal*" (p. 158).

Sin embargo, este planteamiento trunca completamente la inicial aspiración —o al menos así parecía que existía ésta—, de haber iniciado el camino hacia la consecución de un cuerpo policial autonómico en el sentido propio del término y no, como advierte López Garrido (2018) el tener que reconocer y comprobar finalmente que "*las finalidades de la Unidad no se han desarrollado en su máxima expresión debido a la ausencia de una voluntad política sostenida de transformar esta unidad en un cuerpo autonómico propio*" (p. 145). De ahí que su campo competencial, quede circunscrito especialmente en materias de:

- Protección de autoridades de la Generalitat.
- Vigilancia e inspección en materia medioambiental, juego, espectáculos y menores.
- Colaboración con los cuerpos de policía autonómicos en la persecución del terrorismo y crimen organizado, cuando se requiere cooperación interterritorial.

Un reducido bagaje para unas aspiraciones que pretendían haber iniciado un modelo autonómico con las competencias, funciones y fines propias de las policías autonómicas.

Al analizar el caso de la Comunidad Valenciana comprobamos que la Unidad Adscrita adquiere carta de naturaleza jurídica mediante un Convenio de colaboración suscrito en 2002 entre la Generalitat Valenciana y el Ministerio del Interior, que regula la asignación temporal y orgánica de efectivos del Cuerpo Nacional de Policía para que desarrollen funciones propias de policía autonómica en materias transferidas.

Este convenio tiene como base legal el artículo 149.1.29ª CE y la Ley Orgánica 2/1986, y ha sido renovado periódicamente para ajustar funciones y competencias. La Generalitat asume competencias exclusivas en materia de tráfico, violencia de género, extranjería, y medio ambiente, delegando la ejecución a la Unidad Adscrita, que depende orgánicamente del Cuerpo Nacional de Policía pero funcionalmente de la Generalitat.

La Unidad Adscrita asume las funciones policiales transferidas a la Comunidad Valenciana en los siguientes ámbitos, entre otros, pero sin olvidar sus limitaciones en autonomía, formación, y planificación estratégica:

- Seguridad ciudadana y orden público en el ámbito autonómico.
- Investigación y persecución de delitos en materias transferidas.
- Vigilancia y control en tráfico y seguridad vial.
- Actuación en violencia de género y protección a las víctimas.
- Cooperación con otras fuerzas y cuerpos de seguridad.

Este panorama genera una problemática jurídica y operativa provocada por un modelo de Unidad Adscrita que presenta una naturaleza híbrida y que arrastra en consecuencia problemas de calado y de diversa índole::

- Inseguridad jurídica: La dualidad en la dependencia orgánica provoca conflictos de mando y dificultades en la interpretación competencial (Gil Vicente, 2014).
- Limitación de competencias plenas: La Generalitat no controla directamente la selección, formación ni la carrera profesional de estos agentes, afectando la cohesión autonómica (López Basaguren, 2001).
- Dificultades de coordinación con otros cuerpos autonómicos y locales, que sí poseen autonomía plena, y con la Policía Nacional en otras materias.
- Percepción política y social: la falta de cuerpo propio genera sensación de insuficiencia en la capacidad autonómica de garantizar la seguridad pública, afectando la legitimidad y confianza ciudadana.

Es lo que se ha venido a definir por la doctrina especializada como un modelo "a medio camino" que limita el desarrollo pleno del autogobierno policial, y que hace que se haga más prioritario si cabe el postular por un modelo de auténtica concepción autonomista, y para lo cual, entre otras actuaciones, sería necesario:

- La creación de un cuerpo policial autonómico propio en la Comunidad Valenciana para garantizar la autonomía política y funcional.
- Una mayor regulación estatal uniforme para resolver los vacíos normativos y consolidar la coordinación interadministrativa.
- La potenciación de la formación conjunta y planes estratégicos integrados para mejorar la operatividad y la percepción social.
- Así como evaluar la posibilidad de un modelo mixto que combine competencias plenas con mecanismos de cooperación más flexibles, pero con clara subordinación política autonómica.

Recordando sentencias como la STC 175/1999 y STC 133/2006, donde el Tribunal Constitucional reafirma la necesidad de mantener un sistema coordinado y evita la fragmentación, creemos sinceramente que no se ha procedido aún a plantear fórmulas diferenciales que vayan un paso más allá. Habrá que afectar directamente la estructura y definición de las Unidades Adscritas, que dependen orgánicamente del Estado, pues tanto en el ámbito contencioso administrativo —donde la jurisprudencia ha incidido en la protección de los derechos laborales de los agentes adscritos y la delimitación de sus competencias funcionales, evitando la confusión sobre la titularidad del mando—, como el propio Tribunal Supremo —que en 2005 ya señaló que la adscripción no transforma la naturaleza jurídica del agente, quien sigue perteneciendo orgánicamente al CNP y por ello las decisiones administrativas deben respetar el orden jerárquico estatal—, han evidenciado que la adscripción es una figura jurídica válida pero limitada, que no puede equipararse a la existencia de un cuerpo autónomo con mando propio.

2. *Objetivos cumplidos y áreas de mejora*

Cierto es que la práctica ha pretendido evidenciar la sostenibilidad y la eficacia del modelo, sobre todo cuando las estadísticas oficiales difundidas nos muestran que la Unidad Adscrita ha contribuido a la reducción de determinados delitos en la Comunidad Valenciana, especialmente en zonas urbanas. No obstante, su capacidad operativa limitada por la dependencia jerárquica y la falta de recursos propios frena un mayor impacto, aunque se evidencia de esta manera la proyección que podría tener en otras áreas técnicas y especializadas que habrían virtuado mayormente su modelo organizativo y funcional..

El *Barómetro de Seguridad Pública de la Generalitat Valenciana* (2022) refleja que el 65% de los ciudadanos perciben positivamente la labor policial, aunque un 30% demanda mayor presencia y autonomía para adaptarse a las necesidades locales. Es quizá una percepción que se habría atemperado con un planteamiento distinto inicialmente en su ámbito competencial que hubiese permitido proyectar esa presencia y contacto con la ciudadanía. Entre los principales obstáculos destacan la insuficiente capacidad normativa para definir competencias exclusivas y la dependencia funcional del Ministerio del Interior, que limita la planificación y gestión operativa propia.

No obstante, los entre los fines marcados y los logros obtenidos más destacados, se incluye el trabajo eficaz en materia de protección de menores —colaborando con servicios sociales en situaciones de riesgo—, las inspecciónes del juego ilegal y la vigilancia del medio natural, actuando contra incendios y delitos ecológicos.

Según el *Informe de Actividad de la Unidad Adscrita (2023)*, se realizaron más de 4.500 intervenciones en protección de menores, 2.300 actuaciones en el ámbito del juego, y más de 6.000 horas de patrullaje medioambiental. Y son datos que sin dejar de ser positivos y tener una valoración de balance medio-alto en cuanto a su ejecutividad, sin embargo no pueden utilizarse ni siquiera como elementos justificativo para abordar otros proyectos o escalones en el aumento paulatino de competencias, al no haber voluntad política para ello y aspirar a fijar un campo competencial y unos fines funcionales mayores que las áreas y logros reseñados. Y ni siquiera ayudan en este sentido las líneas jurisprudenciales, pues hasta los fundamentos de la jurisprudencia contencioso-administrativa ha señalado y recordado la barrera y los límites competenciales de estas unidades adscritas tienen, como se hace expresa referencia en la Sentencia del TSJ de la Comunidad Valenciana, Sala de lo Contencioso, de 10 de marzo de 2016, donde se dictaminó que "*la Unidad Adscrita no puede asumir funciones de orden público general ni actuar fuera del marco previsto en el convenio, so pena de incurrir en desviación de poder.*"

IV. ACOTAMIENTO Y CONCRECIÓN DE LA NATURALEZA DE LA UNIDAD ADSCRITA: MODELO POLICIAL INSUFICIENTE PARA DEFINIRLA COMO POLICÍA AUTONÓMICA

1. Concepto y definición

La Unidad Adscrita se configura pues como una figura intermedia entre un cuerpo policial estatal y un cuerpo policial autonómico. Jurídicamente, sigue siendo parte del Cuerpo Nacional de Policía, con adscripción territorial a la Comunidad Valenciana para funciones concretas. Es la constatación palmaria de asentar sobre un modelo hibrido e indefinido, un sistema policial no concebido y estructurado previamente de forma lógica y congruente al modelo político territorial propugnado en el texto constitucional. Como señala Pérez (2015), "*esta adscripción implica un entramado complejo de competencias y dependencias, que condiciona la capacidad de actuación y la autonomía del cuerpo, generando una policía autonómica 'a medio camino*" (p. 97).

El concepto de Unidad Adscrita remite a una modalidad dudosamente evolutiva en los planteamientos policiales del siglo XXI, pues parte de una descentralización funcional sin ruptura jerárquica con el Estado, donde los agentes pertenecen al Cuerpo Nacional de Policía y se rigen por la normativa estatal, pero prestan servicio bajo la dirección operativa de la Generalitat Valenciana. Ello, en la práctica, significa diferenciar los cuerpos policiales en el reparto de funciones en el papel, pero sin que la ciudadanía llegue a percibir la existencia en el ámbito autonómico de esa pretendida policía autonómica. Como define el Informe del Instituto de Estudios de Seguridad Pública (2019), "*la Unidad Adscrita es una fórmula que mantiene la unidad de estructura del Estado en seguridad pública, sin impedir una cierta adaptación territorial del servicio policial*". El término relativo '*cierta adaptación*' es revelador de la formulación híbrida y sin identidad de peso que finalmente se ha alcanzado.

En contraste con las policías autonómicas ya consolidadas —la Ertzaintza o los Mossos d'Esquadra—, la Unidad Adscrita carece de autonomía funcional plena, no gestiona sus propios recursos humanos ni materiales y su mando depende en última instancia del Ministerio del Interior. Resulta evidente que este modelo limita su capacidad para desarrollar estrategias policiales propias y para responder de manera autónoma a las necesidades sociales y territoriales, como ocurre en los cuerpos autonómicos. Sirvan como referencia o simple comparación de modelos que la Ertzaintza (Ley 4/1992 del Parlamento Vasco) y los Mossos d'Esquadra (Ley 10/1994 de Cataluña) cuentan con estatutos policiales propios, escalas y cuerpos internos, mecanismos de promoción, formación y una Jefatura operativa autónoma. En cambio como ya señalábamos, la Unidad Adscrita depende jerárquicamente de la Dirección General de la Policía y sus agentes son seleccionados por el Ministerio del Interior, aunque en coordinación con la Generalitat Valenciana. Como de forma concluyente denuncia Carbonell (2020), "*la falta de autonomía estructural convierte a la Unidad en un cuerpo de segunda, pese a su profesionalidad, y refuerza la sensación de déficit de autogobierno.*" (p. 189).

La Comunidad Valenciana en conclusión y a diferencia de las Comunidades Autónomas referidas, no dispone de un cuerpo policial propio pleno, sino que opera a través de una Unidad Adscrita del Cuerpo Nacional de Policía cuya situación y estructura —como compartimos con Gil Vicente (2014), López Basaguren (2001) y Fernández Ramos (2004)—, genera limitaciones en la autonomía política, operativa y organizativa que afectan a la eficacia y legitimidad de la seguridad pública autonómica, haciéndole perder al modelo policial autonomía y eficiencia.

En este sentido y como consecuencia directa, nos encontramos que ante la falta de un cuerpo policial propio de la Generalitat Valenciana, ésta ve limitada su capacidad de autogobierno en un contexto donde el artículo 149.1.29ª CE permite esa creación de cuerpos policiales autonómicos en el marco de la LOFCS. En esta línea Gil Vicente (2014, p. 352) subraya precisamente que "*el desarrollo normativo de las policías autonómicas es esencial para fortalecer la autonomía funcional y la proximidad con la ciudadanía*". Además, la jurisprudencia constitucional (STC 104/1989, FJ 4) reconoce que la competencia estatal no excluye el desarrollo de cuerpos autonómicos con mando propio. De ahí el que haya quedado evidenciado que es posible constituir un cuerpo policial con competencias plenas en seguridad ciudadana, orden público, tráfico y delitos autonómicos, así como disfrutar de autonomía igualmente para la selección, formación y desarrollo profesional de sus efectivos, argumento especialmente mantenido por López Basaguren (2001, p. 75) y un consecuente diseño de una estructura organizativa que permita establecer un mando técnico y una planificación estratégica propias.

No podemos escaparnos a la consideración de que toda esta descripción estructural apunta a una necesaria y profunda revisión o modificación, hasta el punto de que la doctrina es prácticamente unánime en este punto. Sirva como base del debate, como señala Fernández Ramos (2004), que "la coexistencia de cuerpos estatales, autonómicos y locales exige una regulación clara que evite solapamientos y facilite la cooperación" (p. 123). Surge una vez más en el centro del debate el abordar urgentemente la necesaria reforma y modificación de la LOFCSE —e incluso su derogación y nueva redacción—, amparada en la propia jurisprudencia del Tribunal Constitucional ha dejado sentado en varias ocasiones e insiste continuamente en la necesidad de mantener la unidad del sistema policial a través de mecanismos de coordinación (STC 175/1999, FJ 8). Abordar el debate y la redacción de una nueva Ley Orgánica que establezca los mecanismos de coordinación entre cuerpos y establezca los órganos de coordinación bilateral y multilaterales entre administraciones que permita instaurar nuevos procedimientos para intercambio de información, operaciones conjuntas y planificación coordinada. Sencillamente por que no es que sea necesario o porque es ya un objetivo importante sino que deviene en un elemento fundamental para reconstruir el modelo policial en última instancia.

Es evidente que la dispersión existente entre los cuerpos policiales, tanto a nivel formativo como a la hora de coordinar operativos o acciones de puesta en común de datos e investigaciones realizadas entre cuerpos, dificulta en grado sumo la capacidad operativa y eficiencia de los mismos. Insisten en este sentido tanto Gil Vicente (2014, p. 410) como López Basaguren (2001), que la formación conjunta de todos ellos contribuye tanto a la cohesión operativa, como a la percepción social de una policía cercana y eficaz. De ahí que elaborar y diseñar programas de formación comunes que unifiquen tanto aspectos y contenidos de ámbito estatal y autonómico, así como establecer protocolos conjuntos de actuación y prevención en aquellas áreas y materias críticas como son hoy en día la violencia de género, el tráfico y la seguridad vial y, por supuesto, las emergencias. Todo ello es evidente que derivará en planes estratégicos integrados para la seguridad pública en la Comunidad Valenciana.

También se conseguiría así hacer desaparecer en el ámbito de las garantías laborales y profesionales la doble dependencia funcional y orgánica que ha generado tantos puntos de discordia y enfrentamiento y, lo que es más grave, un claro campo discriminatorio en la esfera de derechos fundamentales y obligaciones constitucionales que genera incertidumbre y disfrute a escala diferenciadas según los ámbitos geográficos y competenciales (Fernández Ramos, 2004, p. 98). Quizá va siendo hora también de establecer un régimen laboral específico que respete la singularidad de los agentes policiales de forma unificada, con independencia del cuerpo policial y donde su condición de adscritos y su función dentro del marco autonómico no le genere elementos diferenciadores a igual preparación y prestación de servicio. De esta forma se conseguiría garantizar la estabilidad y la progresión profesional acorde a sus competencias, estableciendo por añadidura mecanismos de negociación colectiva que incluyan a las administraciones estatal y autonómica

La evolución del modelo policial valenciano hacia un cuerpo autonómico propio requiere reformas estructurales y normativas que fortalezcan la autonomía, coordinación y legitimidad institucional. Las propuestas aquí formuladas se apoyan en la doctrina especializada y la jurisprudencia constitucional, en busca de un modelo más eficiente,

2. Retos y perspectivas de un incierto futuro

Es difícil definir si el debate político valenciano plantea la conveniencia de avanzar hacia un cuerpo policial autonómico pleno, con competencias y autonomía reales, como reflejo de la voluntad de autogobierno y de una gestión de la seguridad más ajustada a la realidad valenciana, o si por el contrario debemos seguir asumiendo y resignándonos a asumir la configuración del modelo policial autonómico con un dibujo claramente insuficiente en el avance hacia la definición y configuración de un cuerpo policial propio. Y hay voces, reclamaciones o cuanto menos sugerencias, que parecen querer optar a ese avance decidido, sobre todo cuando es evidente como señala Gil Vicente que "*las unidades adscritas constituyen una solución híbrida que, si bien permite a las comunidades ejercer funciones de seguridad, no garantiza autonomía operativa ni control efectivo sobre los efectivos policiales*". De ahí que echemos en falta posturas reivindicativas plenas tanto en el ámbito político como técnico-policial, y nos tengamos que limitar a genéricas referencias aunque su literalidad aporte segundas lecturas entre líneas. Es el caso de lo señalado en el Informe del '*Consell Valencià de* Seguretat' (2023), cuando dice que "*para consolidar una policía autonómica efectiva es necesaria una reforma normativa que permita la transferencia plena de competencias y recursos, así como un pacto político estable entre Generalitat y Estado*" (p. 45).

No obstante, esta transformación implica superar retos jurídicos, financieros y políticos de mucho mayor calado y complejidad, además de garantizar la coordinación con el sistema de seguridad estatal. Entre los principales retos destacan:

- Superar la escasez de efectivos que forman parte de la Unidad Adscrita pues según datos de 2023, la Unidad cuenta con apenas 450 agentes para todo el territorio.
- Necesidad de reestructurar el funcionamiento y las relaciones entre el Ministerio del Interior y la Generalitat Valenciana, pues la dependencia jerárquica del primero hace que la cadena de mando no se adapte a la realidad autonómica cuya gestión está en manos del segundo.
- Si a ello añadimos la falta y ausencia de carrera profesional propia, los agentes van cayendo en un sistema de rotación que conlleva, entre otras consecuencias, la de no consolidar experiencia específica.

El análisis está hecho y las vías técnicas y económicas se sabe cuáles son. Ahora bien, quizá falte de forma evidente la voluntad desde el punto de vista político, pues aunque ya han existido propuestas para la creación de un cuerpo policial propio, como la Proposición No de Ley (PNL) 245/2020 de Les Corts, que proponía "*iniciar los trabajos para el diseño de un cuerpo de Policía Valenciana, con base en la Unidad Adscrita, pero con estructura y normativa propias*", quedando patente que todas estas reflexiones quedan semi enterradas en campo de nadie ante la evidente falta de consenso político que hizo que esta propuesta no haya avanzado debido a la falta de voluntad política previa necesaria de querer superar la complejidad jurídica de la transferencia competencial plena.

El autor Gil Vicente lanza una serie de reformas orientadas a crear un modelo policial descentralizado coherente, que no suponga el menoscabo de la unidad del Estado y que compartimos plenamente y que debería comenzar por abordar el proyecto legislativo de aprobar una Ley Marco de Coordinación de Policías Autonómicas, que fije estándares comunes en formación, escalas y categorías profesionales, condiciones laborales y técnicas y un sistema prefijado de intercambio de información y protocolos conjuntos de actuación. Lo que la lógica y el interés legítimo de solución de esta problemática parece necesario reivindicar como primer paso, choca frontalmente con el concepto erróneo de las comunidades autónomas de pretender exclusivizar, parcelar y separar del Estado cualquier adscripción competencial que les corresponda o consigan en la negociación política, y fragmentar así hasta el infinito una competencia como la seguridad ciudadana necesitada de coordinación y actuación conjunta. Todos estos puntos de conflicto y debate podrían y deberían tener una instancia de debate sosegado y apolítico como sería un Consejo Técnico Policial de ámbito Autonómico con participación obligatoria de Estado y CCAA y que junto con la potenciación del papel de las Juntas de Seguridad bilaterales (como las existentes en Cataluña o País Vasco) para otras autonomías, haría que se fueran formulando y consensuando propuestas de reconversión legal y funcional de las Unidades Adscritas como la de la Comunidad Valenciana en policías autonómicas con estructura e identificación propias, pasando a depender de forma exclusiva del gobiernos autonómico, el cual concretaría su proceso de formación y selección propia, así como el régimen disciplinario y operativo propio.

3. *Una vía alternativa: la promoción y proyección de los Cuerpos de Policía Local*

Partiendo de la base de que el **Tribunal Constitucional** ha tenido ocasión de pronunciarse en varias ocasiones sobre la articulación competencial en materia de seguridad pública, definiendo los límites y condiciones en que las comunidades autónomas pueden crear y ejercer funciones policiales —**STC 104/1989, de 8 de junio, sobre la LOFCS y los Mossos d'Esquadra** "*la competencia exclusiva del Estado sobre seguridad pública no impide que las comunidades autónomas, en virtud de su estatuto y de la Ley Orgánica, puedan crear sus propios cuerpos policiales, siempre que se integren en un modelo de seguridad coherente y coordinado*" (FJ 4)—,

Esta sentencia valida el esquema policial plural siempre que se respeten los mecanismos de cooperación y subordinación funcional con el Estado en materias reservadas como terrorismo, seguridad nacional o fronteras, entre otras. Así se reafirma la compatibilidad del modelo descentralizado con el principio de unidad del Estado, siempre que se mantenga la supervisión estatal en materias reservadas —**STC 175/1999, de 30 de septiembre (sobre el traspaso a Navarra)** que incide en que "*el sistema constitucional admite una pluralidad de cuerpos policiales si se dan mecanismos adecuados de cooperación y coordinación que eviten la fragmentación del sistema*" (FJ 8)—.

Reconocido expresamente el valor del principio de cooperación como fundamento de un modelo policial descentralizado y funcional —**STC 133/2006, de 27 de abril** "*la participación autonómica en la seguridad pública no contradice la competencia estatal, sino que la complementa en el marco de un Estado compuesto*" (FJ 6)—, sin embargo deja marcados los parámetros constitucionales infranqueables que defienden el modelo constitucional y que no puede ser traspasado por el intento autonómico de acaparar competencias del Estado de difícil fragmentación política. Así se expresó el alto tribunal en la **STC 31/2010 (Estatuto de Cataluña) al indicar que las Comunidades Autónomas** "no pueden asumir competencias exclusivas en materias cuya titularidad compete al Estado conforme al artículo 149.1.29ª CE." en su fj 67.

Dicho todo lo anterior, si calificamos el epígrafe como de un posible tercer nivel policial, lo hacemos partiendo de la garantía institucional que se reconoce a los municipios y su consiguiente autonomía (art. 140 CE), y la consideración de que estos gestionarán legítimamente sus respectivos intereses, aun en el caso de que estos intereses no aparezcan previamente fijados de antemano —deduciéndose pues la necesidad de un desarrollo legislativo posterior—. Conectada esta idea con la competencia reconocida en el art. 148.1.22ª sobre "*...coordinación y demás facultades en relación con las policías locales...*", entendemos inicialmente, sin lugar a discusión, la existencia de una competencia sobre materia policial por parte de los municipios, consecuencia del principio de autonomía que se predica de las entidades locales.

Ahora bien, problema bien distinto será determinar por el legislador en que supuestos técnicos cabe la creación de cuerpos policiales de carácter local —artículo 51 LOFCS y en la práctica se sigue el criterio de densidad poblacional, sin olvidar el puramente económico—, así como sus competencias en materia de seguridad pública, máxime cuando la dicotomía ámbito estatal/ámbito local ya se ha visto superada por un tercer nivel como es el ámbito autonómico, allá donde estas existan —excluido de forma definitiva el criterio provincial según expresa jurisprudencia constitucional—. Este complejo panorama nos remite indefectiblemente a conocer que orden de competencias, nivel de actuación y operatividad se le asigna a cada uno, resultando casi imposible evitar un elemento jerárquico entre los mismos —consecuencia de una no equiparación de los cuerpos policiales resultantes—.

Trataremos de ir delineando el modelo policial que se configura a través de la legislación vigente, partiendo de la inicial Ley de Bases de Régimen Local que reconoce a los municipios el ejercicio en todo caso de competencias "*...en los términos de la legislación del Estado y de las Comunidades Autónomas*", en materia de seguridad en lugares públicos y ordenación del tráfico de vehículos y personas en las vías públicas.

De ahí se deduce una definición competencial inicial que conduce a una referencia obligada en cuanto al marco resultante de la Policía Local, una vez puesta en funcionamiento la LOFCS y la legislación autonómica. Un modelo que, lejos de estar completamente definido en las normas reguladoras de la actuación policial, podemos ir acotando en cuanto a su estructura y funciones por el método de exclusión, en cuanto a no reconocerle las competencias o tareas que le han sido asignadas al resto de cuerpos policiales. Este sistema nos llevará a una paulatina reducción de estas funciones, hasta el extremo de completar un complejo panorama de dependencias y reducción de capacidad operativa y funcional, producto de esa disminución progresiva de competencias producida por el beneficio en la asignación de tareas a otros cuerpos.

Sin embargo, lo que históricamente supuso un cuerpo funcionarial de ayuda al desarrollo de las tareas básicas de seguridad que deben de prestar los Ayuntamientos a sus ciudadanos —siempre en el supuesto de que las dotaciones de carácter estatal no pudiesen hacer frente a las tareas encomendadas—, con el paso del tiempo han dado lugar a una fuerza de seguridad indispensable en la realización de las tareas de vigilancia y control desarrolladas en los ámbitos urbanos de las poblaciones.

Su regulación actual parte inicialmente de la propia Ley Orgánica de Fuerzas y Cuerpos de Seguridad del Estado, la cual en su artículo 51.1 determina la posibilidad de que dichos cuerpos sean creados por los Ayuntamientos con arreglo y en cumplimiento de lo prescrito en la propia LOFCS, en la Ley de Bases de Régimen Local y en la legislación que se desarrolle en el ámbito autonómico., quedando incluida ya la Policía Local en la relación de Fuerzas y Cuerpos de Seguridad que se encontraran sometidos al cumplimiento del contenido de la Ley, se le otorga igualmente la consideración de instituto armado de naturaleza civil, y como al resto de cuerpos de policía, le dota de estructura y organización jerarquizada. De esta forma evita claramente la diversidad de regulación en cuanto a los distintos cuerpos policiales, y los engloba en las características comunes a todos ellos, salvando así una posible heterogeneidad en la regulación de los mismos y, lo que es más importante, salva la posibilidad de normativas de desarrollo que permitiesen la consideración diferenciada de los distintos cuerpos. Así pues, a todos los efectos, considera a la Policía Local como:

- Un instituto armado, aun con la consideración de civiles de sus miembros (problemática ya mencionada con anterioridad).
- Poseedores de una estructura jerarquizada, directamente dependiente de los alcaldes respectivos.

Circunstancias estas que le harán verse inmersos en la misma problemática del resto de cuerpos policiales que veíamos en apartados previos. Si su razón de ser, a pesar de todo, parece sobradamente justificada por la función esencial y específica que desempeñan, la cuestión que seguidamente se plantea es establecer el campo de actuación de los mismos, algo que a priori parece circunscribirse a la competencias expresamente citadas por la legislación policial pero que, como seguidamente comprobaremos, va reduciendo su papel de actuación a meras acciones de carácter complementario y con una posibilidad de acción propia muy reducida —todo ello a pesar de compartir comúnmente junto al resto de cuerpos policiales la condición de *Agente de la Autoridad*—. Es decir, sin entrar a cuestionar en ningún caso su necesidad y funcionalidad, el problema será determinar su ámbito de actuación y competencia, al ser el mismo —tras una primera lectura—, bastante indefinido y lo que es más determinante, con un carácter residual sobre las competencias no atribuidas o ejercidas por el resto de fuerzas policiales.

En principio, resulta evidente circunscribir que su ámbito de actuación territorial será el estrictamente delimitado por la extensión del municipio al que pertenezcan (art. 51.3 de la LOFCS). Esta primera circunstancia ya plantea un problema de eficacia en el desempeño de sus labores, cuando los supuestos de acción se vean limitados por la extralimitación de ese ámbito geográfico que puede reducir a mínimos el sentido práctico de su actuación ya que, aun estando dotados de medios para el cumplimiento de sus fines, estos serán de imposible cumplimiento, no ya por la efectividad de su actuación, sino por una limitación en espacio que relega los fines a cumplir a la estricta observancia de su radio de acción legalmente reconocido. Consciente de ello, la Ley Orgánica trata de exceptuar este campo de maniobrabilidad admitiendo el supuesto de actuar fuera de estos límites cuando "*...situaciones de emergencia y previo requerimiento de las autoridades competentes...*" así lo autoricen o permitan. Un precepto el dictado que incomprensiblemente recogió una redacción y un supuesto de excepción que vulnera el mínimo sentido de lógica en la actuación de los cuerpos policiales locales —o como el de cualquier otro—, como es el de la eficacia en el desempeño de sus tareas. Es evidente que su cometido como policía de seguridad se reduce a la mínima expresión, tomando especial relevancia las atribuciones en materia de policía administrativa —esa diferenciación se ahonda mucho más cuando comprobamos que en base a la especificidad de sus funciones, se le reconoce a la Policía Local en materia de derechos sindicales, el régimen común de los funcionarios públicos—.

Bien cierto es que se argumentaría por especialistas en el tema que, caso de no ser así, entraríamos en un posible conflicto competencial en cuanto al ámbito de actuación y desarrollo de las funciones; algo que, para que no ocurriese, evidentemente requeriría de una coordinación previa y habilitante para estos supuestos excepcionales, pero que en ningún caso estribaría la solución en una solicitud de autorización para actuar, cuando la eficacia en la labor desarrollada impusiera un criterio de rapidez y agilidad (dudo que los supuestos de emergencia puedan preverse con anterioridad, al análisis de los hechos objetivos que determinan la necesidad de una actuación inmediata). Si a ello añadimos la indefinición de la Ley Orgánica en su art. 51.3, en cuanto a la indeterminación de qué "autoridad" habría de autorizar la actuación de la policía local fuera de su ámbito territorial, entenderemos que la primera delimitación en cuanto al campo de actuación deja indefinida la responsabilidad a asumir por los agentes locales en el ejercicio de sus funciones. Esa situación, nos avoca a una hipótesis real de coordinación a desempeñar por el Cuerpo Único de Policía Autónoma de la Comunidad Valenciana que con capacidad organizativa y de medios suficientes, podría establecer las bases y los recursos necesarios para desarrollar ésta labor de coordinación.

Si a ello añadimos el difuso y complejo campo de competencias correspondientes a las Policías Locales, será de nuevo el anteriormente referido artículo 53.1 de la LOFCSE el encargado de delimitar las funciones, sin perjuicio de que se puedan añadir a las mismas todas aquellas tareas que así lo estimen convenientes los Ayuntamientos o Corporaciones con capacidad de crear las citadas unidades.

De todas ellas, destaca el cuadro de actuación autónoma en muy concretas materias. Significa ello que sólo en aspectos y cuestiones concretas, podrán establecer los criterios propios de iniciativa y de gestión. A saber de estos, en cuestiones muy limitadas:

- Protección de autoridades y edificios de las corporaciones Locales.
- Regulación del tráfico en el casco urbano.

- Actuación policial administrativa para el cumplimiento de las disposiciones municipales.

En los demás, se comprobará la dependencia a algún requisito de formalidad para legitimar su actuación, o lo que es lo mismo, para producir una operatividad en las funciones que en principio también se le reconocen en el citado art. 53.1 de la LOFCS:

- Labores de Policía Judicial, *en un marco de colaboración* confuso e indeterminado en la propia ley.
- Participación en los Planes de Protección Civil, *en ejecución de lo ordenado* por las Leyes (labores de auxilio principalmente).
- Colaborar en evitar la comisión de actos delictivos, *según se especifique la capacidad de actuación* en las Juntas de Seguridad, con la circunstancia añadida de su *comunicación inmediata al cuerpo policial competente.*
- *Previo requerimiento específico,* colaborar con los otros Cuerpos Policiales en el mantenimiento del orden (manifestaciones, espacios públicos, etc.).
- Redactar atestados por accidentes de circulación, con la obligación de su *comunicación inmediata al cuerpo policial competente.*

La consecuencia fundamental y evidente que resulta de esta distinción funcional es que, para el desarrollo de sus funciones el Cuerpo de la Policía Local se encontrará sometido a una gama amplísima de normativas y disposiciones legales que constituirán el marco de actuación. Pero un marco legal que lejos de estar unificado, el efecto que producirá será el de sentirse sometido a múltiples órganos o instituciones de decisión, que a su vez producirán un número importante de normas de distinto valor normativo y consiguiente escala jerárquica de aplicación, además de distintos puntos de procedencia de las mismas que dificultarán mayormente su posible aclaración al espíritu que encierre cada una de ellas.

En conclusión, nos encontraremos con un cuerpo como el de la Policía Local, donde la subordinación directa y dependencia de múltiples legislaciones, le complicará en exceso determinar su marco legal de actuación, así como su ámbito de protección jurídica, y en aquellos supuestos de actuación subsidiaria o secundaria, se destacará igualmente la idea de residualidad: tanto en funciones asignadas dependientes de otros órganos, como de una legislación básica propia que es la local, que igualmente quedaría sometida a las modificaciones o directrices de las normativas de ámbitos competenciales y normativos superiores.

Tarea compleja será pues establecer de una forma lo más clara posible la base legislativa sobre la que se sustenta la actuación de la Policía Local. Si ya hemos indicado con anterioridad la múltiple dependencia legislativa en la que se encuentra este cuerpo policial, resulta ciertamente difícil poder exponer de forma sucinta el volumen legislativo aplicable, máxime cuando los contenidos normativos influyen de distinta forma en la actuación, o en la abstención procedimental en su caso, del desarrollo de la labor y funciones propias —en muchos casos también indeterminada como hemos señalado—. No obstante, nos remitiremos al ámbito propio de la Policía Local para su determinación, como es la Ley 17/2017, de 13 de diciembre, de Coordinación de Policías Locales de la Comunidad Valenciana.

Parece evidente tener que destacar la competencia que sobre Policías Locales han desarrollado distintas Comunidades Autónomas, aunque en lógica con el ámbito que nos ocupa, nos referiremos a la Comunidad Autónoma Valenciana donde esta Ley de Coordinación ha tratado de establecer una base homogénea de actuación de las Policías Locales, implantando criterios de coordinación, estructura y organización comunes, todo ello bajo los auspicios del Instituto Valenciano de Seguridad Pública y Emergencias (IVASPE) —en concordancia con la Ley 4/2017 que creó la Agencia Valenciana de Seguridad y Respuesta a las Emergencias—, y de la Comisión de Coordinación de Policías Locales de la Comunitat Valenciana, adscrita a esta Agencia mencionada.

Estas normas citada no ha venido a aportar datos que pudiesen esclarecer el marco competencial de la Policía Local o que, en su caso, abriesen nuevas perspectivas de modificación de lo hasta ahora conocido. Cuestiones como por ejemplo, la creación de "servicios mancomunados" que agrupen a varios municipios en la formación de una Policía Local común a ellos, es una práctica en estos momentos comúnmente desarrollada en países del resto de Europa, y admitida incluso por el propio Tribunal Supremo. En este sentido, el Instituto

Valenciano de la Seguridad Pública tendría como misión principal el aportar posibles modelos alternativos al hasta ahora configurado, en cuanto que sus fines de investigación, formación y perfeccionamiento de las Policías Locales abren el camino a plantear puntos de debate que permitan superar un modelo excesivamente limitado en su acción e infravalorado en capacidad operativa y de gestión —cuestión que debe conectarse con la necesidad de unos estudios específicos en materia policial, bien a través de este órgano, bien a nivel universitario o en su ámbito propio—.

Si a ello añadimos la circunstancia de poder actuar en coordinación con los efectivos de los cuerpos policiales de ámbito estatal a través de las Juntas Locales de Seguridad, y la coordinación con la Unidad Adscrita de Policía Autónoma de la Comunidad Valenciana, deberíamos ser conscientes de que el artículo 54 de la LOFCSE abre una puerta al desarrollo de acciones conjuntas que vayan ampliando la capacidad operativa de los cuerpos locales. Otra cuestión será discutir la titularidad de los ámbitos competenciales, pues implicaría una modificación exhaustiva de la legislación existente en estos momentos, y que implicaría evidentemente una reforma sustancial del modelo policial actual. Una nueva razón que hace que quede el debate encima de la mesa pendiente de la decisión política de abordarlo y reformularlo, con las piezas del puzle legislativo desordenadas encima de la mesa a la espera de una nueva reorganización y disposición de las mismas:

1. **Ley 17/2017, de 13 de diciembre, de Coordinación de Policías Locales**

    - **Ámbito y objetivo**: Establece un marco actualizado para la coordinación entre los cuerpos de policía local, superando las antiguas leyes 2/1990 y 6/1999

    - **Funciones clave**: Definición de objetivos comunes (art. 2), creación de la **Agencia Valenciana de Seguridad y Respuesta a las Emergencias (AVSRE)** para coordinación técnica y formación (art. 6), así como establecer e impulsar la Comisión y Consejos supramunicipales como órganos de coordinación (arts. 7-13)

2. **Decreto 151/2015, de 18 de septiembre, del Consell por el que se aprueba el Reglamento orgánico y funcional de la Dirección General para la Agencia de Seguridad y Respuestas a las Emergencias (AVSRE)**
   - La AVSRE asume, entre otras, la gestión funcional de la **Unidad Adscrita del CNP a la Generalitat**
   - **Art. 32** define que dicha Unidad depende orgánicamente del Ministerio y funcionalmente de la AVSRE, y ejerce las funciones previstas en la LOFCSE y en el convenio suscrito.
   - La **Subdirección General de Seguridad** actúa en apoyo técnico y administrativo, coordinando policías locales y la Unidad Adscrita (arts. 33 y 34)
3. **Decreto-ley 10/2020, de 24 de julio, del Consell, de modificación de la Ley 17/2017**
   - Introduce mejoras en transparencia y género, incluyendo reserva de plazas para mujeres (40 %)
   - Refuerza el mandato constitucional (arts. 149.1.29ª y 148.1.22ª CE) y estatutario (art. 55.3 EA) para la coordinación.
   - Completa bases selectivas a través del IVASPE y regula bolsas interinas para policías locales (art. 41 bis)
4. **Decreto 42/2025, de 11 de marzo, del Consell de aprobación del Reglamento Orgánico y funcional de la Conselleria de Emergencias e Interior)**
   - Refuerza el papel de la **Secretaría Autonómica de Emergencias e Interior** y la **Dirección General de Interior** en la coordinación de policías locales y de la Unidad Adscrita
5. **Convenio Administrativo de 2002 entre Generalitat y Ministerio del Interior**
   - Ratifica la adscripción de una Unidad del Cuerpo Nacional de Policía —creada por Orden de 16 de septiembre de 1992 que constituía una Unidad adscrita a la Comunitat Va-

lenciana—, y ha sido renovada en 2002, para gestionar las competencias de seguridad transferidas

Síntesis comparativa

Norma	Ámbito	Competencias / funciones clave
Ley 17/2017	Policías locales	Coordina formación, promoción, recursos, objetivos comunes
Decreto 151/2015	AVSRE	Regula la Unidad Adscrita y coordinación técnica
Decreto-ley 10/2020	Mejora normativa local	Refuerza igualdad, selección y transparencia
Decreto 42/2025	Estructura autonómica	Consolidación organizativa en Interior
Convenio 2002	Adscripción del CNP	Regula la Unidad Adscrita sobre nuevas funciones transferidas

Este marco legislativo configura una articulación claramente diferenciada entre:

- **Policías locales**, coordinadas por la Generalitat, con bases legales actualizadas.
- **Unidad Adscrita del CNP**, gestionada funcionalmente por la AVSRE, que ejecuta competencias transferidas sin ser un cuerpo autonómico pleno.

Es evidente que la normativa autonómica valenciana otorga un margen amplio para la coordinación técnica y operativa, aunque mantiene la dependencia orgánica estatal de la Unidad Adscrita. Esto permite un modelo híbrido funcional, pero no garantiza plena autonomía institucional. Mientras esa voluntad llega, el cuadro normativa no da opción para poder albergar esperanzas de cambio o modificación de un modelo que evidentemente necesita un cambio. Pero un cambio que tiene su propio inicio en la mismísima Ley Orgánica 2/1986, reguladora de los Cuerpos policiales, que cuenta ya con una antigüedad de 40 años y que desvela un tiempo que sobrepasa lo razonable y proporcionado como para seguir negando la necesaria revisión de esta normativa y abordar una reestructuración en profundidad del modelo policial español y autonómico.

Mientras esa reforma llega, el cuadro normativo queda disperso, complejo de desarrollar y distante de una realidad que debería imperar como atención prioritaria de actuación por parte de las diferentes Administraciones Públicas implicadas

V. CONCLUSIONES

Primera.– La Policía Autonómica en la Comunidad Valenciana, configurada como Unidad Adscrita del Cuerpo Nacional de Policía, constituye un modelo híbrido que no ha alcanzado la autonomía plena propia de otras policías autonómicas españolas. Su evolución normativa y operativa refleja un equilibrio complejo entre la autonomía territorial y la dependencia estatal, representa un modelo inacabado de descentralización policial. Si bien ha permitido una cierta territorialización del servicio de seguridad, sus limitaciones jurídicas, funcionales y estructurales impiden que se consolide como un verdadero cuerpo policial autonómico.

Segunda.– La Policía Autonómica en la Comunidad Valenciana, articulada a través de la Unidad Adscrita del CNP debe plantearse abordar una futura reforma con la posibilidad de desarrollar un cuerpo propio, con normativa, escalas y estructura diferenciada, de acuerdo con el marco constitucional y el principio de lealtad institucional. Aunque es innegable que ha cumplido parte de sus fines institucionales, sus limitaciones legales y organizativas frenan su desarrollo pleno. La consolidación de una policía autonómica valenciana requiere reformas legislativas, políticas y financieras que permitan superar la situación intermedia actual en la que ha quedado una institución clave para el desarrollo autonómico real y efectivo. Diseña un modelo policial más eficiente y coherente con el Estado autonómico, sin suprimir el marco estatal plantea forzosamente el abordar reformas legislativas y estructurales de calado, sobre todo buscando una mejora de la coordinación interinstitucional. Para ello previamente sería requisito inevitable el redefinir de una forma clara el cuadro competencial de competencias y abordar técnicamente un esquema claro y determinado, debiendo asumir igualmente y en lógica consecuencia el desarrollo de recursos humanos y la formación específica de sus efectivos. Todo ello sin dejar de fundamenta el modelo resultante en principios constitucionales de eficacia, colaboración institucional y respeto a la unidad del Estado.

Tercera.– El primer paso tendría que ser sin duda la profunda revisión de la Ley Orgánica 2/1986, de Fuerzas y Cuerpos de Seguridad del Estado, elaborada y constituida en su momento como la piedra angular del modelo policial centralizado y una necesaria identificación de los límites constitucionales para los cuerpos autonómicos (art. 149.1.29 CE), buscando superar la producción de los convenios de adscripción ya elaborados —Valencia, Andalucía, Aragón, Galicia— y redefiniendo el modelo autonómico policial. El simple hecho de comparar esta estructura policial con la de países más modernos en la concepción policial como es el caso de Alemania, Francia o Italia, hace que se identifiquen de una forma más evidente los elementos técnicos y competenciales que serían transferibles al modelo español como son una necesaria coordinación normativa clara y no superpuesta, una separación definitoria de funciones y cuerpos policiales que evite las continuas confrontaciones competenciales y un sistema de supervisión de esa división territorial tanto en el ámbito político como jurisdiccional. Este pretendido eficaz sistema de división territorial tiene que conllevar necesariamente una autonomía en la actuación frente a la siempre presente y mantenida coordinación central. En ese sentido sirvan los modelos de coordinación que se han puesto a nivel europeo con los conceptos Schengen y los cuerpos policiales de Europol e Interpol, como modelo de coordinación policial descentralizada, con control democrático consolidando un sistema policial descentralizado sin fracturar la autoridad estatal, incluyendo regulaciones, formación, escalas y financiación.

Cuarta.– Aún está pendiente de abordarse la transformación del modelo de "mando único", por una dinámica evolutiva hacia su modernización operativa que se puede analizar y comprobar en las profundas y determinantes diferencias establecidas entre los cuerpos policiales estatales —Cuerpo Nacional Policía y Guardia Civil—, chocando frontalmente con la regulación y estructura interna del resto de cuerpos de ámbito territorial inferior como son las Policías autonómicas (Mossos, Ertzaintza, Foral), las Unidades Adscritas del CNP y las Policías locales, con ámbitos de conflicto en cuanto a diferencias en capacitación, mando, escalas profesionales y recursos.

Quinta.– Si el Estado Autonómico fue la forma jurídica por la que optó nuestro texto constitucional, es evidente que la aparición y la existencia de cuerpos policiales autonómicos no puede servir para desmontar un modelo policial aún no diseñado en su totalidad y ser la excusa para no construir y abordar una reforma del sistema policial español, otorgándoles encima la categoría de ser el elemento distorsionador del sistema. Mas bien deberían ser considerados una derivada lógica y congruente al Estado autonómico compuesto que diseña el texto constitucional de 1978. Quizá el error sigue estando en no ser capaces de ser consecuentes con la realidad existentes y no ser capaces de paliar un sistema desigual y hasta discriminatorio realizando un esfuerzo en configurar un sistema policial de descentralización funcional junto con los mecanismos estables necesarios de coordinación normativa y operativa para conseguir su efectividad práctica y real.

Sexta.– Si algo ha quedado evidenciado es que una de las grandes carencias del modelo policial español es la ausencia de cauces de interrelaciones y estructuras interpoliciales de coordinación que permitan una operativa efectiva y real entre todos los Cuerpos Policiales en sus diversos niveles. Para ello debería abordarse una auténtica e innovadora legislación, que generase ante todo una institución supervisora y vigilante del cumplimiento de la misma, y con el consiguiente control e inspección de la ejecución y puesta en práctica de las competencias comúnmente compartidas entre los diversos Cuerpos Policiales en la obtención del buen funcionamiento de los sistemas de coordinación que se creen. A nivel de Estado y a nivel de Autonomías deben existir al menos los cauces que fomenten el trasvase de datos e información que genere esa debida y correcta sistematización o análisis de los datos y hechos que quedan bajo su competencia. Esos mismos cauces deberán establecer el uso, distribución y difusión de los datos entre todos los cuerpos policiales en función de sus competencias asignadas. Las Juntas Locales de Seguridad, o las idénticas de nivel autonómico pueden ser un ámbito inicial de estudio y análisis en búsqueda de esa coordinación como fin prioritario.

Séptima.– El modelo de Unidad Adscrita en la Comunidad Valenciana representa una solución intermedia que permite ejercer funciones transferidas sin la creación de un cuerpo autonómico propio. Sin embargo, esta fórmula presenta limitaciones funcionales, jurídicas y organizativas cómo hemos visto, que dificultan el pleno desarrollo del autogobierno policial y afectan la eficacia operativa. La dependencia orgánica del Cuerpo Nacional de Policía implica además una subordinación que reduce la capacidad autonómica de planificación, formación y gestión de recursos humanos. Todo ello genera una situación de inseguridad jurídica y unas claras deficiencias en la coordinación interinstitucional con otras policías locales y autonómicas y además, no ayuda a que la ciudadanía lo asocie como un cuerpo policial propio con mayor legitimidad y proximidad.

Octava.– Por ello la propuesta de reforma pasa por la ineludible creación de un cuerpo policial autonómico pleno en la Comunidad Valenciana, con competencias propias y mando autónomo, siguiendo el modelo de Cataluña, País Vasco o Navarra. Esto fortalecería el autogobierno y mejoraría la gestión adaptada a las necesidades territoriales. Todo ello, con el necesario desarrollo normativo que genere una Ley Marco estatal de coordinación y colaboración entre cuerpos de seguridad y que sirva para determinar con claridad las funciones, competencias y cooperación, así como la formación, intercambio de información y planes conjuntos. Ello permitiría en la práctica impulsar una formación unificada, así como planes estratégicos integrados que incluyan a todos los cuerpos —policía autonómica, local, adscrita y nacional—, con el fin de superar las barreras operativas y mejorar la respuesta conjunta, e incluso poder garantizar en el ámbito laboral y profesional un régimen que permita la progresión en una equiparación real y efectiva en el ámbito económico y salarial.

Final.– Un debate político y social abierto sobre la necesidad de una policía autonómica plena, para dar respuesta a las demandas de proximidad, eficacia y legitimidad, está servido. La cuestión es saber si hay voluntad política de abordarlo, y el tiempo que inexorablemente va transcurriendo y pasando, aminora proporcionalmente cada vez más esa supuesta voluntad de transformación del modelo policial existente. Es evidente que el respaldo político y social es crucial para la consolidación de un modelo policial nuevo y consistente alejado de las constantes presiones políticas y mediáticas y que por añadidura serviría para mejora la eficacia y la confianza en las instituciones policiales. Para ello mucho habría que invertir en consenso parlamentario para facilitar las inevitables reformas legislativas que se alimenten de foros de debate abiertos a la sociedad, a los propios agentes y a expertos en la materia.

VI. BIBLIOGRAFÍA

Ballbé, M. (1984). "*Orden público y militarismo en la España constitucional (1812-1983)*". Madrid. Alianza Editorial.

Barcelona Llop, J. (2006). "*El Modelo Policial Español y sus posibles reformas*". Revista Fundación Alternativa n. 103. Diciembre 2006.

Carbonell, J. (2020). "*Modelos policiales y descentralización en España*". Madrid. Tecnos.

Crespo Hellín, F. y Pérez Seguí, Z., "Artículo 49.3.14ª" en Garrido Mayol, V. (2013) '*Comentarios al Estatuto de Autonomía de la Comunitat Valenciana: según redacción dada por Ley Orgánica 1/2006, de 10 de abril, de Reforma de Ley Orgánica 5/1982, de 1 de julio, de Estatuto de Autonomia de la Comunidad Valenciana*'. 1ª edición, pp. 1651-1688. Valencia. Tirant lo Blanch

Estudios e Informes: Instituto de Estudios de Seguridad Pública (2019). *Informe sobre descentralización policial en España*; Barómetro de Seguridad Pública Generalitat Valenciana (2022); Informe de Actividad de la Unidad Adscrita Generalitat Valenciana, (2023); Consell Valencià de Seguretat (2023). *Informe sobre la policía autonómica en la Comunidad Valenciana.* Generalitat Valenciana.

Fernández, J. y López, M. (2017). *Modelos policiales autonómicos en España: evolución y retos.* Madrid: Editorial Jurídica.

Fernández Ramos, S. (2004). *La coordinación de las Fuerzas y Cuerpos de Seguridad en el Estado de las Autonomías.* Civitas.

Gil Vicente, J. P. (2014). "*El desarrollo normativo de los cuerpos policiales autonómicos: análisis jurídico-constitucional comparado*". Tesis doctoral, Universitat Politècnica de València. https://riunet.upv.es/handle/10251/63143

González Porras, R. (2010). "La policía autonómica en la Comunidad Valenciana: un análisis institucional". *Revista de Estudios Autonómicos,* 15(3), 120-135; González Porras, R. (2012). "Unidad Adscrita: entre la centralización y el autogobierno". *Revista Jurídica de la Comunidad Valenciana,* 21 (3), 230-247.

Guillén Lasierra, F. (2016). "*Modelos de policía. Hacia un modelo de seguridad plural*". Barcelona, J.B. Bosch Editor.

Izu Belloso, M.J. (1988). "Los conceptos de orden público y seguridad ciudadana tras la Constitución de 1978". Revista Española de Derecho Administrativo (58), 233-254.

Jar Couselo, G. (1995). "*Modelo Policial Español y Policías Autonómicas*". Madrid. Ediciones Plaza; Jar Couselo, G. (2000). "Modelos comparados de Policía". Madrid. Ministerio del Interior. Editorial Dykinson S.L.

López Basaguren, A. (2001). Policías autonómicas y seguridad pública en el Estado autonómico. *Revista Española de Derecho Constitucional,* (62), 57-85.

Martínez, P. (2018). *Seguridad pública y autonomía territorial.* Valencia. Universitat de València.

Muñoz Pérez, M. (2019). "*El modelo policial español*". Valladolid. Universidad dc Valladolid (uvadoc.uva.cs)

Pérez, A. (2015). "La Unidad Adscrita de Policía en la Comunidad Valenciana: ¿un cuerpo en transición?". *Cuadernos de Derecho Policial,* 8 (2), 90-105.

La batalla por la reviviscencia del derecho civil valenciano

PILAR MARÍA ESTELLÉS PERALTA
Profesora de Derecho Civil, Universidad Católica de Valencia "San Vicente Mártir"

RESUMEN: La Comunidad Valenciana es un territorio con pasado foral propio que no tiene reconocido su Derecho civil a diferencia de Cataluña, Baleares, Aragón, País Vasco, Navarra y Galicia, ya que en el momento en que entró en vigor la Carta Magna, sólo se les reconoció a los territorios que lo tenían compilado y no era el caso del derecho civil valenciano. El reconocimiento Derecho civil de los valencianos, es un problema antiguo que tiene su origen en la guerra de Sucesión española y en los Decretos de Nueva Planta de 1707 que supusieron la supresión de su derecho foral en aquel entonces y la imposibilidad para legislar sobre el Derecho civil valenciano, actualmente. Por ello, la restauración de los Fueros de Valencia acomodando a la realidad de hoy las leyes suprimidas por Felipe de Anjou, son una constante en la batalla valenciana por la reviviscencia de su Derecho civil.

ABSTRACT: The Valencian Community is a territory with its own chartered history that does not have its civil law recognized unlike Catalonia, the Balearic Islands, Aragon, the Basque Country, Navarre, and Galicia. At the time the Magna Carta came into force, it was only recognized for territories that had compiled it, and this was not the case for Valencian civil law. The recognition of Valencian civil law is a long-standing problem that originated in the War of the Spanish Succession and the Nueva Planta Decrees of 1707, which led to the abolition of its chartered law at that time and made it impossible to legislate on Valencian civil law today. Therefore, the restoration of the Fueros of Valencia, adapting the laws abolished by Philip of Anjou to today's reality, is a constant in the Valencian battle for the revival of its civil law.

Palabras clave: Fueros; derecho foral; derecho civil valenciano; reivindicación; autogobierno; legislación autonómica; inconstitucionalidad.

Key words: Privileges; foral law; valencian civil law; vindication; self-government; regional legislation; unconstitutionality.

BATALLA JURÍDICA POR LA REVIVISCENCIA DEL DERECHO CIVIL VALENCIANO. VI. LA CONTINUACIÓN DE LA BATALLA JURÍDICA POR LA REVIVISCENCIA DEL DERECHO CIVIL DE FAMILIA. 1. La Ley 10/2007, de 20 de marzo, de Régimen Económico-matrimonial Valenciano. 2. La ley 5/2011, de 1 de abril, de Relaciones Familiares de los hijos e hijas cuyos progenitores no conviven y la protección del interés del niño valenciano en situaciones de crisis familiar. 3. Las uniones de hecho reguladas en la Ley 5/2012, de 15 de octubre, de uniones de hecho formalizadas de la Comunidad Valenciana. VII. LA RIGUROSA POSTURA DEL TRIBUNAL CONSTITUCIONAL CON LA CUESTIÓN FORAL VALENCIANA. 1. *Eppur si muove*: las situaciones consolidadas. VIII. A MODO DE CONCLUSIÓN. IX. BIBLIOGRAFÍA.

I. REFLEXIONES PRELIMINARES

La Comunidad Valenciana es un territorio con pasado foral propio que no tiene reconocido su Derecho civil como lo tienen Cataluña, Baleares, Aragón, País Vasco, Navarra y Galicia, ya que en el momento en que entró en vigor la Carta Magna, sólo se les reconoció a los territorios que lo tenían compilado y no era el caso del derecho valenciano. El reconocimiento Derecho civil de los valencianos, es un problema antiguo que tiene su origen en la guerra de Sucesión española y en los Decretos de Nueva Planta de 1707. Esta etapa de la Historia de España fue determinante para Valencia, porque supuso la supresión de nuestro derecho foral en aquel entonces y la imposibilidad para legislar sobre el Derecho civil valenciano, actualmente. Lo cierto es que hay males que sí duran más de cien años y el caso de los Fueros valencianos —pieza importante del autogobierno— es un gran ejemplo.

La restauración de los Fueros de Valencia acomodando a la realidad de hoy las leyes suprimidas por Felipe de Anjou, son una constante en la batalla valenciana por la reviviscencia de su Derecho civil. Como pone de manifiesto un sector doctrinal, al inicio de la tercera guerra carlista, en julio de 1872, el pretendiente Carlos VII en una alocución desde la frontera española, devolvió los fueros a los reinos de Aragón y Valencia: el decreto de 1707 quedaba —al menos en teoría— sin efecto, y hasta se creó un "Gobierno valenciano"... La reintegración foral era una fórmula que les había dado buenos resultados en otros lugares, como las Provincias Vascongadas y Navarra; sin embargo, en Valencia no funcionó. Mas bien fracasó al vincularse el carlismo con la restauración del régimen foral[1]. Los valencianos hemos recorrido un largo camino desde entonces para recuperar lo que fue nuestro desde la ley y la Constitución. Incluso algún partido político se ha animado con la tramitación de una propuesta que solicita expresamente la derogación de los decretos de Nueva Planta. A lo peor, me temo, no prosperará; se trata de otro error histórico al vincular ahora la reivindicación con partidos políticos minoritarios y de extrema izquierda en vez de buscar el consenso entre partidos mayoritarios y más centrados. Con todo, siempre —por parte de unos y otros— muy buenas palabras y poco más.

En todo caso, para el adecuado conocimiento de esta reivindicación histórica —plenamente vigente actualmente— debemos tener en cuenta la competencia de Comunidad Valenciana para legislar en materia de Derecho civil y, en consecuencia, la eficacia de sus leyes aprobadas en la materia. Asimismo, la supresión de estas leyes y el cierre de posibilidades a las que nos abocaron las sentencias del Tribunal Constitucional, junto con la falta de voluntad política para que los valencianos recuperen su Derecho civil mientras se transfieren otras competencias (no propias de las Comunidades Autónomas de acuerdo con la Constitución española) y se cede a todo tipo de peticiones a algunas muy concretas Comunidades Autónomas en un claro ejercicio de discriminación legal y política.

---

1 Por todos, Palao Gil, F. J., "El Derecho civil Foral valenciano: una historia reciente", en *De l'autogovern valencià en la memoria col·*lectiva *al Dret civil valencià i el ancoratge col·lectiu i singular en la globalització* (dir. P. M. Estellés Peralta), Tirant lo Blanch, Valencia, 2021, pp. 87-128, en p. 88, para quien el carlismo trató de ondear la bandera de los fueros y, así, contribuyó a arrumbarla definitivamente, al vincular su causa, retrógrada y absolutista, a la restauración del régimen foral. Ello contribuyó a alejar a las demás fuerzas políticas, ya que era inimaginable que pudieran compartir argumentos con los tradicionalistas. En el antiguo reino, las reivindicaciones carlistas tuvieron que abrirse paso hacia otros fines, sociales, económicos o religiosos, pues la memoria que quedaba de aquellas leyes era ya tenue e incierta casi dos siglos después de la abolición y no era un instrumento eficiente de agitación.

II. LAS BASES LEGISLATIVAS PARA RESUCITAR LAS INSTITUCIONES CIVILES PROPIAS

La Comunidad Valenciana ha llevado a cabo varios intentos legislativos en materia autonómica con el fin de desarrollar las instituciones civiles propias y más próximas al valenciano[2] que han culminado incluso con una proposición de reforma constitucional infructuosa y la tramitación de una propuesta que solicita expresamente la derogación de los decretos de Nueva Planta de fecha muy reciente. Esta insistencia legislativa de la Comunidad Valenciana viene amparada en varios e importantes preceptos de su Estatuto de Autonomía, tanto en su redacción actual tras la reforma de 2006[3] como en su redacción originaria de 1982[4], que le atribuyen la competencia exclusiva sobre el Derecho civil valenciano.

Por una parte, esta competencia en materia de Derecho civil tiene su apoyo en el art 7.1 EACV, según el cual: "El desarrollo legislativo de las competencias de la Generalitat procurará la recuperación de

---

2 Inicialmente, el párrafo segundo del artículo 31 del Estatuto de Autonomía de la Comunidad Valenciana de 1982 establecía la competencia exclusiva en materia de "conservación, modificación y desarrollo del Derecho Civil Valenciano". Dicho precepto fue completado con el artículo 1 de la Ley Orgánica 12/1982, de 10 de agosto de transferencia de competencias a la Comunidad Autónoma Valenciana en materia de titularidad estatal. No obstante, la citada Ley Orgánica fue derogada tras la reforma del Estatuto de Autonomía cuando se asumió plenamente la competencia exclusiva para legislar en materia de Derecho civil. Posteriormente, la Ley Orgánica 1/2006, de 10 de abril, reformó nuevamente el Estatuto de Autonomía, en adelante EACV. Concretamente, el artículo 49.1.2 EACV establece como competencia exclusiva de la Generalitat la conservación, desarrollo y modificación del Derecho civil foral valenciano. En particular, dicha competencia exclusiva se ejercerá, según la disposición transitoria tercera, a partir de la normativa foral del histórico Reino de Valencia, que se recupera y actualiza. En virtud de los preceptos anteriores, el legislador autonómico ha promulgado diversas normas, entre ellas, las Leyes en materia de familia tristemente derogadas.

3 Ley Orgánica 1/2006, de 10 de abril, de Reforma de la Ley Orgánica 5/1982 (BOE nº. 86, de 11.04.2006).

4 Ley Orgánica 5/1982, de 1 de julio, de Estatuto de Autonomía de la Comunidad Valenciana (BOE nº. 164, de 10.07.1982).

los contenidos correspondientes de los Fueros del histórico Reino de Valencia en plena armonía con la Constitución y con las exigencias de la realidad social y económica valenciana. Esta reintegración se aplicará, en especial, al entramado institucional del histórico Reino de Valencia y su propia onomástica en el marco de la Constitución Española y de este Estatuto de Autonomía". Este precepto se halla en consonancia con la propia Exposición de Motivos de la Ley Orgánica 1/2006 que reformó el Estatuto de Autonomía de la Comunidad Valenciana y que plantea la finalidad de la Generalidad en aras a recuperar los contenidos de "Los Fueros del Reino de Valencia", los cuales fueron abolidos por la promulgación del Decreto de 29 de junio de 1707, de acuerdo con la realidad social actual de la economía y sociedad valencianas[5].

Asimismo, en el artículo 49.1.2 EACV que establece que "La Generalitat tiene competencia exclusiva sobre [...] conservación, desarrollo y modificación del Derecho civil foral valenciano". Conviene señalar que con anterioridad, el antiguo art. 31.2 EACV ya recono-

---

5 Así, la Exposición de Motivos de la Ley Orgánica 1/2006, vigente, que reformó el Estatuto de Autonomía valenciano y que señaló que el desarrollo legislativo de las competencias de la Generalitat, en plena armonía con la Constitución Española, procurará la recuperación de los contenidos de "Los Fueros del Reino de Valencia", los cuales fueron abolidos por la promulgación del Decreto de 29 de junio de 1707. Asimismo, el preámbulo de la Ley 10/2007, en el que se señala lo siguiente: "el Derecho civil alumbrado en el ejercicio de la competencia del artículo 49.1.2.a) del Estatuto entronca incuestionablemente con el que fuera nuestro Derecho Foral civil, del que se separa solo en aquello en lo que se debe dar respuesta a las exigencias más urgentes de nuestra sociedad y en lo que exige el respeto a los valores y principios de nuestra Constitución, la cual opera, precisamente, desde esos mismos principios y valores, como causa irrenunciable de la reintegración a los valencianos del que fue su Derecho Foral civil, llenando así, con esta actualizada y constitucionalizada reintegración, una parte del contenido de la competencia que el artículo 49.1.2.a) del Estatuto de Autonomía reconoce en exclusiva a la Generalitat, de acuerdo con lo establecido en el artículo 7 y la Disposición Transitoria tercera de este mismo texto legal... Esta Ley es el primer paso en la recuperación del Derecho Foral valenciano, con el objetivo y la intención de poder desarrollar en el futuro un Código de Derecho Foral valenciano que englobe las distintas leyes sectoriales que se promulguen".

cía la competencia en relación con el "Derecho civil valenciano", de modo que la reforma de 2006 añadió **únicamente** el adjetivo "foral".

Y, por último, en la Disposición Transitoria Tercera, que prevé que "la competencia exclusiva sobre el Derecho civil foral valenciano se ejercerá, por la Generalitat, en los términos establecidos por este Estatuto, a partir de la normativa foral del histórico Reino de Valencia, que se recupera y actualiza, al amparo de la Constitución Española".

En consecuencia, la reforma del Estatuto reforzó el reconocimiento del derecho de la Comunidad Valenciana a legislar en materia de Derecho civil[6]. Esta reforma de 2006 reconoce el derecho de la Comunidad Valenciana a legislar en materia de Derecho civil (puede, pero no está obligada a ello) y no ha sido recurrido por inconstitucional[7] aunque sí el desarrollo de las leyes civiles al amparo de este.

Ahora bien, si consideramos que el Derecho civil valenciano es una seña de identidad del pueblo valenciano; que tiene su fundamento en los *Furs*, en la *Costum*; que el Derecho civil es plural en España porque coexisten derechos civiles en seis Comunidades Autónomas junto al Código Civil, pretender el reconocimiento del Derecho civil valenciano no supone —ni se pretende— una quiebra de la Nación española sino la aplicación de un derecho cercano al valenciano, como lo hacen en otras comunidades autónomas con mucha menos raigambre histórica. Pero ello dista mucho del riguroso e intransigente posicionamiento del Tribunal Constitucional ya desde

---

6 Para un sector doctrinal, las sentencias del Tribunal Constitucional tienen gran importancia y relevancia, no solo en la declaración de inconstitucionalidad de la legislación civil autonómica valenciana en materia de derecho de familia, sino también en que, con ellas, queda desautorizada la tesis según la cual la modificación del Estatuto de Autonomía de la Comunidad Valenciana (EACV) llevada a cabo por la Ley Orgánica 1/2006, de 10 de abril, autorizaba a esta para legislar sobre cualquier materia que hubiera formado parte del derecho histórico del Antiguo Reino de Valencia: *vid*, en tal sentido De Verda, J. R., "**¿Qué es lo que queda del Derecho civil valenciano en materia de familia?**", *Derecho Privado y Constitución*, núm. 31, enero/diciembre, 2017, pp. 111-162, en pp. 12 y 13.

7 Blasco Gascó, F., "La competencia legislativa de la Generalitat Valenciana en materia de Derecho civil", *Revista Jurídica de la Comunidad Valenciana*, núm. 33, 2010, pp. 7-30, p. 23.

la primera ley valenciana en materia de Derecho civil, al entender que la competencia de la Comunidad Valenciana solo alcanza a la costumbre foral, sin tener en cuenta la reforma de EACV operada en 2006 y que en los arts. 3, 7, 35, 37.2, 49.1 y 2, 52.2 y 71.1, así como en la DT 3ª, se hace referencia a la competencia en materia de Derecho civil. Por otra parte, esta intransigencia del Tribunal Constitucional condujo a que 2016 fuera un año nefasto para la Comunidad Valenciana debido a los pronunciamientos por su parte de tres sentencias que han conducido a la actual situación de práctica derogación del Derecho civil valenciano y que algunos valencianos consideran como culminación de un viejo agravio.

Sorprende el tratamiento injusto y asimétrico que ha sufrido la Comunidad Valenciana al respecto, teniendo en cuenta que otras Comunidades Autónomas en situación semejante han visto consolidad sus leyes por no recurrirse por inconstitucionalidad o por haberse retirado los recursos al efecto[8]. Sorprende también la falta de interpretación evolutiva del art. 149.1-8 CE por parte del Tribunal Constitucional: en concreto de la expresión "allí donde existan" si tenemos en cuenta el art. 3 CC. Es decir, que el Tribunal Constitucional podía haber llevado a cabo una interpretación evolutiva de este precepto constitucional pero no quiso; no obstante, constituye un agravio comparativo la interpretación de las leyes del País Vasco que tan sólo se aplicaban a una parte del territorio vasco y el Tribunal Constitucional no tuvo impedimento en que se extendieran territorialmente a todo el País Vasco. En tal sentido, Mas Badía, critica que el Tribunal se niegue a reinterpretar el art. 149.1.8 CE sin considerar otras pautas más ajustadas al criterio sociológico del art. 3.1 CC y sin ofrecer resquicio alguno a la penetración en sus planteamientos tradicionales de la acción legislativa del Parlamento Autonómico y de las orientaciones revisadas en las nuevas versiones de los Estatutos de Autonomía, en concreto el valenciano. La evolución de la realidad social del tiempo en que debe ser aplicada la norma podría haber

---

8 *Vid.* sobre ello, Estellés Peralta, P. M., "Los constantes intentos de mantener y desarrollar instituciones propias del Derecho civil y el suma y sigue del agravio jurisprudencial valenciano", en *De l'autogovern valencià en la memoria col·lectiva al Dret civil valencià i el ancoratge col·lectiu i singular en la globalització* (dir. P. M. Estellés Peralta), Tirant lo Blanch, Valencia, 2021, pp.148-188.

llevado a sustentar un cambio de orientación en la referida jurisprudencia constitucional, con una variación de criterio en teoría posible, aunque no probable en el momento de sentenciar si atendemos a todos los indicios[9].

Pese a ello, el Tribunal Constitucional dictó en el año 2016 tres sentencias que afectaron grave e irreversiblemente a la Comunidad Valenciana en materia de derecho de familia porque las SSTC 82/2016, de 28 de abril (*Tol 5792094*), 110/2016, de 9 de junio (*Tol 5753921*), y 192/2016, de 16 de noviembre (*Tol 5922198*)[10], declararon nulas por inconstitucionales la Ley 10/2007 de Régimen Económico Matrimonial Valenciano (en adelante LREMV), la Ley 5/2012, de 15 de octubre, de Uniones de Hecho Formalizadas de la Comunidad Valenciana (en adelante LUHFCV) y la Ley 5/2011, de 1 de abril, de Relaciones Familiares de los Hijos e Hijas cuyos Progenitores no Conviven (en adelante Ley 5/2011), respectivamente y conllevaron la supresión del Derecho civil valenciano, en general, y del Derecho civil valenciano de familia, particularmente[11]. Y anteriormente,

---

9 Mas Badía, M. D., "Luces y sombras de la ley de régimen económico matrimonial valenciano tras su declaración de inconstitucionalidad", *Revista Derecho Civil Valenciano*, núm. 19, 2016, p. 2, quien, añade que el Tribunal Constitucional no se encuentra autovinculado por sus propias decisiones de un modo absoluto, aunque la seguridad jurídica exige que no se aparte sin fundamento de la doctrina que haya establecido. Este fundamento podría encontrarse en la evolución de la realidad social, a la que no puede ser ajena la interpretación de las normas constitucionales. Antes bien, su adaptación a la misma puede ser garantía de su estabilidad. Podría en un momento dado llegar a plantearse el Alto Tribunal si la evolución de la cuestión, influida ¿por qué no? por la acción legislativa de las CCAA o, si se prefiere, manifestada en ésta, justifica, asimismo, una evolución de su interpretación del art. 149.1.8ª CE en un sentido autonomista o más autonomista, todo ello a salvo, por supuesto, de una eventual reforma constitucional.

10 STC 82/2016, de 28 de abril (*Tol 5792094*), la STC 110/2016, de 9 de junio (*Tol 5753921*) y la STC 192/2016, de 16 de noviembre (*Tol 5922198*), respectivamente.

11 La STC núm. 121/1992 (*Tol 80731*), derogó el art. 2 la ya derogada Ley 6/1986, 15 diciembre, de Arrendamientos Históricos Valencianos (LAHV) cuya vigencia finalizó el 20/08/2013, por la ley 3/2013, de 26 de julio, de la Generalitat, de Contratos y otras Relaciones Jurídicas Agrarias, que la derogó completamente y ha dado a esta institución una nueva normativa

la STC núm. 121/1992 (*Tol 80731*) derogó algunos preceptos de la extinta Ley 6/1986, 15 diciembre, de Arrendamientos Históricos Valencianos (LAHV).

Y ya no es solo que las competencias de la Generalitat estén reconocidas en el EACV que no ha sido recurrido, es que el Reino de Valencia tiene unos orígenes singulares que no han tenido otros territorios que ahora gozan de plena competencia legislativa en materia civil.

III. LOS SINGULARES ORÍGENES DEL REINO DE VALENCIA

Debemos destacar la idiosincrasia valenciana y con ella, la del Reino de Valencia que fue el único territorio de la península ibérica creado a partir del s. XIII con el título de reino —título de gran importancia en la época con consecuencias y connotaciones relevantes—[12]. El único con leyes, instituciones administrativas y organismo de autogobierno muy poderosos en igualdad de condiciones que algunos territorios europeos (y a diferencia de otros territorios de la península Ibérica, ahora muy reivindicativos)[13]. En este ordenamien-

---

que regula, por un lado, en su título I, las modalidades especiales del contrato de compraventa, prestando atención a las tradicionales venta a ojo y al peso junto con la figura del corredor y/ *alfarrassador*, y por otra, en su título II, la figura del arrendamiento histórico, anteriormente regulado por la antigua LAHAV. Junto a ello, se regulan también los censos (título III) y la costumbre del *tornallom*, en el título IV. Curiosamente, se respeta la vigencia y constitucionalidad de esta Ley de Contratos Agrarios que regula *ex novo* estas materias por lo que se advierte una postura contradictoria del Tribunal Constitucional que declara inconstitucionales las leyes de familia pero no la de contratos agrarios, en todo caso tan inconstitucionales como las otras. Parece que el Alto Tribunal ha admitido únicamente la *vía agro consuetudinaria*, con algunas licencias, como indica Blasco Gascó, F., "La competencia", op. cit., pp. 23-24.

12 *Vid.* Reynolds, S., *Kingdoms and communities in Western Europe, 900-1300*, Oxford, Clarendon Press, 1984.

13 Baydal Sala, V., "La importancia de dir-se Regne i voler ser´ho. Els origens de l'autogovern valencià a l'edat Mitjana (1231-1419) en *De l'autogovern va-*

to jurídico propio del Reino de Valencia interesa destacar principalmente, *els Furs*. *Els Furs* o *Costum* (1238) no fueron un simple fuero local sino la norma que debía regir en el nuevo reino conquistado por Jaime I[14], que implementó un ordenamiento jurídico particular y distinto de los existentes hasta la fecha; ordenamiento singular y único para el Reino de Valencia y muy extenso. A su vez, se dotó al Reino de Valencia de un sistema político con instituciones reales propias que permitieron el ejercicio de un cierto autogobierno que se prolongaría hasta inicios del s. XVIII cuando Felipe V de Borbón abolió nuestros Fueros e instituciones mediante los Decretos de Nueva Planta[15].

Después de más de tres siglos de los Decretos de Nueva Planta, el primero datado el 29 de junio de 1707, que se completó con un segundo Decreto de 29 de julio de ese mismo año mediante los que el rey Felipe V —invocando el derecho de conquista— derogó el ordenamiento jurídico valenciano así como todas sus instituciones (legislativas, ejecutivas y judiciales), que conformaban el gobierno del antiguo Reino de Valencia, pese a que otros territorios también se rebelaron contra Felipe de Anjou y apoyaron la causa del Archiduque Carlos, sólo el Antiguo Reino de Valencia lo perdió todo —primer y mayor agravio comparativo sufrido por los valencianos a nivel jurídico e histórico— y sigue reclamando sus Fueros[16]. Los siguientes agravios se producirán siglos después, al intentar resucitar las instituciones propias.

---

*lencià en la memoria col·*lectiva *al Dret civil valencià i el ancoratge col·lectiu i singular en la globalització* (dir. P. M. Estellés Peralta), Tirant lo Blanch, Valencia, 2021, pp. 17-50, en p. 17.

14 García Edo, V., "La redacción y promulgación de la 'Costum' de Valencia", *Anuario de Estudios Medievales*, 26, 1996, pp. 713-728; y Baydal Sala, V., "La importancia", op. cit., p. 21.

15 Baydal Sala, V., "La importancia", op. cit., p. 45.

16 *Vid.* en el mismo sentido Amat Llombart, P., "La competencia legislativa en materia de Derecho civil del artículo 149.1.8ª de la Constitución Española. Disfunciones en torno al Derecho civil valenciano e interpretación del Tribunal Constitucional", *Indret*, 4/2017, p. 5 y Blasco Gascó, F., "La competencia", op. cit., p. 8.

IV. LOS INTENTOS LEGISLATIVOS PARA RESUCITAR LAS INSTITUCIONES CIVILES PROPIAS

Los intentos legislativos en materia autonómica para desarrollar las instituciones civiles propias no sólo se han centrado en la elaboración de varias leyes como las citadas Ley 6/1986, 15 diciembre, de Arrendamientos Históricos Valencianos (LAHV); la Ley 10/2007 de Régimen Económico Matrimonial Valenciano (LREMV); la Ley 5/2011, de 1 de abril, de Relaciones Familiares de los Hijos e Hijas cuyos Progenitores no Conviven (Ley 5/2011); y la Ley 5/2012, de 15 de octubre, de Uniones de Hecho Formalizadas de la Comunidad Valenciana (LUHFCV).

También la adecuación del texto constitucional es uno de los caminos que puede utilizar el legislador valenciano (el más lento pero más seguro o garantista) para corregir la incongruencia de disponer de una competencia nominal prácticamente vacía de contenido y corregir una injusticia histórica en el ámbito del Derecho privado, que conservaron Mallorca y Cataluña y recuperó Aragón en 1711 pese a la Nueva Planta[17]. Los partidarios de esta vía plantearon una reforma constitucional limitada que no afectaba a la estructura institucional ni suponía asumir mayor autogobierno, sino que se trataba de recuperar la competencia para legislar en materia de Derecho civil que sí se permite a otras comunidades autónomas. De esta manera, se planteó una reforma de la Constitución mediante una nueva redacción de la Disposición Adicional Segunda o del art. 49 CE que permitiría la recuperación de la capacidad normativa en materia civil de Les Corts Valencianes[18]. Todo ello sin perjuicio de poder acudir transitoriamente a los apartados 1 o 2 del artículo 150 de la Norma Suprema, con preferencia, en tal caso, por el instrumento de la ley orgánica

---

17 Chirivella Vila, J. R., "La reforma constitucional, singularidad y motivación de la vía elegida por les Corts Valencianes para legislar en materia civil", en *De l'autogovern valencià en la memoria col·*lectiva *al Dret civil valencià i el ancoratge col·lectiu i singular en la globalització* (dir. P. M. Estellés Peralta), Tirant lo Blanch, Valencia, 2021, pp. 207-244, en p. 234.

18 Así se plantea, en el Informe de Luis Higuera de 2 de noviembre de 2016 para la Asociación de Juristas Valencianos.

de transferencias o delegación. Pese a ello, en febrero de 2024 se aprueba la nueva redacción del art. 49 CE que reemplaza el término "disminuidos físicos, sensoriales y psíquicos" por "personas con discapacidad" sin más. Nada sobre las competencias de la Comunidad Valenciana en relación con su Derecho civil foral.

Un nuevo intento lo constituye la tramitación de una propuesta que solicita expresamente la derogación de los decretos de Nueva Planta. En ello se está en este momento. Entretanto, la Comunidad Valenciana ha regulado distintas materias de derecho civil con escaso éxito y un inexplicable agravio a los valencianos.

V. LA BATALLA JURÍDICA POR LA REVIVISCENCIA DEL DERECHO CIVIL VALENCIANO

Indiscutiblemente, el primer intento de regulación de una norma de Derecho civil foral valenciano lo constituye la Ley 6/1986, 15 diciembre, de Arrendamientos Históricos Valencianos (en adelante LAHV). Aquí ya la Comunidad Valenciana sufrió un importante revés al señalar el Tribunal Constitucional en su STC 121/1992, de 28 de septiembre (*Tol 80731*), que el adecuado entendimiento del artículo 149.1.8 CE queda plasmado en el (antiguo) art. 31.2 del EACV, dado que la competencia exclusiva que allí se atribuye a la Generalidad en orden a la "conservación, modificación y desarrollo del Derecho civil valenciano" *sólo puede estimarse referida al Derecho consuetudinario que subsistiera en el territorio de la Comunidad Autónoma.* El Tribunal Constitucional, además, considera notoria la inexistencia de toda regla escrita que antes de la ley impugnada, ordenara en dicho ámbito cualquier institución civil especial respecto al Derecho común tras la abolición de los Fueros y hasta nuestros días salvo lo referente a ciertas costumbres agrarias; por tanto, el Tribunal Constitucional reconoce la competencia exclusiva sobre conservación, desarrollo y modificación del Derecho civil foral valenciano pero limitada al Derecho agro-consuetudinario subsistente como presupuesto y límite de la competencia de la Generalidad Valenciana. Así la potestad de la Comunidad Valenciana quedó en vía muerta al permitirse que sólo se pueda legislar sobre una costumbre probada y del ámbito mínimo y estrictamente agrícola[19]. No es posible, en consecuencia, construir un derecho civil valenciano por la vía exclusiva de las costumbres forales conservadas y probadas[20].

Queda claro que la previsión de recuperación competencial a través del expediente de una revisión interpretativa por parte del Tribunal Constitucional resulta prácticamente —y absolutamente— inviable por el momento[21].

VI. LA CONTINUACIÓN DE LA BATALLA JURÍDICA POR LA REVIVISCENCIA DEL DERECHO CIVIL DE FAMILIA

La continuación de la batalla jurídica, esta vez en materia de derecho civil de familia se inicia con la Ley 10/2007, de 20 de marzo, de Régimen Económico-matrimonial Valenciano (en adelante LREMV)[22] que fue redactada conforme a la competencia legislativa de la Comunidad Valenciana en relación con la recuperación del Derecho civil foral valenciano contenido tanto en el artículo 7 y 49 del vigente Estatuto de Autonomía de la Comunidad Valenciana, como en su Disposición Transitoria Tercera y constituye un claro ejemplo de recuperación o relanzamiento del Derecho Civil histórico valenciano[23].

---

19 Los arrendamientos históricos, algunas compras de la naranja (venta *al ull* o estimada y venta *per arrovat* o al peso) y *res més* (nada más, en lengua valenciana).

20 Palao Gil, F. J., "El Derecho", op. cit. pp. 87-128.

21 En el mismo sentido, Castillo Martínez, C. del C., "Derecho Foral Valenciano y Derecho Civil Valenciano. Reflexiones para una recuperación y desarrollo constitucional de nuestro derecho", *Actualidad Jurídica Iberoamericana*, núm. 12, febrero 2020, pp. 866-889, en p. 884.

22 Posteriormente modificada por la Ley 8/2009, de 4 de noviembre, de modificación de la LREMV.

23 En el mismo sentido, *vid.* Amat Llombart, P., "La competencia", op. cit., p. 14. Asimismo, Estellés Peralta, P. M., "Los constantes intentos de mantener y desarrollar instituciones propias del Derecho civil y el suma y sigue del agravio jurisprudencial valenciano", en *De l'autogovern valencià en la memoria*

1. La Ley 10/2007, de 20 de marzo, de Régimen Económico-matrimonial Valenciano

La LREMV supuso para los valencianos, el cambio del régimen matrimonial supletorio de la sociedad legal de gananciales al de separación de bienes. A su vez, con esta ley se regulaba no sólo una tradición histórica del derecho valenciano[24] que recogía el tradicional régimen de germanía o comunidad conjunta o en mano común de bienes pactada entre los esposos en carta de nupcias o capitulaciones matrimoniales antes de contraer matrimonio, con ocasión del matrimonio, o bien en cualquier momento con posterioridad, modificando o complementando aquellas capitulaciones matrimoniales (art. 38.1 LREMV); esta ley estaba adaptada a los principios constitucionales de igualdad entre los cónyuges y a la evolución en los roles de la pareja del siglo XXI como ponen de manifiesto las estadísticas en materia de régimen económico matrimonial que indican una tendencia al cambio desde el régimen legal de gananciales al de separación de bienes. Además, la LREMV mantenía una conexión con el Derecho Foral valenciano constante a lo largo de todo su articulado y no sólo con referencia a figuras históricas como la germanía, las donaciones *propter nupcias* y universales o la carta de nupcias[25], sino que les daba

---

*col·*lectiva *al Dret civil valencià i el ancoratge col·lectiu i singular en la globalització* (dir. P. M. Estellés Peralta), Tirant lo Blanch, Valencia, 2021, pp.148-188.

24 En la misma, el sistema económico matrimonial valenciano se apoyaba en tres presupuesto básicos del sistema: en primer lugar, la necesidad de cada matrimonio de regirse por un régimen económico matrimonial (arts. 3, 6 y 44 LREMV); en segundo lugar, que tal régimen económico matrimonial es el pactado por los futuros cónyuges o los ya cónyuges antes o durante el matrimonio(art. 4); y finalmente, que en defecto de pacto capitular o frente a su ineficacia, el régimen económico matrimonial de carácter legal y supletorio, sería el de separación de bienes (arts. 6 y 44 y ss.).

25 Como pone de manifiesto Clemente Meoro, M., "Sobre el posible régimen económico matrimonial valenciano" en *Un Derecho civil valenciano posible. Propuestas legislativas y proyección de futuros* (dir. J. Palao Gil), Tirant lo Blanch, Valencia, 2021, pp. 77 y ss., en p. 88: la novedad más importante introducida por la LREMV, fue la instauración de un régimen de separación de bienes como régimen legal supletorio de primer y único grado, sobre la base del entronque con el Derecho foral valenciano. Pero como la propia Exposición de Motivos de la LREMV señalaba, el régimen económico de

carácter especial valenciano y singularidad histórica en un claro intento de recuperación de los contenidos de los Fueros del Reino de Valencia en plena armonía con la Constitución y realidad social y económica valenciana[26]. Pese a ello, se declaró inconstitucional por la STC 82/2016, de 28 de abril (*Tol 5792094*), que anula la totalidad de la Ley de régimen económico matrimonial valenciano y dedica el FJ 8 a precisar el alcance de esta declaración[27]. En la sentencia, se

---

nuestro Derecho foral no era simplemente el de separación absoluta, sino un régimen dotal, esto es, un régimen en el que no había un patrimonio común, pero sí una masa patrimonial, aportada por la mujer u otra persona por ella, para hacer frente al levantamiento de las cargas del matrimonio. Su origen estaba en el matrimonio *sine manu* romano, en que, al igual que en el Derecho catalán, balear y valenciano, el marido era el único obligado al levantamiento de las cargas del matrimonio, pero para ello se constituía por la mujer o por otra persona en s nombre la dote o *exovar*, constituida por bienes que administraba el marido y que tenían que ser restituidos a la mujer u otros sujetos a la disolución del vínculo. Por su parte, también existía la dote del marido, aumento de dote o contradote, denominada *creix* en los Furs, que era la cantidad que aquel prometía a la mujer por razón de su virginidad —estaba prohibida desde 1329 para el matrimonio con mujer viuda— y que seguía la suerte de la dote, pues se pagaba a la mujer al disolverse el matrimonio, en un claro ejemplo de discriminación hacia la mujer, propia de aquellos tiempos.

26 *Vid.* Moliner Navarro, R., "El razonable ejercicio de la competencia por parte del legislador valenciano en materia de Derecho civil: las tres primeras leyes civiles forales", en *Cuatro estudios sobre la competencia de la Generalitat Valenciana para legislar en materia de Derecho civil* (dir. F. J. Palao Gil et al.) Tirant lo Blanch, Valencia, 2013, pp. 217-380, y Amat Llombart, P., "La competencia", op. cit., p.15, para quien la adecuación a la realidad social del tiempo presente podría estar representada por la reinstauración del régimen de separación de bienes como derecho supletorio de primer grado, a falta de capitulaciones o carta de nupcias, para los matrimonios entre valencianos, en sustitución de lo que resultaba de la aplicación del Derecho civil común, esto es, la sociedad de gananciales.

27 STC 82/2016, de 28 de abril (*Tol 5792094*), FJ 8: "Por tal motivo, rigiendo en esta materia el principio capitular y siendo respetuoso con las libertades individuales, tras la publicación de esta Sentencia, seguirán rigiéndose por el mismo régimen económico matrimonial que hubiera gobernado sus relaciones, salvo que su voluntad contraria sea manifestada mediante las oportunas capitulaciones. Por lo demás, la declaración de nulidad de la LREMV no ha de afectar a las relaciones de los cónyuges con los terceros

acota la eficacia temporal, señalando que no afectará a las situaciones jurídicas consolidadas, declaración genérica, en la línea de otras muchas que no añade nada nuevo si la confrontamos con su propia doctrina sobre esta materia. Los motivos los explica el Alto Tribunal en sus fundamentos jurídicos al afirmar que si durante la vigencia de la Ley de Régimen Económico Valenciano que ahora se declara inconstitucional, los cónyuges sujetos al derecho civil foral valenciano no han hecho uso de su facultad de capitulación, ello obedece a su voluntad de someterse al régimen subsidiario de primer grado que aquélla establece. Es decir, que los cónyuges casados bajo la vigencia de la ley y que no capitularon para establecer otro régimen distinto van a mantener la separación de bienes sin que quepa aplicar automáticamente el régimen de gananciales que establece el Código Civil como supletorio de primer grado y apoyando este razonamiento en el principio de su autonomía privada, que implícitamente se deduce de no haber otorgado capitulaciones pudiendo hacerlo[28].

En relación con los matrimonios celebrados desde la entrada en vigor de la Ley de Régimen Económico Valenciano hasta el día siguiente a la publicación de la STC 82/2016, de 28 de abril (*Tol 5792094*) en el *BOE*, el día 31 de mayo de 2016, la cuestión es a qué régimen de separación de bienes seguirán sujetos los cónyuges mientras no convengan otro distinto, si al regulado por la ley valenciana o por el Código Civil. Al respecto, entiende la doctrina que el régimen que persiste es la separación de bienes diseñada por la Ley de Régimen Económico Valenciano, desde el momento en que se trata de

---

que, en todo caso, se regirán por el régimen matrimonial vigente en cada momento". *Vid.* Yzquierdo Tolsada, M., "El Tribunal Constitucional declara nulos todos los artículos de la Ley, 10/2007, de 20 de marzo, de Régimen Económico Matrimonial Valenciano", *Cuadernos de Derecho Transnacional*, vol. 8, núm. 2, 2016, pp. 330 y ss.

28 Para Mas Badía, M. D., "El alcance", op. cit., p. 363, el Tribunal Constitucional debería haber sustentado su argumentación para afirmar la continuidad del régimen de separación de bienes de los matrimonios valencianos concertados vigente la LREMV que no pactaron otro distinto en el argumento de la seguridad jurídica, que conduce al respeto de las situaciones consolidadas, hubiera bastado para llegar a la misma conclusión y es el que debería haberse utilizado en lugar del principio de libertad o de autonomía privada, lo que resulta cuestionable para la autora.

mantener una situación consolidada originada bajo la vigencia de la ley declarada inconstitucional y nula, matizándose el alcance de la retroactividad[29]. Por tanto, se seguirá aplicando el régimen de separación de bienes como régimen supletorio de primer grado a aquellos matrimonios que no hubieran redactado carta de nupcias, salvo que una vez publicada la STC, manifiesten su voluntad de establecer otro régimen económico matrimonial en capitulaciones matrimoniales. Sin embargo, la sentencia no menciona el supuesto de que los cónyuges hubieran otorgado carta de nupcias y hubieran establecido un específico régimen económico matrimonial como, por ejemplo, el régimen de germanía al que la declaración de inconstitucionalidad de la ley no afecta. No afecta a las germanías estipuladas porque la germanía tenía necesariamente un origen voluntario y en ningún caso operaba como régimen legal supletorio, ni de primer ni de segundo grado, por lo que esta figura se encontraba amparada por la libertad de pactos, también reconocida en el Código Civil[30]. En resumen, muchas cosas quedan en aire que no contempla la sentencia, no obstante, puede afirmarse que, salvo acuerdo en contrario en capitulaciones matrimoniales, se mantiene vigente el citado pacto económico[31] y la declaración de inconstitucionalidad no afectará a las situaciones jurídicas consolidadas porque no se le concede retroactividad a los efectos de esta. Por ello, los cónyuges valencianos seguirán rigiéndose por el mismo régimen económico matrimonial que tuvieran, salvo que establezcan un nuevo régimen económico matrimonial en capitulaciones matrimoniales y que la declaración de inconstitucionalidad de la LREMV no afectará a las relaciones de los cónyuges con los terceros que, en todo caso, se regirán por el régimen matrimonial vigente en cada momento.

---

29 *Vid.* Mas Badía, M. D., "El alcance", op. cit., p. 362 y ss., para quien los problemas no se agotan con los relativos a la persistencia del régimen de separación de bienes, pese a que la STC 82/2016, de 28 de abril (*Tol 5792094*), se ciña a ellos, sino que persisten sobre el llamado régimen económico matrimonial primario.

30 En el mismo sentido, *vid.* Mas Badía, M. D., "El alcance", op. cit., p. 367.

31 *Vid.* en tal sentido, Guillen Catalán, R., "La inconstitucionalidad del régimen económico matrimonial valenciano. Comentario a la STC 82/2016, de 28 de abril", *Revista Derecho Civil Valenciano*, núm. 19, 2016, pp. 1-14.

2. *La ley 5/2011, de 1 de abril, de Relaciones Familiares de los hijos e hijas cuyos progenitores no conviven y la protección del interés del niño valenciano en situaciones de crisis familiar*

La Ley 5/2011 no fue la primera, pero sí una de las más significativas normas de la Comunidad Valenciana, que en desarrollo de las competencias en materia de Derecho civil que le confería el EACV, reguló soluciones que atendían al interés de los menores valencianos en situaciones de crisis familiar. Una ley pionera como pocas. No obstante, se derogó por la imposibilidad de probar la pervivencia y aplicación de especiales reglas en materia de relaciones paternofiliales en vigor al tiempo de aprobarse la Constitución. No fue suficiente, por tanto, una posible conexión entre los antiguos y derogados *Furs* del Reino de Valencia y las relaciones paternofiliales reguladas en la ley impugnada, pues lo que debía probarse era la pervivencia en el año 1978 de las costumbres que pudieran servir de punto de conexión, cuestión que en modo alguno ha resultado demostrada, lo que conduce inevitablemente a la declaración de inconstitucionalidad del conjunto de la Ley[32]. Ciertamente, resultó demoledora la doctrina de nuestro Tribunal Constitucional sobre el sentido de los términos "conservación", "modificación" y "desarrollo", quien reiteró que el techo competencial en materia de derecho civil es el presente en el art. 149.1.8 de la Constitución y no puede ser alterado por disposiciones estatutarias, jerárquicamente subordinadas a la Constitución española, que autoricen a un ejercicio más amplio de la competencia legislativa sobre Derecho civil, esto es, más allá

---

[32] No exento de polémica, asimismo, el voto particular del magistrado Juan Antonio Xiol Ríos, que discrepa del sentir mayoritario de la Sala, argumentando las mismas razones que ya expuso en las anteriores STC 82/2016, de 28 de abril (*Tol 5792094*) y STC 110/2016, de 9 de junio (*Tol 5753921*), y que pueden sintetizarse en los siguiente: a) que la regulación normativa valenciana ahora controvertida se funda en una competencia reconocida inequívocamente en la reforma del Estatuto de Autonomía de la Comunidad Valenciana; b) que los derechos históricos en materia de instituciones privadas son reconocidos por el Tribunal Constitucional cuando se consagran en un estatuto de autonomía, y c) que aunque no fuera así, dentro de las competencias ordinarias en materia de Derecho civil, la Comunidad Valenciana puede regular esta materia.

del conservar, modificar y desarrollar que pueden acometer aquellas Comunidades Autónomas donde existiera un Derecho civil propio al tiempo de promulgarse la Constitución. De ahí que —al decir del Tribunal—, "la llamada a recuperar y actualizar los antiguos Fueros no autorizaba al legislador autonómico a exceder la competencia en materia de legislación civil que el art. 149.1.8 CE permite a las Comunidades Autónomas con Derecho civil propio, más allá del cual se encuentra la competencia indisponible del Estado"[33]. El Tribunal Constitucional no cuestionó el contenido, conveniencia e idoneidad de las normas de Derecho valenciano que anuló sino que se limitó a anularlas por la falta de competencia de la Comunidad Valenciana para regular estas materias, con un claro resultado de agravio comparativo con otras comunidades autónomas. Pese a ello, se mantienen las situaciones jurídicas consolidadas al establecerse para éstas efectos *ex nunc* por cuestiones de seguridad jurídica y por la recta aplicación del principio que rige esta materia que no es otro que el del beneficio y protección del interés del menor[34].

---

33 Fundamento jurídico 4 de la STC 192/2016, de 16 de noviembre (*Tol 5922198*). Como se señala en la STC 82/2016, de 28 de abril (*Tol 5792094*) en su FJ 6, "tal competencia legislativa sólo puede tener por objeto las probadas y subsistentes costumbres forales que se hayan observado en determinadas zonas del territorio autonómico, siendo vetado a la Comunidad Autónoma valenciana, crear un Derecho civil *ex novo*".

34 STC 192/2016, de 16 de noviembre, (*Tol 5922198*) con los efectos previstos en el FJ 5, que declara que el pronunciamiento de inconstitucionalidad no afectará a las situaciones jurídicas consolidadas, pues las decisiones adoptadas por los órganos judiciales durante la vigencia de la Ley 5/2011, en relación a la fijación de un determinado régimen de guarda y custodia para los hijos menores —independientemente de cuál fuera el régimen que indiquen como preferente o deseable los legisladores estatal y autonómico—, se fundaron en la recta aplicación del principio que rige esta materia que no es otro que el del beneficio y protección del interés del menor. Asimismo, conforme al principio constitucional de seguridad jurídica, procede el mantenimiento de las referidas situaciones ya consolidadas con anterioridad al momento de la presente resolución. Por todo lo cual, los regímenes de guarda y custodia establecidos judicialmente en los casos que hubieran sido pertinentes, adoptados bajo la supervisión del Ministerio Fiscal y en atención al superior beneficio de los menores, seguirán rigiéndose, tras la publicación de la Sentencia, por el mismo régimen de guarda que hubiera sido en su momento ordenado judicialmente, sin que este pronunciamien-

El interés superior del niño ocupa el vértice de los diferentes intereses en conflicto en lo referente a la resolución de las distintas situaciones de crisis y discrepancia familiares. Su reconocimiento a nivel jurisprudencial se observa tanto en el Tribunal Supremo[35], como en el Tribunal Constitucional[36] y en el Tribunal Europeo de Derechos Humanos[37] que han recogido reiteradamente este principio en sus pronunciamientos y constituye ya tendencia que el interés del menor[38] ha de ser entendido como superior y prevalente en todo caso, más allá de las preferencias de los padres, tutores o administraciones públicas[39]. El interés superior del menor se ha erigido en un principio elemental, necesario e indeclinablemente inspirador del dictado de cualquier medida atinente a los hijos; por tanto, el interés de hijo menor es el que debe prevalecer por encima de cualquier otro, incluido el de sus padres o progenitores[40], hasta el punto de que el llamado *bonum filii* o favor filii ha sido elevado a principio universal del derecho, viniendo consagrado en nuestra legislación en diversos preceptos del Código Civil (arts. 92, 93, 94, 103.1, 154, 158 y 170 CC)

---

to deba conllevar necesariamente la modificación de medidas a que se refiere el art. 775 LEC.

35 SSTS 29 abril 2013 (*Tol 3711046*), 20 octubre 2014 (*Tol 4529938*), 17 noviembre 2015 (*Tol 5596288*), 27 junio 2016 (*Tol 5775431*), 27 junio 2016 (*Tol 5775378*), 21 junio 2017 (*Tol 6201490*), 26 febrero 2019 (*Tol 7099258*), 29 julio 2020 (*Tol 8039309*) y 29 julio 2020 (*Tol 8039303*), entre otras.

36 SSTC 152/2005, de 2 de junio (*Tol 673515*), 124/2002, de 20 de mayo, FD 6 (*Tol 258656*), 138/2014, de 8 de septiembre (*Tol 4517085*), 185/2012, de 17 de octubre (*Tol 2675044*).

37 STEDH de 11 octubre de 2016, rec. nº 23298/12, *affaire* Iglesias Casarrubias et Cantalapiedra Iglesias c. Espagne (*Tol 6412910*)

38 Dado que el interés superior del menor es un concepto jurídico indeterminado, sostiene la jurisprudencia que habrá de determinarse en cada caso concreto de conformidad con el art. 2 LOPJM.

39 (SSTS 5 febrero 2013 (*Tol 3010824*), 18 noviembre 2014 (*Tol 4556709*), 16 febrero 2015 (*Tol 4719934*), 17 noviembre 2015 (*Tol 5596288*), 27 junio 2016 (*Tol 5775378*), 12 mayo 2017 (*Tol 6097928*), 22 septiembre 2017 (*Tol 6355916*), 15 enero 2018 (*Tol 6484675*), 14 febrero 2018 (*Tol 6516349*), 6 abril 2018 (*Tol 6566012*), 24 abril 2018 (*Tol 6592056*), 9 de mayo 2018 (*Tol 6602553*), 15 octubre 2018 (*Tol 6852505*), 17 enero 2019 (*Tol 6999235*), 26 febrero 2019 (*Tol 7099258*), 5 abril 2019 (*Tol 7205213*), 24 septiembre 2019 (*Tol 7503994*).

40 SAP Ávila 30 septiembre 2019 (*Tol 7575498*).

y, en general, en cuantas disposiciones regulan cuestiones matrimoniales, paterno-filiales o tutelares, constituyendo un principio fundamental y básico orientador de la actuación judicial que concuerda con el constitucional de protección integral de los hijos (arts. 39.2 CE) y responde a la nueva configuración de la patria potestad.

La búsqueda del interés de los menores valencianos no ha sido ajena a la Comunidad valenciana. Es indudable que varias normas valencianas se dictaron buscando la protección de dicho interés; así lo hizo ya en 2011 la Ley 5/2011 que se dictó en beneficio y protección del interés del menor valenciano y que al igual que la norma aragonesa, la ley valenciana se destinaba a regular el régimen de guarda y custodia compartida como solución preferente y más idónea para garantizar el cumplimiento de las obligaciones derivadas de la patria potestad de los progenitores entre las que se encuentra tener a sus hijos en su compañía en aquellos supuestos de crisis conyugal en que los padres no conviven[41], pero también la Ley 12/2008, de 3 de julio, de protección integral de la infancia y la adolescencia de la Comunidad Valenciana, cuya finalidad era la promoción y desarrollo de los derechos básicos del menor y que reguló de forma bastante completa y avanzada el reconocimiento, la promoción y desarrollo de las entonces modernas tendencias y orientaciones sobre la protección de la infancia y la adolescencia[42]. Resulta interesante el artículo 22 de la Ley valenciana 12/2008, porque configuró un sistema de principios y valores que posteriormente se incluyeron en la Ley 5/2011. No sólo se estableció el principio de coparentalidad en el cuidado y educación de los menores sino que garantizó el derecho de éstos a que ambos progenitores participasen por igual en la toma de decisiones que afectaran a sus intereses. Asimismo, reconocía el derecho

---

41 *Vid.* El análisis De Verda Beamonte, J. R., "Menores de edad, alimentos, régimen de convivencia y atribución del uso de la vivienda familiar", *Diario La Ley*, 2014, núm. 8299, pp. 1-9 y de Verda Beamonte, J. R. Bueno Biot, A., "El régimen de los alimentos de los hijos menores de edad", en *Las crisis familiares* (dir. J. R. De Verda,), Tirant Lo Blanch, Valencia, 2021.

42 *Vid* en este sentido, Amat Llombart, P., "Régimen jurídico de la protección de la infancia y del menor en la Comunidad autónoma valenciana", en *Derecho y familia en el siglo XXI* (edit. R. Herrera Campos y M. A. Barrientos Ruiz), vol. 2, Universidad de Almería, Almería, 2011, pp. 863-884.

de cada menor a crecer y vivir con sus padres, si ambos manifestaban voluntad y aptitud para la crianza, procurándose en los casos de separación de los progenitores una convivencia igualitaria con ambos; o en el caso de separación de los progenitores, a mantener relaciones personales y contacto directo con ambos progenitores de modo regular y con sus hermanos, abuelos y demás parientes próximos o allegados, algo de suma importancia para el desarrollo psicosocial del menor. Finalmente, exigió que en la observancia de estos derechos debía prevalecer siempre el mayor interés de cada menor en vez de los intereses de progenitores u otros parientes[43], todo lo cual ha sido recogido, asimismo, posteriormente por nuestra jurisprudencia[44] y en el artículo 23 de la actual Ley 26/2018, de 21 de diciembre, de derechos y garantías de la infancia y la adolescencia valencianas.

Sin embargo la custodia compartida no fue una creación de la Ley valenciana 5/2011 sino que se trata de una creación jurisprudencial, que fue abriéndose paso lentamente a golpe de sentencia, como la muy conocida SAP de Valencia 1 septiembre 1997, frente a la tradicional regulación del sistema de custodia monoparental y que llegó hasta el Tribunal Constitucional, STC 4/2001, de 15 de enero[45] y fue arraigando desde entonces en la jurisprudencia del Tribunal Supremo, siendo finalmente regulada en la reforma que introdujo la Ley 15/2005 de 8 de julio, por la que se modifican el Código Civil y la LEC en materia de separación y divorcio y que introdujo la referencia expresa a la custodia compartida en la nueva redacción al art. 92 CC, aunque muy restrictivamente, pues frente a la anterior

---

43 Amat Llombart, P., "Incidencia de la ley 5/2011 de relaciones familiares de la comunidad valenciana en procedimientos de familia por cese de convivencia de los progenitores habiendo hijos bajo autoridad parental", *Revista Internacional de Doctrina y Jurisprudencia*, núm. 14, diciembre 2016, p. 4.

44 *Vid* (SSTS 5 febrero 2013 (*Tol 3010824*), 18 noviembre 2014 (*Tol 4556709*), 16 febrero 2015 (*Tol 4719934*), 17 noviembre 2015 (*Tol 5596288*), 27 junio 2016 (*Tol 5775378*), 12 mayo 2017 (*Tol 6097928*), 22 septiembre 2017 (*Tol 6355916*), 15 enero 2018 (*Tol 6484675*), 14 febrero 2018 (*Tol 6516349*), 6 abril 2018 (Tol 6566012), 24 abril 2018 (*Tol 6592056*), 9 de mayo 2018 (*Tol 6602553*), 15 octubre 2018 (Tol 6852505), 17 enero 2019 (*Tol 6999235*), 26 febrero 2019 (*Tol 7099258*), 5 abril 2019 (*Tol 7205213*), 24 septiembre 2019 (*Tol 7503994*).

45 STC 4/2001, de 15 de enero (*Tol 81387*).

libertad de origen jurisprudencial, la reforma la sometió a diversas restricciones como la solicitud de una de las partes (frente a la posibilidad de acordarla de oficio que el mismo Tribunal Constitucional había considerado legal en su sentencia de 15 de enero de 2001), el dictamen del Ministerio Fiscal —actualmente declarado inconstitucional—, y como no podía ser menos, la prevalencia del interés superior del menor. La Ley 5/2011, liberaba a la custodia compartida de esas injustificadas, y en parte inconstitucionales desconfianzas, pero ha regulado otros muchos aspectos que ofrecen sin duda aspectos problemáticos[46]. Esta ley de regulación poco extensa[47], supuso un avance importante en la nueva concepción y entendimiento de la coparentalidad, en el plano social y jurídico no sólo en el ámbito autonómico, ni únicamente en la Comunidad Valenciana sino en la concepción del Derecho de familia a nivel nacional[48]. Fue una norma avanzada y bien valorada doctrinalmente[49] porque miraba más allá de la óptica parental para centrar el foco en lo que conviene al hijo menor de edad. La norma valenciana, establecía como regla general en su art. 5.2, que salvo que otra cosa hubieran acordado los progenitores, la autoridad judicial "atribuirá a ambos progenitores, de manera compartida, el régimen de convivencia con los hijos e hijas menores de edad, sin que sea obstáculo para ello la oposición de uno de los progenitores o las malas relaciones entre ellos", extremo este último de gran importancia dado que las malas relaciones de los padres constituye, hasta fecha reciente un motivo muy considerado

---

46 Esparza Olcina, C., "La guarda compartida en el Código Civil español y en la Ley autonómica valenciana", en *Revista Boliviana de Derecho,* núm. 17, 2014, p. 204.

47 Constaba de siete artículos, una disposición adicional, una transitoria, una derogatoria y tres finales.

48 Destacaba en la Ley valenciana la regulación de las relaciones familiares de los progenitores que no conviven con sus hijos comunes sujetos a la autoridad parental, y la de éstos con sus hermanos, abuelos, otros parientes y allegados.

49 Esparza Olcina, C., "La guarda compartida", op. cit., p. 208, para quien la ley valenciana contiene una regulación acertada de la convivencia compartida, sin las trabas y rigideces que contiene el CC, aunque tiene algún aspecto muy problemático, como la compensación por el uso de la vivienda, que además es innecesaria.

por los Tribunales para la denegación de la custodia compartida. Así pues, la ley valenciana, junto con la vasca y a diferencia de la aragonesa[50], era más avanzada al mantener la custodia compartida como regla general, incluso frente desacuerdo entre los progenitores, la oposición de un progenitor o las malas relaciones existentes entre ambos padres. En opinión de algunos autores la norma valenciana suponía un impulso en pro de la plasmación y del reconocimiento fáctico del principio de igualdad entre los progenitores[51], al mismo tiempo que una voluntad efectiva encaminada a elegir para el menor la situación que resulte más adecuada para que sufra en la menor medida de lo posible la ruptura de sus progenitores[52]. De la voluntad de beneficiar al menor por parte de la anulada norma no dudamos, cuestión distinta es si la Ley 5/2011, en aplicación del definido reparto igualitario del tiempo de convivencia, quizás puso demasiado el acento en la corresponsabilidad parental más que en la coparentalidad y provocó, en las medidas adoptadas al albur de las crisis conyugales, el fenómeno denominado "niño maleta" que, en mi opinión, no compagina bien con la protección del interés del menor[53]. Pero ese es otro debate.

---

50 En este sentido, la Ley 6/2019, de 21 marzo, aprobada por las Cortes de Aragón, con la finalidad de suprimir la preferencia legal de la custodia compartida que contemplaba el art. 80.2 CDFA para sustituirse por un sistema de libre determinación judicial del régimen de custodia en atención al interés de los hijos menores, incorporando, a su vez la valoración de la dedicación de cada progenitor al cuidado de los hijos durante la convivencia para determinar esta cuestión.

51 Así, Reyes López, M. J., "La nueva regulación de las relaciones familiares de los hijos con los progenitores no convivientes en la Comunidad Valenciana", en *La Ley valenciana de relaciones familiares de los hijos cuyos progenitores no conviven*, Tirant lo Blanch, Valencia, 2011, pp. 18 y 23.

52 Reyes López, M. J., "La nueva regulación", op. cit., p. 18.

53 Sobre esta cuestión *vid.* Estellés Peralta, P. M., "Reflexiones en torno a la situación actual del Derecho foral valenciano en materia de familia: estudio especial de la patria potestad y la custodia compartida del menor valenciano", en *De l'autogovern valencià en la memoria col·*lectiva *al Dret civil valencià i el ancoratge col·lectiu i singular en la globalització* (dir. P. M. Estellés Peralta), Valencia, Tirant lo Blanch, 2021, pp. 245-273.

Al mismo tiempo, entre las muchas cuestiones significativas de esta anulada ley se podría destacar que la norma valenciana era pionera en algunos aspectos clave de esta materia, al ser la única que ofrecía definiciones para varios conceptos de gran relevancia e interpretación dispar, a diferencia de la norma estatal y del resto de leyes autonómicas que carecían de las mismas a pesar de formular nuevos términos o cambiar las acepciones de los ya existentes. Aunque a mi modo de ver la ley valenciana no acertó utilizando el término progenitores, pues no todos los padres son propiamente progenitores y dicho término excluye injustamente a los adoptivos[54], la norma resultaba interesante porque dejaba de emplear los habituales términos de "guarda y custodia", para acuñar la expresión "convivencia" y régimen de "relaciones familiares" en un intento por dar cabida a conceptos más amplios en las relaciones familiares. Convivencia y régimen de relaciones familiares son términos realmente más adecuados, y más reales, pues la palabra convivencia resalta que el menor convive con uno de los padres, pero ello no supone que éste ostente un poder sobre el hijo superior al del otro padre, y desde luego, el término relaciones familiares es menos ofensivo para el padre/madre que el de visitas, que convierte al otro padre/madre en un mero y esporádico "visitador" de su hijo. Esto va en la misma línea de las modernas convicciones sobre la familia[55].

Así las cosas, en su momento, la Ley 5/2011 era el único de los textos autonómicos que definía lo que se entiende por convivencia compartida[56] identificándola con la idea de reparto igualitario del

---

54 Recordemos que no todos los padres y madres son progenitores pues un porcentaje nada desdeñable son padres y madres adoptivos que no tienen genes en común con sus hijos. Resulta inadmisible la falta de inclusión del legislador que los posterga por no mencionalos al hacer uso de esta terminología excluyente.

55 Esparza Olcina, C., "La guarda compartida", op. cit., p. 204.

56 En este sentido, el art. 3. a) de la Ley 5/2011, al definir el concepto de custodia compartida determinó que "por régimen de convivencia compartida debe entenderse el sistema dirigido a regular y organizar la cohabitación de los progenitores que no convivan entre sí con sus hijos e hijas menores, y caracterizado por una distribución igualitaria y racional del tiempo de cohabitación de cada uno de los progenitores con sus hijos e hijas menores, acordado voluntariamente entre aquéllos, o en su defecto por decisión ju-

tiempo de convivencia[57]. En definitiva, la ley valenciana intentaba implantar un sistema de corresponsabilidad parental mediante el recurso a la custodia compartida, que se convirtió para el menor valenciano, en virtud de esta ley, en medida general, siendo excepcional la atribución de la custodia monoparental a uno u otro de los padres[58]. Una buena ley declarada inconstitucional.

3. Las uniones de hecho reguladas en la Ley 5/2012, de 15 de octubre, de uniones de hecho formalizadas de la Comunidad Valenciana

En el Derecho civil común no existe una regulación de las uniones de hecho, sí algunas normas dispersas que las equiparan a los

---

dicial". Caber destacar que ni el Código Civil ni la mayoría de las legislaciones autonómicas que han abordado la materia, nos han aportado tampoco una definición de la "guarda" y "custodia compartida".

57 *Vid.* Moliner Navarro, R., "El razonable ejercicio de la competencia por parte del legislador valenciano en materia de derecho civil: las tres primeras leyes civiles forales", en *Cuatro estudios sobre la competencia de la Generalitat Valenciana para legislar en materia de Derecho Civil,* Tirant lo Blanch, Valencia, 2013, pp. 309-312 y en "Orientaciones para un Dret Civil Valencià posible en materia de crisis por ruptura de la convivencia en pareja" en *Un derecho civil valenciano posible. Propuestas legislativas y proyección de futuros* (dir. J. Palao Gil) Tirant Lo Blanch, Valencia, 2021, p. 125, pues en su opinión esta Ley, fue seguramente, la más rigurosa en lo conceptual de las legislaciones autonómicas que regularon esta materia. En este sentido, incorporó una terminología nueva y más adecuada a la realidad de lo regulado, huyendo del tópico: hablaba de régimen de convivencia compartida y régimen de convivencia individual (evidenciando que es la convivencia con los hijos lo que se comparte, no la custodia). Para Reyes López, Mª. J., "La nueva regulación", op. cit. pp. 18 y 23, la ley valenciana, supuso "un impulso en pro de la plasmación y del reconocimiento fáctico del principio de igualdad entre los progenitores, al mismo tiempo que una voluntad efectiva encaminada a elegir para el menor la situación que resulte más adecuada para que sufra en la menor medida de lo posible la ruptura de sus progenitores".

58 Entiende Barona Sellés, M. A., "Valoración crítica sobre la Ley de la Generalitat, de relaciones familiares de los hijos e hijas cuyos progenitores no conviven", en *Ley Valenciana de relaciones de los hijos cuyos progenitores no conviven,* Tirant lo Blanch, Valencia, 2011, p. 223, que la convivencia compartida que establece la Ley valenciana como régimen preferente constituye una de las bondades de la Ley.

matrimonios en aspectos concretos, como el art. 16.2 de la Ley de Arrendamientos Urbanos de 1994, en materia de subrogación en el arrendamiento urbano por muerte del conviviente arrendatario o la pensión de viudedad del art. 221 LGSS o que tienen en cuenta la convivencia de hecho para reconocer o suprimir derechos como los arts. 101 o 244.1 CC. De ello se desprende que el legislador estatal no ignora esta realidad social, aunque se haya negado hasta ahora a darle un tratamiento legislativo integral y sistemático[59]. Ello provoca, junto con la disparidad de legislaciones autonómicas sobre la materia, una indeseable dispersión normativa, una grave inseguridad jurídica e incluso una ausencia de igualdad entre españoles según se resida en un determinado territorio del mismo país o se ostente una vecindad civil u otra. Lo cierto es que la regulación de las parejas de hecho en el marco de las Comunidades Autónomas es prácticamente la contraria al ámbito estatal, porque la mayor parte de ellas han optado por regular en una ley especial *ad hoc*, la situación de pareja no matrimonial. Se trata de leyes muy heterogéneas entre sí, tanto en su

---

59 Para García Rubio, M. P., "Parejas de hecho y lealtad constitucional", en *Homenaje al Pr. Francisco Javier Serrano García*, Universidad de Valladolid, Valladolid, 2004, pp. 35-63, en p. 58 y ss., esta omisión por parte del legislador estatal es de una regulación más o menos completa de este modo de convivencia —en este caso, tanto para parejas de homosexuales, como para las heterosexuales— debía de ser considerada como un caso de inconstitucionalidad por omisión derivada de la violación del principio de lealtad constitucional. Ello se manifestaba claramente en todos aquellos puntos en los que la falta de ejercicio de la competencia exclusiva del Estado impedía que las leyes de las Comunidades Autónomas sobre parejas desplegasen plenos efectos. A mi juicio tal era y sigue siendo la situación en el ámbito del Derecho Interregional y en el campo Procesal Civil. También en todos aquellos sectores del Derecho público en el que los intereses protegidos no han de depender del matrimonio, sino de la protección de las personas y de la familia en su más amplia acepción. En todo caso, señala la autora en "Las uniones", cit., p. 121, que pese a la aprobación de la Ley 13/2005, de 1 de julio, por la que se modifica el Código Civil en materia de derecho a contraer matrimonio a todos, permanecen las razones de lealtad constitucional que reclaman una ley de parejas al menos para regular el conflicto suscitado por el rimero de leyes autonómicas existentes, así como la necesidad de extender la protección de las parejas al ámbito procesal, fiscal, laboral y de seguridad social.

estructura como en su contenido[60]. Diferencias que no existen sólo en función de las competencias normativas de las diferentes CCAA en el ámbito del Derecho civil, sobre cuya materia pueden legislar unas y está vedada a otras, sino que entre las distintas regulaciones hay claros matices diferenciadores [61].

En el caso de la Comunidad Autónoma de Aragón, ya en 2010 reguló los efectos de la ruptura matrimonial y de la convivencia no matrimonial que no estaban contemplados en su Compilación de 1967, mediante su Ley 2/2010, de 26 de mayo, en la que, además, se reguló el reconocimiento de una pensión al ex conviviente al que la ruptura le generase un desequilibrio económico (art. 9). Posteriormente, esta norma junto a otras materias civiles, se refundieron en el Código de Derecho Foral de Aragón en cuyo art. 81 se atribuye el uso de la vivienda familiar y el ajuar doméstico, al progenitor (no necesariamente cónyuge) al cargo de los hijos tras la ruptura o al que tenga mayor dificultad para acceso a una vivienda[62]. Todo ello, muy alejado de su derecho foral compilado. En el Derecho civil catalán, pese a que se regularon muy tempranamente las uniones de hecho por la Ley 9/1998, de 15 de julio, se hizo al margen del Código de familia de Cataluña aunque más tarde, se incorporó al Libro segundo del Código civil de Cataluña, el régimen jurídico de la convivencia estable en pareja. A pesar de un importante paralelismo en la regulación catalana entre las parejas estables y las uniones matrimoniales (equiparación total en materia sucesoria, los pactos entre convivientes y relaciones y responsabilidades parentales, o la prestación económica por razón del trabajo para la casa), no puede afirmarse que exista entre las parejas casadas y las estables un régimen de estricta igualdad, en los supuestos de crisis de pareja relacionados, v. gr. con

---

60 Sobre esta cuestión muy comentada doctrinalmente, por todos *vid.*, de Amunátegui Rodríguez, C., *Uniones de hecho; una visión nueva visión después de la publicación de las leyes sobre parejas estables*, Tirant lo Blanch, Valencia, 2002 y Rodríguez Martínez, M. E., *La legislación autonómica sobre uniones de hecho. Revisión desde la Constitución*, Tirant lo Blanch, Valencia, 2003.

61 García Rubio, M. P., "Las uniones", op. cit., p. 117.

62 *Vid.* sobre esta cuestión López Azcona, A., "Las crisis familiares en la legislación aragonesa", en *Las crisis familiares. Tratado práctico interdisciplinar* (dir. J. R. De Verda y Beamonte), Tirant lo Blanch, Valencia, 2022, pp. 603-640.

la prestación alimentaria[63]. En la legislación vasca, la Ley 2/2003, de 7 de mayo, reguladora de las parejas de hecho permite a los convivientes regular las relaciones personales y patrimoniales derivadas de su unión mediante documento público o privado en el que consten sus respectos derechos y deberes así como las compensaciones económicas acordadas para el caso de disolución de la unión; y en defecto de pacto en relación al régimen económico-patrimonial, establece el art. 5.1 y 5.3 de la Ley 2/2003 (tras la reforma por la DA Segunda de la Ley 5/2015, de 25 de junio de Derecho Civil Vasco) que se aplicará el régimen de separación de bienes; o el derecho al cobro de una pensión compensatoria (art. 6)[64]. En la Comunidad Autónoma gallega, las parejas de hecho se regulan en la Disposición Adicional Tercera de la Ley 2/2006, de 14 de junio (modificada por el artículo único de la Ley 10/2007, de 28 de junio) y en el Decreto 248/2007, de 20 de diciembre que regula el Registro de Parejas de Hecho de Galicia. La citada Ley 2/2006 equipara al matrimonio las relaciones maritales con vocación de permanencia y extiende a los convivientes, en consecuencia, los derechos y obligaciones que la ley reconoce a los cónyuges. Respecto al Derecho balear, las uniones estables se regulan por la ley 18/2001, de 19 de diciembre y por el Decreto 112/2002, de 30 de agosto de Registro de Parejas Estables de las Islas Baleares. Al parecer, todo muy reciente...

Por lo que respecta a las legislaciones no forales, numerosas se encuentran en vigor aunque algunas de ellas planteen dudas sobre su constitucionalidad y/o hayan sido anuladas parcialmente. Es el caso de la Comunidad de Madrid, cuya Ley 11/2011, de 19 de diciembre, de Uniones de Hecho fue anulada parcialmente por el Tribunal Constitucional en la STC (Pleno) 81/2013, de 11 de abril[65], en lo relativo a los pactos reguladores de las relaciones económicas y

---

63 *Vid.* sobre esta cuestión Villagrasa Alcaide, C., "Las crisis familiares en la legislación catalana", en *Las crisis familiares. Tratado práctico interdisciplinar* (dir. J. R. De Verda y Beamonte), Tirant lo Blanch, Valencia, 2022, pp. 641-684.

64 *Vid.* al respecto, Castellanos Cámara, S., "Las crisis familiares en la legislación catalana", en *Las crisis familiares. Tratado práctico interdisciplinar* (dir. J. R. De Verda y Beamonte), Tirant lo Blanch, Valencia, 2022, pp. 685-722.

65 STC (Pleno) 81/2013, de 11 de abril (*Tol 3659972*).

patrimoniales de la unión de hecho, pero manteniendo los aspectos puramente administrativos de la norma: Dicha ley fue modificada por la Ley 11/2022, de 21 de diciembre. También regula únicamente aspectos administrativos la ley murciana, Ley 7/2018, de 3 de julio. No obstante, se pueden citar las siguientes comunidades autónomas no forales dotadas de leyes sobre uniones de hecho que regulan aspectos civiles y que no han sido derogadas por el Tribunal Constitucional como son Andalucía (Ley 5/2002, de 16 de diciembre), Asturias (Ley 4/2002, de 23 de mayo), Islas Canarias (Ley 5/2003, de 6 de marzo, para la regulación de las parejas de hecho, modificada por la Ley 4/2012, de 25 de junio, de medidas administrativas y fiscales), Cantabria (Ley 1/2005, de 16 de mayo) y Extremadura (Ley 5/2003 de 20 de marzo)[66].

La realidad valenciana ha constituido siempre un punto y aparte en las sentencias del Tribunal Constitucional. Como solución a la evidente realidad sociológica de España[67] en la que una parte de los españoles opta por la convivencia estable y no por el matrimonio, la Comunidad Valenciana en ejercicio de las competencias que le confiere el Estatuto de Autonomía, aprobó una primera ley, la Ley 1/2001, de 6 de abril, de la Generalitat, por la que se regulaban estas uniones de hecho estables. Y años más tarde, se aprobó la Ley 5/2012, de 15 de octubre, de la Generalidad Valenciana, de Uniones de Hecho Formalizadas de la Comunidad Valenciana (en adelante

---

66 *Vid.* sobre esta materia a Rabanete Martínez, I. J., "La liquidación de los efectos patrimoniales de las uniones de hecho en otras legislaciones autonómicas", en *Las crisis familiares. Tratado práctico interdisciplinar* (dir. J. R. De Verda y Beamonte), Tirant lo Blanch, Valencia, 2022, pp. 759-782.

67 De acuerdo con el Instituto de Política Familiar, "Informe de Evolución de la familia en España 2023. Indicadores Sociales", 25 abril 2024, se observa un decrecimiento del número de matrimonios y un incremento exponencial de las parejas de hecho; la crisis de nupcialidad es de gran magnitud porque mientras en 1975 se realizaban 745 matrimonios diarios, en la actualidad son apenas 491 matrimonios diarios, y a pesar del aumento de la población en más de 12 millones de personas en este período. la celebración de matrimonios ha decrecido un tercio (se han perdido 1 de cada 3 matrimonios, casi 100.000 matrimonios anuales menos) desde 1975, esto es, una reducción del 33%, lo que supone que de más de 271.000 matrimonios en 1975 se hayan celebrado apenas 179.000 en 2022.

LUHFCV), que deroga la Ley 1/2001 y regula las uniones de hecho formalizadas entendiendo por tales las formadas por dos personas que, con independencia de su sexo, convivan en una relación de afectividad análoga a la conyugal, y que cumplan los requisitos de inscripción que se establecen en su art. 3 y cuya relación consta en la correspondiente inscripción o bien en otro documento público inscrito en el Registro de Uniones de Hecho Formalizadas de la Comunidad Valenciana.

Se debe resaltar que la aprobación de esta ley supuso un salto cualitativo en la regulación materia civil de esta cuestión para los valencianos. Reguló el estatus de las relaciones personales, derechos y deberes patrimoniales entre los convivientes; declaró el carácter constitutivo de la inscripción de la unión en el Registro de Uniones de Hecho siempre que se cumplimentasen los requisitos de estabilidad y permanencia referidos en la norma; equiparó al conviviente con el cónyuge supérstite en cuanto a efectos sucesorios. No obstante, la STC 110/2016, de 9 junio[68], atendiendo al art. 149.1.8 CE, y pese a los arts. 7. 49.1 y DT 3ª EACV, que reconocen la competencia de la Generalitat para legislar en materia de derecho civil foral valenciano, determinó la falta de competencia de la Comunidad Valenciana para regular las consecuencias civiles de las uniones de hecho formalizadas, con el resultado de declarar la nulidad de todos los preceptos de carácter civil manteniendo los de carácter administrativo.

Ahora bien, en este caso, es razonable la argumentación jurisprudencial debido a la ausencia de costumbre probada preexistente a la Constitución porque a diferencia de lo sucedido con los arrendamientos históricos, la existencia y contenido de esas costumbres sí es aquí "dudosa". Tampoco existía legislación al respecto. Así pues, no es posible regular instituciones no vigentes en 1978 y tampoco regularlas *ex novo*, como es el caso de las uniones de hecho, ni para la Comunidad Valenciana ni para otras Comunidades Autónomas.

---

[68] STC 110/2016, de 9 de junio (*Tol 5753921*).

VII. LA RIGUROSA POSTURA DEL TRIBUNAL CONSTITUCIONAL CON LA CUESTIÓN FORAL VALENCIANA

La STC 121/1992, de 28 de septiembre (*Tol 80731*), en relación con diversos preceptos de la Ley 6/1986, de 15 de diciembre, sobre Arrendamientos Históricos Valencianos, se posicionó afirmando que el adecuado entendimiento del artículo 149.1.8 CE quedaba plasmado en el artículo 31.2 del Estatuto de Autonomía de la Comunidad Valenciana, dado que la competencia exclusiva que allí se atribuye a la Generalidad en orden a la "conservación, modificación y desarrollo del Derecho civil valenciano" sólo puede estimarse referida al Derecho consuetudinario que subsistiera en el territorio de la Comunidad Autónoma. Escasa, por consiguiente, la materia sobre la que poder conservar, desarrollar y modificar[69].

Años más tarde, tres sentencias de gran trascendencia desde la óptica del derecho civil en materia de familia, fueron dictadas por el Tribunal Constitucional, a saber, las SSTC 82/2016, de 28 de abril (*Tol 5792094*); 110/2016, de 9 de enero (*Tol 5753921*); y 192/2016, de 16 de noviembre, (*Tol 5922198*) que respectivamente han declarado inconstitucionales las Leyes 10/2007, de 20 de marzo, de Régimen Económico Matrimonial Valenciano; 5/2012, de 15 de octubre, de Uniones de Hecho Formalizadas de la Comunidad Valenciana (de esta, solamente, sus preceptos de carácter civil); y 5/2011, de 1 de abril, de Relaciones Familiares de los Hijos e Hijas cuyos Progenitores no Conviven. La importancia de tales sentencias radica, no solo en la declaración de inconstitucionalidad de la legislación civil autonómica valenciana en materia de derecho de familia, sino también en que, con ellas, queda desautorizada la tesis, según la cual la modificación del Estatuto de Autonomía de la Comunidad Valenciana (EACV), llevada a cabo por la Ley Orgánica 1/2006, de 10 de abril, autorizaba a ésta para legislar sobre cualquier materia que hubiera formado parte del derecho histórico del Antiguo Reino de Valencia,

---

69 Sobre esta cuestión *vid.* Estellés Peralta, P. M., "Los constantes intentos", op. cit., pp. 150 y ss.

que, como es sabido, fue derogado por Felipe V a través del Decreto de Nueva Planta de 29 de junio de 1707.

Un importante sector doctrinal se muestra de acuerdo con la solución adoptada por las sentencias comentadas que suponen un freno al Derecho civil valenciano, así BERCOVITZ[70], quien tras dictarse la STC 82/2016, de 28 de abril (*Tol 5792094*), relativa al régimen económico matrimonial, señala la importancia de la misma en tanto que reitera la sumisión de los Estatutos de Autonomía, y, consecuentemente, de su interpretación y aplicación, al texto constitucional, a nuestra Constitución, rechazando así una vez más la pretensión de interpretación conjunta en pie de igualdad de nuestra Constitución y de los Estatutos de Autonomía. Tras dictarse las otras dos sentencias, el mismo autor, en un trabajo posterior[71], señala que queda claro que el art. 149.1.8 CE no permite a las legislaciones autonómicas resucitar derechos civiles propios que hubieran dejado de estar vigentes antes de la entrada en vigor de la Constitución, es decir, derecho histórico, por lo que los legisladores autonómicos no pueden, al socaire del desarrollo del propio derecho civil foral o especial, regular materias ajenas a lo previamente regulado por el mismo sino existe una conexión directa y cierta de aquéllas con el derecho civil o foral vigente.

Para Xiol Rius[72], de entre las distintas concepciones —foral residual, histórico-foral y federal— la llamada concepción histórico-foral, en cuanto pudiera tener aplicación al Derecho civil, tiene un evidente reflejo en la Disposición Adicional Primera de la Constitución, según la cual, la Carta Magna ampara y respeta los derechos históricos de los territorios forales y la actualización general de dicho régimen foral se llevará a cabo, en su caso, en el marco de la Consti-

---

70 Bercovitz Rodríguez-Cano, R., "Alto al Derecho civil valenciano", *Revista Doctrinal Aranzadi Civil-Mercantil*, núm. 7, pp. 23-26.

71 Bercovitz Rodríguez-Cano, R., "¿Suma y sigue?", *Revista Doctrinal Aranzadi Civil-Mercantil*, 2, 23-28. Asimismo, Blasco Gascó, F., "La recuperación de la competencia legislativa en materia de Derecho civil", *Revista Jurídica de la Comunidad Valenciana*, núm. 18, 2006, pp. 15-24.

72 Xiol Rius, J. A., "Reflexiones sobre la competencia en Derecho Civil en el Siglo XXI", en la obra colectiva *La Constitución Española y los Derechos Civiles Españoles cuarenta años después. Su evolución a través de las sentencias del Tribunal Constitucional*, Tirant lo Blanch, Valencia, 2019, pp. 207 y ss., en p. 216.

tución y de los Estatutos de Autonomía. Sin embargo, el sentido que debe atribuirse a la expresión *territorios forales*, ha sido interpretado restrictivamente por el Tribunal Constitucional como referida únicamente al País Vasco y Navarra, dejando a Valencia fuera de este reconocimiento en un claro agravio comparativo a nivel histórico, político y jurídico. Y hay más, la STC 31/2010, de 28 de junio (*Tol 1880189*) sobre el Estatuto de Autonomía de Cataluña, al abordar la cuestión relativa al papel de los derechos históricos, después de desvincularlos de la Disposición Adicional Segunda de la Constitución, cita el art. 5 EAC —referido a los derechos históricos de Cataluña como fundamento de autogobierno— haciendo referencia a la existencia de "una posición singular de la Generalitat en relación con el derecho civil" basada en los mismos y señalando el Tribunal Constitucional que "se refieren a derechos y tradiciones de Derecho privado", con lo que les reconoce alguna relevancia, que por otro lado, no concreta. Esta misma concepción histórico-foral del Derecho civil parece, asimismo, tener un reflejo en la Disposición Transitoria Tercera del reformado Estatuto de Autonomía de la Comunidad Valenciana, en el cual se afirma que la competencia exclusiva sobre el Derecho civil foral valenciano se ejercerá por la Generalitat, en los términos establecidos por este Estatuto, a partir de la normativa foral del histórico Reino de Valencia, que se recupera y actualiza, al amparo de la Constitución Española. Paralelamente a lo dispuesto en esta disposición transitoria, el art. 49.1.2ª considera como competencia exclusiva de la comunidad autónoma valenciana la conservación, desarrollo y modificación del Derecho civil foral valenciano y, previamente, el art. 7.1 afirma que el desarrollo legislativo de las competencias de la Generalitat procurará la recuperación de los contenidos correspondientes de los Fueros del histórico Reino de Valencia en plena armonía con la Constitución y con las exigencias de la realidad social y económica valenciana. Esta reintegración se aplicará, en especial, al entramado institucional del histórico Reino de Valencia y su propia onomástica en el marco de la Constitución Española y de este Estatuto de Autonomía. Con todo ello y pese a lo antedicho, tres sentencias del Tribunal Constitucional rechazan que estos preceptos consagren la interpretación histórica de los derechos forales: las SSTC 82/2016, de 28 de abril (*Tol 5792094*), sobre régimen económico matrimonial valenciano; la Sentencia 110/2016, de 9 de junio (*Tol 5753921*), sobre uniones de hecho en la Comunidad Valenciana; y la Sentencia 192/2016, de 16 de noviembre (*Tol 5922198*), sobre relaciones familiares de los hijos e hijas cuyos progenitores no conviven en la Comunidad Valenciana. Lo más destacable de estas sentencias, en lo que estamos comentando, es que se mantiene la posición foral residual pero con la exigencia de que las innovaciones legislativas tengan conexión con instituciones consuetudinarias dotadas de identidad propia vigentes en Valencia en el momento de la entrada en vigor de la Constitución. Precisamente a ello, el magistrado Xiol Rius formuló un voto particular a las mismas, señalando que en estos casos el art. 149.1.8 CE otorga amparo al derecho foral entendido como derecho foral relevante históricamente para la comunidad, pues así se desprende tanto de las disposiciones sobre recuperación de los fueros del histórico reino de Valencia en el Estatuto de Autonomía como de la posibilidad, aceptada en la STC 31/2010, de 28 de junio (*Tol 1880189*), sobre el Estatuto de Autonomía de Cataluña, sobre reconocimiento de los derechos históricos en materia privada cuando se consagren en un estatuto de autonomía.

El caso es que el Tribunal Constitucional que parecía seguir la concepción foral residual[73] ha ido cambiando de criterio a lo largo de los años y según las comunidades autónomas destinatarias de sus pronunciamientos[74]. Desgraciadamente, la competencia de la Comu-

---

[73] En opinión de Xiol Rius, J. A., "Reflexiones sobre", op. cit., p. 210.

[74] Destaca así la postura del Tribunal Constitucional señalada en la STC 121/1992, de 28 de septiembre (*Tol 80731*), en relación con la Ley 6/1986, de 15 de diciembre, de la Generalidad Valenciana, sobre Arrendamientos Históricos Valencianos y que sería posteriormente confirmada por la STC 182/1992, de 16 de noviembre (*Tol 81962*), declarando conforme a la Constitución, la Ley 2/1986 de 10 de diciembre, del Parlamento de Galicia, de prórroga en el régimen de arrendamientos rústicos para Galicia consolidando una doctrina según la cual, el derecho civil especial o foral, que según el art. 149.1,8ª CE, debía preexistir al tiempo de la promulgación de la CE, no era, exclusivamente, el regulado en las compilaciones, sino también el contenido en normas consuetudinarias. Se seguía, pues, una tesis contraria a la de algunos autores que identificaban el derecho foral con el compilado y que, por tanto, sirvió de argumento para excluir a la Comunidad Valenciana, al no tener compilación, y privarla, por tanto, de capacidad para legislar sobre su derecho foral.

nidad Valenciana en materia de Derecho civil ha sido la más condicionada y perjudicada por los vaivenes de la jurisprudencia del Alto Tribunal.

Intentarse, se intentó. Por desgracia cada intento fracasó en el muro de la inconsistencia jurídico-jurisprudencial.

1. **Eppur si muove***: las situaciones consolidadas*

Como pone de relieve MAS BADÍA, la realidad de la jurisprudencia constitucional es que las leyes inconstitucionales no siempre se declaran nulas y cuando se determina su nulidad, en gran parte de los casos, se dejan a salvo ciertos efectos jurídicos de las mismas. En relación con los efectos de la declaración de inconstitucionalidad de las leyes valencianas de familia, las tres sentencias que las declaran inconstitucionales presentan algunas notas que las singularizan respecto de otras en las que el Alto Tribunal ha plasmado su doctrina acerca de la delimitación de la eficacia temporal de la declaración de inconstitucionalidad/nulidad[75].

La STC 82/2016, de 28 de abril (*Tol 5792094*), declara inconstitucional y nula la totalidad de la Ley de régimen económico matrimonial valenciano y dedica el FJ 8 a precisar el alcance de esta declaración[76]. En la sentencia, el Tribunal Constitucional acota la eficacia temporal, señalando que no afectará a las situaciones jurídicas consolidadas, declaración genérica, en la línea de otras muchas que no añade nada nuevo si la confrontamos con su propia doctrina sobre esta materia. Los motivos los explica el Alto Tribunal en sus

---

75 Mas Badía, M. D., "El alcance", op. cit., p. 357.

76 STC 82/2016, de 28 de abril (*Tol 5792094*), FJ 8: "Por tal motivo, rigiendo en esta materia el principio capitular y siendo respetuoso con las libertades individuales, tras la publicación de esta Sentencia, seguirán rigiéndose por el mismo régimen económico matrimonial que hubiera gobernado sus relaciones, salvo que su voluntad contraria sea manifestada mediante las oportunas capitulaciones. Por lo demás, la declaración de nulidad de la LREMV no ha de afectar a las relaciones de los cónyuges con los terceros que, en todo caso, se regirán por el régimen matrimonial vigente en cada momento".

Fundamentos Jurídicos al afirmar que si durante la vigencia de la Ley de Régimen Económico Valenciano que ahora se declara inconstitucional, los cónyuges sujetos al derecho civil foral valenciano no han hecho uso de su facultad de capitulación, ello obedece a su voluntad de someterse al régimen subsidiario de primer grado que aquélla establece. Es decir, que los cónyuges casados bajo la vigencia de la ley y que no capitularon para establecer otro régimen distinto van a mantener la separación de bienes sin que quepa aplicar automáticamente el régimen de gananciales que establece el Código Civil como supletorio de primer grado y apoyando este razonamiento en el principio de su autonomía privada, que implícitamente se deduce de no haber otorgado capitulaciones pudiendo hacerlo[77].

En relación con los matrimonios celebrados desde la entrada en vigor de la Ley de Régimen Económico Valenciano hasta el día siguiente a la publicación de la STC 82/2016, de 28 de abril (*Tol 5792094*) en el *BOE*, el día 31 de mayo de 2016, la cuestión es a qué régimen de separación de bienes seguirán sujetos los cónyuges mientras no convengan otro distinto, si al regulado por la ley valenciana o por el Código Civil. Al respecto, entiende la doctrina que el régimen que persiste es la separación de bienes diseñada por la Ley de Régimen Económico Valenciano, desde el momento en que se trata de mantener una situación consolidada originada bajo la vigencia de la ley declarada inconstitucional y nula, matizándose el alcance de la retroactividad[78]. Por tanto, se seguirá aplicando el régimen de separación de bienes como régimen supletorio de primer grado a aquellos

---

77 Para Mas Badía, M. D., "El alcance", op. cit., p. 363, el Tribunal Constitucional debería haber sustentado su argumentación para afirmar la continuidad del régimen de separación de bienes de los matrimonios valencianos concertados vigente la LREMV que no pactaron otro distinto en el argumento de la seguridad jurídica, que conduce al respeto de las situaciones consolidadas, hubiera bastado para llegar a la misma conclusión y es el que debería haberse utilizado en lugar del principio de libertad o de autonomía privada, lo que resulta cuestionable para la autora.

78 *Vid.* Mas Badía, M. D., "El alcance", op. cit., p. 362 y ss., para quien los problemas no se agotan con los relativos a la persistencia del régimen de separación de bienes, pese a que la STC 82/2016, de 28 de abril (*Tol 5792094*), se ciña a ellos, sino que persisten sobre el llamado régimen económico matrimonial primario.

matrimonios que no hubieran redactado carta de nupcias, salvo que una vez publicada la STC, manifiesten su voluntad de establecer otro régimen económico matrimonial en capitulaciones matrimoniales.

Sin embargo, la STC no menciona el supuesto de que los cónyuges hubieran otorgado carta de nupcias y hubieran establecido un específico régimen económico matrimonial como, por ejemplo, el régimen de germanía al que la declaración de inconstitucionalidad de la ley no afecta puesto que las germanías estipuladas; porque la germanía tenía necesariamente un origen voluntario y en ningún caso operaba como régimen legal supletorio, ni de primer ni de segundo grado, por lo que esta figura se encontraba amparada por la libertad de pactos, también reconocida en el Código Civil[79]. En resumen, muchas cosas quedan en aire que no contempla la STC, no obstante, puede afirmarse que, salvo acuerdo en contrario en capitulaciones matrimoniales, se mantiene vigente el citado pacto económico[80] y la declaración de inconstitucionalidad no afectará a las situaciones jurídicas consolidadas porque no se le concede retroactividad a los efectos de la misma. Por ello, los cónyuges valencianos seguirán rigiéndose por el mismo régimen económico matrimonial que tuvieran, salvo que establezcan un nuevo régimen económico matrimonial en capitulaciones matrimoniales y que la declaración de inconstitucionalidad de la Ley no afectará a las relaciones de los cónyuges con los terceros que, en todo caso, se regirán por el régimen matrimonial vigente en cada momento.

Respecto a la STC 192/2016, de 16 de noviembre (*Tol 5922198*), sobre la Ley 5/2011, traemos de nuevo a colación la fundamentación jurídica del Tribunal Constitucional que en su FJ 5 argumenta que en cuanto al alcance del pronunciamiento de inconstitucionalidad debe precisarse que no afectará a las situaciones jurídicas consolidadas, pues el Tribunal entiende que las decisiones adoptadas por los órganos judiciales durante la vigencia de la Ley 5/2011 que ahora se declara inconstitucional, en relación a la fijación de un determinado régimen de guarda y custodia para los hijos menores —independientemente de cuál fuera el régimen que indiquen como preferente o

79 En el mismo sentido, *vid.* Mas Badía, M. D., "El alcance", op. cit., p. 367.

80 *Vid.* en tal sentido, Guillen Catalán, R., "La inconstitucionalidad", op. cit.

deseable los legisladores estatal y autonómico—, se fundaron en la recta aplicación del principio que rige esta materia que no es otro que el del beneficio y protección del interés del menor. Asimismo, conforme al principio constitucional de seguridad jurídica, procede el mantenimiento de las referidas situaciones ya consolidadas con anterioridad al momento de la presente resolución. En este pronunciamiento, el Tribunal Constitucional va a más allá de apelar al argumento de la seguridad jurídica y se apoya, además, en el respeto del interés superior del menor que rige, asimismo, en el Código Civil, como no podía ser menos pero es consciente del nuevo panorama legislativo que dibuja su declaración de inconstitucionalidad en relación con las futuras demandas instando la modificación de medidas definitivas y que pretende frenar cuando en su FJ 5 afirma que "los regímenes de guarda y custodia establecidos judicialmente en los casos que hubieran sido pertinentes, adoptados bajo la supervisión del Ministerio Fiscal y en atención al superior beneficio de los menores, seguirán rigiéndose, tras la publicación de esta STC, por el mismo régimen de guarda que hubiera sido ordenado judicialmente en su momento, sin que este pronunciamiento deba conllevar necesariamente la modificación de medidas a que se refiere el art. 775 LEC".

Por último, la STC 110/2016, de 9 de junio (*Tol 5753921*), que declara inconstitucional una gran parte de la Ley 5/2012, de 15 de octubre, de Uniones de Hecho Formalizadas de la Comunidad Valenciana, precisa el alcance temporal de los efectos de la declaración de inconstitucionalidad en el FJ 10 amparándose en el principio de seguridad jurídica consagrado en el art. 9.3 CE que "aconseja limitar los efectos de esta sentencia, que tendrá solo efectos *pro futuro,* sin afectar a las 'situaciones jurídicas consolidadas' y remitiéndose a la sentencia STC 93/2013, de 23 de abril (*Tol 3711269*), en relación a la Ley Foral de Navarra 6/2000, de 3 de julio, para la Igualdad Jurídica de las Parejas Estables, en cuyo FJ 14 argumenta que "dotar de eficacia *ex tunc* a nuestra declaración de inconstitucionalidad podría producir importantes perjuicios a las parejas estables cuya relación se haya desarrollado durante este tiempo de conformidad con las previsiones de dicha Ley... Más allá de ese mínimo impuesto por el art. 40.1 LOTC debemos declarar que el principio constitucional de seguridad jurídica (art. 9.3 CE) también reclama que —en el asunto que nos ocupa— esta declaración de inconstitucionalidad solo sea eficaz pro futuro, esto es, en relación con nuevos supuestos o con los procedimientos administrativos y procesos judiciales donde aún no haya recaído una resolución firme", puesto que el principio de seguridad jurídica (art. 9.3 CE) reclama la intangibilidad de las situaciones jurídicas consolidadas; no solo las decididas con fuerza de cosa juzgada, sino también las situaciones administrativas firmes.

Así pues, el Derecho civil valenciano, a pesar de todo y en dosis pequeñas ¡se mantiene! o como dijo el sabio: "Eppur si muove"[81]. Lo que se mueve tiene recorrido.

VIII. A MODO DE CONCLUSIÓN

Indudablemente, la jurisprudencia del Tribunal Constitucional tienen gran importancia y relevancia, tanto en la declaración de inconstitucionalidad de la legislación civil autonómica valenciana en materia de derecho de familia, como también en que, con ellas, queda desautorizada la tesis según la cual la modificación del Estatuto de Autonomía de la Comunidad Valenciana (EACV) llevada a cabo por la Ley Orgánica 1/2006, de 10 de abril, autorizaba a ésta para legislar sobre cualquier materia que hubiera formado parte del derecho histórico del antiguo Reino de Valencia.

Tampoco hay duda del agravio comparativo sin igual con otras Comunidades Autónomas y de la incomprensible intolerancia con la Comunidad Valenciana. Del tratamiento injusto y asimétrico que ha sufrido la Comunidad Valenciana teniendo en cuenta que otras Comunidades Autónomas en situación semejante han visto consolidadas sus leyes al no haber sido recurridas por inconstitucionalidad o por haberse retirado los recursos al efecto.

Se echa en falta una interpretación evolutiva del art. 149.1-8 CE por parte del Tribunal Constitucional que no quiso realizar; en concreto de la expresión "allí donde existan" si tenemos en cuenta el art. 3 CC; constituye un agravio comparativo la interpretación de las leyes del País Vasco que tan sólo se aplicaban a una parte del territorio

---

81 Frase atribuida a Galileo Galilei, en 1633.

vasco y el Tribunal Constitucional no tuvo impedimento en que se extendieran territorialmente a todo el País Vasco. Parece que se repite el castigo que nos infligió Felipe V en 1707. Algunos males llegan a superar los trescientos años, en el caso de los valencianos.

No es posible, en consecuencia, construir un derecho civil valenciano por la vía exclusiva de las costumbres forales conservadas y probadas. Tampoco es posible la previsión de recuperación competencial a través del expediente de una revisión interpretativa por parte del Tribunal Constitucional, que resulta prácticamente —y absolutamente— inviable por el momento.

La Comunidad Valenciana ha llevado a cabo varios intentos legislativos en materia autonómica con el fin de desarrollar las instituciones civiles propias y más próximas al valenciano que han culminado incluso con una proposición de reforma constitucional infructuosa y la tramitación de una propuesta que solicita expresamente la derogación de los decretos de Nueva Planta de fecha muy reciente. Esta insistencia legislativa de la Comunidad Valenciana viene amparada en varios e importantes preceptos de su Estatuto de Autonomía, tanto en su redacción actual tras la reforma de 2006 como en su redacción originaria de 1982, que le atribuyen la competencia exclusiva sobre el Derecho civil valenciano. Todos ellos infructuosos.

La batalla jurídica por la reviviscencia del derecho civil valenciano es una realidad constante y necesaria para reafirmar y recuperar el Derecho civil valenciano.

IX. BIBLIOGRAFÍA

Amat Llombart, P., "Incidencia de la ley 5/2011 de relaciones familiares de la comunidad valenciana en procedimientos de familia por cese de convivencia de los progenitores habiendo hijos bajo autoridad parental", *Revista Internacional de Doctrina y Jurisprudencia*, núm. 14, diciembre 2016, pp. 4 y ss.

— "La competencia legislativa en materia de Derecho civil del artículo 149.1.8ª de la Constitución Española. Disfunciones en torno al Derecho civil valenciano e interpretación del Tribunal Constitucional", *Indret*, 4/2017, pp. 5 y ss.

— "Régimen jurídico de la protección de la infancia y del menor en la Comunidad autónoma valenciana", en *Derecho y familia en el siglo XXI* (edit. R. Herrera Campos y M. A. Barrientos Ruiz), vol. 2, Universidad de Almería, Almería, 2011, pp. 863-884.

Barona Sellés, M. A., "Valoración crítica sobre la Ley de la Generalitat, de relaciones familiares de los hijos e hijas cuyos progenitores no conviven", en *Ley Valenciana de relaciones de los hijos cuyos progenitores no conviven*, Tirant lo Blanch, Valencia, 2011, pp. 223 y ss.

Baydal Sala, V., "La importancia de dir-se Regne i voler ser´ho. Els origens de l'autogovern valencià a l'edat Mitjana (1231-1419) en *De l'autogovern valencià en la memoria col·*lectiva *al Dret civil valencià i el ancoratge col·lectiu i singular en la globalització* (dir. P. M. Estellés Peralta), Valencia, Tirant lo Blanch, 2021, pp. 17-50.

Bercovitz Rodríguez-Cano, R., "¿Suma y sigue?", *Revista Doctrinal Aranzadi Civil-Mercantil*, núm. 2, pp. 23-28.

— "Alto al Derecho civil valenciano", *Revista Doctrinal Aranzadi Civil-Mercantil*, núm. 7, pp. 23-26.

Blasco Gascó, F., "La competencia legislativa de la Generalitat Valenciana en materia de Derecho civil", *Revista Jurídica de la Comunidad Valenciana*, núm. 33, 2010, pp. 7-30.

— "La recuperación de la competencia legislativa en materia de Derecho civil", *Revista Jurídica de la Comunidad Valenciana*, núm. 18, 2006, pp. 15-24.

Castellanos Cámara, S., "Las crisis familiares en la legislación catalana", en *Las crisis familiares. Tratado práctico interdisciplinar* (dir. J. R. De Verda y Beamonte), Tirant lo Blanch, Valencia, 2022, pp. 685-722.

Castillo Martínez, C. del C., "Derecho Foral Valenciano y Derecho Civil Valenciano. Reflexiones para una recuperación y desarrollo constitucional de nuestro derecho", *Actualidad Jurídica Iberoamericana*, núm. 12, febrero 2020, pp. 866-889.

Chirivella Vila, J. R., "La reforma constitucional, singularidad y motivación de la vía elegida por les Corts Valencianes para legislar en materia civil", en *De l'autogovern valencià en la memoria col·*lectiva *al Dret civil valencià i el ancoratge col·lectiu i singular en la globalització* (dir. P. M. Estellés Peralta), Tirant lo Blanch, Valencia, 2021, pp. 207-244.

Clemente Meoro, M., "Sobre el posible régimen económico matrimonial valenciano" en *Un Derecho civil valenciano posible. Propuestas legislativas y proyección de futuros* (dir. J. Palao Gil), Tirant lo Blanch, Valencia, 2021, pp. 77 y ss.

De Amunátegui Rodríguez, C., *Uniones de hecho; una visión nueva visión después de la publicación de las leyes sobre parejas estables*, Tirant lo Blanch, Valencia, 2002.

De Verda Beamonte, J. R. y Bueno Biot, A. "El régimen de los alimentos de los hijos menores de edad", en *Las crisis familiares*, (dir. J. R. De Verda), Tirant Lo Blanch, Valencia, 2021.

— "Menores de edad, alimentos, régimen de convivencia y atribución del uso de la vivienda familiar", *Diario La Ley*, núm. 8299, 2014, pp. 1-9.

— "¿Qué es lo que queda del Derecho civil valenciano en materia de familia?", *Derecho Privado y Constitución*, núm. 31, enero/diciembre, 2017, pp. 111-162.

Esparza Olcina, C., "La guarda compartida en el Código Civil español y en la Ley autonómica valenciana", *Revista Boliviana de Derecho*, núm. 17, 2014, p. 204.

Estellés Peralta, P. M., "Los constantes intentos de mantener y desarrollar instituciones propias del Derecho civil y el suma y sigue del agravio jurisprudencial valenciano", en *De l'autogovern valencià en la memoria col·*lectiva *al Dret civil valencià i el ancoratge col·lectiu i singular en la globalització* (dir. P. M. Estellés Peralta), Tirant lo Blanch, Valencia, 2021, pp.148-188.

— "Reflexiones en torno a la situación actual del Derecho foral valenciano en materia de familia: estudio especial de la patria potestad y la custodia compartida del menor valenciano", en *De l'autogovern valencià en la memoria col·*lectiva *al Dret civil valencià i el ancoratge col·lectiu i singular en la globalització* (dir. P. M. Estellés Peralta), Tirant lo Blanch, Valencia, 2021, pp. 245-273.

García Edo, V., "La redacción y promulgación de la 'Costum' de Valencia", *Anuario de Estudios Medievales*, núm. 26, 1996, pp. 713-728.

García Rubio, M. P., "Parejas de hecho y lealtad constitucional", en *Homenaje al Pr. Francisco Javier Serrano García*, Universidad de Valladolid, Valladolid, 2004, pp. 35-63.

Guillen Catalán, R., "La inconstitucionalidad del régimen económico matrimonial valenciano. Comentario a la STC 82/2016, de 28 de abril", *Revista Derecho Civil Valenciano*, núm. 19, 2016, pp. 1-14.

Instituto de Política Familiar, "Informe de Evolución de la familia en España 2023. Indicadores Sociales", 25 abril 2024.

López Azcona, A., "Las crisis familiares en la legislación aragonesa", en *Las crisis familiares. Tratado práctico interdisciplinar* (dir. J. R. De Verda y Beamonte), Tirant lo Blanch, Valencia, 2022, pp. 603-640.

Mas Badía, M. D., "Luces y sombras de la ley de régimen económico matrimonial valenciano tras su declaración de inconstitucionalidad", *Revista Derecho Civil Valenciano*, núm. 19, 2016, p. 2 y ss.

Moliner Navarro, R., "El razonable ejercicio de la competencia por parte del legislador valenciano en materia de Derecho civil: las tres primeras leyes civiles forales", en *Cuatro estudios sobre la competencia de la Generalitat Valenciana para legislar en materia de Derecho civil,* (dir. F. J. Palao Gil et al.), Tirant lo Blanch, Valencia, 2013, pp. 217-380.

— "El razonable ejercicio de la competencia por parte del legislador valenciano en materia de derecho civil: las tres primeras leyes civiles forales", en *Cuatro estudios sobre la competencia de la Generalitat Valenciana para legislar en materia de Derecho Civil,* Tirant lo Blanch, Valencia, 2013, pp. 309-312.

— "Orientaciones para un Dret Civil Valencià posible en materia de crisis por ruptura de la convivencia en pareja" en *Un derecho civil valenciano posible. Propuestas legislativas y proyección de futuros* (dir. J. Palao Gil et al.), Tirant lo Blanch, Valencia, 2021.

Palao Gil, F. J., "El Derecho civil Foral valenciano: una historia reciente", en *De l'autogovern valencià en la memoria col·*lectiva *al Dret civil valencià i el ancoratge col·lectiu i singular en la globalització* (dir. P. M. Estellés Peralta), Tirant lo Blanch, Valencia, 2021, pp. 87-128.

Rabanete Martínez, I. J., "La liquidación de los efectos patrimoniales de las uniones de hecho en otras legislaciones autonómicas", en *Las crisis familiares. Tratado práctico interdisciplinar* (dir. J. R. De Verda y Beamonte), Tirant lo Blanch, Valencia, 2022, pp. 759-782.

Reyes López, M. J., "La nueva regulación de las relaciones familiares de los hijos con los progenitores no convivientes en la Comunidad Valenciana", en *La Ley valenciana de relaciones familiares de los hijos cuyos progenitores no conviven,* Tirant lo Blanch, Valencia, 2011, pp. 10 y ss.

Reynolds, S., *Kingdoms and communities in Western Europe, 900-1300,* Oxford, Clarendon Press, 1984.

Rodríguez Martínez, M. E., *La legislación autonómica sobre uniones de hecho. Revisión desde la Constitución,* Tirant lo Blanch, Valencia, 2003.

Villagrasa Alcaide, C., "Las crisis familiares en la legislación catalana", en *Las crisis familiares. Tratado práctico interdisciplinar* (dir. J. R. De Verda y Beamonte), Tirant lo Blanch, Valencia, 2022, pp. 641-684.

Xiol Rius, J. A., "Reflexiones sobre la competencia en Derecho Civil en el Siglo XXI", en *La Constitución Española y los Derechos Civiles Españoles cuarenta años después. Su evolución a través de las sentencias del Tribunal Constitucional.* Tirant lo Blanch, Valencia, 2019, pp. 207 y ss.

Yzquierdo Tolsada, M., "El Tribunal Constitucional declara nulos todos los artículos de la Ley, 10/2007, de 20 de marzo, de Régimen Económico Matrimonial Valenciano", *Cuadernos de Derecho Transnacional*, vol. 8, núm. 2, 2016, pp. 330 y ss.

20 años de la Cláusula Camps: ¿autonomía o nacionalismo?

EMILIO DANIEL VILLARREAL
Doctor en Derecho, Gobierno y Políticas Públicas
Universidad Autónoma de Madrid

RESUMEN: Este trabajo analiza el significado político y jurídico de la conocida "Cláusula Camps" veinte años después de su incorporación al Estatuto de Autonomía de la Comunitat Valenciana. Para ello, se parte de una clarificación conceptual sobre el nacionalismo y sus principales acepciones, examina la evolución estatutaria y el contexto político en el que surgió la cláusula, y estudia su alcance real dentro del modelo autonómico. El análisis permite valorar si dicha cláusula ha funcionado como instrumento de afirmación de la autonomía valenciana o si, por el contrario, ha operado como mecanismo de aproximación a posiciones nacionalistas. Se ofrecen claves interpretativas para comprender su impacto en la identidad política valenciana y en el sistema territorial español.

ABSTRACT: This article examines the political and legal significance of the so-called "Camps Clause" twenty years after its inclusion in the Statute of Autonomy of the Valencian Community. It begins with a conceptual clarification of nationalism and its main meanings, reviews the statutory evolution and the political landscape in which the clause emerged, and analyses its actual scope within the Spanish regional model. The study assesses whether the clause has served as an instrument for strengthening Valencian autonomy or whether it has instead operated as a mechanism aligned with nationalist positions. Finally, it offers interpretative keys to understand its impact on Valencian political identity and on the Spanish territorial system.

Palabras clave: Estatuto de Autonomía; Cláusula Camps; nacionalismo; autonomía; Comunitat Valenciana; identidad política.

Key words: Statute of Autonomy; Camps Clause; nationalism; autonomy; Valencian Community; political identity.

I. INTRODUCCIÓN

El presente artículo centrará su temática en un análisis de la denominada *Cláusula Camps* bajo la óptica de la teoría política y más concretamente desde el análisis de las teorías sobre el nacionalismo.

Toda norma jurídica, por nimia que se pueda considerar, se elabora y construye en un contexto social, económico y político concreto que, lógicamente, influye en el diseño y argumentación de la misma. La cláusula de la que hablaré no está exenta de tales influencias por lo que puede ser clarificador realizar un preámbulo aclaratorio de como se desarrolló el proceso de organización autonómica del Estado español antes de exponer las consideraciones oportunas sobre la citada cláusula.

Un lejano 11 de marzo de 1978 el Consejo de Ministros, pocos meses antes de la sanción de nuestra actual Constitución, aprobó a través del Real Decreto-ley 10/1978 el Régimen Preautonómico del País Valenciano, institucionalizando tanto a la Asamblea de Parlamentarios (*Plenari*) como al *Consell* Preautonómico e iniciándose un proceso que desembocaría, con el paso de varios años, en la culminación del proceso autonómico iniciado por la vía del artículo 151pero finalmente desarrollado a través del artículo 143 de nuestra Constitución en lo que se conoció como "vía valenciana de acceso a la autonomía".

Las diferentes propuestas presentadas culminarían en 1981 en el conocido "*Estatuto de Benicasim*" que como Anteproyecto de Estatuto sería presentado ante una Asamblea de parlamentarios y diputados que lo aprobarán pasándose a denominarse "*Estatuto de Peñíscola*" para, posteriormente ser trasladado a la Mesa del Congreso[1] por el *President del Plenari* para su posterior tramitación parlamentaria[2] tras la cual, después de diversas modificaciones[3] al texto inicial y tras su

---

1 Diario de Sesiones del Congreso de los Diputados, 13 de octubre de 1981, n.° 68-I, pp. 419-435.

2 Diario de Sesiones del Congreso de los Diputados, 9 de marzo de 1982, n.° 219, pp. 12889-12908.

3 Diario de Sesiones del Congreso de los Diputados, 28 de abril de 1982, n.° 235, pp. 13670-13710.

paso por el Senado[45], acabará, el 1 de julio de 1982, siendo promulgado como Ley Orgánica 5/1982 y publicado en el Boletín Oficial del Estado (B.O.E) el 10 de julio de 1982[6]. Cinco días después, el 15 de julio, aparecerá publicado en el Diario Oficial de la Generalitat Valenciana (DOGV)[7] siendo Presidente del Consell Enrique Monsonís Domingo[8]. Se iniciaba una andadura que nos ha llevado hasta nuestros días.

La Historia nos muestra que durante la Segunda República española existieron diferentes intentos infructuosos por dotar al territorio que configura la actual Comunidad Valenciana de un estatuto autonómico que restableciera, en cierta medida, la pérdida de autogobierno que había supuesto la abolición de los Fueros de Valencia también conocidos como Fueros de la Ciudad y Reino de Valencia[9] vigentes entre 1261 y 1707 hasta la promulgación de los Decretos de Nueva Planta[10] en tiempos de Felipe V y que supusieron la abolición y supresión de las leyes e instituciones propias de los Reinos de Valencia y Aragón para posteriormente suprimir las del Reino de Mallorca y del Principado de Cataluña.

---

4 Diario de Sesiones del Senado, 14 de junio de 1982, n.º 160, 7940-7977

5 Diario de Sesiones del Senado, 15 de junio de 1982, n.º 161, 7987-8008

6 España. Ley Orgánica 5/1982, de 1 de julio, de Estatuto de Autonomía de la Comunidad Valenciana. Boletín Oficial del Estado, 10 de julio de 1982, n.º 164, pp. 18813 a 18820. [https://www.boe.es/eli/es/lo/1982/07/01/5]

7 Diario Oficial de la Generalitat Valenciana, 15 de julio de 1982, n.º 74, pp. 2-23

8 "Ficha personal: Enrique Monzonís Domingo", Congreso de los Diputados. Consultado el 15 de julio de 2025. https://www.congreso.es/es/busqueda-de-diputados?p_p_id=diputadomodule&p_p_lifecycle=0&p_p_state=normal&p_p_mode=view&_diputadomodule_mostrarFicha=true&codParlamentario=317&idLegislatura=0&mostrarAgenda=false

9 Hierrezuelo Conde, Guillermo. Los orígenes de los furs de València y de las Cortes en el siglo XIII. Rev. estud. hist.-juríd. [online]. 2002, n.24 [citado 2025-07-13], pp. 444-445. Disponible en: <http://www.scielo.cl/scielo.php?script=sci_arttext&pid=S0716-54552002002400019&lng=es&nrm=iso>. ISSN 0716-5455. http://dx.doi.org/10.4067/S0716-54552002002400019.

10 "Decreto de Nueva Planta", Diccionario Panhispánico del español jurídico. Consultado el 15 de julio de 2025. https://dpej.rae.es/lema/decreto-de-nueva-planta

Necesitaremos alcanzar la época democrática para que, tras la desaparición del régimen totalitario del general Franco, con la aprobación de la Constitución de 1978, comience de nuevo un proceso de diseño de la organización politico-territorial de España que permita la recuperación de dichas instituciones de autogobierno.

No será, la vía valenciana, un camino sin problemas sino una ruta con profundas discrepancias que impedirán, en un principio, seguir el camino marcado por las llamadas nacionalidades históricas del País Vasco y Cataluña a las que se unirán Galicia y la comunidad de Andalucía debiendo seguir una ruta diferente (la vía del artículo 143[11] en lugar del 151[12] aplicado por las mencionadas comunidades

---

11 El art. 143 CE determina los entes territoriales que pueden ejercer el derecho a la autonomía reconocido en el art. 2 CE, constituyéndose como Comunidades Autónomas, y regula los requisitos para acordar la "iniciativa del proceso autonómico", que constituye el presupuesto para la elaboración del correspondiente Estatuto de Autonomía, cuya aprobación produce de modo formal la constitución de la Comunidad Autónoma; esos requisitos consisten en la adopción de determinados acuerdos, sujetos a límites temporales.
Como antecedentes históricos españoles de este precepto deben citarse los artículos 11 y 12 de la Constitución de 1931. En efecto, el art. 11 establecía la posibilidad de que una o varias provincias limítrofes con características comunes se organizaran en región autónoma, en tanto que el art. 12 regulaba el procedimiento común de formación de las regiones autónomas fijando además, como nuestro 143.3, un plazo para poder reiterar la iniciativa autonómica si la primera vez no prosperaba.
Extraído de la sinopsis realizada por José Antonio Alonso de Antonio, Profesor Titular, Universidad Complutense. Diciembre, 2003.

12 El art. 151.1 prevé un procedimiento especial de acceso a la autonomía, en virtud del cual se podía obtener, inicialmente, un mayor nivel de autogobierno, cumpliendo con unos requisitos más gravosos que los establecidos en el procedimiento común, regulado en el art. 143.
En efecto, este último prescribe que la iniciativa del proceso autonómico corresponde a todas las Diputaciones interesadas, —de las provincias limítrofes, con características, históricas, culturales y económicas comunes—, o al órgano interinsular correspondiente, y a las dos terceras partes de los municipios cuya población represente, al menos, la mayoría del censo electoral de casa provincia o isla. Cumplidos tales requisitos se podían asumir, como máximo, las competencias previstas en el art. 148.1 de la Constitución.

históricas) que al final nos posicionará en una situación de desarrollo estatutario menos exigente que el alcanzado por las mencionadas comunidades históricas.

Pero el paso del tiempo con la consecuente evolución en la realidad socioeconómica y política del país en general y de la Comunitat Valenciana en particular conllevó el acuerdo, tras un largo período y varios infructuosos intentos, de las fuerzas políticas mayoritarias (PPCV y PSPV-PSOE) en la cámara autonómica para iniciar un proceso de reforma estatutaria que acabaría culminando en 2006 con la aprobación de un nuevo texto estatutario[13].

Por el contrario, el art. 151.1 permitió que se pudieran asumir mayores competencias, —con el límite de las reconocidas en exclusiva al Estado, por el art. 149.1—, cuando la iniciativa autonómica fuera acordada, —también en el mismo plazo previsto en el art. 143.2—, además de por las Diputaciones o los órganos interinsulares correspondientes, por las tres cuartas partes de los municipios de cada provincia que representaran, también, la mayoría del censo electoral de cada una de ellas. Se primaba, de esta forma, como en el procedimiento común del art. 143, a las grandes ciudades, pues difícilmente sin su concurso podía prosperar la iniciativa autonómica.

Además, para acceder a la autonomía por esta vía especial era necesario que tal iniciativa autonómica fuera ratificada mediante referéndum por el voto afirmativo de la mayoría absoluta de los electores de cada provincia. Nótese que la Constitución exige la mayoría absoluta de los electores, —no de los votantes—, lo que suponía una mayor complejidad en la superación de este requisito, tal y como se puso de manifiesto en el caso de Andalucía, —provincia de Almería—, única comunidad autónoma a la que se aplicaron las previsiones del art. 151.1. País Vasco, Cataluña y Galicia se acogieron a lo dispuesto en la Disposición Transitoria Segunda de la Constitución lo que les eximió de cumplir los requisitos del art. 151.1.

Extraído de la sinopsis realizada por Vicente Garrido Mayol, Catedrático. Universidad de Valencia. Diciembre, 2003. https://app. congreso.es/consti/constitucion/indice/sinopsis/sinopsis.jsp?art=151&tipo=2

13 Para una visión del proceso de tramitación y aprobación del texto estatutario veáse Javier Guillem Carrau y Francisco J. Visiedo Mazón, 2007. «Los trámites parlamentarios y sus consecuencias en el contenido material de la refoma del Estatuto de Autonomía de la Comunidad Valenciana» en *Corts: Anuario de derecho parlamentario*, n.º 18, 169-182.

II. NACIONALISMO. ACLARACIONES TERMINOLÓGICAS BÁSICAS

Según Seton-Watson[14] cuando hablamos de nacionalismo nos encontramos ante dos posibles fenómenos: una doctrina política o un movimiento político organizado, pero ambos descansan sobre el concepto de nación.

En un principio partiremos de la definición de nacionalismo planteada por el profesor Rodríguez Abascal[15] y que la plantea como una redefinición sintetizada a partir de las aportaciones de diversos especialistas en la materia (Kohn, Hroch, Deutsch, Kedourie, Smith, Seton-Watson, etc.) según la cual "*el nacionalismo es aquella doctrina que sostiene que la titularidad última de la soberanía reside en la nación*"[16] concibiendo la soberanía como un derecho subjetivo al poder político, como un derecho de naturaleza inalienable de titularidad intransmisible (puede ser cedido o delegado pero no transmitido).

De igual manera que nos encontraremos con diferentes enfoques nacionalistas ocurre con el concepto de nación. Para los *empiristas* como Renan[17] las naciones son hechos objetivables cuyo único rasgo objetivo es de carácter interno (volitivo) como es "*el deseo de vivir*

---

14 Hugh Seton-Watson, *Nations and States.* (Methuen, 1977).

15 Rodríguez Abascal, L. "El concepto de nación y la fundamentación del nacionalismo" en *Regiones, Naciones y Nacionalismos en el contexto final del siglo XX.* Universidade de Santiago de Compostela, (1994). pp. 213.

16 *Íbid.*, pp. 2-3.

17 Joseph Ernest Renan, dictó, el 11 de marzo de 1882, una conferencia en La Sorbona (París) titulada ¿Qué es una nación? (originariamente *Qu'est-ce qu'une nation?*) en la que el ponente ofrecía una idea diferente del término de la que se había venido aceptando hasta el momento insistiendo que más que los componentes étnicos (raciales, lingüísticos, religiosos, territoriales, etc.) que quedarían en un segundo plano lo que distinguía primigeniamente a unas naciones de otras era el hecho de haber vivido una historia común con sus tiempos, tanto felices como trágicos y con la absoluta determinación de querer seguir viviendo nuevos acontecimiento de igual manera. https://drive.google.com/file/d/1oVQkgpEamLh8RjQgIic4QaqORW1sx0YG/view. Acceso al texto en francés: https://mjp.univ-perp.fr/textes/renan1882.htm#:~:text=Une%20nation%20est%20donc%20une,de%20continuer%20la%20vie%20commune.

juntos". Parafraseando a Rodríguez Abascal, los que defienden el enfoque *lingüístico* se centran en la coincidencia del cambio de significación del término nación, en un momento de la historia reciente de Europa, para significar *pueblo distinto, único,* formado por personas de un mismo origen, portador de soberanía, base de la solidaridad política y objeto supremo de lealtad, es decir "*pueblo diferenciado dotado de soberanía*" lo que supone que para ser nacionalista basta con utilizar el concepto de nación en la arena política.

Para los que defienden el enfoque *idealista* el proceso de traspaso de la soberanía del monarca al pueblo, es decir, la sustitución de la legitimidad dinástica por la popular es el gran cambio político de la época moderna, hasta el extremo que el concepto de nación se nutre y fundamenta sobre buena parte del ideario político de la modernidad de tal forma que antes de la aparición del concepto de nación en nuestro imaginario político el "pueblo" debía trocarse de súbdito en soberano mediante una inversión completa en la concepción de las relaciones sociales y políticas existentes. En este aspecto Kedourie, en su obra *Nacionalismo,* señalará que

> la revolución [francesa] significó que si los ciudadanos de un Estado ya no aprobaban las instituciones políticas de su sociedad tenían el derecho y el poder de reemplazarlas por otras más satisfactorias (...) La Revolución demostró que una tal era factible[18].

De este modo queda claro que el concepto contemporáneo de nación, fundamentado en la filosofía política de la modernidad, exige como presupuesto de partida el asentamiento del ideario racionalista moderno hasta el extremo que Habermas ha llegado a difinir el nacionalismo como "*una forma específicamente moderna de identidad colectiva*"[19].

Por último, pero por ello no menos importante, nos encontramos con el enfoque *socioeconómico* con el que autores como Deutsch, Gellner o Hroch intentan demostrar la existencia de una relación directa entre el surgimiento del nacionalismo y el cambio socioeconómico

---

18 Elie Kedourie, *Nacionalismo,* 4ª ed. (Alianza, 2015).

19 Jürgen Habermas, *Conciencia histórica e identidad postradicional,* en Identidades Nacionales y Postnacionales, (Tecnos, 1989).

llevado a cabo por el capitalismo y la industrialización. Según Gellner, el nacionalismo sería un movimiento político surgido para la satisfacción del binomio Cultura-Estado en el mundo moderno[20][21]. Por su parte Deustch señala que el factor más importante para que se produzcan una integración y diferenciación nacionales es "el proceso de movilización social que acompañó al desarrollo de mercados, industrias y ciudades, y finalmente, de alfabetización y comunicación de masas"[22].

Por último Hroch señaló como factores principales de la construcción de naciones la necesidad de un creciente número de individuos de encontrar un nuevo objeto de identificación individual tras la pérdida de los vínculos sociales y políticos tradicionales (aldea, gremio, etc.) junto con el hecho de la comunicación de regiones distantes como consecuencia de la expansión mercantil, la industrialización y el desarrollo de los transportes favoreciendo una mayor movilidad territorial y social[23]. Tales afirmaciones permiten comprender la adquisición de credibilidad de un concepto tan abstracto como es el término *nación.*

Tras los enfoques mostrados (empirista, lingüístico, idealista y socioeconómico) podemos concluir que los cuatro coinciden en la interpretación de que las naciones, consideradas como hechos sociales observados empíricamente no existen sino que la nación como tal es una idea pues como señaló Seton-Watson "*no es posible elaborar una definición de nación*"[24], siendo la principal tarea del nacionalismo, como teoría política, la delimitación geográfica y humana de la nación.

Ahora bien, el término *nacionalismo* es un término polisémico en su desarrollo semántico pues responde a una serie de consideraciones condicionadas por las percepciones de la realidad política de los agentes afectados por el mismo. Se trata de una realidad poliédrica

---

20 Ernest Gellner, *Nations and Nationalism.* (Cornell University Press, 1983).

21 Ernest Gellner, *Nationalism and Politics in Eastern Europe.* New Left Review, n.º 189, 1991, pp. 127-134.

22 Karl W. Deutsch, *Nationalism and Social Communication.* (MIT Press, 1962).

23 Miroslaw Hroch, *How much does nation formation depend on nationalism?* Eastern European Politics and Society, vol.4, nº1, 1990, pp. 101-115.

24 Hugh Seton-Watson, *Nations and States.* (Methuen, 1977).

en la que el mismo término puede significar cosas distintas en función de los parámetros de partida que se consideren para su caracterización. Por ese mismo motivo resulta necesaria una clarificación sobre el mencionado concepto que pasa, necesariamente, por una primera muestra, aunque sea de manera sinóptica, de los diferentes paradigmas que se han presentado desde el surgimiento del término hasta el momento actual.

Es cierto que el término nacionalismo ha generado una gran cantidad de bibliografía como consecuencia de las diferentes ópticas que se pueden considerar a la hora de intentar configurar una definición, hasta el extremo de resultar mucho más acertado hablar de *nacionalismos* en plural que utilizar el singular del término para dejar bien patente el abanico de posibilidades que presenta el mismo dada la gama de "realidades" a las que se pretende que represente.

Tomando como referente el texto de Guillermo Reyes Pascual[25] podemos señalar, además de la inexistencia de una definición ortodoxa del término, el desarrollo de diferentes paradigmas que han dado lugar a sendas corrientes dentro del pensamiento teórico sobre el término nacionalismo. Como he señalado anteriormente, el carácter poliédrico de la/s realidad/es que se pretende que represente el término ha dado lugar a diferentes enfoques a lo largo del tiempo de tal manera que cuando se cataloga una determinada acción o un determinado posicionamiento político de "nacionalista" se están dando, implícitamente en la mayoría de los casos, toda una serie de consideraciones que deberían ser explícitas para evitar posibles confusiones.

Según una opinión ampliamente extendida[26], el nacionalismo es una *ideología* surgida a lo largo del siglo XVIII que sufrió una gran

---

25 Reyes Pascual, Guillermo. 2018. «Breve análisis a Los "paradigmas clásicos Del Nacionalismo"». *UNIVERSITAS. Revista De Filosofía, Derecho Y Política*, n.º 28 (julio), pp. 59-84. https://doi.org/10.20318/universitas.2018.4311.

26 Una parte importante de los teóricos del nacionalismo (Gellner, Smith, Anderson, etc.) señalan como horizonte temporal del surgimiento del nacionalismo la finalización del siglo XVIII bajo la influencia de ideas surgidas tras las Revoluciones Liberales y durante la Revolución Francesa, la Ilustración, el Romanticismo, etc. para consolidarse a lo largo del siglo XIX.

eclosión a lo largo del siglo XIX y que se consolidó, de una manera u otra, a lo largo del siglo XX mediante procesos evolutivos y adaptativos a las condiciones concretas del momento y el lugar.

Por ese mismo motivo podemos encontrar textos en los que se habla de diferentes paradigmas de tipificación del nacionalismo según sean las variables y las condiciones de desarrollo consideradas al respecto. Todos ellos, con sus consecuentes corrientes de pensamiento, centran sus principios en la consideración de la nación[27] (término central del concepto) como eje vertebrador de la sociedad.

Según Reyes Pascual, podemos encontrar un primer paradigma etiquetado como primordialista defendido por autores como Clifford Geertz[28], Pierre Van der Berghe o Edward Shils. En dicho paradigma se pueden distinguir tres corrientes claramente diferenciadas: el nacionalismo orgánico, el nacionalismo biológico y el primordialismo sociocultural. Sintéticamente, parafraseando a Reyes Pascual, el *primordialismo* considera que las naciones son entidades orgánicas atemporales con características esenciales propias que han organizado los grupos humanos desde el principio de los tiempos; que los lazos étnicos esenciales son previos a la modernidad y fundamentan el sentimiento de pertenencia a la nación a través de elementos objetivos diferenciados de las demás naciones y que el nacionalismo en la modernidad no es más que la expresión de pertenencia a una nación, fundamentado en las características étnicas esenciales y elementos objetivables diferenciados como son la raza, la lengua o la cultura[29].

Un segundo paradigma es el *modernista* desarrollado por autores adscritos a diferentes corrientes de pensamiento y que podemos concretar en: *teorías socioeconómicas* defendidas por autores como Tom Nairn, Michael Hechter o Immanuel Wallerstein, *teorías socioculturales*

---

27 La diferente concepción sobre la nación es la que, de una forma u otra, condiciona la visión que se desarrolla en cada una de las propuestas teóricas nacionalistas que han surgido a lo largo del tiempo.

28 Sobre la vida y obra de Clifford Geertz ver https://www.philosophica.info/voces/geertz/Geertz.html#toc10. Consultado el 16 de julio de 2025.

29 Reyes Pascual, Guillermo. 2018. «Breve análisis a Los "paradigmas clásicos Del Nacionalismo"». *UNIVERSITAS. Revista De Filosofía, Derecho Y Política*, n.º 28 (julio), p. 65.

—representadas por autores como Anthony Smith—, *teorías políticas* o *estatistas* en las que encontraríamos a autores como Ernest Gellner, John Breully o Anthony Giddens, *teorías ideológicas,* —cuyo máximo representante era el historiador británico de origen irakí Elie Kedourie—, y por último nos encontramos con las denominadas *teorías constructivas* o *constructivistas* defendidas por autores como Anthony D. Smith, Eric Hobsbawm, Terence Range o Benedict Anderson. En líneas generales diríamos que el modernismo defiende que la nación es una contingencia histórica; que desde el punto de vista cronológico los nacionalismos y las naciones son estructuras modernas que favorecen la sustitución de lazos étnicos por lazos políticos[30]. Posiblemente el paradigma modernista, con todas sus variantes, sea el que más seguidores presenta.

En tercer lugar nos encontramos con el paradigma *perennialista.* El perennialismo, hijo del enfrentamiento entre modernistas y primordialistas, en el que autores como Anthony D. Smith[31] distinguen entre el perennialismo continuo y el perennialismo recurrente. En síntesis, el perennialismo utilizando postulados similares a los del primordialismo pero enfrentados con este contaría con un argumento principal que se puede resumir en la idea de que la nación es una contingencia histórica no primordial en el tiempo; se distinguen naciones antiguas preexistentes a la modernidad y naciones modernas por lo que el nacionalismo no es sólo el culpable de la creación de las naciones pues los lazos étnicos preexistentes son los responsables de que se pueda hablar de comunidad y sobre ellos descansaría el desarrollo del sentimiento nacional[32].

En último lugar nos encontramos con el *etnosimbolismo,* el paradigma cronológicamente hablando más reciente, que se centra de forma concreta en los elementos subjetivos de la etnicidad según reconoce Smith que junto a autores como Walker Connor o John Hutchinson formarían parte de los defensores de esta óptica. En líneas

---

30 *Íbid.*, pp. 65-71.

31 Anthony D. Smith citado en Reyes Pascual, Guillermo. 2018. «Breve análisis a Los "paradigmas clásicos Del Nacionalismo"». *UNIVERSITAS. Revista De Filosofía, Derecho Y Política,* n.º 28 (julio), p. 72.

32 *Íbid.*, pp. 71-75.

generales el etnosimbolismo defiende que la nación es una contingencia histórica y no primordial ni orgánica en el tiempo que puede ser premoderna o moderna siendo el desarrollo de la comunidad lo que determina la antigüedad de la nación, siendo los lazos étnicos la base de desarrollo de los lazos políticos[33].

En general podríamos señalar que a partir del primordialismo, primer paradigma en desarrollarse, que asumió las tesis más esencialistas del nacionalismo, pasando por el modernismo que cuestionó los planteamientos primordialistas acabaría surgiendo el perennialismo modificando postulados de los dos primeros para desembocar en el etnosimbolismo que surgió para llenar las lagunas tanto históricas como teóricas de los paradigmas anteriores[34].

Desde el punto de vista histórico los paradigmas mencionados se pueden diferenciar en dos grupos diferenciados. Por un lado nos encontramos con los paradigmas que defienden la idea de que las naciones son premodernas (sean consideradas contingencias históricas o no) aunque puedan haber naciones modernas y que agruparían al primordialismo, al perennialismo y al etnosimbolismo. Por otro lado nos encontramos con el modernismo que defiende la contingencia moderna de las naciones, en especial a partir de la Revolución francesa[35].

Desde el punto de vista cultural y político también podemos encontrar dos grupos diferenciados, aquellos paradigmas que defienden la base étnica de las naciones fundamentadas en los lazos étnicos preexistentes como cimiento de los grupos nacionales como son el primordialismo, el perennialismo o el etnosimbolismo. En el otro lado se encuentra el paradigma modernista que defiende la idea de que los lazos étnicos preexistentes objetivamente o inventados no determinan los grupos nacionales siendo las luchas políticas las que engendran las naciones[36].

---

33 *Íbid.*, pp. 75-80.

34 *Ibíd.*, pp. 80-81.

35 *Ibíd.*, p. 81.

36 *Ibíd.*, p. 81.

A partir de lo señalado hasta el momento y teniendo en cuenta la amplia gama de posiciones que se pueden derivar de los paradigmas y corrientes expuestos anteriormente podemos concretar diversas ideas que nos permitan realizar un análisis, aunque sea superficial, desde el punto de vista de la teoría política de la Disposición Adicional Segunda de la que hablamos.

El nacionalismo, que no puede ser reducido a una serie de principios causales, cuenta con un principio central que es el de autodeterminación que junto al autogobierno coexisten con los de etnicidad y Estado y que en muchas ocasiones pueden ser confundidos con ellos. Lo que no deja de ser necesario para el nacionalismo político es la demanda de autogobierno y el derecho de autodeterminación de la comunidad nacional lo que lo convierte, a su vez, en un mecanismo de movilización política.

Dos visiones nacionalistas se nos presentan claramente como confrontadas, la alemana fundamentada en el *droit du sang*[37] en el que la nación es la base de la sociedad y de los derechos individuales y está antes que el individuo, y la concepción liberal en la que el individuo está antes que la nación de tal manera que la pertenencia a la nación no es por adscripción sino de acuerdo a la ley o por el *droit du sol*[38].

---

37 María José Palma Ballester, "Ius sanguinis", *Conceptos Jurídicos,* 17 de julio de 2025. *ConceptosJuridicos.com.* https://www.conceptosjuridicos.com/ius-sanguinis
La expresión **droit du sang (derecho de sangre) o, en latín** *ius sanguinis,* designa el principio jurídico según el cual las personas obtienen la **nacionalidad de sus padres**, independientemente de su lugar de nacimiento o residencia. Se aplica a **la filiación legal,** tanto a hijos naturales como a adoptados o reconocidos. En derecho español, el *ius sanguinis* es el criterio de aplicación principal, por encima del *ius soli* o derecho del suelo, que atribuye la nacionalidad en virtud del lugar de nacimiento.

38 María José Palma Ballester, "Ius soli", *Conceptos Jurídicos,* 17 de julio de 2025. *ConceptosJuridicos.com.* https://www.conceptosjuridicos.com/ius-soli
El **derecho del suelo (droit du sol) o, en latín** *ius soli,* otorga la nacionalidad por nacimiento en el territorio nacional. Este es el caso, por ejemplo, en países de inmigración como Estados Unidos, Argentina o Canadá. El *ius soli* no es el criterio principal para determinar la nacionalidad española, sino el secundario, por detrás del ius sanguinis. En el caso de España, **el** *ius soli* **está contemplado de forma general en el artículo 17.1.b del Código Civil,**

Elie Kedourie[39] defiende en su obra Nacionalismo[40] que sólo hay una especie de nacionalismo, ya que la exaltación de la nación implica forzosamente el sometimiento del individuo y transforma las cuestiones de interés en cuestiones de principio. Parafraseando a Keating[41], el nacionalismo aunque pueda coincidir con los intereses de clase no puede ser reducido a ellos. Por tanto el nacionalismo puede verse como una doctrina movilizadora que pretende congregar a la gente a través de la clase u otras divisiones tras un proyecto común ya que es una doctrina sumamente flexible que es capaz de plegarse a las necesidades de los intereses sociales y políticos[42].

III. EVOLUCIÓN DEL ESTATUTO Y PANORAMA POLÍTICO

Se puede defender el hecho de que, aunque formalmente se trata de una reforma del Estatuto original, los cambios introducidos son de suficiente calibre como para considerar que dicha reforma dio como resultado un nuevo Estatuto hasta el extremo de derogar la Ley

---

en virtud del cual, se reconoce la nacionalidad española a los ciudadanos que hayan nacido en territorio español aun de padres extranjeros, siempre que uno de los padres hubiera nacido también en España.

39 Elie Kedourie citado en Keating, M. Naciones, nacionalismos y Estados, *Revista internacional de filosofía política, n.º 3*, 1994, pp. 45-49. Kedourie afirmó que "*el nacionalismo es una doctrina inventada en Europa a comienzos del siglo XIX*" a diferencia de otros autores que defienden el siglo XVIII y la Revolución francesa como fruto de la Ilustración y punto de surgimiento del nacionalismo.

Sobre la polémica de Kant y los orígenes del nacionalismo puede verse el artículo del profesor Ángel Rivero publicado en el n.º 178 (2017) de la *Revista de Estudios Políticos* bajo el título Immanuel Kant y la polémica sobre el origen del nacionalismo. https://www.cepc.gob.es/sites/default/files/2021-12/38200rep17803angelrivero.html

40 Elie Kedourie, *Nacionalismo,* 4ª ed. (Alianza, 2015).

41 Keating, M. Naciones, nacionalismos y Estados, *Revista internacional de filosofía política, n.º 3*, 1994, pp. 45-48.

42 *Ibíd.*, p. 48.

5/1982 junto a otras dos normas (la Ley 4/1991[43] y la Ley 5/1994[44]) para evidenciar el calado de los cambios introducidos. Tal es la posición defendida por los letrados Javier Guillem (Letrado Mayor de les Corts Valencianes en el momento de producirse la reforma estatutaria) y Francisco J. Visiedo (Letrado de les Corts Valencianes en ese momento y actual Letrado Mayor) los cuales señalaban en 2005 que

> (...) Ahora nos hayamos ante un auténtico proceso de mutación normativa que conlleva la sustitución del Estatuto de 1982 por el Estatuto de 2006.
>
> Esta realidad la podemos comprobar atendiendo a la modificación que se ha producido con relación a aquel texto normativo, ahora derogado, en la medida en que el nuevo texto cuenta con veinte artículos más que el de 1982, modificando los anteriores artículos que figuraban en él y no es por tanto, una revisión mínima sino una revisión total del texto aprobado en 1982. También se modifican elementos básicos de aquel Estatuto, incluida la propia composición de las Cortes Valencianas; se introduce un catálogo de derechos que vincula a los poderes públicos valencianos; un nuevo sistema de relaciones con el Estado, con otras Comunidades Autónomas, con la Unión Europea e incluso un Título bajo la denominación —Acción Exterior—; mayorías cualificadas para determinadas leyes, etc. Parece que si examinamos este nuevo texto, en cuanto a contenido es claro que nos hallamos ante un Nuevo Estatuto, con veinte artículos más y que ha modificado además todos los existentes.
>
> Por último desde la perspectiva jurídico-formal, como decíamos anteriormente, la Disposición Derogatoria incluida por la Ponencia en el Congreso de los Diputados deroga nominativamente tanto el Estatuto de 1982 como sus reformas de 1991 y 1994, y el resultado normativo de esta acción debe ser la sustitución de un texto por otro, esto es la existencia de una nueva Norma Institucional Básica[45].

---

43 España. Ley Orgánica 4/1991, de 13 de marzo, de modificación del artículo 12.4 de la Ley Orgánica 5/1982, de 1 de julio, del Estatuto de Autonomía de la Comunidad Valenciana. https://www.boe.es/buscar/doc.php?id=BOE-A-1991-6820

44 España. Ley Orgánica 5/1994, de 24 de marzo, de reforma del Estatuto de Autonomía de la Comunidad Valenciana. https://www.boe.es/buscar/doc.php?id=BOE-A-1994-6944

45 Javier Guillem Carrau y Francisco J. Visiedo Mazón. 2005. «Tramitación de la Ley Orgánica 1/2006, de 10 de abril, de Reforma del Estatuto de Autonomía de la Comunitat Valenciana: un nuevo Estatuto» en *Revista española de la función consultiva,* n.º 4 (julio-diciembre), 225-226.

Del nuevo texto el profesor Martín Cubas, de la Universidad de Valencia, señala los que a su entender se pueden considerar tres rasgos destacados del mismo como son: el "fuerte contenido social" establecido en los nuevos principios y valores introducidos en el texto, la "total equiparación con las comunidades autónomas estatutariamente más avanzadas" y el "reconocimiento implícito de la estructura federal del Estado de las Autonomías"[46].

El Estatuto de Autonomía de la Comunidad Valenciana (en adelante EACV) fue *modificado* dos veces antes de la reforma de 2006. La primera ocasión fue en 1991 con la finalidad de prever la coincidencia de las elecciones autonómicas con otros territorios y con las elecciones locales situando la fecha de las mismas en el cuarto domingo de mayo mediante la Ley Orgánica 4/1991, de 13 de marzo, de modificación del artículo 12.4 de la Ley Orgánica 5/1982, de 1 de julio, del Estatuto de Autonomía de la Comunidad Valenciana[47].

La segunda ocasión fue mediante la Ley Orgánica 5/1994, de 24 de marzo, de reforma del Estatuto de Autonomía de la Comunidad Valenciana[48], modificación que conllevó la incorporación de la disposición adicional tercera que suponía la introducción con carácter estatutario de todas las competencias atribuidas en virtud de la Ley Orgánica 12/1982, de 10 de agosto, de transferencia a la Comunidad Valenciana de competencias en materia de titularidad estatal (conocida popularmente como LOTRAVA[49]) que quedaría finalmente derogada.

---

46 Joaquín Martín Cubas. «La Reforma del Estatuto de la Comunitat Valenciana». *Revista de las Cortes Generales*, n.º 66 (diciembre) (2005): 149-190. https://doi.org/10.33426/rcg/2005/66/510.

47 Véase nota 15.

48 Véase nota 16.

49 España. Ley Orgánica 12/1982, de 10 de agosto, de transferencia a la Comunidad Valenciana de competencias en materia de titularidad estatal. Boletín Oficial del Estado, de 16 de agosto de 1982, núm. 195, pp. 22054-22054.

Llegados a este punto, el texto estatutario se mantuvo inalterado hasta la reforma de 2006[50] tras la cual el nuevo texto ha sido otra vez modificado mediante la Ley Orgánica 3/2019, de 12 de marzo, de reforma del Estatuto de Autonomía de la Comunitat Valenciana en materia de participación de la Generalitat Valenciana en las decisiones sobre inversión del Estado en la Comunidad Valenciana[51].

Utilizo la expresión "modificado" suponiendo que esa nueva normativa sobre participación debe entenderse como una ampliación del ámbito competencial estatutario ya que de no ser así y teniendo en cuenta una de las novedades introducidas por el texto de 2006 tal modificación supondría una reforma del texto estatutario que requeriría de un proceso de refrendo por parte del pueblo valenciano que no se realizó y que supondría una flagrante vulneración de dicho texto ya que, como señala el profesor Garrido Mayol

> Otra novedad del nuevo Estatuto, por lo que al procedimiento de reforma se refiere, es que su aprobación requerirá en lo sucesivo, la ratificación de los electores mediante referéndum, que habrá de celebrarse en los seis meses siguientes a la votación final de la proposición de Ley Orgánica en las Cortes Generales. Para ello se prevé que la aprobación de la reforma por las Cortes Generales incluirá la autorización del Estado para que la Generalitat convoque el referéndum. Téngase en cuenta que conforme dispone el art. 149.1.32ª de la Constitución compete al Estado, en exclusiva, la autorización para la convocatoria de consultas populares por vía de referéndum[52].

---

50 Antes de la mencionada reforma existieron, al menos, dos intentos frustrados de reforma del Estatuto que se malograron por diferentes causas tal y como recoge el profesor Garrido Mayol en 2012, «El Estatuto de Autonomía de la Comunitat Valenciana y sus reformas». Revista valenciana d'estudis autonòmics, nº57, 62-64.

51 España. Ley Orgánica 3/2019, de 12 de marzo, de reforma del Estatuto de Autonomía de la Comunitat Valenciana en materia de participación de la Generalitat Valenciana en las decisiones sobre inversión del Estado en la Comunidad Valenciana. Boletín Oficial del Estado, de 13 de marzo de 2019, núm. 62, pp. 23777 a 23780.

52 Garrido Mayol, Vicente. 2012. «El Estatuto de Autonomía de la Comunitat Valenciana y sus reformas». *Revista valenciana d'estudis autonòmics*, nº57, 86.

Entre 2004 y 2011 se produjeron en España los procesos de modificación estatutaria de diferentes territorios[53] entre los que destaca Cataluña[54] por la difícil tramitación de la reforma[55].

La reforma de los Estatutos de Autonomía está recogida en el artículo 147.3[56] de la Constitución española[57] haciendo constar que los mismos deben tener un mecanismo de reforma establecido. El Estatuto de Autonomía de 1982 en su título VI[58], conformado por el artículo 61[59], establece el procedimiento para la reforma estatutaria

---

53 "Procesos de reforma de los Estatutos de Autonomía". Ministerio de Política Territorial y Memoria Democrática. Consultado el 16 de julio de 2025. https://mpt.gob.es/politica-territorial/autonomica/Estatutos_Autonomia/Estatutos_reformas.html

54 España. Ley Orgánica 6/2006, de 19 de julio, de reforma del Estatuto de Autonomía de Cataluña. Boletín Oficial del Estado, de 20 de julio de 2006, núm. 172, pp. 27269 a 27310.

55 Véase la Sentencia del Tribunal Constitucional sobre el recurso de inconstitucionalidad presentado por el Grupo Parlamentario Popular del Congreso. Sentencia del Tribunal Constitucional núm. 31/2010, de 28 de junio (BOE núm. 172, de 16 de julio de 2010).

56 "Título VIII: De la organización Territorial del Estado: Artículo 147". Congreso de los Diputados. Consultado el 16 de julio de 2025. https://app.congreso.es/consti/constitucion/indice/titulos/articulos.jsp?ini=147&tipo=2

57 España. Constitución Española. Boletín Oficial del Estado, 29 de diciembre de 1978, núm. 311, pág. 30.

58 España. Ley Orgánica 5/1982, de 1 de julio, de Estatuto de Autonomía de la Comunidad Valenciana. Boletín Oficial del Estado, de 10 de julio de 1982, núm. 164.

59 **Artículo sesenta y uno.**
Uno. La iniciativa de reforma del Estatuto corresponde al «Consell», a la quinta parte de los miembros de las Cortes Valencianas o a las Cortes Generales. La reforma del Estatuto deberá ser aprobada por las Cortes Valencianas, mediante acuerdo adoptado por tres quintas partes de sus miembros, salvo que sólo tuviera por objeto la ampliación del ámbito competencial, en cuyo caso bastará la mayoría simple de las Cortes Valencianas.
Dos. Los trámites posteriores a la aprobación por las Cortes Valencianas de la modificación pretendida serán los mismos que se requirieron para la aprobación del presente Estatuto.
Tres. Si la reforma no obtuviera las mayorías previstas para cada caso en el apartado uno del presente artículo, o los requisitos exigidos para su aprobación, no se podrá iniciar nuevo procedimiento de reforma sobre el mismo punto durante el mismo mandato de las Cortes Valencianas.

que fue el utilizado para las reformas planteadas antes de 2006 en la que pasa, con el nuevo texto, a haber una nueva redacción muy similar a la anterior pero con la introducción de la convocatoria de referéndum de los electores para aquellas reformas que vayan más allá de la mera ampliación competencial[60].

Como se ha mencionado anteriormente el Estatuto de 1982 fue modificado de forma puntual en dos ocasiones mediante sendas Leyes Orgánicas a fin de adaptarlo a la coyuntura sociopolítica del mo-

---

Cuatro. Si las Cortes Generales no aprueban la reforma propuesta, se devolverá a las Cortes Valencianas para nueva deliberación, acompañando mensaje motivado sobre el punto o puntos que hubieren ocasionado su devolución y proponiendo soluciones alternativas.

60 **Artículo 81.**
1. La iniciativa de la reforma del Estatuto corresponde al Consell, a una tercera parte de los miembros de Les Corts, a dos Grupos Parlamentarios o a las Cortes Generales. La reforma del Estatuto deberá ser aprobada por Les Corts, mediante acuerdo adoptado por dos terceras partes de sus miembros, salvo que sólo tuviese por objeto la ampliación del ámbito competencial, en cuyo caso será suficiente la mayoría simple de Les Corts.
2. Si la reforma del Estatuto no fuera aprobada por las mayorías previstas para cada caso en el apartado 1 de este artículo o los requisitos exigidos para su aprobación, no se podrá iniciar nuevo procedimiento de reforma sobre el mismo punto durante la misma Legislatura de Les Corts.
3. Aprobada la reforma por Les Corts, el texto será presentado por medio de proposición de ley de Les Corts, en el Congreso. Admitida a trámite por la Mesa y tomada en consideración la proposición por el Pleno, se remitirá a la Comisión Constitucional del Congreso, en el seno de la cual se nombrará una ponencia al efecto que revise con una delegación de Les Corts el texto de la misma, de acuerdo con lo dispuesto en las normas reglamentarias del Congreso.
4. Si las Cortes Generales no aprueban, o modifican, la reforma propuesta, se devolverá a Les Corts para nueva deliberación, acompañando mensaje motivado sobre el punto o puntos que hubieran ocasionado su devolución o modificación y proponiendo soluciones alternativas.
5. La aprobación de la reforma por las Cortes Generales, mediante Ley Orgánica, incluir la autorización del Estado para que la Generalitat convoque un referéndum de ratificación de los electores en un plazo de seis meses desde la votación final en las Cortes Generales. El referéndum podrá no convocarse en aquellos casos en que la reforma sólo implique ampliación de competencias.

mento. Además, tal y como se recoge en los *Comentarios al Estatuto de Autonomía de la Comunitat Valenciana*[61] el texto estatutario se ha modificado (no reformado) en relación a los impuestos cedidos en diferentes ocasiones.

Desde la aprobación, en 1982, del Estatuto de Autonomía de la Comunitat Valenciana hasta la reforma realizada en 2006, la actualización del texto estatutario, sin poner en duda su validez, ya había supuesto intentos para su reforma que en ningún caso llegaron a culminar hasta que la situación, por la que transitó España en general y la Comunidad Valenciana en particular, permitió la puesta en marcha del procedimiento que acabaría con la aprobación de un nuevo texto estatutario. Dicho texto, tal y como se puede comprobar tanto en las actas de la Comisión parlamentaria autonómica como en los documentos oficiales del Congreso de los Diputados y del Senado, no contaría con el apoyo de todos los grupos presentes en Les Corts ya que el constituido por Esquerra Unida votaría en contra. En el mencionado texto se recogía, a través de su articulado, el reconocimiento de distintas instituciones de autogobierno tales como el Consejo Jurídico Consultivo, la Academia Valenciana de la Lengua, etc. que no se encontraban recogidas en el texto originario y que en la nueva redacción pasaban a tener reconocido su carácter estatutario superando las limitaciones impuestas por el anterior texto.

No será, durante ese período comprendido entre 2004 y 2011, la Comunidad Valenciana la única comunidad autónoma que plantee la reforma de su texto estatutario pues otras comunidades autónomas, con Cataluña a la cabeza, como las Illes Balears, Andalucía, Aragón, Castilla y León, Navarra o Extremadura, la acompañarán en una andadura que supondrá, a medio plazo, un cambio en los textos estatutarios de los mencionados territorios. Sin embargo, como consecuencia de la normativa constitucional, el caso de Cataluña y Andalucía, comunidades autónomas que accedieron a su estatus por

61 Vicente Garrido Mayol, dir. *Comentarios al Estatuto de Autonomía de la Comunitat Valenciana.* (Tirant lo Blanch, 2013). 2364

la vía del artículo 151[62], necesitarán de sendos referendos previos a la aprobación de su texto por parte de las Cortes Generales.

El procedimiento de reforma estatutaria en la Comunidad Valenciana se inició con la creación de una **Comisión no permanente especial de estudio para una posible reforma del Estatuto de Autonomía y consolidación del autogobierno** tal y como queda reflejado en el *Boletín Oficial de las Cortes Valencianas* de 21 de noviembre de 2003[63]. A diferencia de situaciones anteriores en las que la creación de una Comisión de estudio para la reforma estatutaria había sido infructuosa, la Comisión cuya aprobación se realizará unánimemente en la sesión plenaria de 28 de abril de 2004 quedará plenamente constituida el 31 de mayo de 2004 bajo la presidencia del diputado D. José Cholbi Diego.

A finales de junio de 2004, la Comisión aprobará un Plan de Trabajo que situaba el horizonte temporal de finales de mayo de 2005 para la presentación de un informe, que contemplaría las comparecencias, colaboraciones, participaciones, asesoramiento y entrevistas realizadas por la Comisión y que serviría para la redacción de la Proposición de Ley que debería aprobar las Cortes Valencianas en sesión plenaria.

La Ponencia alcanzó un acuerdo consensuado que fue publicado en el *Boletín Oficial de las Cortes Valencianas* el 11 de abril de 2005 y que supuso que el Dictamen de la Comisión fuera aprobado en sesión plenaria de la cámara valenciana por unanimidad el 14 de abril de 2005.

A finales de mayo del mismo año, dos de los tres grupos con representación parlamentaria (PPCV y PSPV-PSOE), presentaban una Proposición de Ley de Proposición de Ley Orgánica de reforma del Estatuto de Autonomía cuya iniciativa sería publicada en el BOCV de 30 de mayo de 2005 y trasladada al Consell de la Generalitat para que, tras su análisis, presentase en el registro de las Cortes Valencia-

---

62 "Título VIII: De la organización Territorial del Estado: Artículo 151". Congreso de los Diputados. Consultado el 16 de julio de 2025. https://app.congreso.es/consti/constitucion/indice/titulos/articulos.jsp?ini=151&tipo=2

63 BOCV núm. 19, de 21 de noviembre de 2003, p. 1412

nas la correspondiente iniciativa para la toma en consideración de la proposición por el Pleno de la cámara autonómica.

Tras dicha toma en consideración por parte de las Cortes Valencianas se abrió un período de presentación de enmiendas que conllevo el registro de una enmienda a la totalidad por parte del Grupo Parlamentario Esquerra Unida-Els Verds-E.Valenciana: Entesa, enmienda a la totalidad que no prosperó.

Tal y como refleja el *Diario de Sesiones de las Cortes Valencianas*, en su número 97 de 1 de julio de 2005, la iniciativa sería aprobada por 81 votos a favor y cinco en contra, designándose en la misma sesión a los Síndicos de los Grupos Parlamentarios Popular y Socialista encargados de la presentación y defensa de la iniciativa ante el pleno del Congreso de los Diputados una vez registrada el 4 de julio.

Tras su calificación por la Mesa del Congreso, la iniciativa fue publicada en el *Boletín Oficial de las Cortes Generales* dando origen al proceso de tramitación parlamentaria que, tras su paso por el Senado y el retorno al Congreso para su aprobación definitiva por las Cortes Generales, culminaría, tras la confirmación, el 27 de marzo de 2006, por las Cortes Valencianas a las modificaciones realizadas, el 11 de abril de 2006 con su publicación en el *Boletín Oficial del Estado*[64][65].

IV. ANÁLISIS DE LA CLÁUSULA CAMPS

A lo largo del proceso de negociación entre los diferentes grupos parlamentarios se dieron momentos de bloqueo y estancamiento

64 España. Ley Orgánica 1/2006, de 10 de abril, de Reforma de la Ley Orgánica 5/1982, de 1 de julio, de Estatuto de Autonomía de la Comunidad Valenciana. Boletín Oficial del Estado, 11 de abril de 2006, núm. 86, pp. 13934 a 13954.

65 Para una cronología más detallada y más completa de todo el proceso véase el apartado "Cronología de la Ley Orgánica 1/2006, de 10 de abril, de Reforma de Ley Orgánica 5/1982, de 1 de julio de Estatuto de Autonomía de la Comunitat Valenciana citada en la obra colectiva *Comentarios al Estatuto de Autonomía de la Comunitat Valenciana* dirigida por Vicente Garrido Mayol, Tirant lo Blanch, Valencia, 2013, pp. 29-34.

del mismo que se fueron paulatinamente superando mediante los acuerdos necesarios lo que hizo que en un momento concreto, tal y como recoge el profesor Martín Cubas[66], en una reunión mantenida el 24 de mayo de 2005 entre el president de la Generalitat, Francisco Camps, y el líder y portavoz de los socialistas valencianos Joan Ignasi Pla, se pactase entre los dos grupos mayoritarios de la cámara valenciana la inclusión en el texto estatutario de la llamada "cláusula Camps" junto con una Agencia Tributaria propia (el llamado Servicio Tributario Valenciano).

Aunque el texto estatutario ha tenido que ser rectificado en varios de sus artículos como consecuencia de sentencias del Tribunal Constitucional, ninguna de dichas modificaciones ha tenido relación alguna con la disposición adicional que nos ocupa[67].

Tal y como señala José Marí Olano en el apartado correspondiente a la disposición adicional segunda de los *Comentarios al Estatuto de la Comunitat Valenciana*:

> La disposición adicional segunda del Estatuto reformado es, probablemente, el precepto que más debate político ha suscitado del mismo, el que más ha llegado a la boca y a la pluma de los analistas políticos y periodistas y, al mismo tiempo, el que menos lecturas sosegadas ha suscitado.
> Esta disposición contiene la llamada *cláusula Camps*, denominación que ha acabado por imponerse en los medios de comunicación —e incluso en el debate político— y que ha sido bastante criticada por considerarse que incorpora una ampliación de las competencias de la Generalitat por mimetismo con lo que puedan disponer otros Estatutos de Autonomía. Se viene a decir que los valencianos no tienen muy claro lo que quieren y que, en definitiva, acaban queriendo lo que otros quieren y obtienen[68].

---

66 Martín Cubas, «La Reforma Del Estatuto De La Comunitat Valenciana», p. 157.

67 Véanse las Sentencias del Tribunal Constitucional (STC 247/2007 y STC 249/2007).
Sentencia del Tribunal Constitucional núm. 247/2007, de 12 de diciembre (BOE núm. 13 de 15 de enero de 2008).
Sentencia del Tribunal Constitucional núm. 249/2007, de 13 de diciembre (BOE núm. 13 de 15 de enero de 2008).

68 Marí Olano, J. «Disposición Adicional Segunda», en la obra colectiva *Comentarios al Estatuto de Autonomía de la Comunitat Valenciana* dirigida por Vi-

Tal disposición, que fue motivo de chanza en más de una intervención durante su tramitación parlamentaria por contener la conocida como *cláusula Camps* (denominada de forma coloquial así por estar relacionada con Francisco Camps[69] presidente de la Generalitat en el momento de la reforma de 2006) contiene el siguiente texto:

> **Disposición adicional segunda.**
> 1. Cualquier modificación de la legislación del Estado que, con carácter general y en el ámbito nacional, implique una ampliación de las competencias de las Comunidades Autónomas será de aplicación a la Comunitat Valenciana, considerándose ampliadas en esos mismos términos sus competencias.
> 2. La Comunitat Valenciana velará por que el nivel de autogobierno establecido en el presente Estatuto sea actualizado en términos de igualdad con las demás Comunidades Autónomas.
> 3. A este efecto, cualquier ampliación de las competencias de las Comunidades Autónomas que no estén asumidas en el presente Estatuto o no le hayan sido atribuidas, transferidas o delegadas a la Comunitat Valenciana con anterioridad obligará, en su caso, a las instituciones de autogobierno legitimadas a promover las correspondientes iniciativas para dicha actualización.

Los comentarios que proporcionó la mencionada disposición fueron, como era de esperar, en sentidos diferentes pues, mientras para algunos diputados se trataba de una cláusula innecesaria y que evidenciaba una falta de modelo claro para la comunidad autónoma, para otros el sentido de la cláusula radicaba en el principio de igualdad. Lo que quedó claro en el procedimiento parlamentario era que las aportaciones realizadas por los parlamentarios más que materia legislativa poseían un profundo contenido político. Lo que también proporcionó la mencionada cláusula fue interesantes artículos de opinión en la prensa, tanto local como nacional, donde expertos como el profesor Martínez Sospedra[70] o el Abogado del Estado

---

cente Garrido Mayol, Tirant lo Blanch, Valencia, 2013, p. 2381.

69 Francisco Enrique Camps Ortiz, «Presidentes de la Generalitat», Argos Portal d'informació, Generalitat Valenciana, 16 de julio de 2025, https://argos.gva.es/es/francisco-enrique-camps-ortiz

70 Manuel Martínez Sospedra es Licenciado y Doctor en Derecho por la Universidad de Valencia, y es Catedrático de Derecho Constitucional por la Universidad CEU Cardenal Herrera. Fue Director del grupo de trabajo que redactó el anteproyecto de Estatuto de Autonomía conocido como el "Es-

y de la Generalitat Marí Olano, exponían sus opiniones y puntos de vista sobre el futuro texto estatutario en general[71] o sobre la cláusula Camps[72] en particular así como las incertidumbres y posibles iniciativas que se podían derivar de la redacción del nuevo texto[73].

Teniendo en cuenta, tal y como nos señala el letrado de Les Corts Valencianes Guillem Carrau[74], por aquel tiempo Letrado Mayor de la institución, uno de los objetivos de la reforma fue la equiparación del techo competencial de la Comunidad con el de otras Autonomías y desde ese punto de vista

No se puede afirmar que la cláusula tenga el efecto automático de evitar la desigualdad competencial pero contiene el propósito establecido normativamente de adhesión de la Comunidad al necesario movimiento centrípeto del sistema y de realizar una activa labor de

---

tatuto de Morella" (1979), fue coautor con los profesores Aguiló Lucia y Franch i Ferrer de la obra "Volem L'Estatut. Una autonomía possible per al País Valenciá" (1978). Asesoró la elaboración del Estatuto de Autonomía de la Comunidad Valenciana, sobre el cual ha publicado dos trabajos devenidos obras de referencia: "El Estatuto Valenciano" (1984) y "Derecho Autonómico Valenciano" (1985 y 1987). Extraído el 29 de agosto de 2025 de https://www.uchceu.es/directorio/sospedra

71 *¿Es el Estatut de la vergüenza?* El autor reconoce que el texto que se aprueba hoy tiene defectos y es mejorable, pero critica a aquellos que lo han tachado como una "vergüenza" y asegura que mejora sensiblemente el vigente desde 1982 Extraído el 29 de agosto de 2025 de https://elpais.com/diario/2006/03/27/cvalenciana/1143487080_850215.html

72 *Expertos constitucionalistas ven jurídicamente inviable la cláusula propuesta por Camps.* La mayor parte de los profesores consultados muestra su sorpresa por la fórmula planteada. Extraído el 29 de agosto de 2025 de https://elpais.com/diario/2005/04/28/cvalenciana/1114715888_850215.html

73 *«El Consell llevará el estatuto catalán a los tribunales si perjudica a la Comunidad».* José Marí Olano (Secretario autonómico de Política Institucional y director del gabinete jurídico). Extraído de https://www.levante-emv.com/comunitat-valenciana/2005/08/22/jose-mari-olano-consell-llevara-13848382.html

74 En 2002, accedió al cuerpo de letrados de las Cortes Valencianas, donde ha desempeñado las funciones de Letrado Mayor-Secretario General de las Cortes Valencianas desde septiembre 2003 a septiembre 2009, así como la de Secretario de la Junta Electoral de la Comunidad Valenciana. Extraído de https://www.uv.es/uvweb/universidad/es/ficha-persona/guillem-carrau-javier-1285950309813/PersExtern.html?id=1285965012294&idA

actualización competencial. Con otras palabras, la cláusula expresa perfectamente una opinión común en torno a lo que en el plano competencial debe ser la configuración estatutaria en lo jurídico material, donde el principio homogeneizador acaba imponiéndose al dispositivo[75].

Al respecto el profesor Garrido Mayol señala, en un artículo de un número monográfico sobre el EACV de la *Revista valenciana d'estudis autonòmics* titulado «El Estatuto de Autonomía de la Comunitat Valenciana y sus reformas» publicado en 2012, que

> Se introduce una Disposición Adicional, popularmente conocida como "Cláusula Camps", con la doble vertiente de aceptar la ampliación competencial que el Estado disponga por Ley, y de impulsar las reformas necesarias para asumir competencias no relacionadas en el Estatuto pero reconocidas a otras Comunidades autónomas. (Disposición Adicional Segunda)[76].

Tal aclaración llevaba asociada una cita a pie de página en los siguientes términos

> En realidad el contenido de esta Disposición tiene un marcado carácter político mas que jurídico, habida cuenta que lo que dispone podría llevarse a cabo aunque no estuviera así previsto en el Estatuto. Su apartado 1 no es más que la plasmación del principio de lealtad constitucional, debiendo entenderse en el sentido de que la Comunidad Valenciana, no obstante el principio dispositivo, asumirá las ampliaciones competenciales que el Estado disponga, evidentemente, mediante las Leyes Orgánicas previstas en el artículo 150.2 de la Constitución, que prevé la transferencia de facultades correspondientes a materias de titularidad estatal que por su propia naturaleza sean susceptibles de transferencia o delegación. El apartado 3 se ha criticado, indicando que obliga a las Cortes Generales a promover las iniciativas a que se refiere, imponiendo una obligación, improcedentemente, al Estado. Más ello no es así, por cuanto de una simple lectura del precepto se desprende claramente que la obligación que establece lo es respecto de "las instituciones de autogobierno legitimadas a promover las co-

[75] Guillem Carrau, Javier. 2008. «Anotaciones sobre la reforma del marco competencial del estatuto de Autonomía de la Comunidad Valenciana». *Revista Aragonesa de Administración Pública*, nº32, 122-123.

[76] Garrido Mayol, Vicente. 2012. «El Estatuto de Autonomía de la Comunitat Valenciana y sus reformas». *Revista valenciana d'estudis autonòmics*, nº57, 77-78.

> rrespondientes iniciativas...". Instituciones de autogobierno que son las Cortes Valencianas y el Gobierno Valenciano, pues ni los Grupos Parlamentarios, ni desde luego, las Cortes Generales, son instituciones de autogobierno del pueblo valenciano, razón por la que, a mi juicio, la Disposición no deviene inconstitucional[77].

Pero, ¿qué aportaba realmente la mencionada cláusula al texto estatutario? Utilizando las palabras mencionadas por el profesor Baño León y recogidas en los Comentarios al Estatuto de la Comunitat Valenciana, *"resulta complicado, a nuestro juicio, encontrar un sentido jurídico al texto transcrito más allá del valor político de la declaración"*[78].

Ya en el escrito realizado por el presidente Camps que forma parte introductoria, junto al escrito del portavoz socialista en las Cortes Valencianas en el momento de la tramitación Joan Ignasi Pla, de los *Comentarios al Estatuto de Autonomía de la Comunitat Valenciana* dirigidos por el profesor Garrido Mayol, deja un mensaje que vislumbraría, en cierta medida, la intencionalidad de la propia cláusula sobre la que hablamos y que se concreta en la expresión "*no más que nadie, pero no menos que alguien; TANTO COMO EL QUE MÁS*[79]" y que según el propio autor fue la única consigna general que impartió cuando se puso en marcha la reforma estatutaria.

En el mismo escrito, el expresidente matiza la frase señalando que:

> Ser tanto como el que más sin importarnos cuantos son los que más, es la actitud de los valencianos del inconfundible respeto por nuestras señas de identidad, de lealtad en la libertad de elección dentro de España del resto de los territorios y a la vez fieles con nuestro pasado, exigiendo el mayor nivel de autogobierno que en cada momento la nación entienda, corresponde a los pueblos que la conforman[80].

---

77 *Ibíd*, 78.

78 Marí Olano, J. "Disposición Adicional Segunda", en la obra colectiva *Comentarios al Estatuto de Autonomía de la Comunitat Valenciana* dirigida por Vicente Garrido Mayol, Tirant lo Blanch, Valencia, 2013, p. 2384.

79 Camps Ortiz, F. "Tanto como el que más", en la obra colectiva *Comentarios al Estatuto de Autonomía de la Comunitat Valenciana* dirigida por Vicente Garrido Mayol, Tirant lo Blanch, Valencia, 2013, pp. 35-41.

80 *Ibíd*, 35.

Según explica el expresidente de la Generalitat en el escrito mencionado, una vez zanjadas determinadas cuestiones en el procedimiento parlamentario de reforma estatutaria tales como la cuestión del Valenciano como lengua propia de los valencianos —cuestión sobre la que hablaré más adelante—, la definición de Valencia como nacionalidad histórica (sic) y algunas cuestiones más, quedaba, según el político valenciano, claramente reflejada la redacción consensuada que además se potenciaba con "*una cláusula abierta que permite la asunción de competencias nuevas que el Estado pudiese transferir a cualquier Comunidad Autónoma (...) para impedir cualquier circunstancia política que pudiese trastocar los exactos anhelos de nuestro pueblo.*" en clara alusión a la cláusula de la que hablamos.

Por su parte, el síndico del Partido Socialista del País Valenciano —PSPC-PSOE— durante la tramitación parlamentaria de la reforma estatutaria, Joan Ignasi Pla i Durà, en el escrito introductorio incorporado junto al del presidente Camps en los *Comentarios al Estatuto de Autonomía de la Comunitat Valenciana*, señala en relación a la citada cláusula:

> Además como garantía para no quedar atrás en cuanto a financiación se planteó por el PP la famosa cláusula Camps cuyo objetivo, a mi modo de ver, resumo: no hacemos un planteamiento similar a catalanes y andaluces y si estos tienen éxito y sus propuestas no son declaradas inconstitucionales entonces nosotros las incorporamos.
> Como ya señalamos entonces y se ha demostrado ahora tal disposición no servía de mucho en tanto y cuanto para equipararnos a otras comunidades que establecieron en sus Estatutos fórmulas que mejoraban bilateralmente su financiación necesitaremos de otra reforma estatutaria, ahora en un contexto social y político que la dificulta[81].

Si, en consonancia con una buena cantidad de opiniones, la cláusula Camps no contiene un contenido jurídico concreto sino que establece como una especie de "estado de previsión" ante las decisiones que otras Comunidades Autónomas en sintonía con el Estado puedan realizar para mejorar (¿ampliar?) su nivel competencial o sus fórmulas de financiación, parece evidente que tal cláusula —que en

---

81 Pla i Durà, J.I. "La vía valenciana hacia la España plural", en la obra colectiva *Comentarios al Estatuto de Autonomía de la Comunitat Valenciana* dirigida por Vicente Garrido Mayol, Tirant lo Blanch, Valencia, 2013, p. 53.

casi 20 años nunca ha sido "activada"[82]— era más una declaración de intenciones —que perfectamente se podía haber hecho constar en el preámbulo del propio Estatuto— para mostrar a la ciudadanía que, independientemente de los niveles de autogobierno que se hubiesen alcanzado, el "sentir valenciano" de los gobernantes les impelía a futuras acciones en busca de la consecución de mayores cotas de autogobierno[83].

Desde esta perspectiva podríamos mencionar algunos de los cambios introducidos en la nueva versión del texto estatutario que parecen tener una evidente carga "nacionalista", como es el caso de la lengua "propia" de la comunidad y sobre la que el letrado de las Corts Valencianes Fernando García Mengual, en su análisis del precepto (artículo sexto del Estatuto de 2006) presente en los *Comentarios al Estatuto de la Comunitat Valenciana* señala:

> Uno de los elementos novedosos introducidos en la reforma estatutaria aprobada por la Ley Orgánica 1/2006 es precisamente, la calificación

---

82 Aunque en su momento corrió el rumor de la necesidad de utilizar la cláusula para la aprobación de la Ley Orgánica 3/2019, de 12 de marzo, de reforma del Estatuto de Autonomía de la Comunidad Valenciana en materia de participación de la Generalitat Valenciana en las decisiones sobre inversión del Estado en la Comunidad Valenciana, no fue necesario ya que se trataba de un asunto competencial que quedaba fuera de los aspectos contemplados en la mencionada disposición. Sin embargo, tal y como recoge el profesor Garrido Mayol en su texto titulado *La (última) reforma del Estatuto de Autonomía en la que se incumplió el Estatuto de Autonomía* lo que supuso la reforma estatutaria en este caso sería un incumplimiento del propio Estatuto al no convocarse el preceptivo referendum para que la ciudadanía valenciana pudiera expresar su opinión al respecto tal y como recoge el articulado del Estatuto vigente. Véase Vicente Garrido Mayol «La (última) reforma del Estatuto de Autonomía en la que se incumplió el Estatuto de Autonomía» en *Constitución, Política y Administración: Repensando la Constitución 4 décadas después*, coordinada por Joaquín Martín Cubas, Tirant lo Blanch, Valencia, 2020, pp. 257-274.

83 Los letrados Guillem Carrau y Visiedo Mazón catalogarón, en la descripción realizada en 2005, a la mencionada cláusula como "una especie de cláusula de compromiso". Véase Javier Guillem Carrau y Francisco J. Visiedo Mazón. 2005. «Tramitación de la Ley Orgánica 1/2006, de 10 de abril, de Reforma del Estatuto de Autonomía de la Comunitat Valenciana: un nuevo Estatuto» en *Revista española de la función consultiva*, n.º 4 (julio-diciembre), 224.

> del valenciano como *«la lengua propia de la Comunitat Valenciana»*. Sin duda se trata de un hito relevante para el estatuyente valenciano, como lo pone de relieve el hecho de que se haga referencia expresa a ella en el preámbulo del nuevo Estatuto, aunque sin mayores explicaciones. (...) Realmente este avance respondía, principalmente, a uno de los propósitos marcados por los reformadores del Estatuto de Autonomía y que muy gráficamente expresó desde el inicio el entonces President de la Generalitat, Francisco Camps: *«ni más que nadie, ni menos que nadie»*[84].

Y como menciona un poco más adelante:

> Desde un punto de vista jurídico, el hecho de que una lengua sea calificada de propia carece de relevancia. El Tribunal Constitucional ha afirmado que esta consideración, en tanto que signifique que la lengua *«es lengua peculiar o privativa* [...]*, por contraste con el castellano, lengua compartida con todas las Comunidades Autónomas,* [...] *es inobjetable»*, y añade que esta consideración en sede estatutaria *«no puede suponer un desequilibrio del régimen constitucional de la cooficialidad de ambas lenguas en perjuicio del castellano»*, ni por supuesto del valenciano en este caso.(...)[85].

Sin embargo hay que reconocer que la normativa existente en materia lingüística, hasta la aprobación del nuevo texto estatutario de 2006, se fundamentaba en la Ley 4/1983[86], de 23 de noviembre, de uso y enseñanza del Valenciano la cual no establecía, en contraposición con otras normas autonómicas homologables, autoridad lingüística alguna en su ámbito de aplicación, tal y como señala García Mengual en su análisis del artículo 41 del texto estatutario[87].

---

84 García Mengual, F. "Artículo Sexto", en la obra colectiva *Comentarios al Estatuto de Autonomía de la Comunitat Valenciana* dirigida por Vicente Garrido Mayol, Tirant lo Blanch, Valencia, 2013, p. 171.

85 *Ibíd.*, pp. 171-172.

86 Comunidad Valenciana. Ley 4/1983, de 23 de noviembre, de uso y enseñanza del Valenciano. Departamento: Comunidad Valenciana. DOGV núm. 133 de 1 de diciembre de 1983. Vigencia desde 2 de diciembre de 1983.

87 García Mengual, F. "Artículo 41", en la obra colectiva *Comentarios al Estatuto de Autonomía de la Comunitat Valenciana* dirigida por Vicente Garrido Mayol, Tirant lo Blanch, Valencia, 2013, p. 738.

Tal carencia, junto al conflicto lingüístico vivido en la década de los 90 con la llegada del Partido Popular al gobierno autonómico con el apoyo de Unión Valenciana, conllevó la petición al Consell Valencià de Cultura[88] de un informe sobre las cuestiones lingüísticas valencianas cuyo dictamen[89], emitido el 13 de julio de 1998, señalaba una situación de desafección lingüística causada por un conflicto sobre el nombre, la naturaleza y la normativa sobre la propia lengua proponiendo como solución la creación de un ente de referencia normativa (Academia Valenciana de la Lengua[90]) que se acabaría constituyendo en 2001. Se trataba de una institución que formaba parte de las instituciones de autogobierno pero con un origen extraestatutario que acabará siendo recogida en el nuevo texto, en su artículo 41, pasando a tener reconocida su vinculación estatutaria.

Pero, si el Partido Popular había defendido en períodos anteriores posiciones más centralistas ¿cómo puede explicarse la aceptación y defensa de postulados que irían, aparentemente, en detrimento de esas posiciones y favorecerían otras más próximas a las exigencias mostradas por partidos claramente identificados como nacionalistas? Una explicación la podríamos encontrar si prestamos atención a las estrategias seguidas por el partido conservador a lo largo del tiempo en lo referido a las posiciones defendidas en el ámbito central o en el autonómico. El estudio realizado por los profesores Elena Ferri Fuentevilla, Antonia María Ruiz Jiménez y Carsten Humlebæk titulado *Estrategias partidistas y ductilidad nacional: El Partido Popular en los Estatutos de Autonomía*[91] les permite extraer algunas conclusiones como que el partido conservador desarrolla una especie de naciona-

---

88 Consell Valencià de Cultura. *Consell Valencià de Cultura.* 4 de agosto de 2025. https://cvcultura.es/es/

89 Consell Valencià de Cultura. *"Dictamen sobre la lengua".* 4 de agosto de 2025. https://cvcultura.es/wp-content/uploads/55.especial.pdf

90 Acadèmia Valenciana de la Llengua. *Acadèmia Valenciana de la Llengua.* 4 de agosto de 2025. https://www.avl.gva.es/

91 Elena Ferri Fuentevilla, Ana M.ª Ruiz Jiménez y Carsten Humlebæk. Estrategias partidistas y ductilidad nacional: el Partido Popular en *Los Estatutos de Autonomía en Nación y nacionalismos en la España de las autonomías,* ed. Isidro Sepúlveda Muñoz. (Madrid: Agencia Estatal Boletín Oficial del Estado, 2018), 159-191.

lismo regionalista caracterizado por el uso de símbolos y discursos regionales como vía de escape para, a través de la patria local, redescubrir España de modo legitimado. Mencionan la existencia de una estrategia adaptativa en diferentes territorios (Extremadura, Asturias o la Comunidad Valenciana) en función de la identidad territorial y sentimiento nacionalista expresado por la ciudadanía, hasta el extremo que en la Comunidad Valenciana, aun articulando un fuerte vínculo con España desde la reforma del Estatuto de 2006, los populares aceptan la definición de nacionalidad histórica[92]. Esa dualidad discursiva fundamentaría lo que los autores catalogan de *ductilidad nacional*[93] y que supone posiciones diferenciadas según cual sea el foro de discusión y debate estatutario. Los populares muestran una praxis nacionalista española más evidente en el Congreso de los Diputados y en el Senado para presentar un posicionamiento más descentralizador en los Parlamentos Autonómicos especialmente en términos politico-administrativos[94].

Esta ductilidad discursiva se comenzó a ver afectada con la aparición en el horizonte político, tanto nacional como autonómico, de nuevas formaciones políticas, en concreto VOX al asumir esta formación un discurso de recentralización que condiciona las posibilidades discursivas de los conservadores.

Si la cláusula Camps respondía a una finalidad más política que legislativa y teniendo en cuenta tanto el famoso eslogan "*no más que nadie, pero no menos que alguien; TANTO COMO EL QUE MÁS*" como que el espejo en el que parecía mirarse el político conservador a la hora de plantear las aspiraciones estatutarias de la Autonomía que él representaba era Cataluña —por aquel tiempo inmersa también en un proceso de reforma estatutaria que tendría, entre otras consecuencias la formulación de un recurso de inconstitucionalidad por parte de 99 diputados del Partido Popular que acabaría con la sentencia del Tribunal Constitucional[95] en la que se impugnaban una

92 *Ibíd.*, p. 189.

93 La cursiva es propia.

94 *Ibíd.*, p. 190.

95 Sentencia del Tribunal Constitucional núm. 31/2010, de 28 de junio (BOE núm. 172, de 16 de julio de 2010).

serie de preceptos contenidos en el nuevo texto estatutario catalán— podría deducirse que los planteamientos defendidos, aunque fuera de manera mimética por la formación conservadora adquirieron un tinte nacionalista como consecuencia de la ductilidad discursiva estratégica mencionada con anterioridad. De alguna manera la cláusula Camps suponía, de alguna manera, crear la obligación a las instituciones de autogobierno de la comunidad el hecho de ponerse a la cabeza a la hora de exigir al Gobierno Central nuevas y más amplias cuotas de autogobierno en tanto y cuanto cualquier otra Autonomía —aunque casi siempre pensaríamos de forma inevitable en las llamadas comunidades históricas de las que la Comunidad Valenciana había pasado a "pertenecer" con la aprobación del nuevo texto estatutario— consiguiese esas nuevas cuotas de poder. Podríamos hablar de un neonacionalismo o *nacionalismo condicionado*[96] al fundamentarse éste no en la propuesta propia de autodeterminación y autogobierno que responde a un proyecto nacionalista tradicional sino como resultado de las demandas de autogobierno formuladas por cualquier otra comunidad autónoma las cuales condicionarían la necesidad de ampliación de autogobierno de la propia Comunidad Valenciana. La realidad nos ha traído hasta la situación presente que es compleja y que lejos de dejar en el cajón del olvido a la mencionada cláusula la ha vuelto a traer de vuelta a los titulares ante el futuro que se avecina.

V. CONCLUSIONES

La cláusula Camps, en el momento de su discusión y aprobación junto con el resto del articulado del nuevo texto estatutario, fue más motivo de broma y chanza que de un análisis pausado y reflexivo. Mientras para unos suponía la puesta en práctica del principio de igualdad que debería regir las relaciones entre las comunidades autónomas y el Gobierno Central —teniendo en cuenta las limitaciones que dicho principio tendría como consecuencia de las diferencias recogidas en el texto constitucional—, para otros, posiblemente porque sentían amenazado una parte de su discurso, se trataba de una

[96] La cursiva es propia.

especie de brindis al sol pues tenía un contenido más preventivo que ejecutivo.

No obstante y tras pasar casi dos décadas desde la aprobación del nuevo texto y más de 40 años desde la aprobación del primer Estatuto del período democrático, la *cláusula Camps* parece haber recobrado vigor como consecuencia de los acontecimientos que han ido ocurriendo a lo largo de este tiempo.

En el momento actual tendrían perfecta consonancia las palabras escritas en 2008 por la profesora Sánchez Ferriz y que señalaban que

> Y si, como parece, nos encontramos ante un nuevo Estado de las Autonomías por obra de decisiones y, de nuevo, componentes normativos de orden político que han venido a suponer una transformación del Estado, lo que no parece haber cambiado son los principios de igualdad y pluralismo (al contrario, expresamente se invoca ahora la profundización en ellos)[97].

pues la situación actual parece indicar que el proceso de construcción autonómica del Estado es un proceso inconcluso en algunos lugares y ocasiones cuyas demandas, en manos de los partidos nacionalistas, pueden crear una sensación de proyecto constituyente inacabado.

Un año después, 2009, la profesora Sánchez Ferriz concretaba ciertos interrogantes que podrían seguir teniendo vigencia 16 años después de su escritura al plantear "pero ¿qué modelo de Estado? ¿Acaso la Constitución apuntó hacia un concreto modelo territorial del Estado o justamente por su indefinición y confusión ha podido cada cual imaginarlo y «encauzarlo» en formas bien diversas?"[98].

La evolución que el Estado de las Autonomías ha ido experimentando denota una situación en la que los partidos de corte nacionalista han ido imprimiendo un ritmo más acelerado en sus exigencias

---

97 Sánchez Ferriz, Remedio. 2008. «El Estado de las autonomías antes y después de 2006». *Revista valenciana d'estudis autonòmics*, n.°51, 24.

98 Sánchez Ferriz, Remedio. 2009. «Los nuevos estatutos de autonomía en busca de una forma de Estado. Entre el Estado federal y la enésima repetición de la máxima de Lampedusa». Teoría y realidad constitucional, n°24, 378.

de autogobierno al Gobierno Central. El caso catalán ha marcado una buena parte de este tiempo. Desde el intento de secesión hasta la aprobación de una Ley de amnistía que ha devuelto la libertad a los promotores del *proces*, supone, hasta cierto punto, una evolución que deberíamos catalogar como lógica en el devenir de las posiciones adquiridas por los líderes nacionalistas ya que responde a los objetivos que dichos partidos, de manera más o menos explicita en sus acciones pero claramente implícita en sus idearios, han tenido desde su aparición en el escenario de la política nacional. Cierto es que ha habido una evolución por parte de algunos de esos partidos políticos —algunos de los cuales han desempeñado responsabilidades de gobierno en uno u otro momento— hacia posiciones más extremistas como ha sido el caso de Convergencia Democrática de Cataluña (que devendría posteriormente en Junts per Catalunya) cuyo nuevo posicionamiento supuso la ruptura de la coalición Convergencia i Unió que mantenía junto a Unió Democrática de Cataluña.

Pero a medida que pasa el tiempo se van abriendo nuevos frentes en los que los partidos de corte nacionalista insisten con la finalidad de debilitar la posición de preeminencia que afirman tiene el Gobierno Central con respecto a las Autonomías y fundamentalmente con respecto aquellas denominadas históricas. No podemos olvidar que en el ADN del nacionalismo se encuentran íntimamente unidos dos principios que vertebran toda la ideología: el principio de autodeterminación y el principio de las nacionalidades. Las acciones que desarrollan pueden parecer "inofensivas" como la nueva exigencia de derogación de los Decretos de Nueva Planta[99], pero casi siempre

---

[99] La derogación de los Decretos de Nueva Planta no es una iniciativa nueva sino que ha estado en el ideario del nacionalismo valenciano desde hace tiempo. Sin embargo, recientemente, la organización Juristes Valencians apoyó a la coalición parlamentaria SUMAR en la que las organizaciones políticas Compromís- que también había presentado una propuesta en Les Corts (registrada con el número 46302 el 28 de mayo de 2025) que no fue tomada en consideración por su Pleno en la sesión de 3 de julio de 2025 (publicada en el BOCV n.º 161 de 9 de julio de 2025) y con un dictamen (501/2025) negativo del Consell Jurídic de la Comunitat Valenciana solicitado por el Gobierno Valenciano- Chunta Aragonesista, Més per Mallorca y En Comú han aunado posiciones para presentar una proposición de Ley destinada a la derogación de forma expresa de los mencionado Decretos

encierran una intencionalidad inequívoca en lo que a debilitar al Gobierno Central se refiere. Y al final, este tipo de acciones acaba condicionando decisiones que terminan por afectar al sistema de financiación y de redistribución que debería sustentar el Estado.

Desde estas coordenadas político-económicas la existencia de la cláusula Camps no hace más que dejar un horizonte abierto en el que las instituciones de autogobierno de la Comunidad Valenciana se pueden encontrar, en un futuro que no sabemos si lejano o no, con la *obligación* de actualizar nuevas exigencias de ampliación de poder como consecuencia de las demandas de otros territorios del Estado.

Si bien es cierto que la postura mantenida por el presidente Camps y el grupo Popular siempre señalaba los límites marcados por el texto constitucional a la hora de limitar las exigencias que se podían demandar desde el ámbito autonómico, no se puede perder de vista la posibilidad de ir en una dirección contradictoria como consecuencia de la exigencia de responder a esas nuevas demandas que debemos tener claro siempre van a ser planteadas por los partidos nacionalistas.

VI. BIBLIOGRAFÍA

Acadèmia Valenciana de la Llengua. *Acadèmia Valenciana de la Llengua.* 4 de agosto de 2025. https://www.avl.gva.es/

Camps Ortiz, Francisco. 2013. «Tanto como el que más» en *Comentarios al Estatuto de Autonomía de la Comunitat Valenciana,* Vicente Garrido Mayol (dir.), Tirant lo Blanch, Valencia, 2381.

(publicada en el BOCG n.º 228-1, de 30/05/2025) cuyo efecto sería meramente simbólico pues la Constitución ya derogó aquellas disposiciones que se oponen a ella según el punto 3 de su Disposición Derogatoria.
La asociación Juristes Valencians cuenta entre sus componentes a profesores de la Facultad de Derecho de la Universitat de Valencia como Francisco Javier Palao, director de la extinta Cátedra de Derecho Foral de la UV, firme defensor del padecimiento, por parte de los valencianos, de la violencia simbólica bordieuana derivada de la abolición de los Fueros tal y como refleja el titular de la revista *El Temps* de 10 de julio de 2025.

Camps Ortiz, Francisco Enrique, "Presidentes de la Generalitat", Argos Portal d'informació, Generalitat Valenciana, 16 de julio de 2025, https://argos.gva.es/es/francisco-enrique-camps-ortiz

Congreso de los Diputados. "Ficha personal: Enrique Monzonís Domingo". Consultado el 15 de julio de 2025. https://www.congreso.es/es/busqueda-de-diputados?p_p_id=diputadomodule&p_p_lifecycle=0&p_p_state=normal&p_p_mode=view&_diputadomodule_mostrarFicha=true&codParlamentario=317&idLegislatura=0&mostrarAgenda=false

Consell Valencià de Cultura. *Consell Valencià de Cultura.* 4 de agosto de 2025. https://cvcultura.es/es/

Deutsch, Karl W. Nationalism and Social Communication. (MIT Press, 1962).

Diccionario Panhispánico del español jurídico. "Decreto de Nueva Planta". Consultado el 15 de julio de 2025. https://dpej.rae.es/lema/decreto-de-nueva-planta

Ferri Fuentevilla, Elena, Ana Mª Ruiz Jiménez y Carsten Humlebæk. Estrategias partidistas y ductilidad nacional: el Partido Popular en *Los Estatutos de Autonomía en Nación y nacionalismos en la España de las autonomías.* Editado por Isidro Sepúlveda Muñoz. Madrid: Agencia Estatal Boletín Oficial del Estado, 2018.

García Mengual, Fernando. 2013. «Artículo 41», en *Comentarios al Estatuto de Autonomía de la Comunitat Valenciana,* Vicente Garrido Mayol (dir.), Tirant lo Blanch, Valencia, 2381.

García Mengual, Fernando. 2013. «Artículo Sexto», en *Comentarios al Estatuto de Autonomía de la Comunitat Valenciana,* Vicente Garrido Mayol (dir.), Tirant lo Blanch, Valencia, 2381.

Garrido Mayol, Vicente (dir.) *Comentarios al Estatuto de Autonomía de la Comunitat Valenciana.* Valencia: Tirant lo Blanch, 2013

Garrido Mayol, Vicente. 2012. «El Estatuto de Autonomía de la Comunitat Valenciana y sus reformas». *Revista valenciana d'estudis autonòmics,* nº57, 318.

Garrido Mayol, Vicente. 2020. «La (última) reforma del Estatuto de Autonomía en la que se incumplió el Estatuto de Autonomía» en *Constitución, Política y Administración: Repensando la Constitución 4 décadas después.* Joaquín Martín Cubas (coord.), Tirant lo Blanch, Valencia, 2020, pp. 257-274.

Gellner, Ernest. Nations and Nationalism. (Cornell University Press, 1983).

Gellner, Ernest. 1991. «Nationalism and Politics in Eastern Europe» en *New Left Review,* n.º 189, 127-134.

Guillem Carrau, Javier y Francisco J. Visiedo Mazón. 2005. «Tramitación de la Ley Orgánica 1/2006, de 10 de abril, de Reforma del Estatuto de Autonomía de la Comunitat Valenciana: un nuevo Estatuto» en *Revista española de la función consultiva*, n.º 4 (julio-diciembre), 205-226.

Guillem Carrau, Javier y Francisco J. Visiedo Mazón, 2007. «Los trámites parlamentarios y sus consecuencias en el contenido material de la refoma del Estatuto de Autonomía de la Comunidad Valenciana» en *Corts: Anuario de derecho parlamentario*, n.º 18, 165-193.

Guillem Carrau, Javier. 2008. «Anotaciones sobre la reforma del marco competencial del estatuto de Autonomía de la Comunidad Valenciana». *Revista Aragonesa de Administración Pública*, nº32, 101-132.

Habermas, Jürgen. «Conciencia histórica e identidad postradicional», en *Identidades Nacionales y Postnacionales*, (Tecnos, 1989).

Miroslaw Hroch, «How much does nation formation depend on nationalism?», en *Eastern European Politics and Society*, vol.4, nº1, 1990, pp. 101-115.

Hierrezuelo Conde, Guillermo. 2002. «Los orígenes de los furs de València y de las Cortes en el siglo XIII». *Rev. estud. hist.-juríd.* [online], n.24 [citado 2025-07-13], pp. 444-445. Disponible en: <http://www.scielo.cl/scielo.php?script=sci_arttext&pid=S0716-54552002002400019&lng=es&nrm=iso>. ISSN 0716-5455. http://dx.doi.org/10.4067/S0716-54552002002400019.

Kedourie, Elie. Nacionalismo, 4ª ed. Alianza, 2015.

Marí Olano, J. 2013 «Disposición Adicional Segunda», en *Comentarios al Estatuto de Autonomía de la Comunitat Valenciana*, Vicente Garrido Mayol (dir.), Tirant lo Blanch, Valencia, 2381.

Martín Cubas, Joaquín. 2005. «La Reforma Del Estatuto De La Comunitat Valenciana». *Revista De Las Cortes Generales*, n.º 66 (diciembre), 149-190. https://doi.org/10.33426/rcg/2005/66/510.

Ministerio de Política Territorial y Memoria Democrática. "Procesos de reforma de los Estatutos de Autonomía". Consultado el 16 de julio de 2025. https://mpt.gob.es/politica-territorial/autonomica/Estatutos_Autonomia/Estatutos_reformas.html

Pla i Durà, Joan Ignasi. 2013. «La vía valenciana hacia la España plural» en *Comentarios al Estatuto de Autonomía de la Comunitat Valenciana*, Vicente Garrido Mayol (dir.), Tirant lo Blanch, Valencia, 2381.

Rodríguez Abascal, Luís. "El concepto de nación y la fundamentación del nacionalismo" en *Regiones, Naciones y Nacionalismos en el contexto final del siglo XX*. Universidade de Santiago de Compostela, (1994). pp. 213.

Sánchez Ferriz, Remedio. 2008. «El Estado de las autonomías antes y después de 2006». *Revista valenciana d'estudis autonómics*, n.°51, 14-35.

Sánchez Ferriz, Remedio. 2009. «Los nuevos estatutos de autonomía en busca de una forma de Estado. Entre el Estado federal y la enésima repetición de la máxima de Lampedusa». *Teoría y realidad constitucional*, n°24, 359-381.

Seton-Watson, Hugh. Nations and States. (Methuen, 1977).

Tena, Violeta. «Els valencians patim la violència simbólica derivada del decret d'abolició dels Furs». *El Temps* (1984-2025). https://www.eltemps.cat/article/66344/els-valencians-patim-la-violencia-simbolica-derivada-del-decret-dabolicio-dels-furs

VII. ANEXO LEGISLATIVO

Comunidad Valenciana. Ley 4/1983, de 23 de noviembre, de uso y enseñanza del Valenciano. Departamento: Comunidad Valenciana. DOGV núm. 133 de 1 de diciembre de 1983. Vigencia desde 2 de diciembre de 1983.

Congreso de los Diputados. (1981, 13 de octubre). Diario de Sesiones. [https://www.congreso.es/public_oficiales/L1/CONG/BOCG/H/H_068-I.PDF]

Congreso de los Diputados. (1982, 9 de marzo). Diario de Sesiones. [https://www.congreso.es/public_oficiales/L1/CONG/DS/PL/PL_219.PDF]

Congreso de los Diputados. (1982, 28 de abril). Diario de Sesiones. [https://www.congreso.es/public_oficiales/L1/CONG/DS/PL/PL_235.PDF]

Congreso de los Diputados. "Título VIII: De la organización Territorial del Estado: Artículo 147". Consultado el 16 de julio de 2025. https://app. congreso.es/consti/constitucion/indice/titulos/articulos.jsp?ini=147&tipo=2

Congreso de los Diputados. "Título VIII: De la organización Territorial del Estado: Artículo 151". Consultado el 16 de julio de 2025. https://app. congreso.es/consti/constitucion/indice/titulos/articulos.jsp?ini=151&tipo=2

Congreso de los Diputados. "Sinopsis artículo 143". Consultado el 15 de julio de 2025. https://app. congreso.es/consti/constitucion/indice/sinopsis/sinopsis.jsp?art=143&tipo=2

España. Constitución Española. Boletín Oficial del Estado, 29 de diciembre de 1978, núm. 311, pp. 29313 a 29424.

España. Ley Orgánica 5/1982, de 1 de julio, de Estatuto de Autonomía de la Comunidad Valenciana. Boletín Oficial del Estado, 10 de julio de 1982, núm. 164, pp. 18813 a 18820.

España. Ley Orgánica 12/1982, de 10 de agosto, de transferencia a la Comunidad Valenciana de competencias en materia de titularidad estatal. Boletín Oficial del Estado, 16 de agosto de 1982, núm. 195, pp. 22054-22054.

España. Ley Orgánica 4/1991, de 13 de marzo, de modificación del artículo 12.4 de la Ley Orgánica 5/1982, de 1 de julio, del Estatuto de Autonomía de la Comunidad Valenciana. Boletín Oficial del Estado, 10 de julio de 1982, núm. 164, pp. 18813 a 18820.

España. Ley Orgánica 5/1994, de 24 de marzo, de reforma del Estatuto de Autonomía de la Comunidad Valenciana. Boletín Oficial del Estado, 25 de marzo de 1994, núm. 72, pp. 9636 a 9636.

España. Ley Orgánica 1/2006, de 10 de abril, de Reforma de la Ley Orgánica 5/1982, de 1 de julio, de Estatuto de Autonomía de la Comunidad Valenciana. Boletín Oficial del Estado, 11 de abril de 2006, núm. 86, pp. 13934 a 13954.

España. Ley Orgánica 6/2006, de 19 de julio, de reforma del Estatuto de Autonomía de Cataluña. Boletín Oficial del Estado, de 20 de julio de 2006, núm. 172, pp. 27269 a 27310.

España. Ley Orgánica 3/2019, de 12 de marzo, de reforma del Estatuto de Autonomía de la Comunitat Valenciana en materia de participación de la Generalitat Valenciana en las decisiones sobre inversión del Estado en la Comunidad Valenciana. Boletín Oficial del Estado, de 13 de marzo de 2019, núm. 62, pp. 23777 a 23780.

España. Real Decreto-ley 10/1978, de 17 de marzo, por el que se aprueba el régimen preautonómico del País Valenciano. Boletín Oficial del Estado, núm. 66, de 18 de marzo de 1978.

Generalitat Valenciana, (1982, 10 de julio). Diario Oficial de la Generalitat Valenciana. [https://dogv.gva.es/es/resultat-dogv?signatura=1982/900108]

Senado. (1982, 14 de junio). Diario de Sesiones. [https://www.senado.es/legis1/publicaciones/pdf/senado/ds/PS0160.PDF]

Senado. (1982, 15 de junio). Diario de Sesiones.

[https://www.senado.es/legis1/publicaciones/pdf/senado/ds/PS0161.PDF]

Tribunal Constitucional. Sentencia 247/2007, de 12 de diciembre [Consultada en: https://www.boe.es/buscar/doc.php?id=BOE-T-2008-638]

Tribunal Constitucional. Sentencia 249/2007, de 13 de diciembre [Consultada en: https://www.boe.es/buscar/doc.php?id=BOE-T-2008-640]

Tribunal Constitucional. Sentencia 31/2010, de 28 de junio [Consultada en: https://www.boe.es/boe/dias/2010/07/16/pdfs/BOE-A-2010-11409.pdf]

SOBRE LA ORGANIZACIÓN DEL AUTOGOBIERNO

Las políticas de desarrollo estatutario y fomento del autogobierno de las últimas dos décadas (2008-2024)

MARIANO VIVANCOS

Profesor de Derecho Constitucional, Universitat de València

RESUMEN: En las últimas dos décadas, la Comunitat Valenciana ha desarrollado un conjunto de políticas destinadas a fortalecer su autogobierno y avanzar en la aplicación efectiva del Estatuto de Autonomía reformado en 2006. Este trabajo examina, en primer lugar, el alcance de dicha reforma estatutaria y sus principales avances institucionales, competenciales y financieros, así como los déficits históricos pendientes. A continuación, se analiza la evolución de las políticas de desarrollo estatutario y fomento del autogobierno durante los sucesivos gobiernos autonómicos, distinguiendo tres etapas: el último periodo de gobiernos populares, el ciclo del Botànic y la etapa actual. El estudio aborda aspectos como la configuración institucional, la acción legislativa, la actividad subvencional, la institucionalización del autogobierno y la cooperación interadministrativa. Finalmente, se ofrece un balance global que permite trazar los retos y oportunidades para el futuro del autogobierno valenciano.

ABSTRACT: Over the past two decades, the Valencian Community has implemented various policies aimed at strengthening its system of self-government and advancing the effective development of the 2006 Statute of Autonomy reform. This paper first analyses the scope of the reform and its main institutional, competential, and financial achievements, together with the unresolved historical shortcomings. It then examines the evolution of statutory development policies under different regional governments, distinguishing three stages: the final period of conservative governments, the Botànic cycle, and the current stage. Key elements addressed include institutional configuration, legislative action, funding policies, the institutionalisation of self-government, and inter-administrative cooperation. The study concludes with an overall assessment that highlights future challenges and opportunities for Valencian self-government.

Palabras clave: autogobierno; Estatuto de Autonomía; desarrollo estatutario y promoción del autogobierno; instituciones autonómicas; cooperación; bilateralidad

Keywords: self-government; Statute of Autonomy; statutory development and promotion of self-government; autonomous institutions; cooperation; bilateralism

I. INTRODUCCIÓN

El estudio del Derecho Autonómico Valenciano ha prestado atención preferente a cuestiones como el desarrollo estatutario; los criterios "interpretativos" de la jurisprudencia constitucional o, incluso, la delimitación competencial. Sin embargo, la reflexión en torno al diseño institucional del autogobierno y a las políticas de promoción de su desarrollo ha recibido una atención claramente insuficiente en la doctrina jurídica. Este déficit resulta llamativo si se considera que la calidad del entramado institucional y la orientación estratégica de las políticas públicas dirigidas a fortalecer el autogobierno condicionan, de manera decisiva, tanto la efectividad del marco estatutario como la capacidad de adaptación de la Comunidad Valenciana al devenir del Estado autonómico.

Desde 2008, legislatura llamada a concretar el desarrollo estatutario tras la reforma culminada dos años antes, se inició un período caracterizado por nuevos retos en la consolidación del autogobierno, vinculados a la interpretación de las novedades introducidas, a la aplicación práctica de los instrumentos estatutariamente previstos y a la necesidad de articular políticas institucionales orientadas al refuerzo de las capacidades de autogobierno. La evolución de este período evidencia una tensión permanente entre, de un lado, las limitaciones derivadas de la arquitectura institucional y, de otro, a la necesidad de desarrollar estrategias que permitan ensanchar los horizontes de nuestro autogobierno, a partir de un modelo propio de organización.

El análisis adquiere mayor relevancia si se contrasta con la experiencia de otros territorios que han desarrollado estructuras institucionales específicas para la promoción del autogobierno. Así, en Euskadi, la actual legislatura ha visto la creación de un departamento específico dedicado a esta materia (*Departamento de Gobernanza, Administración Digital y Autogobierno*[1]), dotando de rango político y administrativo a la tarea de diseñar y promover un proyecto estratégico de autogobierno; mayormente, cuando la consecución de un nuevo estatuto político es una prioridad. En Cataluña, el *Institut d'Estudis de L'Autogovern* (IEA), que acaba de cumplir cuatro décadas, se ha consolidado como un centro de producción doctrinal, asesoramiento institucional y proyección académica en la materia[2]. Estas experiencias evidencian que la institucionalización de políticas de promoción del autogobierno no es un ejercicio retórico, sino un factor

---

1 Decreto 18/2024, de 23 de junio, del Lehendakari, de creación, supresión y modificación de los Departamentos de la Administración General de la Comunidad Autónoma del País Vasco y de determinación de funciones y áreas de actuación de los mismos (BOPV núm. 123, de 24 de junio de 2024, pp. 1-16) [Modificado por el Decreto 36/2024, de 30 de julio (BOPV núm. 152, de 6 de agosto de 2024, pp. 1-4)]. El Reglamento orgánico y funcional (ROF) del Departamento en cuestión fue aprobado mediante Decreto 317/2024, de 29 de octubre (BOPV núm. 219, de 11 de noviembre de 2024).

2 Con ocasión del cuatrigésimo aniversario del IEA, la *Revista d'Estudis Autonòmics i Federals – Journal of Self-Government* ha editado un monográfico (núm. 40-desembre 2024) de sumo interés para los interesados en la temática del autogobierno.

determinante para orientar, consolidar y profundizar los proyectos autonómicos.

En el caso valenciano, la ausencia de estructuras equivalentes ha supuesto una cierta orfandad institucional en esta tarea, lo que unido al constante cambio departamental —*Gobernación (y Justicia); Transparencia (Responsabilidad Social, Participación y Cooperación); Participación (Transparencia, Cooperación y Calidad Democrática); y Justicia (y Administración Pública)*— en la materia, limita la capacidad de elaborar una política sostenida en el tiempo de fortalecimiento del autogobierno. No obstante, ello no impide plantear la necesidad de repensar el diseño institucional en clave proactiva, aprendiendo de las experiencias comparadas y situando la cuestión en el centro del debate sobre el futuro de la Comunidad Valenciana en el Estado de las Autonomías.

El objetivo es ofrecer una visión sistemática de cómo las decisiones organizativas han condicionado las políticas de autogobierno desplegadas y qué lecciones preliminares podrían extraerse de las mismas. Solo mediante un diseño institucional adecuado, flexible y orientado a objetivos estratégicos será posible profundizar y consolidar el autogobierno valenciano en un contexto político y jurídico dinámico, marcado por tensiones competenciales, desafíos financieros y una creciente demanda de reconocimiento político. Este capítulo se propone, precisamente, analizar críticamente las etapas recientes del autogobierno valenciano, poniendo el acento en la necesidad de articular políticas institucionales que, lejos de limitarse a la gestión del día a día, permitan configurar un proyecto sólido y sostenible de autogobierno para el futuro.

II. EL PUNTO DE PARTIDA: LA REFORMA DEL ESTATUTO DE AUTONOMÍA DE 2006, UN SALTO CUALITATIVO EN EL AUTOGOBIERNO VALENCIANO

La reforma del Estatuto de Autonomía de la Comunitat Valenciana, culminada con la Ley Orgánica 1/2006, de 10 de abril, supuso un punto de inflexión en el desarrollo del autogobierno valenciano dentro del proceso general de actualización estatutaria y reformas territoriales desarrollado en España a mitad de la primera década del s. XXI. Aprobada mediante un procedimiento especial que exigió la devolución del texto a Les Corts Valencianes y la conformidad de estas[3] tras su paso por las Cortes Generales[4], la nueva norma ampliará notablemente el marco jurídico e institucional del autogobierno valenciano[5].

Después de la tramitación por las Cortes Generales de la reforma del Estatuto éste había sido modificado en algunos preceptos por lo que, de acuerdo con el procedimiento especial y diferenciado de reforma del Estatuto valenciano el texto regresa a Les Corts, dando conformidad a las modificaciones modificaciones introducidas por las Cortes Generales.

1. Principales avances en autogobierno

Entre los principales avances en materia de autogobierno, la norma institucional básica de los valencianos incorpora algunas novedades de interés:

- Reafirmación identitaria (Título I): establece los fundamentos de la identidad política, cultural y jurídica de la Comunidad. Consolidando los símbolos institucionales[6] —bandera,

3 Resolucio'n 215/VI sobre la conformidad con todas modificaciones introducidas por las Cortes Generales al texto remitido por las Cortes Valencianas de reforma del Estatuto de Autonomi'a de la Comunitat Valenciana (*Butlleti' Oficial de les Corts Valencianes,* núm. 183, de 31 de marzo de 2006, 30.265-30.266).

4 Aguiló Lucia, Ll. (2007). Comunitat Valenciana. *Informe de Comunidades Autónomas 2006.* Barcelona: Observatorio de Derecho Autonómico, 385.

5 Sobre el particular, puede consultarse el trabajo de Ripollés Serrano, R.Mª (2023). La construcción jurídica de una Comunidad Autónoma: 40 años de la Comunidad Valenciana 1982-2022. *Revista jurídica de la Comunidad Valenciana,* (84), pp. 9-79.

6 Sobre este particular, véase Fliquete Lliso, E. (2024). Los símbolos de identidad en la doctrina del Consell Jurídic Consultiu de la Comunitat Valenciana en Vivancos Comes, M. *Autogobierno valenciano en perspectiva. 40 años de rendimiento institucional.* València: Tirant lo Blanch, pp. 139-174.

himno y escudo— como expresiones de su identidad colectiva, "conectando la norma institucional básica con elementos metajurídicos"[7], como la previa existencia del Pueblo Valenciano o la apelación a la antigua *institucionalidad* foral.

- Derechos de la ciudadanía: creación de un nuevo Título II, que incorpora un catálogo de derechos sociales y medioambientales avanzados, como la previsión de una futura Carta de Derechos Sociales (art. 10) y el derecho al agua de calidad (art. 17). La primera cuestión, fue ampliamente debatida por la doctrina[8], pese a que "no se introduce una tabla de derechos de tipo "federal" ni un sistema garantista semejante al del Estatuto catalán de 2006". Así, los derechos estatutarios (valencianos) se entienden como mandatos de optimización dirigidos al legislador y al ejecutivo autonómicos; aunque se "renuncie a construir un verdadero "bloque estatutario de derechos y deberes"[9] para sortear una conflictividad que, finalmente, no podrá ser esquivada (SSTC 247 y 149/2007, de 12 y 13 de diciembre[10]).

---

7 Fliquete Lliso, E. (2013). Artículo Primero en Garrido Mayol, V. (dir.) *Comentarios al Estatuto de Autonomía de la Comunitat Valenciana: (según redacción dada por Ley Orgánica 1/2006, de 10 de abril, de Reforma de Ley Orgánica 5/1982, de 1 de julio, de Estatuto de Autonomía de la Comunidad Valenciana).* València: Tirant lo Blanch-Consell Jurídic Consultiu de la Comunitat, p. 87.

8 Sánchez Ferriz, R. (2022). Els drets dels valencians i les valencianes en l'Estatut d'Autonomia. Drets: *Revista valenciana de reformes democràtiques,* (6), pp. 21-33; Vivancos Comes, M. (2024). *10 años de vigencia de la carta valenciana de Derechos Sociales. De la letra de la Ley a su despliegue normativo.* València: Tirant lo Blanch.

9 Sánchez Ferriz, R. y Martínez Dalmau, R. (2022). Rendimientos y perspectivas de reforma del Estatut d'Autonomia en materia de derechos en Durbán Martin, I; Palao Gil, J.; Gomis Jaén, E. (Coords.*). Rendimientos y perspectivas de reforma del Estatuto de Autonomía de la Comunitat Valenciana.* València: Cátedra de Dret Foral y Desarrollo Estatutario, pp. 16-19.

10 Visiedo Mazón, F.J.; y García i Mengual, F. Comentario a las SSTC 247/2007, de 12 de diciembre y 249/2007, de 13 de diciembre. Ley orgánica 1/2006 de 10 de abril, de reforma de la Ley Orgánica 5/1982, de 1 de julio, de Estatuto de Autonomía de la Comunitat Valenciana en Soriano Hernández, E. (Coord.). *Les Corts Valencianes ante el Tribunal Constitucional.* València: Tirant lo Blanch (en edición).

- Derecho Civil Foral Valenciano: se reconoce a la Generalitat competencia exclusiva para la "conservacio'n, desarrollo y modificacio'n" del Derecho foral civil valenciano (art. 49.1-2ª) [11], concretándose la forma de su ejercicio (art. 7)[12], procurando así la recuperacio'n de los contenidos correspondientes de los Fueros del (histo'rico) Reino de Valencia en plena armoni'a con el régimen constitucional vigente y la nueva realidad social y económica. Habilitándose, también, a la Generalitat para legislar en este ámbito (Disposición Transitoria 3ª)[13]. Algo que debería haber sentado las bases para recuperar instituciones jurídicas "tradicionales" y que impediría una jurisprudencia constitucional restrictiva (SSTC 82/2016; 110/2016; y 192/2016) [14], como la finalmente señalada. Este cambio "profundo" en la configuración de la competencia autonómica a partir de un nuevo enfoque "(neo)foralista"[15] será el punto de partida jurídico y político del proceso de un largo proceso de recuperación todavía no culminado como veremos.

---

11 Atribuye a la Generalitat competencia exclusiva para la conservación, desarrollo y modificación del Derecho Civil Foral Valenciano.

12 Precisa que el ejercicio de esta competencia debe orientarse a la recuperación de los contenidos de los Fueros del histórico Reino de Valencia, siempre en plena armonía con la Constitución y adaptado a las necesidades sociales y económicas contemporáneas.

13 Prevé las condiciones para la entrada en vigor y aplicación de las normas que desarrollen esta competencia.

14 Guillem Carrau, J. (2025). STC 82/2016, de 28 de abril. Ley 10/2007, de 20 de marzo, de régimen económico matrimonial en Soriano Hernández, E. (Coord.). *Les Corts Valencianes ante el Tribunal Constitucional.* València: Tirant lo Blanch (en edición); y Sevilla Merino, J. (2025). SSTC 110/2016, de 9 de junio de 2016. Ley 5/2012, de 15 de octubre, de uniones de hecho formalizadas de la Comunitat Valenciana y 192/2016, de 16 de noviembre. Ley 5/2011, de 1 de abril, de relaciones familiares de los hijos e hijas cuyos progenitores no conviven en Soriano Hernández, E. (Coord.) *op. cit.* (en edición).

15 Durbán Martín, I. (2022). El derecho civil valenciano en el Estatuto de Autonomía en Durbán Martin, I; Palao Gil, J.; Gomis Jaén, E. (Coords.). *op. cit.* 159-160.

- Lengua y cultura: por primera vez se declara al valenciano como lengua "propia"[16] (art. 6), atribuyéndose a la *Acadèmia Valenciana de la Llengua* (AVL) la condición de autoridad normativa lingüística (arts. 6 y 41), estableciéndose su obligatoriedad para las administraciones públicas valencianas que no los particulares para quiénes su uso es un derecho y por cuyo ejercicio no podrán ser discriminados.

2. *Fortalecimiento institucional*

Igualmente, la norma institucional básica renovada posibilitaría un mayor fortalecimiento institucional, a través de diferentes vías:

- Ampliación institucional: integrándose en la Generalitat nuevas entidades como la AVL y el *Consell Jurídic Consultiu* (art. 20).
- Mayor flexibilidad parlamentaria: se autoriza al President de la Generalitat la disolución anticipada de Les Corts (art. 28.4), y se incrementa el número de diputados hasta un mínimo de 99 (art. 23.1).
- Creación del *Consell de Justícia de la Comunitat Valenciana* (art. 33.3), orientado a dotar de mayor autonomía a la justicia en el ámbito autonómico. Una institución de "dudosa viabilidad"[17], algo que ha impedido su puesta en marcha efectiva.
- Decretos-ley autonómicos: posibilidad de que el Consell apruebe normas con rango de ley en casos de urgente necesidad (art. 44.4).

---

16 En derecho, lengua propia es la que identifica a una comunidad autónoma por razones históricas y culturales, pudiendo ser oficial junto al castellano. Tras la Constitución de 1978, los estatutos de autonomía permitieron declarar estas lenguas como propias y cooficiales.
Así, el *Estatut de la Comunitat Valenciana* (1982) reconoció al valenciano, y el *Estatut de Sau* (1979) hizo lo mismo con el catalán, aunque ya en 1933 el Parlamento catalán había regulado su uso institucional.

17 Monterde Ferrer, F. (2013). Comentario Art. 33 en Garrido Mayol, V. (dir.). *op. cit*, p. 600.

3. Competencias y acción exterior

En el ámbito competencial, se ampliaría su marco a diversos ámbitos (arts. 49-58), aunque sin lograr un catálogo tan extenso y pormenorizado como en otros estatutos reformados en el mismo período (Cataluña o Andalucía), aspecto sobre el que había trabajado, previamente, Rollnert Liern[18].

Por lo que hace a las relaciones exteriores, se reconoce a la Generalitat capacidad para relaciones con la Unión Europea (art. 61) y para suscribir acuerdos no normativos de colaboración con otros Estados en materias de su competencia (art. 62.5), reforzando su proyección internacional[19].

4. Hacienda y financiación

Se creó el *Servei Valencià de Tributs* (art. 69), un "organismo autónomo" (de naturaleza administrativa) para gestionar los tributos propios con mayor eficacia y descentralización funcional[20]. En 2014[21],

---

18 Rollnert Liern, G. (2001): "Materiales para un estudio del ámbito competencial del Estatuto de Autonomía de la Comunidad Valenciana (1982-1994): competencias propias y transferidas", *Cuadernos Constitucionales de la Cátedra Fadrique Furió Ceriol*, (34-35), 245-261. De este mismo autor véase también tanto el estudio introductorio al TÍTULO IV, como el análisis de los arts. 49.2 y 51.1.11ª en Garrido Mayol, V. (dir.), op. cit., pp. 879-896, 1533-1538 y 1895-1896, respectivamente.

19 Sobre este particular puede consultarse el trabajo de Ripoll Navarro, R. (2005). La acción exterior de la Comunidad Valenciana en el nuevo Estatuto. *Revista valenciana d'estudis autonòmics*, (49-50) (Ejemplar dedicado a: Un Estatuto para el siglo XXI: volumen II), pp.285-305. El autor fue, precisamente, el encargado de analizar dicho precepto estatutario en Garrido Mayol, V. (Dir), *op. cit.*, pp. 2095-2104.

20 Martín Queralt, Juan B. y García Moreno, V.A. (2013). Comentarios al art. 69 en Garrido Mayol, V (dir.), *op. cit.*, pp. 2213-2218.

21 Ley 7/2014, de 22 de diciembre, de medidas fiscales, de gestión financiera y administrativa y de organización de la Generalitat (DOCV núm. 7432, de 29 de diciembre de 2014, pp. 31576-31679; y BOE núm. 35, de 10 de febrero de 2015, pp. 10810 a 10936).

adoptaría la naturaleza jurídica de agencia en sintonía con las reformas territoriales catalana, andaluza y balear.

5. Déficits históricos no resueltos

A pesar de estos avances, la reforma no resolvió plenamente algunos déficits que viene padeciendo el autogobierno valenciano:

i) No incluyó un sistema de financiación singular, quedando supeditado al régimen general estatal de financiación de las CCAAs.

ii) La competencia en materia de *Derecho Civil Foral* quedaría, posteriormente, cuestionada por el Tribunal Constitucional; tramitándose con carácter de urgencia una proposición de ley para la reintegración efectiva del derecho civil valenciano[22] —convertida en objetivo de la X legislatura (núm. 129)— que se trasladará, como propuesta de reforma constitucional, a las Cortes Generales en dos ocasiones[23] en legislaturas estatales consecutivas (XIV y XV).

iii) Aunque comparte rasgos con otras reformas (carácter reactivo, no excesivamente ambiciosa en materia competencial),

---

[22] Proposición de ley de modificación de la disposición adicional segunda de la Constitución para la reintegración efectiva del derecho civil valenciano, presentada por los grupos parlamentarios Socialista, Popular, Compromís y Unides Podem (RE núm. 1856), *Butlletí Oficial Corts Valencianes* núm. 14, de 17 de julio de 2019, pp. 1081-10-84.

[23] Proposición de reforma de la disposición adicional segunda de la Constitución española para la reintegración efectiva del Derecho Civil valenciano (corresponde al número de expediente 101/000003 de la XIV Legislatura). Presentada por la Comunitat Valenciana - Les Corts. *Boletín Oficial de las Cortes Generales* (Congreso de los Diputados —XIV Legislatura—), Serie B (Proposiciones de Ley), núm. 61-1, de 28 de febrero de 2020, pp. 1-3. Proposición de reforma de la disposición adicional segunda de la Constitución española para la reintegración efectiva del Derecho Civil valenciano (corresponde al número de expediente 101/000003 de la XIV Legislatura). Presentada por la Comunitat Valenciana - Les Corts. *Boletín Oficial de las Cortes Generales* (Congreso de los Diputados- XV Legislatura), Serie B (Proposiciones de Ley), núm. 7-1, de 8 de septiembre de 2023, pp. 1-3.

constituye una reforma "mayor"[24] que afecta directamente a las competencias de la Generalitat. Establece un modelo de equilibrio: ampliación moderada de competencias dentro del principio de lealtad constitucional, que generará un proceso evolutivo (legislativo y jurisprudencial[25]) que continúa hoy perfilando el alcance real de las competencias valencianas.

III. ESTRATEGIA DE DESARROLLO ESTATUTARIO Y FOMENTO DEL AUTOGOBIERNO

Tras la aprobación y entrada en vigor del Estatuto reformado (2006), coincidente con la finalización la VI legislatura del autogobierno, el Consell adoptó una estrategia institucional ambicio-

---

24 Boix Palop, A.; y Marzal Raga, R. (2022). Las competencias de la Generalitat en Durbán Martin, I; Palao Gil, J.; Gomis Jaén, E. (Coords.). *op. cit.* 98-99.

25 Aunque desborda los objetivos de este trabajo concretar el desarrollo normativo del título competencial, si pueden concretarse algunas sentencias constitucionales que han venido a clarificar su alcance, entre las más destacadas figuran las siguientes: SSTC 47/2008, de 11 de marzo (*administración local*); 66/2013, de 14 de marzo de 2013 (*archivos*); 114/2013, de 9 de mayo (*infraestructuras, medio ambiente y ordenación del territorio*); 218/2013, de 19 de diciembre (*espectáculos públicos*); 39/2014, de 11 de marzo (*función pública*); 271/2015, de 17 de diciembre, 82/2016, de 28 de abril, 110/2016, de 9 de junio y 192/2016, de 16 de noviembre (*derecho civil*); 153/2016, de 22 de octubre y 103/2017, de 6 de septiembre (audiovisual); 14/2019, de 31 de enero (*sanidad*); 105/2019, de 19 de septiembre y 82/2020, de 15 de julio (*administración local*); 109/2021, de 13 de mayo (*función pública*); 76/2022, de 15 de junio (*infraestructuras, medio ambiente y ordenación del territorio*); 8/2023, de 22 de febrero (*vivienda*); 63/2023, de 24 de mayo (*infraestructuras, medio ambiente y ordenación del territorio*); 124/2023, de 26 de septiembre y 143/2023, de 24 de octubre (*administración local*); y 168/2023, de 22 de noviembre (*infraestructuras, medio ambiente y ordenación del territorio*). Quedando pendientes la resolución de los recursos de inconstitucionalidad núms. 7174/2024 y 3112/2025, contra diversos preceptos de las Leyes valencianas 1/2024, de 27 de junio, por la que se regula la libertad educativa y 5/2024, de 26 de julio, de Concordia de la Comunitat Valenciana, respectivamente.

sa para garantizar su despliegue efectivo y consolidar las nuevas competencias. En este contexto, tras la nueva organización gubernamental se creó un departamento específico[26] (*Gobernación*) con competencias en desarrollo estatutario (y autogobierno), concebido como el motor político y administrativo para materializar los avances previstos en la reforma. Este nuevo ámbito competencial se dotó de un órgano directivo especializado (*dirección general de Coordinación del Desarrollo Estatutario y Promoción del Autogobierno*)[27], cuya misión principal era coordinar la acción normativa, institucional y política necesaria para hacer realidad los derechos, instituciones y competencias reconocidas en el texto estatutario. Este órgano asumió un papel transversal, actuando como interlocutor ante otros departamentos, las Cortes Valencianas y el Gobierno de España para asegurar una implementación coherente y eficaz del autogobierno.

La estrategia se articuló en torno a varios ejes: i) por un lado, la planificación normativa para el desarrollo de las competencias estatutarias, especialmente aquellas que requerían leyes autonómicas para su efectividad; ii) por otro, la creación de *estructuras de gobernanza* que garantizaran el impulso y seguimiento de esta tarea.

Entre las primeras, destacan las siguientes acciones legislativas, muchas de ellas derogadas o sin efecto en la actualidad:

- Aquellas referidas a reforzar el elemento simbólico, como la Ley 10/2008, de 3 de julio (*Real Monasterio de Santa María de la Valldigna*)[28], que desarrolla el art. 57 —y que recordemos lo

---

[26] Decreto 100/2007, de 13 de julio, del Consell, por el que aprueba el Reglamento Orgánico y Funcional (ROF) de la Conselleria de Gobernación (DOGV núm. 5556, de 16 de julio de 2007).

[27] Art. 12, Decreto 100/2007.

[28] DOGV núm. 5803, de 10 de julio de 2008, pp. 70575-70579; BOE núm. 192, de 9 de agosto de 2008, pp. 33996 a 33998Derogada por la Ley 4/2022, de 18 de noviembre, de la Generalitat, del Real Monasterio de Santa María de la Valldigna (DOGV núm. 9477, de 24 de noviembre de 2022, pp. 61496-61500; y BOE núm. 34, de 9 de febrero de 2023, pp. 18709 a 18714), tras la disolución de la Fundación Jaume II modificando el Alto Patronato del Real Monasterio de Santa María de la Valldigna, que pasa a denominarse Consejo Rector, incorporando en su seno a personalidades del ámbito his-

había reconocido como "símbolo espiritual, histórico y cultural del antiguo Reino de Valencia y de la grandeza del pueblo valenciano reconocido como Nacionalidad Histórica"—, a través de un mandato legal de conservación y recuperación del entorno cultural erigido en "punto de encuentro y unión" de todos los valencianos y en aras a significarlo como "centro de investigación y estudio" de la historia propia.

- Los desarrollos fundamentales de la nueva arquitectura institucional, donde destaca la Ley 10/2009, de 20 de noviembre (*Comité Valenciano para Asuntos Europeos*)[29], en desarrollo del art. 61, que crea este órgano de naturaleza administrativa y carácter consultivo, encargado de asesorar al Consell y de realizar estudios y propuestas para la mejora de la participación en cuestiones europeas y planteamiento de acciones estratégicas en dicho ámbito[30]. De carácter menor, la Ley 4/2009, de 5 de mayo (*Síndic de Greuges*)[31], para regular la alternancia, de forma rotatoria, de los adjuntos —por un período máximo de un año—, si ha trascurrido el plazo estipulado en la ley para la toma de posesión del nuevo Síndic, ante la eventualidad de

---

tórico y cultural. Y ampliando sus funciones como espacio cívico, institucional y cultural de la ciudadanía valenciana. También, se crearán los Premios Valldigna para distinguir a las personas, instituciones o entidades destacadas en la tarea de protección, recuperación y promoción del patrimonio cultural valenciano.

29 DOGV núm. 6152, de 25 de noviembre de 2009, pp. 42472-42477; y BOE núm. 301, de 15 de diciembre de 2009, pp. 105773 a 105779.
La reforma introducida por la Ley 3/2020, de 30 de diciembre, de medidas fiscales, de gestión administrativa y financiera y de organización de la Generalitat 2021 (DOGV núm. 8987, de 31 de diciembre de 2020, pp. 53371-53485; y BOE núm. 34, de 9 de febrero de 2021, pp. 14391 a 14541)
Terminará por redefinir su composición, funcionamiento, llegando a alcanzar al rol mismo del Observatorio de Políticas Europeas, conformado por personal técnico y abierto a expertos externos.

30 Además, se crean los órganos básicos del Comité que son los siguientes: Comité en pleno, el Observatorio de las Políticas Europeas (órgano de apoyo técnico), y los grupos de trabajo.

31 Ley 4/2009, de 5 de mayo, de reforma del artículo 5.4 de la Ley 11/1988, de 26 de diciembre, del Síndic de Greuges (DOCV núm. 6012, de 13 de mayo de 2009, p. 17772; BOE núm. 133, de 2 de junio de 2009, p. 46265).

un bloqueo institucional. Igualmente, la Ley 9/2010, de 7 de julio (*Designación de senadores territoriales*)[32], para incorporar un nuevo trámite de comparecencia ("*hearing*") y adaptación a la nueva nomenclatura institucional.

- Las referidas al desarrollo del *Derecho Foral Valenciano*, tales como la Ley 10/2007, de 20 de marzo (*Régimen económico matrimonial*)[33], que establecía por defecto la separación de bienes al contraer matrimonio civil, regulando otras instituciones propias —esta ley fue anulada por el Tribunal Constitucional por invasión de competencias estatales[34] al no acreditarse que existieran normas legales o costumbres previas a la Constitución sobre esas materias en el territorio valenciano y que ni siquiera la modificación legal[35] impidió sortear—; la Ley 5/2012, de 15 de octubre (*Uniones de hecho formalizadas*)[36], que regulaba el régimen jurídico, económico y los efectos de la extinción de las uniones de hecho formalizadas —igualmente su inconstitucionalidad parcial fue declarada, también, por motivos competenciales[37]—; y la Ley 5/2011, de 1 de abril (*Custodia*

---

32 DOGV núm. 6307, de 9 de julio de 2010, pp. 27034-27038; y BOE núm. 187, de 3 de agosto de 2010, pp. 67634 a 67639.

33 DOGV núm. 5475, de 22 de marzo de 2007 y BOE núm. 95, de 20 de abril de 2007.

34 Pleno. Sentencia 82/2016, de 28 de abril de 2016. Recurso de inconstitucionalidad 9888-2007. Interpuesto por el Presidente del Gobierno respecto de la Ley de las Cortes Valencianas 10/2007, de 20 de marzo, de régimen económico matrimonial valenciano. Competencias en materia de Derecho civil: Ley autonómica dictada en materia no integrada en el acervo normativo o consuetudinario del Derecho civil histórico valenciano. Voto particular (BOE núm. 131, de 31 de mayo de 2016, pp. 35824 a 35847).

35 Ley 8/2009, de 4 de noviembre, de modificación de la Ley 10/2007, de 20 de marzo, de Régimen Económico Matrimonial Valenciano (DOCV núm. 6141, de 10 de noviembre de 2009, pp. 40548-40551; BOE» núm. 301, de 15 de diciembre de 2009, pp.105743 a 105746).

36 DOGV núm. 6884, de 18 de octubre de 2012; y BOE núm. 268, de 7 de noviembre de 2012.

37 Pleno. Sentencia 110/2016, de 9 de junio de 2016. Recurso de inconstitucionalidad 4522-2013. Interpuesto por el Presidente del Gobierno respecto de la Ley 5/2012, de 15 de octubre, de uniones de hecho formalizadas de la Comunitat Valenciana. Competencias en materia de Derecho civil: nulidad

compartida)[38], que establecía como preferente esta en casos de separación o divorcio, salvo que fuera perjudicial para el menor — y que, por idénticos motivos, terminaría siendo anulada[39]—, respectivamente.

- La que desarrolla el régimen interior, la Ley 8/2010, de 23 de junio (*Régimen local*[40]), desarrollando las previsiones estatutarias (Título VIII) sobre la organización territorial y la garantía (institucional) de la autonomía local. Esta norma no solo adapta la normativa básica estatal a la realidad valenciana, sino que profundiza en aspectos novedosos de la nueva regulación estatutaria: el reconocimiento de la autonomía municipal y provincial, la articulación de nuevas fórmulas de cooperación intermunicipal, el papel de las comarcas y otras entidades locales menores, y la definición del marco competencial y financiero de los entes locales valencianos. De este modo, la ley despliega en la práctica el mandato estatutario de dotar a los gobiernos locales de un marco jurídico propio que garantice su autonomía política, organizativa y económica dentro del sistema institucional propio.

---

de los preceptos legales autonómicos que establecen el objeto y ámbito de aplicación de la Ley, proclaman el principio de libertad de regulación de la convivencia y regulan el régimen económico y los efectos de la extinción de la unión de hecho formalizada (STC 82/2016). Voto particular (BOE» núm. 170, de 15 de julio de 2016, pp. 50146 a 50171).

38 DOGV núm. 6495, de 5 de abril de 2011; y BOE núm. 98, de 25 de abril de 2011.

39 Pleno. Sentencia 192/2016, de 16 de noviembre de 2016. Recurso de inconstitucionalidad 3859-2011. Interpuesto por el Presidente del Gobierno respecto de la Ley de las Cortes Valencianas 5/2011, de 1 de abril, de relaciones familiares de los hijos e hijas cuyos progenitores no conviven. Competencia sobre Derecho civil: nulidad de la Ley autonómica dictada en materia no integrada en el acervo normativo o consuetudinario del Derecho civil histórico valenciano (STC 82/2016). Voto particular (BOE» núm. 311, de 26 de diciembre de 2016, pp. 90660 a 90678).

40 DOGV núm. 6296, de 24 de junio de 2010, pp. 25324-25378; y BOE núm. 178, de 23 de julio de 2010, pp. 64224 a 64288

- O, por último, de ámbitos fundamentales, como la Ley 11/2008, de 3 de julio (*Participación Ciudadana*)[41], que venía a desarrollar los preceptos 1.3 y 9.4 del nuevo estatuto.

Entre las segundas, destacan tanto la *Comisión Interdepartamental para el Desarrollo Estatutario* (2008), encargada de alinear la acción de los distintos departamentos de la Generalitat con los objetivos de autogobierno, como ciertos órganos consultivos de nueva creación a los que luego nos referiremos.

La creación de la Comisión Interdepartamental (Decreto 76/2008, de 23 de mayo)[42], constituye un hito en la institucionalización de mecanismos de coordinación interna en el marco autonómico valenciano.

La actividad de la Comisión fue discreta, celebrándose un total de ocho sesiones plenarias en el periodo 2008-2011 —además de cuatro reuniones de la Comisión Ejecutiva y otras tantas de la Comisión Técnica en el mismo periodo—. Esta estructura tripartita (*Pleno, Ejecutiva y Técnica*) responde a un modelo de trabajo escalonado, en el que los órganos inferiores cumplían tareas de preparación y análisis que nutrían la deliberación del órgano superior. Así, la Comisión Técnica elaboraba las bases para la discusión en la Ejecutiva, y esta última hacía lo propio respecto al Pleno.

---

41 DOGV núm. 5803, de 10 de julio de 2008, pp. 70580-70590; y BOE» núm. 200, de 19 de agosto de 2008, pp 34837 a 34843. Derogada a través de la Ley 2/2015, de 2 de abril, finalmente sustituida por la vigente Ley 4/2023, de 13 de abril, de la Generalitat, de Participación Ciudadana y Fomento del Asociacionismo de la Comunitat Valenciana (DOGV núm. 9579, de 20 de abril de 2023, pp. 23316-23341; BOE núm. 105, de 3 de mayo de 2023, pp. 61379 a 61409).

42 DOGV núm 5771, de 27 de mayo de 2008, pp. 63774-63778. Su composición se verá modificada mediante el Decreto 168/2011, de 4 de noviembre (DOGV núm. 6645, de 7 de noviembre de 2011, pp. 36140-36143) y su funcionamiento regulado a través de la Orden 2/2011, de 20 de enero (DOGV núm. 6447, de 27 de enero de 2011, pp. 3948-3956); disposición que aprobará su Reglamento de funcionamiento interno.

El contenido de las reuniones revela que la Comisión desempeñaba una función esencialmente informativa y de puesta en común. En el Pleno, los representantes de las distintas conselleries compartían los proyectos normativos en curso o previstos, al tiempo que se analizaban procesos relacionados con transferencias competenciales y traspasos de medios personales, materiales o patrimoniales, elementos clave en la consolidación del autogobierno. Asimismo, se daba seguimiento a los trabajos realizados en las instancias técnicas y ejecutivas, garantizando la coherencia en el flujo de información.

Un aspecto de especial relevancia es que la Comisión no ejercía un rol directivo sobre las iniciativas normativas de cada conselleria. Más bien, funcionaba como un foro de coordinación horizontal, donde la puesta en común de criterios y experiencias contribuía a fortalecer la visión global del proceso autonómico. Este diseño institucional evitaba la duplicidad de competencias y respetaba la autonomía de cada departamento, a la vez que permitía identificar sinergias en el desarrollo legislativo y en la gestión de las relaciones con el Estado.

En definitiva, la Comisión Interdepartamental se erigió como un mecanismo de articulación administrativa destinado a favorecer la coherencia en la acción política autonómica, reforzando la capacidad del Consell para afrontar de manera coordinada los desafíos derivados del desarrollo estatutario y la negociación competencial. Su experiencia ilustra la importancia de los espacios de coordinación interdepartamental como instrumentos de gobernanza multinivel, más allá de su carácter formal o de la periodicidad limitada de sus reuniones.

Por su parte, la *Comisión de Codificación del Derecho Civil Valenciano*[43], órgano de colegiado de apoyo al Consell, encargado de elaborar y presentar al Consell los borradores de anteproyectos de ley en

---

43 El Decreto 218/2007, de 26 de octubre (DOGV núm. 5629, de 30 de octubre de 2007, pp. 23682-23690), aprobó el Reglamento de la Comisión de Codificación y su órgano asesor, el Observatorio, modificándose primero por el Decreto 85/2011, de 15 de julio (DOGV núm. 6568, de 19 de julio de 2011, pp. 28123-28125), y más tarde por el Decreto 24/2012, de 27 de

materia de Derecho foral civil valenciano, así como el *Observatorio de Derecho Civil Foral*, creado[44] inicialmente como foro representativo de consulta y estudio, coparticipado por la Generalitat y diversos organismos y entidades; con el tiempo se verá reforzado como espacio de reflexión académica y técnica para fundamentar el reconocimiento y ejercicio de la competencia legislativa en materia civil fueron también estructuras fundamentales en materia de desarrollo estatutario. Ambos reflejan el compromiso por recuperar instituciones jurídicas propias, sin embargo no podemos dejar de señalar que el balance de su labor arroja más sombras que aciertos: si bien ha contribuido a recopilar estudios, generar debate doctrinal y servir de soporte técnico en iniciativas normativas, su impacto práctico se ha visto limitado por las restricciones competenciales derivadas de la jurisprudencia constitucional sobre el Derecho Civil valenciano, reducido el alcance de sus aportaciones en el plano legislativo.

Este planteamiento integral permitió dotar de visibilidad y continuidad política a la tarea de consolidar el autogobierno valenciano, a pesar de quedar condicionado por los retos competenciales y la jurisprudencia restrictiva del Tribunal Constitucional.

La estrategia de desarrollo estatutario, como hemos visto, justifico una reorganización administrativa que comportaría la centralización de dicha tarea o misión en un sólo un órgano directivo tras la reordenación organizativa del Consell operada en 2008 y que no tendrá continuidad a partir de 2011; impulsándose, sin éxito, un compromiso electoral, convertido luego en compromiso de gobierno: la puesta en marcha de un *Instituto Valenciano d'Estudis Autonòmics,* que apenas verá reflejada su existencia en unas pingües partidas presupuestarias entre los años 2008-2010, que alcanzarán su máximo el año previo al fin de la legislatura (25.500 euros).

---

enero (DOGV núm. 6702, de 30 de enero de 2012, pp. 2965-2966), con el fin de actualizar su marco competencial y de coordinación interna.

44 Decreto 30/2002, de 26 de febrero, del Gobierno valenciano, por el que se crea el Observatorio de Derecho Civil Valenciano (DOGV núm. 4202, de 4 de marzo de 2002, pp. 5350-5353). Poco después, el Decreto 150/2002, de 10 de septiembre (DOGV núm. 4334, de 12 de septiembre de 2002, pp. 23122-23123), ajustará aspectos de su organización y funcionamiento.

Desde una lógica multilateral, aunque de carácter horizontal, cabe destacarse la participación en la *Conferencia de los Gobiernos de las Comunidades Autónomas*[45], que llegó a celebrar un intenso número de encuentros en el curso de los años 2009-2010. El Gobierno valenciano fue uno de los impulsores más decididos de tales encuentros y, posteriormente, de la propia Conferencia, desempeñando un papel especialmente relevante tanto en su gestación como en sus primeros resultados tangibles. Así, el cuarto de sus encuentros tendrá lugar en Valencia el 29 de junio de 2009, constituyó uno de los hitos más significativos del proceso, adoptándose diversos acuerdos y convenios de interés[46]. De este modo, la Conferencia de los Gobiernos de las Comunidades Autónomas representó un intento pionero de institucionalizar la cooperación interautonómica en España, reflejando la voluntad de los territorios de articular mecanismos estables de diálogo y coordinación, que más tarde se canalizarán a través de la Conferencia de Presidentes. Sin embargo, al no tener un reconocimiento jurídico formal en el sistema de cooperación del Estado y ser más bien un "ensayo político" terminaría diluyéndose por solapamiento con otros foros estatales de cooperación, como la *Conferencia de Presidentes* a la espera de ser constitucionalizada[47].

---

45 Sobre este órgano de naturaleza multilateral y carácter horizontal, véase el análisis de De Pedro Bonet, J. (2010). La conferencia de los gobiernos de las Comunidades Autónomas en Aja, E. y Tornos Mas, J. *Informe comunidades autónomas*, pp. 94-113. Igualmente, puede consultarse el trabajo de Pérez i Seguí, Z. (2012). La cooperación horizontal en el Estado autonómico: situación actual y propuestas de futuro en Garrido Mayol, V. (Coord.). La solidaridad en el Estado Autonómico. València: Fundación Profesor Broseta, pp. 327-344. Ambos estudios se centran en la etapa de eclosión de este órgano que no ha tenido una continuidad más allá de la primera década del siglo XXI.

46 De Pedro Bonet, J. (2010): *op. cit*, pp. 110. Es el caso del convenio de colaboración entre CCAA para el reconocimiento recíproco de los certificados de formación de los aplicadores de tatuajes, piercings y micropigmentaciones.

47 Sobre el particular, véase Tajadura Tejada, J. (2018). La Conferencia de Presidentes: origen, evolución y perspectivas de reforma. *Revista de Derecho Político*,101 (Ejemplar dedicado a: Monográfico con motivo del XL aniversario de la Constitución Española de 1978 (II)), pp. 549-572.

Igualmente, cabe también destacarse que en este periodo aparecen los primeros usos documentados del mecanismo —aún incipiente— de acuerdo[48] en el seno de la Comisión Bilateral creada 10 años antes[49].

IV. ACTIVIDAD SUBVENCIONAL FOMENTO AUTOGOBIERNO

En este periodo (2008 y 2011) la Generalitat desplegó una política subvencional orientada a reforzar el fomento del autogobierno mediante apoyos económicos dirigidos principalmente a universidades, entidades locales, tribunales (de aguas) consuetudinarios y asociaciones ciudadanas. El análisis de las cantidades presupuestadas permite vislumbrar las principales líneas de actuación. En primer lugar, se observa un apoyo constante al ámbito universitario, con asignaciones que oscilan entre 65.000 y 140.000 euros anuales, destinadas a impulsar la investigación y la docencia vinculada a la identidad y el marco estatutario valenciano. De forma paralela, se mantiene de manera sostenida la protección institucional del Tribunal de las Aguas de la Vega de Valencia, cuya subvención crece de los 27.000 euros en 2008-2009 a los más de 113.000 en 2010, consolidando el reconocimiento

---

[48] Resoluciones de 23 de septiembre de 2010, de la Secretaría de Estado de Cooperación Territorial, por la que se publica el Acuerdo de la Comisión Bilateral de Cooperación Administración General del Estado-Generalitat en relación con la Ley de la Comunitat Valenciana 8/2010, de 23 de junio, de Régimen Local de la Comunitat Valenciana (BOE núm. 256, de 22 de octubre de 2010, p. 89436) y Acuerdo de 10 de octubre de 2011, de la Comisión Bilateral de Cooperación Administración General del Estado-Generalitat en relación con la Ley 6/2011, de 1 de abril, de Movilidad, de la Comunitat Valenciana (DOGV núm. 6671, de 15 de diciembre de 2011, pp. 40644), respectivamente.

[49] La Comisión Bilateral Generalitat Valenciana-Estado se creó el 21 de febrero de 2019. Orden de 25 de julio de 2000 por la que se dispone la publicación del Acuerdo de Constitución de la Comisión Bilateral de Cooperación Administración General del Estado - Generalidad Valenciana y de aprobación de sus normas de funcionamiento (BOE núm. 189, de 8 de agosto de 2000, pp. 28364 a 28366).

de esta institución como patrimonio cultural y jurídico singular del autogobierno valenciano.

Otro eje destacable es la colaboración con las diputaciones provinciales, plasmada en convenios que alcanzan cifras elevadas —90.000 euros en 2009 y 2010— con el fin de reforzar la articulación territorial de la Comunitat y apoyar la descentralización administrativa contemplada en el Estatuto. Asimismo, se financian corporaciones profesionales[50] y asociaciones sin ánimo de lucro, con cantidades significativas (hasta 90.000 euros en 2008-2009), que evidencian la voluntad de acercar la cultura del autogobierno a la sociedad civil organizada. En este último ámbito destaca también la ayuda a AVACU, que —aunque modesta en cuantía (entre 7.000 y 15.000 euros)— introduce la perspectiva del consumo como ámbito de participación y defensa de derechos estatutarios.

Finalmente, es reseñable la apuesta por el desarrollo doctrinal e investigador del derecho foral y autonómico, con la financiación tanto de la Cátedra de Derecho Foral Valenciano (17.000-25.000 euros en 2010-2011) en sus primeros años de funcionamiento al margen de la Universitat de València. Estas iniciativas sitúan el componente académico y de investigación como soporte esencial del fortalecimiento del autogobierno.

En conjunto, las cifras revelan un patrón claro: las subvenciones no se limitan a un apoyo testimonial, sino que configuran una red de actores —universidades, instituciones históricas, corporaciones locales, entidades profesionales y asociaciones— cuyo fortalecimiento económico contribuye a la consolidación y difusión del autogobierno valenciano en su vertiente institucional, cultural y social.

---

50 Permitiendo la publicación de una importante obra colectiva: Ramón Fernández, F. (2008). *Estudios sobre el Derecho Civil Foral Valenciano.* Cizur Menor: Thomson-Aranzadi/Ilustre Colegio de Abogados de Valencia, a través de la participación de más de una veintena de académicos, profesores universitarios y juristas de reconocido prestigio.

V. EL PENÚLTIMO DE LOS GOBIERNOS POPULARES Y EL DESARROLLO ESTATUTARIO

El período comprendido entre mayo de 2011 y mayo de 2015 representa una etapa de relevancia discreta para el desarrollo estatutario en la Comunitat Valenciana, a pesar de ser el periodo inmediatamente posterior a la legislatura donde se concreta la reforma estatutaria. Esta, había abierto un amplio horizonte de competencias y mecanismos de autogobierno que exigían, sin embargo, un proceso de despliegue legislativo e institucional. En este marco, la Generalitat abordó una reordenación orgánica, la redefinición de los instrumentos de coordinación interdepartamental existentes y la aprobación de iniciativas legislativas que desarrollasen el texto estatutario. El análisis de esta fase permite identificar un contraste entre la consolidación institucional, por un lado, y la restricción de recursos disponibles para la política de fomento del autogobierno, por el otro.

1. El diseño institucional: de la competencia departamental a órgano directivo especializado

La estructura orgánica aprobada por el Decreto 114/2011, de 2 de septiembre[51], atribuyó a la Conselleria de Gobernación las competencias en materia de desarrollo estatutario (art. 1) y creó la *Dirección General de Coordinación del Desarrollo Estatutario* (arts. 2 y 10). Este nuevo órgano directivo se configuró como el centro neurálgico de la acción autonómica en este campo, con funciones de impulso legislativo, coordinación con la Comisión de Codificación Civil Valenciana, seguimiento de los litigios competenciales, preparación de transferencias y actividades de difusión y formación, entre otros.

De manera significativa, se establecieron dos servicios especializados (art. 10.2.1 y 2): el *Servicio de Derecho Foral y Seguimiento Legislativo* y el *Servicio de Evaluación, Coordinación y Divulgación*, lo que evidencia una voluntad de institucionalizar tanto la dimensión jurídico-técnica como la de promoción del autogobierno.

---

51 DOGV núm. 6602, de 6 de septiembre de 2011, pp. 31445-31456.

2. La reforma de la Comisión Interdepartamental

El Decreto 168/2011, dictado pocos meses después de la reordenación del Consell, reformó la composición y régimen de funcionamiento de la *Comisión Interdepartamental para la Estrategia de Desarrollo del Estatut d'Autonomia i de Promoció de l'Autogovern* que había sido creada tan sólo tres años antes.

El cambio obedeció a una doble lógica: por un lado, adaptar la representación departamental a la nueva estructura del Consell; por otro, elevar la centralidad de la Vicepresidencia del Consell y de la conselleria competente (*Gobernación*), reforzando su coherencia institucional. Esta reforma puede interpretarse como un ajuste técnico más que un cambio político, teniendo la virtualidad de garantizar una mayor operatividad y posibilitando, a su vez, continuidad en la gestión del desarrollo estatutario.

3. Iniciativas legislativas y conflictividad competencial

En cuanto al despliegue legislativo, destacan dos instrumentos de 2012 con clara conexión estatutaria:

- La Ley 4/2012, de 15 de octubre (Carta de Derechos Sociales[52]) incorpora principios de actuación vinculantes para los poderes públicos valencianos, reforzando la dimensión garantista de la norma institucional básica. Su aprobación significó la primera carta autonómica de tales características, recibiendo el aval constitucional[53], justificando la incorporación de de-

52 DOGV núm. 6884, de 18 de octubre de 2012, pp. 28978-28990; y BOE núm. 268, de 7 de noviembre de 2012, pp. 78063 a 78078.

53 Pleno. Sentencia 247/2007, de 12 de diciembre de 2007. Recurso de inconstitucionalidad 7288-2006. Promovido por el Gobierno de la Comunidad Autónoma de Aragón contra el artículo 20 de la Ley Orgánica 1/2006, de 10 de abril, de reforma de la Ley Orgánica 5/1982, de 1 de julio, de Estatuto de Autonomía de la Comunidad Valenciana, por el que se da nueva redacción a su artículo 17.1. Principios de unidad, autonomía, solidaridad e igualdad y lealtad institucional; ámbito de los Estatutos de Autonomía; igualdad territorial y de los españoles: derecho de los valencianos y valencianas al abastecimiento de agua y a la redistribución de los sobrantes de

rechos estatutarios en las normas institucionales básicas que en principio no estaban ideadas para ello. En la década posterior la Carta ha sufrido un importante desarrollo, cuyo resultado ha sido concretado en un estudio previo[54] publicado dentro de la colección de la cátedra de Derecho Autonómico Valenciano. Pese a ello, las iniciativas reclamando su actualización se han sucedido[55].

- La ambiciosa reforma concretada en la Ley 5/2012, de 15 de octubre, de Uniones de Hecho Formalizadas, que reconocerá un catálogo de derechos para sus integrantes y descendientes, en sustitución del instrumento legal aprobado el 6 de abril de 2001 (*Uniones de hecho*), a pesar de ser parcialmente declarada inconstitucional mediante la STC 110/2016, de 9 de junio[56].
- La aprobación de la Ley 6/2015, de 2 de abril, de Reconocimiento, Protección y Promoción de las Señas de Identidad del Pueblo Valenciano[57]. supuso un intento de la Generalitat de

---

aguas de cuencas excedentarias. Votos particulares (BOE núm. 13, de 15 de enero de 2008, pp. 3 a 52).

54 Vivancos Comes, M. (2024). *Op. cit.*. Una recensión de dicho trabajo ha sido publicada por Sánchez Ferriz, R. (2024). *Op. cit. Asamblea. Revista Parlamentaria De La Asamblea De Madrid,* (46), pp. 297-304.

55 Uceda i Maza, X. (2022). "La defensa i promoció dels drets socials de les valencianes i els valencians. La Carta de Drets Socials". *Drets. Revista Valenciana de Reformes Democràtiques,* (6), pp. 163-180. En 2018 se formalizaría un contrato menor para realizar un estudio para plantear una propuesta normativa de Carta revisada, a cargo del Departamento de Ciencias Jurídicas de la Universidad Miguel Hernández de Elche.

56 Pleno. Sentencia 110/2016, de 9 de junio de 2016. Recurso de inconstitucionalidad 4522-2013. Interpuesto por el Presidente del Gobierno respecto de la Ley 5/2012, de 15 de octubre, de uniones de hecho formalizadas de la Comunitat Valenciana. Competencias en materia de Derecho civil: nulidad de los preceptos legales autonómicos que establecen el objeto y ámbito de aplicación de la Ley, proclaman el principio de libertad de regulación de la convivencia y regulan el régimen económico y los efectos de la extinción de la unión de hecho formalizada (STC 82/2016). Voto particular (BOE núm. 170, de 15 de julio de 2016, pp. 50146 a 50171).

57 DOCV núm. 7501, de 9 de abril de 2015; BOE núm. 101, de 28 de abril de 2015 [derogada mediante la Ley 1/2016, de 26 de enero, de derogación de la Ley 6/2015, de 2 de abril, de la Generalitat, de Reconocimiento, Protección

dotar de reconocimiento jurídico y protección institucional a los elementos que conforman la identidad histórica, cultural y simbólica de la Comunitat; buscando reforzar la defensa de las señas de identidad propias y más características. Pese a su escasa vigencia —apenas nueve meses—, dicho instrumento legislativo representó un hito en el Derecho autonómico valenciano, al ampliar el ámbito material de la identidad más allá de lo estrictamente simbólico, concretando (Título II, art. 6) y enumerando éstas[58].

---

y Promoción de las Señas de Identidad del Pueblo Valenciano (DOGV núm. 7706, de 27 de enero de 2016; y BOE núm. 35, de 10 de febrero de 2016)].

58 Desde una perspectiva jurídica, el artículo 6 del Proyecto de Ley de Señas de Identidad del Pueblo Valenciano presenta varios aspectos discutibles y problemáticos en relación con la técnica normativa, la coherencia con el Estatuto de Autonomía y la seguridad jurídica.

En primer lugar, la amplitud y heterogeneidad de la lista de señas de identidad —que abarca desde símbolos institucionales hasta manifestaciones religiosas, deportivas o gastronómicas— difumina el carácter jurídico del concepto de "seña de identidad". Al mezclar elementos de distinto rango y naturaleza (algunos de valor constitucional o estatutario, como los símbolos y la lengua, con otros meramente culturales o populares), el precepto genera inseguridad jurídica al no diferenciar entre bienes jurídicamente protegidos por el Derecho público y expresiones del patrimonio cultural o tradicional.

En segundo lugar, la enumeración carece de criterios objetivos de selección o jerarquización, lo que plantea problemas de interpretación y de aplicación administrativa. Por ejemplo, el reconocimiento expreso de festividades, deportes o manifestaciones religiosas podría entrar en tensión con el principio de neutralidad de los poderes públicos y con el derecho a la igualdad y la libertad ideológica (art. 14 y 16 CE), al elevar determinadas prácticas o creencias a un estatus jurídico singular.

Además, el artículo parece confundir el plano simbólico con el normativo, atribuyendo efectos de reconocimiento público sin precisar sus consecuencias jurídicas —si implica deber de promoción, protección patrimonial o simplemente mención honorífica—, lo que debilita su eficacia práctica. En ese sentido, sería más coherente que tales elementos se integraran en el marco de la Ley del Patrimonio Cultural Valenciano o en disposiciones sectoriales, en lugar de reunirlos en una lista cerrada de carácter declarativo.

Por último, el precepto presenta un riesgo de instrumentalización política del patrimonio cultural, al positivizar en una norma jurídica elementos identitarios de fuerte carga simbólica o emocional, susceptibles de interpre-

Por lo que respecta a la actividad de la Comisión bilateral, se hace un uso esporádico del instrumento (10 acuerdos[59]), recurriendo más al litigio directo.

---

taciones partidistas. Desde la ortodoxia del Derecho público autonómico, una ley de esta naturaleza debería limitarse a definir el marco general de protección y promoción de la identidad valenciana, dejando la concreción de los elementos específicos a instrumentos reglamentarios o culturales de carácter técnico.

En suma, aunque el artículo 6 del instrumento legal perseguía un loable objetivo de reconocimiento y puesta en valor del patrimonio identitario valenciano, su redacción resultaba excesivamente amplia, imprecisa y valorativa, lo que dificulta su aplicación jurídica hasta el punto de comprometer principios constitucionales como la neutralidad institucional, la seguridad jurídica y la igualdad ante la ley.

59 Las leyes que se verán afectadas por tales acuerdos son las siguientes: Ley 1/2012, de 10 de mayo, de medidas urgentes de impulso a la implantación de actuaciones territoriales estratégicas (DOGV» núm. 6773, de 14 de mayo de 2012; BOE núm. 126, de 26 de mayo de 2012); Ley 5/2012, de 15 de octubre, de uniones de hecho formalizadas de la Comunitat Valenciana (DOGV núm. 6884, de 18/10/2012; BOE núm. 268, de 07 de noviembre 2012); Ley 10/2012, de 21 de diciembre, de medidas fiscales, de gestión administrativa y de organización de la Generalitat (DOCV núm. 6931, de 27 de diciembre de 2012; BOE núm. 21, de 24 de enero de 2013); Decreto Ley 2/2013, de 1 de marzo, de medidas urgentes de gestión y eficiencia en materia de prestación farmaceútica y ortoprotésica (DOGV núm. 6978, de 5 de marzo de 2013); Ley 5/2013, de 23 de diciembre, de medidas fiscales, de gestión administrativa y de organización de la Generalitat (DOCV núm. 7181, de 27 de diciembre de 2013; BOE núm. 27, de 31 de enero de 2014); Ley 3/2014, de 11 de julio, de vías pecuarias de la Comunitat Valenciana (DOCV núm. 7319, de 17 de julio de 2014; BOE núm. 186, de 1 de agosto de 2014); Ley 5/2014, de 25 de julio, de ordenación del territorio, urbanismo y paisaje de la Comunitat Valenciana (DOGV» núm. 7329, de 31 de julio de 2014; BOE núm. 231, de 23 de septiembre de 2014); Ley 2/2014, de 13 de junio de puertos de la Generalitat (DOCV, núm. 7298, de 18 de junio de 2014; BOE núm. 165, de 8 de julio de 2014); Ley 7/2014, de 22 de diciembre, de medidas fiscales, de gestión administrativa y de organización de la Generalitat (DOCV núm. 7432, de 29 de diciembre de 2014; BOE núm. 35, de 10 de febrero de 2015); Decreto Ley 1/2015, de 27 de febrero, del Consell, de horarios comerciales de la Comunitat Valenciana (DOGV núm. 7477, de 3 de marzo de 2015), respectivamente.

4. Una conmemoración destacada

Coincidiendo con el XXX aniversario del Estatuto de Autonomía de la Comunitat Valenciana, el Gobierno valenciano desarrolló una serie de acciones de carácter institucional y académico en las que nos queremos detener para no perder su detalle. Tales ocasiones han servido para no sólo rememorar la importancia política y normativa de la norma institucional básica sino para subrayar su papel en la consolidación del autogobierno valenciano, haciendo partícipe al conjunto de instituciones, el mundo académico y la sociedad civil valenciana.

Dentro de los actos institucionales más destacados, se celebró un acto institucional conmemorativo que tuvo lugar el 13 de julio en el Castillo de Peñíscola (Castellón), lugar emblemático donde se reuniría el *Plenari de Parlamentaris* en pleno proceso estatuyente posibilitando el consenso en un texto que tendría la entrada en las Cortes Generales para su discusión. Este acto funcionó como acto-síntesis de la celebración oficial y símbolo de la institucionalización política y jurídica de la Comunitat[60].

En el transcurso de las conmemoraciones se efectuó la imposición de medallas del Consell Valencià de Cultura a la Comisión Redactora del Estatuto valenciano.

A través de tales acciones, se subrayaba institucionalmente la legitimidad normativa y simbólica del proceso *estatuyente*, así como el reconocimiento público de las personalidades más destacadas que contribuyeron a su elaboración.

En el marco de dicha celebración, la Generalitat pondrá en marcha una nueva cátedra institucional (*Derecho Foral Valenciano*), que se vendrá a sumar a la ya existente desde 2002 (*Derecho Autonómico Valenciano*). Estas alianzas enmarcan un espacio académico de estudio y difusión del Derecho foral y autonómico autonómico, como presupuesto y, también, como resultado de la norma institucional de los valencianos. Entre las actividades previstas se incluye la edi-

---

60 Sobre el particular, véase Ripollés Serrano, Rosa (2023). *Op. cit,* pp. 9-79.

ción de obras monográficas sobre el Estatuto[61]; la publicación de un monográfico especial (núms. 56[62] y 57[62]) de la *Revista Valenciana de Estudios Autonómicos*; la entrega de unos galardones dedicados

---

[61] Garrido Mayol, V. (dir.) (2013). *Comentarios al Estatuto de Autonomía de la Comunitat Valenciana(según redacción dada por Ley Orgánica 1/2006, de 10 de abril, de Reforma de Ley Orgánica 5/1982, de 1 de julio, de Estatuto de Autonomía de la Comunidad Valenciana).* València: Tirant lo Blanch-Consell Jurídic Consultiu de la Comunitat Valenciana. La obra colectiva reúne un extenso análisis, desarrollado a través de ciento ochenta y cinco comentarios elaborados por ciento diecisiete juristas de reconocido prestigio en el ámbito valenciano. Una contribución colectiva en la que confluyeron voces autorizadas del ámbito profesional y académicos, enriqueciendo la diversidad de enfoques y perspectivas. Entre los autores figuran, además, algunos de los protagonistas que participaron, directamente, en el proceso de reforma estatutaria, circunstancia que confiere a la obra un especial valor añadido por la cercanía de su testimonio y la experiencia práctica que se traslada al análisis.

Con anterioridad, se habían publicado otros comentarios, de carácter fundamentalmente académico, a la norma institucional básica a cargo de una treintena de profesores de la Universitat de València: Bañó León, José Mª (dir.). *Comentario al estatuto de Autonomía de la Comunidad Valenciana.* Cizur Menor: Thomson-Civitas.

[62] El monográfico analiza el primer quinquenio transcurrido desde la gran reforma del Estatut d'Autonomia de la Comunitat Valenciana aprobada en 2006, considerado un hito en la consolidación del autogobierno valenciano. Un periodo breve en términos temporales, donde se concentraron avances significativos en el fortalecimiento institucional, la ampliación competencial o la afirmación de la identidad valenciana dentro del marco constitucional.

En el estudio introductorio, se subraya que la Comunitat Valenciana ha sabido ejercer sus reivindicaciones con lealtad al Estado y en diálogo con el resto de Comunidades Autónomas, reforzando la cooperación multilateral y defendiendo un modelo autonómico basado en la integración de la diversidad en la unidad. El *Estatut* reformado se presenta como una norma viva, capaz de satisfacer las aspiraciones sociales, económicas y culturales del pueblo valenciano y, a la vez, de adaptarse a los retos derivados de la evolución del Estado autonómico.

Un punto de inflexión lo constituye la STC 31/2010 (*Estatut de Cataluña)* y las posteriores resoluciones vinculadas, que marcaron una jurisprudencia restrictiva en materia competencial y de financiación. Ante este escenario, la Generalitat creó la *Comisión para el Estudio de las Sentencias del Tribunal Constitucional sobre el Estatuto de Catalunya* (CESTCEAC), cuyos trabajos evidenciaron la necesidad de reivindicar un trato equitativo en financiación e inversiones estatales. Tales análisis conducirán a la iniciativa de reformar la Disposición Adicional 1ª del *Estatut* valenciano para garantizar un volumen de inversión estatal acorde con el peso poblacional de la Comunitat, que llegará a concretarse siete años después.

El monográfico incluye contribuciones que examinan, desde distintas perspectivas, el alcance y las consecuencias de estos cinco años de vigencia de la reforma estatutaria. Entre los temas abordados destacan los siguientes:

- El debate político y jurídico sobre el modelo autonómico y la tensión entre centralismo y nacionalismo (V. Garrido Mayol).
- El desarrollo y la aplicabilidad de la Carta Valenciana de Derechos Sociales (R. Sánchez Ferriz)
- La modernización del sistema electoral valenciano a partir de las previsiones constitucionales y estatutarias (M. Martínez Sospedra)
- El papel de la Acadèmia Valenciana de la Llengua como institución estatutaria Ll. Aguiló Lùcia).
- El régimen jurídico de los medios audiovisuales tras la reforma estatutaria (J. Mª Vidal Beltrán)
- La creación del Fondo de Cooperación Municipal (E. Bastidas Bono)
- Las repercusiones jurídicas de la STC 31/2010 y su influencia en las reformas territoriales aprobadas (J. Martín Queralt).

En conjunto, los trabajos concluyen que los logros del quinquenio son notables —fortalecimiento institucional, ampliación competencial, visibilidad internacional y reconocimiento de derechos—, pero también pretendían poner de relieve alguno de los desafíos inmediatos —algunos pendientes, todavía hoy, de alcanzarse—: consolidar un modelo de financiación justo, afrontar el reto demográfico, garantizar servicios públicos de calidad y mantener el equilibrio entre unidad y diversidad en el marco autonómico español.

63 El monográfico conmemorativo de los 30 años del Estatut d'Autonomia de la Comunitat, ofrece un balance general de tres décadas de autogobierno, destacando la solidez alcanzada por las instituciones valencianas y la capacidad adaptativa del Estatuto sin merma de su significación original. Lo que en los años 80s era un modelo incipiente se había convertido en un sistema estable, plenamente integrado en el Estado autonómico, ejercido con lealtad hacia la Constitución y en armonía con el resto de Comunidades Autónomas.

El monográfico destaca la vigencia y vitalidad del *Estatut*, su centralidad en la afirmación valencianista, dentro de los parámetros de la jurisprudencia constitucional: unidad en la diversidad y la no equivalencia entre soberanía y autonomía política (SSTC 103/2008, de 11 de septiembre; 31/2010, de 28 de junio; y 42/2014, de 25 de marzo). En esta clave, el volumen reivindica que el autogobierno valenciano reforzado en competencias, símbolos y al Derecho Foral Valenciano (denominados "*Savis en Dret*"[64]); o la celebración de unas jornadas sobre la repercusión de competencias de la Generalitat en el ámbito empresarial valenciano. Esta estrategia

---

señas de identidad, ha demostrado la capacidad reivindicativa de lo propio, con responsabilidad y respeto a otros territorios.

Reúne estudios de expertos que abordan cuestiones esenciales para comprender la evolución y los retos del desarrollo estatutario:

- La lengua en los Estatutos de 1982 y 2006 como elemento identitario y normativo (E. Casanova Herrero).
- El proceso de reformas estatutarias y su impacto político e institucional (V. Garrido Mayol).
- El papel del Consell Valencià de Cultura como órgano estatutario relevante en la promoción cultural (S. Grisolía y J. Huguet).
- La regulación de los decretos-leyes autonómicos como innovación en el marco normativo valenciano (M. Martínez Sospedra).
- El sistema autonómico en la encrucijada, con un análisis crítico de propuestas de reforma (J.V. Morote Sarrión).
- La Abogacía General de la Generalitat como institución de apoyo jurídico a la administración (C. Muñoz Gil).
- La experiencia histórico-jurídica entre els Furs y el Estatut y su recepción tras la Constitución de 1978 (F.J. Palao Gil).
- La interpretación del art. 149.1.8 CE y su impacto sobre las competencias civiles autonómicas (R. Sánchez Ferriz).
- La identidad valenciana en el Estatut como elemento vertebrador de autogobierno (V. Ll. Simó Santonja).

El balance general que se desprende es doble: por un lado, la Comunitat Valenciana ha consolidado un modelo autonómico sólido, con instituciones firmes y competencias significativas; por otro, el futuro exige mantener la ambición reformista, superando las dificultades coyunturales (como la crisis económica) y continuar fortaleciendo la identidad y las capacidades autonómicas.

El volumen concluye que los treinta años de autogobierno constituyen una base sólida y prometedora, pero que el camino del Estatut sigue abierto: su flexibilidad y vitalidad permitirán afrontar nuevos desafíos con realismo y optimismo, siempre desde la lealtad constitucional y el respeto al pluralismo territorial.

64 Los Premios (con vocación de anualidad) *Savis en Dret*, instituidos por la cátedra de Derecho Foral Valenciano de la Universitat de valència, reconocieron las mejores contribuciones al estudio del Derecho civil y foral valenciano, estructurándose en dos modalidades: i) derecho positivo, orientada a trabajos sobre la competencia legislativa de la Generalitat y la producción normativa autonómica en materia civil, y ii) derecho histórico, centrada en

institucional prolongada permitió mantener la vigencia simbólica y política del Estatuto y estimular la reflexión sobre su impacto en distintos ámbitos del gobierno autonómico.

En su conjunto, la conmemoración del 30° aniversario del Estatuto de Autonomía de la Comunitat Valenciana articuló una estrategia de doble dimensión: por un lado, reforzar institucionalmente la vigencia normativa, simbólica y política del Estatuto dentro del mapa autonómico español; por otro lado, estimular el estudio, la reflexión y la formación académica sobre su contenido, su aplicación y sus desafíos futuros.

5. Del fomento del autogobierno a la gobernanza abierta

Se aprecia una línea de continuidad en las subvenciones destinadas a la promoción del autogobierno, con apoyos estables a entidades e iniciativas vinculadas a la difusión del derecho foral, la investigación académica y la participación institucional de mancomunidades y municipios.

La continuidad en la financiación de los tribunales consuetudinarios, como el Tribunal de las Aguas de Valencia, no impidió que las universidades recibieran una dotación significativa (entre 35.000 y 39.000 euros). En 2012 se inició una colaboración estable —que ha durado más de una década— con la Cátedra de Derecho Foral Valenciano, anteriormente bajo la institucionalidad de una universidad privada (VIU). Durante el periodo estudiado contó con una financiación sostenida, situada entre los 27.000 y 30.000 euros, que posibilitaron la publicación de destacadas obras colectivas, como la titulada *Cuatro estudios sobre la competencia de la Generalitat Valenciana para legislar en materia de derecho civil. Bases históricas y normativas* (València:

investigaciones sobre la evolución del derecho propio antes y después de la abolición de los fueros de 1707. Además, se otorga un premio honorífico destinado a distinguir trayectorias personales o institucionales en la defensa de este ámbito jurídico.

Tirant lo Blanch[65]), de sumo interés ya que analiza en profundidad la controvertida cuestión de la competencia exclusiva de la Generalitat Valenciana para conservar, desarrollar y modificar el Derecho Civil Foral Valenciano, una materia que ha generado intensos debates tanto académicos como prácticos en los últimos años. La obra ofrece una visión multidisciplinar, combinando el enfoque histórico, civilista y constitucional[66], articulándose sobre las siguientes temáticas: i) la reivindicación de un derecho civil propio, identificando las raíces históricas que sustentan la recuperación de esta tradición jurídica; ii) el alcance de la competencia legislativa de la Generalitat (1982-2006) en dicho ámbito, a partir de una jurisprudencia "constitucional" restrictiva; iii) el desarrollo legislativo inicial, analizando la practicidad de su alcance; y, por último, iv) el análisis de los recursos de inconstitucionalidad planteados contra tales leyes, destacando las consecuencias jurídicas de las resoluciones terminarían por cuestionar la validez de la competencia. En conjunto, la obra ofrece un panorama completo de los fundamentos, desarrollo y límites del Derecho Civil Foral Valenciano en el marco del Estado autonómico, aportando claves para comprender la tensión entre tradición jurídica, autonomía legislativa y control constitucional.

Igualmente, desde la cátedra institucional de la Universitat de València en ese periodo se celebración las tres primeras jornadas sobre

---

En la convocatoria reseñada (2012) fueron galardonados: en derecho histórico, la obra *La Generalitat Valenciana durante el siglo XVI. Su estructura burocrática, sus competencias, sus hombres* (València: Publicacions de la Universitat de València), de José María Castillo del Carpio; en derecho positivo, *El Régimen Económico Matrimonial de la Comunidad Valenciana* (Madrid: Tecnos), coordinada por Mª Dolores Mas Badía; y, en la modalidad honorífica, el notario (honorario) Vicente Luis Simó Santonja.

65 Palao Gil, J; Moliner Navarro, R.Mª; Domínguez Calatayud, V.; Torrejón Puchol, J.E. (2013). *Cuatro estudios sobre la competencia de la Generalitat Valenciana para legislar en materia de derecho civil: bases históricas y normativas.* València: Tirant lo Blanch.

66 Cabe destacar que a pesar de que entre los autores no figura ningún constitucionalista, el autor del último estudio llevó la defensa letrada de la Generalitat ante el primer recurso de inconstitucionalidad (núm. 9888-2007) formalizado contra la Ley 10/2007, de 20 de marzo (*Régimen Económico Matrimonial*).

autonomía, desarrollo estatutario y promoción del Derecho Civil Foral Valenciano —en colaboración con el Consell Jurídic Consultiu—, que versaron sobre diversas temáticas [30 aniversario del Estatuto de Autonomía de la Comunitat; los primeros cinco años de vigencia del régimen económico matrimonial y el (nuevo) derecho de familia; así como el 30 aniversario de la Ley 8/1984, de 4 de diciembre (*Símbolos*) y la legislación de contratos agrarios].

En el ámbito asociativo, AVACU percibió subvenciones que se mantuvieron en torno a los 4.500-5.000 euros. La actividad subvencional centrada en ayuntamientos y mancomunidades, sin embargo, mostró una evolución descendente: 39.000 € (2012); 30.000 € (2013); y 27.000 € (2014), respectivamente. La consolidación fiscal impuesta limitó la ambición de los programas, que se concentraron en acciones de bajo coste —jornadas, talleres, publicaciones divulgativas— reorientando su contenido hacia nuevos ámbitos emergentes, como la transparencia, el acceso a la información pública y la participación ciudadana en el ámbito local. Este giro temático reflejó la creciente centralidad de la gobernanza abierta, reforzado por una tríada (*ejemplaridad, participación y transparencia*) que será plasmada a nivel legal (Ley 2/2015, de 2 de abril[67]) pero no estatutariamente a pesar del anuncio.

Estos datos reflejan una política continuada en el tiempo, que combina la preservación de instituciones históricas con el fomento de la investigación y la participación local en las acciones de promoción del autogobierno.

6. *Valoración del periodo*

El balance del periodo 2011-2015 permite extraer varias conclusiones. En primer lugar, se consolidó un andamiaje institucional especializado para el desarrollo estatutario, capaz de articular funciones técnicas, jurídicas y divulgativas. En segundo lugar, se afrontaron iniciativas legislativas decisivas en el desarrollo estatutario de calado,

[67] DOGV núm. 7500, de 8 de abril de 2015; y BOE núm. 100, de 27 de abril de 2015.

algunas de ellas objeto de conflictividad constitucional, lo que pondrá a prueba nuevamente la solidez del desarrollo del derecho civil. Finalmente, la política de fomento del autogobierno sufrió las limitaciones derivadas de la reducción de recursos, lo que provocó un desplazamiento hacia programas de transparencia y participación de menor envergadura económica pero de gran visibilidad social en un momento crítico respecto de la integridad institucional.

En suma, la etapa se caracterizó por la paradoja de contar con una institucionalización creciente y una agenda legislativa activa, al tiempo que se producía una contracción del impulso del fomento del autogobierno, a pesar de la cercanía temporal de la reforma estatutaria.

VI. BALANCE 2015-2019: DESARROLLO ESTATUTARIO Y AUTOGOBIERNO EN LA COMUNITAT VALENCIANA

La etapa del Botànic I estuvo marcado por el deseo de actualización de la norma institucional básica y la defensa activa del autogobierno, frente a las restricciones constitucionales proyectadas en el ámbito del Derecho civil propio; la reactivación de foros académicos e institucionales —entre los que destaca el intento finalmente no activado de desplegar una nueva y reforzada acción interdepartamental de cara a la consolidación de un modelo "valenciano"— de autogobierno en torno al seguimiento y coordinación del desarrollo estatutario; y, finalmente, por la apuesta, sostenida de financiar diferentes proyectos vinculados al fomento del autogobierno desde el ámbito civil y local (universidades, entidades culturales y ayuntamientos).

1. *El desarrollo estatutario que no fue posible*

Durante el Primer Botànic, el desarrollo estatutario adquirió una renovada centralidad política e institucional, con iniciativas tanto en el ámbito parlamentario como en el ejecutivo.

1.1. Iniciativas en Les Corts

En enero de 2016 se constituyó la Mesa de la Comisión especial de estudio sobre la posibilidad de una amplia reforma estatutaria. Un órgano concebido como un espacio para actualizar y modernizar el texto estatutario, evaluando los avances desde la reforma de 2006 a la búsqueda de incorporar nuevos consensos sociales y políticos.

Su objetivo no era solo técnico-jurídico, sino también participativo y político, abriendo la puerta a nuevos debates: calidad democrática y marco de integridad institucional; derechos sociales; o financiación, entre otros.

1.2. Actuaciones en el Consell

De forma paralela, en noviembre de 2015 la Conselleria de Justicia impulsó el *Observatorio para la Reforma Electoral*, concebido como órgano técnico de análisis y propuestas. Sus trabajos cristalizaron en un informe presentado en febrero de 2016, tanto ante la Conselleria como en el Pleno del Consell, que recogía recomendaciones y buenas prácticas para mejorar el sistema electoral valenciano.

Entre las medidas más destacadas figuraron las siguientes:

- Listas cremallera paritarias como obligación para reforzar la igualdad de género.
- Reducción de la barrera electoral del 5 % al 3 %, con el fin de facilitar una representación más plural en Les Corts.

El informe sería remitido a la Comisión especial de Les Corts, reforzando así la coordinación institucional entre el ejecutivo y el legislativo en el camino hacia una incierta reforma estatutaria que no llegaría a materializarse.

Estos hechos evidencian una reactivación del debate estatutario, tras una década desde la reforma y años de parálisis. Así como el inicio de un proceso de reflexión y diagnóstico compartido, tanto en el Consell como la nueva mayoría forjada en Les Corts, con voluntad de actualizar el marco de autogobierno valenciano. Aunque no se tradujo en una reforma inmediata del Estatut, sí sentó las bases técnicas, jurídicas y políticas para su discusión.

2. *Derecho civil foral valenciano: entre avances institucionales y frenos judiciales*

Efectivamente, la "judicialización" del desarrollo de la legislación civil marcó el primer mandato del gobierno de coalición. El Consell aprobó el 13 de mayo de 2016 una declaración institucional, tras la STC 82/2016, de 28 de abril de 2016[68], en defensa de la competencia autonómica en materia civil, instando al Gobierno español a retirar los recursos de inconstitucionalidad que se habían presentado sobre el resto de leyes civiles, por una cuestión competencial que generaría un sentimiento de agravio comparativo respecto a otros territorios con competencias reconocidas en la materia. El Consell expresó su "profunda discrepancia" con la sentencia aludida, acatándola por "lealtad institucional" pero ahondando, también, en la necesidad de una reforma urgente del art. 149.1.8 CE, al objeto de "blindar" la capacidad legislativa valenciana en materia civil. Al margen de algunas consideraciones técnicas que provocan extrañeza, como la declaración "integral" de inconstitucionalidad del texto legislativo aludido pese a la manifiesta extemporaneidad del recurso, el Consell considerará de "extrema gravedad" ignorar las competencias en materia de Derecho (histórico) civil reforzadas en la reforma estatutaria de 2006.

A tal fin, se reforzarán los instrumentos de impulso y estudio: creándose la *Comisión Asesora de Derecho Civil Valenciano* (antigua Comisión de Codificación) y renovándose la colaboración con la Cátedra de Derecho Foral Valenciano con la Universitat de València (con anterioridad vinculada a la VIU), mostrándose favorable para avanzar hacia la vía constitucional, como solución estable, que a partir de ese momento defenderá la *Asociació de Juristes Valencians* (AJV).

---

68 Un análisis en profundidad de dicho fallo puede encontrase en Guillem Carau, J. (2025). STC 82/2016, de 28 de abril de 2016. Ley 10/2007, de 20 de marzo, de régimen económico matrimonial en Soriano Hernández. E. (Coord.). *Les Corts Valencianes ante el Tribunal Constitucional.* València: Tirant lo Blanch-Corts Valencianes (en edición).

3. Institucionalización y conmemoraciones del autogobierno

En 2017 se conmemoraron algunos hitos decisivos en la construcción del autogobierno valenciano: los 40 años de la gran manifestación autonomista del 9 de octubre de 1977; los 35 años del Estatut d'Autonomia "originario", aprobado en 1982; y los 25 años de la publicación de las actas del primer congreso de la Administración del Consell («*Dels Furs a l'Estatut*»), referencia académica en el estudio de nuestras instituciones. Tales efemérides coincidieron con la proximidad del 40 aniversario de la Constitución de 1978, fundamento de la democracia y del Estado autonómico.

Con el objetivo de actualizar aquel primer congreso y abrir una reflexión colectiva sobre el presente y futuro del autogobierno, la Cátedra de Derecho Foral de la Universitat de València y la Conselleria de Transparència, Responsabilitat Social, Participació i Cooperació, organizaron el Congreso "*L'autogovern del poble valencià: pasa, present i futur*" en noviembre de 2017 en el que se abordaría, desde una perspectiva histórica y comparada (valenciana, española y europea), la evolución estatutaria, el funcionamiento de las instituciones y los principales desafíos en clave de autogobierno, cuyas conclusiones serían publicadas en el monográfico (núm. 63) de la *Revista Valenciana d'Estudis Autonòmics* dedicado a conmemorar cuatro décadas de autogobierno valenciano[69].

---

[69] El número 63 de la *Revista Valenciana d'Estudis Autonòmics* constituye una edición monográfica dedicada al análisis y la reflexión sobre los cuarenta años de autogobierno valenciano, desde la aprobación del Estatuto de Autonomía de 1982 hasta la actualidad. La publicación se inscribe en la trayectoria de la revista como espacio de debate y pensamiento crítico sobre las políticas públicas, las instituciones y los procesos de transformación social, económica y cultural de la Comunitat.
En su prólogo, se destaca la consolidación de la Generalitat Valenciana como institución democrática y bien valorada, fruto de un periodo de intensa evolución y madurez colectiva. Se reivindica el papel de la revista como observatorio privilegiado del autogobierno, que a lo largo de más de tres décadas ha recogido propuestas y análisis sobre los retos de la sociedad valenciana. Al mismo tiempo, se plantea la necesidad de reforzar el federalismo cooperativo, mejorar el sistema de financiación autonómica y garan-

tizar un autogobierno efectivo capaz de afrontar los desafíos del siglo XXI —la digitalización, la globalización y la sostenibilidad territorial y social.

El número reúne un amplio abanico de contribuciones académicas procedentes del ámbito del Derecho y de las Ciencias Sociales, que ofrecen una mirada plural e interdisciplinaria sobre el pasado, presente y futuro del autogobierno valenciano.

Abre el volumen M. Alcaraz Ramos, con un estudio que revisa el tránsito «*Del preámbulo del Estatuto de 1982 a un valencianismo plural de la mayoría*», destacando la evolución del discurso identitario y político del valencianismo democrático. I. Saz aporta un análisis del contexto general de la transición a la democracia en España, como marco histórico fundamental para comprender la génesis de la autonomía valenciana, mientras que F. Archilés reflexiona sobre la tradición del valencianismo político y autonomista más allá del anticentralismo.

Desde la perspectiva jurídica, A. Boix Palop ofrece una evaluación del régimen de autogobierno valenciano y de sus desarrollos normativos, y V. Garrido Mayol estudia la evolución de la función consultiva en la Comunidad Valenciana. En la misma línea institucional, M. Martínez Sospedra analiza las instituciones del Estatuto y su funcionamiento práctico durante la etapa del autogobierno..

El ámbito social y económico es abordado por A. Ariño Villarroya, que analiza la relación entre Estado del bienestar y autogobierno, y por B. Fuster García y J. Palafox Gámir, que examinan respectivamente la internacionalización de la economía valenciana y los retos derivados de un modelo basado en la baja competitividad salarial. Joaquín Azagra Ros ofrece un diagnóstico sobre el declive económico reciente y sus implicaciones políticas.

En el terreno territorial y urbanístico, J.V. Boira y J. Olmos presentan una panorámica de cuarenta años de gobierno del territorio y de desafíos urbanísticos, mientras que José Antonio Montilla Martos analiza la organización territorial del Estado español y sus perspectivas de reforma.

Finalmente, V. Tasa Fuster y A. Bodoque Arribas ofrecen un estudio sobre la composición y evolución de los gobiernos valencianos (1983-2018), aportando una visión de conjunto sobre las dinámicas políticas autonómicas. Una contribución, recientemente actualizada: Tasa Fuster, V.; y Bodoque Arribas, A. (2024). 40 años de gobiernos autonómicos (1983-2023). Detalles de su composición en Vivancos Comes, M. (Dir.). *Autogobierno valenciano en perspectiva. 40 años de rendimiento institucional.* València: Tirant lo Blanch, pp. 353-384.

En su conjunto, el volumen proyecta una reflexión coral sobre el autogobierno valenciano, combinando memoria democrática, diagnóstico institucional y propuestas de futuro.

Con motivo de la celebración del 600 aniversario de la Generalitat Valenciana, se produjeron diversas iniciativas de corte académico y cultural como el Congreso internacional ("*La veu del Regne. 600 anys de la Generalitat Valenciana*"), cuyas actas fueron publicadas por la Universitat de València[70].

Dicha efeméride motivó una declaración institucional del Consell, reivindicando la historicidad del autogobierno como elemento central de identidad política; presentándose también un rediseño del escudo institucional —obra de los diseñadores Daniel Nebot y Nacho Lavernia— que actualizaba la imagen utilizada desde 1984.

Ese mismo año, otro Congreso internacional ("*Del "Estatut de Morella" y la construcción de Europa*") celebrado en la capital de Els Ports y comisionado por Alfons Llorenç, abordará la importancia del auto-

---

[70] Una colección de publicaciones como resultado de la efeméride serán publicadas entre los años 2020 a 2024:

- VV. AA. (2020). *Parlaments institucionals. La veu del Regne. 600 anys de la Generalitat Valenciana* (Vol. I). València: Servei de Publicacions de la Universitat de València.
- Furió, A., García Marsilla, J. V., & Guia, L. (Eds.). (2021). *Dels orígens a l'abolició. La Generalitat Valenciana* (Vol. II). València: Servei de Publicacions de la Universitat de València.
- Furió, A., & García Marsilla, J. V. (Eds.). (2021). *Espais i imatges de la Generalitat. La Generalitat Valenciana* (Vol. III). València: Servei de Publicacions de la Universitat de València.
- Furió, A., & García Marsilla, J. V. (Eds.). (2023). *Pactisme, pensament polític i doctrina jurídica. La Generalitat Valenciana* (Vol. IV). València: Servei de Publicacions de la Universitat de València.
- Furió, A., & García Marsilla, J. V. (Eds.). (2024). *Les altres "Generalitats". Organismes similars a la Corona d'Aragó i Europa. La Generalitat Valenciana* (Vol. V). Servei de Publicacions de la Universitat de València.

Una reseña de los tres primeros volúmenes de la colección en Sánchez de Movellán Torent, I. (2022). *Furió, Antonio et al. (eds.). La veu del regne; 600 anys de la Generalitat valenciana. Vol. I: Parlaments institucionals; Vol. II: La Generalitat valenciana; dels orígens a l'abolició Vol. III: La Generalitat valenciana; Espais i imatges de la Generalitat. Studia Historica. Historia Medieval, 40(2), 273-281.* Recuperado a partir de https://revistas.usal.es/uno/index.php/Studia_H_Historia_Medieval/article/view/28733.

gobierno en la construcción europea, coincidiendo con el 40ª aniversario del proceso autonómico[71].

Igualmente, la conmemoración del X Aniversario de la declaración del Tribunal de las Aguas como Patrimonio Cultural Inmaterial de la Humanidad constituyó una oportunidad para reflexionar sobre la importancia de conservar y promover las instituciones "tradicionales" que, además de poseer un valor histórico y simbólico incalculable, representan una forma viva de participación ciudadana y de gestión comunitaria de los recursos, enraizada profundamente en la historia del pueblo valenciano.

4. *Instrumentos de impulso del desarrollo estatutario y acuerdos bilaterales*

En 2017 se creó la *Comisión Interdepartamental de seguimiento y coordinación del desarrollo del Estatut y del modelo valenciano de autogobierno,* órgano clave para vertebrar políticas relacionadas con el autogobierno que, a diferencia de la constituida en 2008, nunca llegaría a reunirse.

Consolidándose un enfoque reflexivo y propositivo hacia la reforma constitucional como vía para profundizar el autogobierno valenciano, inspirándose en el modelo vasco. En 2018, el Consell aprobó un documento político[72] que denunciaba el agotamiento del modelo

---

71 Con ocasión de otro aniversario de este hito fundamental del autogobierno valenciano, véase también de este autor: Llorenç, A. (2004). L'autogovern: un anhel constant dels valencians. *Revista Valenciana d'Estudis Autonòmics,* (45-46), pp. 57-60.

72 Gobierno valenciano (2018). *Acuerdo del Consell sobre la reforma constitucional.* València: Presidència de la Generalitat. Documento accesible en la siguiente dirección web: https://presidencia.gva.es/es/web/begv-gavina/reforma-constitucional. Sobre este documento, se han escrito multiplicidad de análisis, entre los que cabe destacar los siguientes: Vivancos Comes, M. (2023). Pulsión y cambio en la reforma constitucional territorial en Castellanos Claramunt, J. (Dir). *Un estudio sobre el Estado autonómico. Propuestas de mejora para el tercer decenio del s. XXI.* València: Tirant lo Blanch, pp. 79-82; Boix Palop, A. y Bethencourt Rodríguez, V. (2019.) *"Perspectivas de la reforma constitucional territorial en España,*

autonómico, la infrafinanciación y la desigualdad territorial, y defendía un nuevo pacto constitucional de carácter "federalizante"[73], que garantizase la suficiencia financiera y la cohesión social.

Por lo que hace a los acuerdos bilaterales, estamos ante una etapa de consolidación: dónde se refuerza el uso cooperativo, alcanzando el nivel máximo entre los años 2017-2018 (19 acuerdos).

5. Actividad desplegada de fomento del autogobierno

El primer Botànic (2015-2019) significó la institucionalización de una política subvencional estable en materia de autogobierno, con convocatorias anuales y líneas directas sostenidas en el tiempo en contraste con la etapa precedente.

Se destinaron durante esos años un volumen anual estable de más de 150.000 euros en subvenciones directas, a lo que venían a sumarse los créditos de concurrencia competitiva (50.000-75.000 euros para entes locales y 75.000 para universidades en el periodo final del mandato).

En conjunto, la cifra rondó los 250.000-300.000 euros anuales en programas de fomento del autogobierno, lo que supuso un salto cualitativo respecto a la etapa anterior (2008-2015), marcada por la discontinuidad.

Aunque la ejecución en los entes locales no siempre alcanzó la totalidad de los créditos disponibles (especialmente en los ejercicios 2016 y 2018), el balance global no puede ser sino positivo: multiplicándose los actores implicados (universidades, academias, colegios profesionales, municipios); fortaleciéndose la memoria institucional

---

Revista valenciana d'estudis autonòmics, 64, pp. 80-109; y Boix Palop, A. (2018). La propuesta de reforma constitucional del Botànic. *Blog del diario.es* de 4 de mayo, accesible en la siguiente dirección web: https://www.eldiario.es/comunitat-valenciana/arguments/propuesta-reforma-constitucional-botanic_132_2138693.html, entre otros.

73 Sobre la propuesta federal del PSOE, véase Vivancos Comes, M. (2021), *op. cit.*, pp. 60-66.

y proyectándose internacionalmente algunos de los rasgos "diferenciales" del autogobierno valenciano.

A través de la celebración del primer encuentro de juristas de Derecho Civil autonómico, pudieron reunirse las distintas cátedras institucionales dedicadas al estudio del Derecho foral, con el objetivo de debatir y reflexionar sobre la evolución y el desarrollo de los derechos civiles autonómicos a partir de la doctrina del Tribunal Constitucional; cuestión intensamente debatida esos años[74]. En dicha cita, el máximo responsable departamental lamentó que el reconocimiento del Derecho foral valenciano continuara siendo una "asignatura pendiente" en aquel momento, pese al esfuerzo realizado durante la última década y tras el intento fallido de un intento de reforma constitucional[75] que había quedado en suspenso tras la finalización abrupta de la XIV legislatura estatal. Como nota anecdótica, cabe señalar que el ponente de aquellas jornadas fue el magistrado constitucional Juan Antonio Xiol Ríos, autor de los votos particulares discrepantes en relación a las SSTC sobre las leyes civiles valencianas.

---

[74] En 2017 el Colegio de Registradores publicaba una obra colectiva recopilando un conjunto de ponencias que habían inspirado una jornada previa impulsada desde la institución: Domínguez Calatayud, V. y Longas Pastor, B. (Coords.) (2017): *El derecho foral valenciano: por qué y para qué*. València: Colegio de Registradores de la Propiedad, Mercantiles y de Bienes Inmuebles de la Comunitat Valenciana.

[75] Proposición de Reforma Constitucional de la disposición adicional segunda de la Constitución española para la reintegración efectiva del Derecho Civil valenciano. *Boletín Oficial de las Cortes Generales. Congreso de los Diputados* (XIV Legislatura). Serie B: Proposiciones de Ley, núm. 61-1, de 28 de febrero de 2020, pp. 1-3. Recuperado de https://www.congreso.es/public_oficiales/L15/CONG/BOCG/B/BOCG-15-B-7-1.PDF

VII. LA ETAPA DEL BOTÀNIC II

1. Una concepción del autogobierno expandida

El balance del gobierno del Acuerdo del Botànic II, situó como horizonte una reforma participativa del Estatuto de Autonomía[76] con tres vectores:

1. *Ampliación de derechos*, en especial sociales y de la naturaleza, alineando el bloque estatutario con la agenda social y climática.
2. *Modernización democrática* y participativa de las instituciones, incorporando mecanismos deliberativos y de control ciudadano.
3. *Blindaje y ampliación competencial* de la Generalitat, reforzando el autogobierno en términos materiales (competencias y capacidades) y culturales (identidad institucional y apropiación ciudadana).

Dicho compromiso conecta con una concepción de autogobierno denso: no solo gestión de competencias, sino capacidad normativa para expandir derechos y calidad procedimental (participación, transparencia, rendición de cuentas). La reforma estatutaria, concebida como proceso abierto y participativo, debía ser la palanca de dicha profundización. Aunque esta no se llegó a materializarse, al final de la legislatura se crearía un grupo interdisciplinario de expertos, que a partir de la Cátedra de Derecho Foral Civil Valenciano y Desarrollo Estatutario, trabajaría un año antes del cuadragésimo aniversario de la norma institucional básica valenciana en un documento técnico para hacer balance y plantear, en un futuro, una reforma posible del Estatuto, con la aspiración de fortalecer nuestro autogobierno y mejorar los derechos de la ciudadanía de la que hasta la fecha nada ha trascendido. Por ello, sería interesante conocer: no sólo cómo se integraron sus propuestas en la hoja de ruta institucional y/o participativa sino que calendarización, foros y compromisos de negociación se activaron a partir de aquella.

---

[76] Compromiso 118, enmarcado en el Eje 5 (Calidad democrática y buen gobierno).

Desde la perspectiva de la bilateralidad, se produce un ligero descenso tras el pico alcanzado el periodo del primer Botànic; ello debido al impacto de la pandemia que formaliza un 2020 sin ningún acuerdo.

2. *Una amplia colaboración institucional*

Las principales actuaciones llevadas a cabo en dicho periodo son las siguientes: más de 40 y 51 proyectos financiados en subvenciones y ayudas a entidades locales y universidades, respectivamente, con una menor ejecución de los primeros (40%) frente a los segundos (91%), casi duplicando su importe (91 mil frente a 220 mil). Esto supone el riesgo a una "academización" del proceso en caso de no traducirse en decisión política alguna. Pero también demuestra que la palanca universitaria funcionó claramente mejor que la local, sin que paradójicamente se revisen los incentivos, asistencia técnica y criterios en los años siguientes.

Desde la perspectiva de los convenios institucionales, que ascienden a casi medio millón de euros, destacan la altísima ejecución (94%) y el importante apoyo a instituciones consuetudinarias (comunidades/juzgados de aguas de Orihuela y l'Horta d'Aldaia), así como a la infraestructura jurídico-académica relacionada con el autogobierno (cátedra institucional, foralidad civil y colegios profesionales de Registradores y Abogacía). Lo que permitirá, tanto consolidar símbolos del autogobierno (p. ej., Tribunal de las Aguas), introducir prácticas (como el "tradicional" debate sobre el estado del autogobierno con los representantes políticos de las formaciones valencianas) y elaborar guías institucionales del autogobierno mediante lectura fácil[77], continuando la labor desplegada por Les Corts[78].

Tales prácticas podrían conllevar un sesgo institucionalista/elitista si no se articula con una participación ciudadana más amplia.

---

77 https://registradorescomunidadvalenciana.org/wp-content/uploads/2022/12/Guia_facil_sobre_instituciones_valencianas_de_autogobierno_cas-2.pdf

78 https://www.cortsvalencianes.es/sites/default/files/media/file/web_PLE_EstatutoCV_LF_CAS.pd

Consciente de la necesidad asegurar una transferencia social (educación cívica, unidades didácticas, itinerarios escolares...) se ha puesto en marcha en la legislatura vigente la iniciativa "*Tú haces Democracia*"; es programa educativo dirigido al alumnado de 3° y 4° de la ESO que busca acercar a la juventud al funcionamiento de las instituciones de autogobierno valenciano. La iniciativa combina materiales digitales en dos lenguas oficiales —con vídeos, fichas interactivas e información sobre las instituciones del autogobierno que conforma la Generalitat— con visitas presenciales a estas instituciones y sesiones formativas sobre participación en los centros educativos, en cumplimiento con el mandato contenido en la Ley 4/2023, de 13 de abril, de Participación Ciudadana y Fomento del Asociacionismo de la Comunitat Valenciana. Se persigue que más de 100.000 jóvenes comprendan el papel esencial de las instituciones propias, desarrollen sentido crítico y se reconozcan como parte activa de la sociedad democrática. La propuesta se concibe, pues, como una herramienta para fomentar ciudadanía comprometida y fortalecer la cultura del autogobierno desde edades tempranas.

3. *Una ocasión perdida: la conmemoración de los 40 años de autonomía*

La gran conmemoración del 40° aniversario del Estatuto fue una ocasión perdida para reforzar el relato compartido del autogobierno. Desde el desacertado lema escogido ("*Quaranta anys fent País*"), que motivo que la mitad de la representación política se ausentase del acto más destacado celebrado en el Palacio de Correos; hasta la inidoneidad del "comisario" general de la efeméride, hacen que su balance haya sido discreto, con más de 40 actividades programadas en 2022, que buscaron la descentralización territorial pero que, sin embargo, no lograron una adhesión participativa de la sociedad civil, a pesar de propiciarse un marco jurídico específico (Decreto 201/2021). Ni siquiera la apelación al "espíritu de Benicàssim" por parte del máximo titular del Consell, incluida en la declaración institucional oficializada, resultaría acorde con los hitos que jalonan la vía "valenciana" a la autonomía; evidenciando la supeditación "partidista" de una efeméride que tuvo mayor continuidad en los años siguientes.

Como elementos positivos más destacados, cabe señalar la concesión del premio Convivencia de la Fundación Profesor Broseta a la Comisión Redactora del Estatut "originario" en un marco solemne; así como la ingente producción académica desplegada con ocasión de la efeméride, que ha permitido la traducción del conocimiento a formatos divulgativos e, incluso, a insumos normativos[79] del proceso de reforma que nunca verían la luz.

---

79 Palao Gil, J; Durbán Martín, I.; y Gomis Jaén, E. (2022). *Rendimientos y perspectivas de reforma del Estatuto de Autonomía de la Comunitat Valenciana.* València: Cátedra de Dret Foral-Universitat de València. El informe elaborado por la cátedra de Derecho Foral Valenciano y Desarrollo Estatutario de la Universitat de València, constituye un ejercicio de evaluación y prospectiva sobre el autogobierno valenciano tras tres lustros sin una reforma "integral" del texto estatutario. A partir del análisis de especialistas de distintas disciplinas (Derecho y Ciencia Política y de la Adminsitración), el documento identifica un serie de propuestas orientadas a actualizar el contenido estatutario, fortalecer su efectividad y adaptarlo a las demandas de un Estado autonómico en evolución.
Los profesores Sánchez Férriz y Martínez Dalmau plantean la necesidad de revisar en profundidad el Título II del Estatut, dedicado a los derechos de los valencianos y valencianas. Consideran que el catálogo vigente, redactado en 2006, ha envejecido mal y requiere una actualización, tanto material como formal. Se propone incorporar derechos "emergentes", vinculados a la *sostenibilidad, la movilidad, la igualdad de género, los derechos digitales o la diversidad cultural,* siguiendo las tendencias del derecho comparado europeo. Asimismo, reclaman reforzar la normatividad del Título II, sustituyendo las fórmulas programáticas por preceptos con eficacia directa y garantías jurídicas claras. Entre las líneas de actuación más relevantes se incluyen la incorporación de un *enfoque biocéntrico* —que reconozca derechos de la naturaleza— y la consolidación del derecho a la vivienda digna como pilar de cohesión social.
Ochoa Monzó enfatiza la conveniencia de incluir en el Estatut un bloque normativo específico sobre transparencia, ética pública y participación ciudadana. Propone elevar al rango estatutario los principios de *gobierno abierto, rendición de cuentas y evaluación de políticas públicas.* Entre las medidas sugeridas se encuentra el fortalecimiento de los órganos de control, como la Sindicatura de Comptes y el Consell de Transparència, así como la con-

---

sagración de garantías para los denunciantes de corrupción y la promoción de una cultura institucional basada en la integridad.
Ridaura Martínez propone actualizar los principios de lealtad y solidaridad interterritorial y dotar de un tratamiento más sistemático a las relaciones institucionales tanto verticales (con el Estado) como horizontales (con otras comunidades autónomas). El texto sugiere reforzar los mecanismos de cooperación bilateral, garantizar una financiación justa y consolidar órganos permanentes de coordinación y diálogo intergubernamental.
Martín Cubas aboga por una reinterpretación del municipalismo valenciano desde la noción de "poder local", con reconocimiento estatutario expreso de su carácter de gobierno. Entre sus propuestas se incluye la reforma de los artículos 63 a 66 del Estatut, la creación de un nuevo artículo 66 bis sobre participación de los entes locales en la toma de decisiones autonómicas y el impulso de una "segunda descentralización" que refuerce el papel de comarcas y mancomunidades. Estas medidas pretenden dotar de mayor coherencia al sistema territorial valenciano y promover la corresponsabilidad institucional.
Los profesores Boix Palop y Marzal Raga recomiendan una revisión general del régimen competencial. Consideran necesario eliminar la denominada "cláusula Camps" e introducir un modelo de actualización flexible que permita ampliar las competencias sin necesidad de reformas orgánicas complejas. Proponen, además, mejorar la técnica jurídica de los títulos competenciales, clarificar las materias compartidas con el Estado y garantizar la seguridad jurídica en su ejercicio. Esta reforma debería consolidar un marco competencial claro, coherente con la jurisprudencia constitucional y capaz de sostener políticas públicas propias en materias estratégicas como medio ambiente, vivienda o igualdad.
Durbán Martín centra su análisis en la recuperación del Derecho civil valenciano, limitado tras la STC 82/2016. Propone impulsar una reforma de la disposición adicional 2ª CE para permitir el desarrollo legislativo de las instituciones civiles históricas del territorio, reivindicando este ámbito como componente esencial de la identidad jurídica valenciana y del autogobierno.
Tur Alsina plantea incorporar de manera explícita la igualdad intersexos como principio estructural de la norma institucional básica. Propone transversalizar el enfoque de género en todas las políticas públicas, revisar el lenguaje del texto estatutario para garantizar su "neutralidad" e introducir mecanismos institucionales, como un *Observatorio Estatutario de Igualdad*, que aseguren el cumplimiento efectivo de estos principios.
Finalmente, los profesores Viciano Pastor y González Cadenas analizan los mecanismos de reforma y proponen una actualización orientada a reforzar la legitimidad democrática del proceso. Entre sus sugerencias destacan:

Entre las publicaciones que cristalizan este proceso destacan cinco obras colectivas que, desde enfoques complementarios, articulan una lectura plural del autogobierno valenciano: Aldeguer Cerdá, B.; Pardo Beneyto, G.; Abellán López, Mª A. y Barragán Manjón, M. (Eds.) (2025). *Integridad institucional y Estado de las autonomías*. Granada: Comares[80]; Vivancos Comes, M (Dir.) (2026). *El desarrollo del Autogobierno valenciano durante más de 40 años de autonomía política*. València: Tirant lo Blanch[81], que, a través de estudios de diversos especialistas, hace

---

exigir mayorías cualificadas de tres quintos en Les Corts para la aprobación de la iniciativa de reforma; establecer la obligatoriedad de referéndum ciudadano para cualquier modificación del texto; prever la disolución de las Corts y la convocatoria de elecciones ante reformas de carácter total; y garantizar la participación ciudadana a través de procedimientos deliberativos y consultas públicas. Estas medidas pretenden asegurar que la reforma estatutaria responda a un consenso político amplio y a una implicación efectiva de la sociedad valenciana.

En conjunto, el informe configura una agenda de reforma integral orientada hacia un Estatut de tercera generación: más garantista en derechos, más transparente en su gobernanza, más claro en la distribución de competencias y más participativo en su proceso de actualización. Se trata, en definitiva, de un proyecto de renovación institucional que busca situar el autogobierno valenciano en la vanguardia del constitucionalismo territorial contemporáneo.

80 La obra ofrece un análisis comparado de las políticas de integridad, ética pública y buen gobierno en el ámbito anómico. A través de estudios específicos sobre cada territorio y un enfoque teórico aplicado, el libro examina los marcos normativos, institucionales y participativos que sustentan la prevención de la corrupción y la promoción de la integridad. La obra destaca la diversidad de estrategias autonómicas y su contribución al fortalecimiento de la confianza democrática y al diseño de los marcos institucionales orientados a tales fines.

81 Obra colectiva con motivo del aniversario del Estatuto de Autonomía de la Comunitat Valenciana que reúne estudios de especialistas sobre la evolución de las políticas de desarrollo autonómico y fomento del autogobierno (Vivancos Comes); sus símbolos e identidad (Fliquete Lliso); el régimen de cooficialidad lingüística (García i Mengual y Martínez Quiñones); el desarrollo legislativo en materia de derechos estatutarios (Sánchez Ferriz y Nordlung); el régimen institucional y algunas propuestas de mejora (Catalá i Bas y De Rosa Cañete), con una especial mención al balance del Consell Jurídic Consultiu (Soler Sánchez); así como trabajos sobre el desarrollo competencial en ámbitos como la policía autonómica (Crespo Hellín), el

un balance de la evolución del autogobierno valenciano —sus símbolos, lengua, derechos, instituciones y competencias— en el marco del aniversario de la norma institucional básica de los valencianos; y (2024) *Autogobierno valenciano en perspectiva. 40 años de rendimiento institucional.* València: Tirant lo Blanch[82], que ofrece una visión de conjunto sobre la evolución del autogobierno valenciano, analizando cuatro décadas de funcionamiento, consolidación y rendimiento institucional autonómico; Castellanos Claramunt, J. (2023). *Balance y análisis tras 40 años del Estatuto de Autonomía de la Comunitat Valenciana.* València: Tirant lo Blanch[83], que examina de forma sistemática las

---

derecho civil valenciano (Estellés Peralta) y la actualidad de la denominada "cláusula Camps" (Daniel Villarreal).

82 El libro colectivo se deriva del Congreso "*Autogobierno en Perspectiva: Cuatro Décadas de Desarrollo Autonómico*", organizado por la Cátedra de Derecho Autonómico de la Fundación Broseta y la Universitat de València con apoyo de la Generalitat. Su estructura tripartita —perspectiva histórica, actualidad territorial y sistema institucional— permite una visión panorámica y rigurosa del proceso de consolidación autonómica.
Desde una perspectiva histórica del autogobierno, autores como R. Sánchez Ferriz y J.Mª Felip revisan el proceso estatuyente y su alcance, mientras que V. Garrido Mayol y E. Fliquete Lliso abordan cuestiones identitarias y simbólicas. En el plano político-constitucional, destacan los análisis sobre la expansión del artículo 149.1.1.ª CE, la cogobernanza derivada de la pandemia o la sanidad como derecho social descentralizado, evidenciando los retos de articulación competencial en el Estado autonómico. El bloque final, centrado en el sistema institucional valenciano, ofrece un balance de las Corts Valencianes, los gobiernos autonómicos y la Administración autonómica en su conjunto, subrayando el concepto de "rendimiento institucional" como categoría de evaluación del autogobierno. En suma, la obra de Vivancos se erige como el referente jurídico-institucional de la efeméride, aportando una lectura de madurez sobre la trayectoria del modelo autonómico. Con anterioridad, el autor había coordinado en 2004 un monográfico de la *Revista Valenciana d'Estudis Autonòmics*, núms. 41-42, dedicado a ese tema aprovechando el 25 aniversario del *Compromís Autonómic.*

83 Concebido como un estudio colectivo de "luces y sombras", el volumen busca evaluar el impacto del Estatuto en la vida de los valencianos desde la perspectiva de la eficacia normativa y la legitimidad democrática.
El texto aborda ejes temáticos decisivos: la relación entre poder local y autonomía, analizada por J. Martín Cubas, que denuncia el escaso desarrollo estatutario del autogobierno municipal; la dimensión participativa y la transparencia, estudiadas por J. Castellanos Claramunt y Mª D. Montero

cuatro décadas de vigencia estatutaria, ofreciendo un balance crítico sobre su desarrollo político, institucional y jurídico; y, finalmente, Rodríguez Blanco, V. (Coord.) (2023). *La provincia de Alicante; retos y oportunidades en el 40 aniversario del Estatuto de Autonomía.* València: Tirant lo Blanch[84], que analiza los retos y oportunidades de la provincia de Alicante a la luz de la efeméride, combinando perspectivas históricas, socioeconómicas y politológicas.

Las cinco obras citadas conforman una cartografía intelectual del autogobierno valenciano en su cuadragésimo aniversario. En ellas se advierte una cuádruple dimensión: i) *institucional y jurídica,* representada por las obras de Vivancos Comes (2026 y 2024); *politológica y participativa,* en Castellanos Claramunt (2023) y Aldeguer Cerdà *et alii* (2025); y *territorial y sociológica,* en Rodríguez-Blanco (2023). Más allá del carácter conmemorativo, los volúmenes ofrecen un diagnós-

---

Caro, que muestran la progresiva incorporación de la ciudadanía al entramado institucional; la igualdad de género y la inclusión de las personas con discapacidad, tratadas por E. Fernández Ruiz-Gálvez y A. Buchardó Parra, que evidencian el carácter social y progresista de la reforma de 2006; finalmente, I. Durbán Martín ofrece una reflexión crítica sobre el Derecho Civil Valenciano y la tensión entre foralidad y constitucionalismo.
Este volumen, al centrarse en la relación entre el Estatuto y la realidad cotidiana, propone un modelo de análisis que trasciende la formalidad institucional, destacando el valor social del autogobierno como instrumento de cohesión territorial y de ampliación de derechos.

84 Introduce una lectura territorializada y sociológica del aniversario. Frente al enfoque general de las anteriores, este libro concentra su atención en las peculiaridades históricas, económicas y culturales de la provincia de Alicante, ofreciendo un contrapunto necesario a la visión macro de la autonomía valenciana.
Los capítulos exploran aspectos como la singularidad identitaria del sur valenciano, la infrafinanciación territorial, la estructura empresarial y productiva, o la percepción del autogobierno a través de los medios de comunicación. Desde un punto de vista metodológico, su pluralidad disciplinar —con aportaciones de historiadores, economistas y periodistas— amplía el marco de estudio del Estatuto, integrando las variables socioculturales en el análisis del autogobierno.
Esta aproximación territorial contribuye a problematizar la idea de una autonomía homogénea, subrayando las asimetrías internas y las tensiones identitarias que perviven dentro del proyecto autonómico valenciano.

tico lúcido del modelo valenciano de autonomía: su consolidación democrática, la persistencia de retos en materia de financiación y competencias, y la necesidad de reforzar la identidad compartida a partir de su diversidad territorial.

Estos análisis, se vieron reforzados por los monográficos conmemorativos publicados por la Generalitat,a través de la *Revista Valenciana d'Estudis Autonòmics* (núm. 67) —citado con anterioridad— y de *Drets. Revista Valenciana de Reformes Democràtiques* (núm. 6)[85], centrado

[85] El monográfico *Los derechos en el Estatuto de Autonomía de la Comunitat Valenciana* (DRETS. Revista Valenciana de Reformes Democràtiques, num. 6, 2022) ofrece un estudio exhaustivo sobre la configuración, alcance y desarrollo de los derechos y deberes reconocidos en el texto estatutario valenciano, en el marco del constitucionalismo español y europeo.
La profesora Sánchez Ferriz abre el volumen con *Los derechos de los valencianos y valencianas en el Estatuto de Autonomía (pp. 23-36),* ofreciendo un estudio de conjunto sobre la génesis, sistemática y fundamento constitucional de los derechos reconocidos, y sobre su papel en la consolidación del autogobierno valenciano. J.J. Bas Soria, con *El derecho a una buena administración (pp. 73-88),* desarrolla una lectura constitucional del artículo 9.2 del Estatuto, que vincula el derecho a una administración eficaz, imparcial y transparente con el principio de Estado social y democrático de Derecho. Su aportación destaca el valor jurídico de la buena administración como derecho subjetivo y como deber institucional, articulando así la conexión entre ética pública y eficacia administrativa.A. Ventura Franch, con *De la promoción de la mujer a la igualdad de mujeres y hombres (pp. 213-230),* realiza una lectura constitucional y de género del Estatuto, analizando su evolución normativa y su contribución al principio de igualdad efectiva como valor estructural del sistema autonómico. V. Garrido Mayol aporta una reflexión fundamental con *El derecho a una vivienda digna de las ciudadanas y los ciudadanos valencianos (pp. 243-266),* donde aborda la constitucionalización del derecho a la vivienda y su desarrollo estatutario como expresión de los derechos sociales de nueva generación. Su análisis destaca la función garantista de las instituciones autonómicas y la necesidad de políticas públicas efectivas para hacer real este derecho.
A través de veintidós contribuciones, juristas y especialistas analizan tanto los derechos clásicos —civiles, sociales y políticos— como los de nueva generación, vinculados a la buena administración, la transparencia, el acceso a la información pública, la vivienda, la igualdad de género o la protección medioambiental. El volumen aborda también los deberes ciudadanos, la mediación como vía de justicia accesible, la protección de consumidores,

en los derechos y deberes de los valenciano y publicado el mismo año que la efeméride.

Con anterioridad, también se habían publicado estudios de interés en el ámbito del autogobierno, como resultado de la actividad subvencional de la Generalitat, en distintos ámbitos:

a) *Actualidad autonómica*: Castellanos Claramunt, J. (2023). *Un estudio sobre el Estado Autonómico. Propuestas de mejora para el tercer decenio del Siglo XXI*. València: Tirant lo Blanch[86], una obra que plantea una reflexión plural sobre cómo revitalizar el Estado autonómico en el siglo XXI, fortaleciendo el autogobierno y adaptándolo a los retos tecnológicos, sociales y democráticos de nuestro tiempo; y Català i Bas, A. (2023). *Anomalías jurídicas durante la pandemia del COVID-19. Un análisis constitucional*. València: Tirant lo Blanch[87]; y Garrido Ma-

---

personas mayores y en situación de dependencia, así como el reconocimiento de la identidad y diversidad cultural del pueblo valenciano.

El conjunto de trabajos ofrece una lectura crítica de los cuarenta años de vigencia del Estatuto de Autonomía, subrayando su evolución hacia un modelo de ciudadanía activa y socialmente comprometida. El monográfico sitúa así al ordenamiento valenciano como un espacio normativo avanzado en la garantía de derechos fundamentales y en la articulación de políticas públicas orientadas a la inclusión, la sostenibilidad y la equidad.

86 La obra colectiva reúne ocho capítulos de constitucionalistas (Garrido Mayol; Agudo Zamora; García Costa; Vivancos Comes; Montero Caro; Ramón Fernández; Aba Catoira…) para analizar críticamente los logros y tensiones del modelo autonómico español y formular propuestas de reforma. Desde enfoques diversos —jurídico, institucional, tecnológico, social y territorial— estos abordan temas como la cooperación intergubernamental, la cogobernanza, la digitalización, la igualdad de género, los nuevos derechos sociales o la inteligencia artificial aplicada a la gestión pública.

87 Esta obra colectiva analiza, desde la perspectiva del Derecho constitucional, el impacto de la pandemia de la COVID-19 en los derechos fundamentales y en el funcionamiento de los poderes públicos, destacando cómo la gestión de la crisis tensionó el Estado autonómico y puso a prueba el equilibrio entre centralización y autogobierno, ofreciendo propuestas para reforzar la coordinación institucional y la resiliencia democrática ante futuras emergencias. Reúne a destacados juristas como V. Garrido Mayol, Mª J. Ridaura Martínez, R. Sánchez Ferriz, C. Ruiz Miguel, C. Vidal Prado, F. Crespo Hellín o M. Vivancos Comes, entre otros, para examinar los efectos de la pandemia de la COVID-19 sobre el Estado de Derecho español. A través de

yol, V. y Martínez Otero, J.M. (2024). *Estado autonómico y derechos fundamentales en la era post-coronavirus.* València: Tirant lo Blanch[88], que analiza críticamente la gestión jurídica de la pandemia en España, destacando los retos para derechos fundamentales y autogobierno autonómico, planteando pautas para mejorar la resiliencia institucional frente a futuras (y eventuales) crisis.

b) *Autogobierno*: Destacando los estudios Marzal Raga, R. (dir.). (2020). *Estudios sobre el desarrollo estatutario de la Comunitat Valenciana. València:* Tirant lo Blanch[89], análisis sobre el equilibrio entre conflicto y cooperación en la articulación del autogobierno valenciano den-

---

capítulos que abordan el control parlamentario durante los estados de alarma, la gestión administrativa y territorial de la crisis, la distribución competencial entre Estado, comunidades autónomas y entidades locales, así como las repercusiones sobre derechos fundamentales, participación ciudadana y grupos vulnerables, la obra ofrece una visión plural y crítica. En conjunto, subraya cómo la crisis sanitaria tensionó el Estado autonómico y el autogobierno territorial, al tiempo que reabre el debate sobre la necesidad de reformar los mecanismos constitucionales y de cooperación institucional para fortalecer la democracia en situaciones excepcionales.

88 Esta obra colectiva ofrece un análisis jurídico integral de la gestión de la pandemia del SARS-CoV-2 en España, abordando tanto los desafíos constitucionales y bioéticos surgidos en torno a los derechos fundamentales como la actuación de los distintos poderes públicos y administraciones autonómicas, con especial atención a la Comunidad Valenciana. Los autores — Català i Bas; Vivancos Comes; Rosado Villaverde; Gordillo Pérez; García i Mengual; Juaristi Besalduch; Zafrilla López; Bellver Capella; talavera Fernández...— examinan la eficacia de las medidas adoptadas, el control parlamentario y jurisdiccional, la cogobernanza, la responsabilidad patrimonial y la regulación futura de crisis, planteando propuestas para fortalecer el marco jurídico y administrativo ante situaciones excepcionales. Reseñada por Maiz Lourido, B. (2024). *op. cit. Revista Vasca de Administración Pública (RVAP),* 130, p. 354.

89 Monografía que ofrece una radiografía exhaustiva del desarrollo estatutario valenciano desde la aprobación del Estatuto de Autonomía de 1982, analizando los conflictos y mecanismos de cooperación entre el Estado y la Comunitat Valenciana. Reúne trabajos de R. Marzal Raga; J. Mª. Vidal Beltrán; A. Boix Palop; F. Meco Tébar; L. Ferrandis Navarro; J. Bonet Navarro y C. Gimeno Fernández, que examinan los ámbitos de conflictividad constitucional, la cooperación bilateral y las propuestas de reforma constitucional que se han suscitado en los últimos años.

tro del Estado autonómico; Vivancos Comes, M. (2024). *Ensanchando el horizonte del autogobierno.* Valencia: Tirant lo Blanch[90], primera de las obras de la (nueva) colección sobre Derecho Autonómico valenciano que profundiza en los principales ámbitos (*educación, sanidad, vivienda, integridad pública y derechos culturales y lingüísticos*) desarrollados de la *Carta Valenciana de Derechos Sociales*[91], aprobada mediante

---

90 La obra colectiva ofrece una panorámica rigurosa sobre la evolución y el impacto normativo de la Ley 4/2012, que instituyó la primera Carta Social Valenciana. A lo largo de sus capítulos, elaborados por especialistas en Derecho público y autonómico, se analiza el papel de esta Carta como instrumento complementario del Estatuto de Autonomía y como eje articulador del modelo de Estado social valenciano. En la primera parte, V. Garrido Mayol aborda el marco general del autogobierno y la descentralización política en la Comunitat Valenciana, mientras que Mariano Vivancos examina las lecciones derivadas del despliegue normativo de la Carta tras una década de vigencia. La segunda parte se centra en ámbitos sectoriales esenciales del Estado del bienestar: C. Souto Galván analiza la educación como derecho social estatutario; J. Castellanos Claramunt estudia la participación ciudadana en materia sanitaria; A. Català i Bas valora el funcionamiento del modelo autonómico durante la pandemia de COVID-19; y E. Fliquete Lliso revisa las políticas públicas de vivienda desde la perspectiva del autogobierno. Finalmente, J.R. Chirivella Vila examina el devenir parlamentario de las iniciativas de reforma constitucional orientadas a la recuperación del Derecho Civil Foral Valenciano. La publicación constituye una obra de referencia que combina reflexión jurídica y evaluación institucional, mostrando cómo los derechos sociales se han convertido en uno de los pilares del autogobierno valenciano y en un laboratorio normativo de especial relevancia dentro del Estado autonómico español.

91 Sobre este particular, del mismo autor Vivancos Comes, M. (2024). *10 años de vigencia de la carta valenciana de Derechos Sociales. De la letra de la Ley a su despliegue normativo.* València: Tirant lo Blanch (con prólogo de V. Garrido Mayol). Esta monografía examina en profundidad el grado de desarrollo normativo y la efectividad práctica de la Ley 4/2012, de 15 de octubre, que aprobó la primera Carta Social Valenciana. A través del análisis de sus distintos ámbitos —igualdad, sanidad, educación, vivienda, servicios sociales, sostenibilidad y derechos culturales y lingüísticos—, se evalúa el papel de este instrumento como complemento esencial del Estatuto valenciano y como eje del modelo autonómico social en la Comunitat. Un análisis sobre su contenido puede encontrarse en Sánchez Ferriz, R. (2024). *op. cit. Asamblea - Revista Parlamentaria de la Asamblea de Madrid,* 46, pp. 297-304.

Ley 4/2012, de 15 de octubre[92]; Garrido Mayol, V. (dir.) (2023). *El control en Les Corts y el control de la actividad de Les Corts.* València: Tirant lo Blanch[93], obra colectiva que examina de forma crítica los mecanismos de control político, jurídico y ciudadano en el parlamentarismo valenciano; y Rodríguez Blanco, Mª V. (2022). *Autogobierno valenciano y gestión y pública del coronavirus.* Murcia: Editorial DM[94], analiza la vigencia del Derecho Civil Valenciano y evalúa la gestión pública de la COVID-19, desde la perspectiva administrativa y municipal, integrando derecho y gobernanza ante situaciones excepcionales.

---

92 DOGV núm. 6884, de 18 de octubre de 2012, pp. 29878-29990; BOE núm. 268, de 7 de noviembre de 2012, pp. 78063 a 78078

93 La obra colectiva analiza en profundidad el principio de control recíproco que caracteriza al sistema parlamentario valenciano. Bajo la dirección de reconocidos juristas, examina tanto la función de fiscalización del Gobierno por parte de Les Corts —a través de instrumentos como las preguntas parlamentarias, la moción de censura o las comisiones de investigación— como los mecanismos externos de control sobre el propio Parlamento, ejercidos por el Ejecutivo, el Tribunal Constitucional, la jurisdicción contencioso-administrativa y la ciudadanía.
A través de sus diez capítulos, se abordan cuestiones como la evolución institucional del parlamentarismo (Garrido Mayol, Crespo Hellín), la representatividad y control de las listas electorales (Estellés Peralta), la protección del *ius in officium* y los actos internos de Les Corts (Fliquete Lliso), el control jurídico de sus actos administrativos (Manent Alonso), los límites a la libertad de expresión parlamentaria (Sánchez Ferriz), la transformación del derecho de información (García i Mengual), el uso y abuso de la moción de censura (Català i Bas), la eficacia de las comisiones de investigación (Vivancos Comes) y las vías de control ciudadano sobre la actividad parlamentaria (Castellanos Claramunt). En conjunto, la publicación ofrece una visión integral del sistema de pesos y contrapesos en el parlamentarismo valenciano, subrayando que también el poder legislativo está plenamente sometido a la Constitución y al resto del ordenamiento jurídico.

94 Esta publicación combina el estudio del Derecho Civil Valenciano con el análisis de la gestión pública de la pandemia de COVID-19, abordando tanto la regulación y praxis del derecho foral —como el testamento nuncupativo y otras paradojas del Derecho Civil Valenciano— como la actuación de las administraciones en distintos niveles: estatal, autonómico y municipal. Los capítulos examinan desde la ciencia administrativa y la comunicación política 2.0 hasta experiencias locales concretas, como el caso de Crevillent, ofreciendo una visión integral sobre adaptación, resiliencia y gobernanza en tiempos de crisis.

c) *Derecho Civil Foral*: Castillo Martínez, C. (2019). Hacia una recuperación del Derecho Civil Valenciano. Balance y perspectivas de futuro de nuestro Derecho civil tras los pronunciamientos contenidos en las SSTC 82/2016, 110/2016, 192/2016 y 192/2016, *Revista de Derecho Civil Valenciano* [núm. 23 (monográfico) —y último hasta la fecha de la publicación—) donde se contiene una crítica tanto a las SSTC "anulatorias" de la legislación civil valenciana como, también, a la "extralimitación" del legislador valenciano, buscando resituar el debate en la redefinición del Derecho Civil valenciano a partir de las coordenadas del vigente marco constitucional; Estellés Peralta (dir). (2021). *Del autogobierno valenciano en la memoria colectiva al derecho civil*. València: Tirant lo Blanch[95], en defensa de la recuperación de este derecho como hecho diferencial[96] de naturaleza jurídica; Palao Gil, J. (dir.). (2021). *Un Derecho Civil valenciano posible: propuestas legislativas y proyección de futuro*. València: Tirant lo Blanch[97], que demuestra el potencial transformador del Derecho Civil valenciano como instrumento de modernización jurídica (y social), reivindicando el

95 Obra colectiva que analiza las causas históricas y jurídicas de la pérdida del Derecho Civil Valenciano y las consecuencias de las SSTC de 2016, que anularon las principales leyes civiles autonómicas. Reúne estudios de V. Baydal Sala; V. Garrido Mayol; F. J. Palao Gil; C. Mosquera Ordóñez; P. Mª. Estellés Peralta; F. García i Mengual; J. R. Chirivella Vila; Mª D. Mas Badía y B. Morera Villar, que reflexionan sobre la posible recuperación de la competencia legislativa civil valenciana mediante una reforma constitucional. Comentada por De Verda y Beamonte, J. R. (2022). *op. cit. Actualidad jurídica iberoamericana*, 17 (extra) 17, pp. 2634-2637.

96 Sobre este particular, véase a García Roca, J. (2000). ¿A qué llamamos hechos diferenciales? *Cuadernos de Derecho Público*, (11), pp. 73-110.

97 Esta obra, fruto de la colaboración entre la Conselleria de Transparència y la Càtedra de Dret Foral Valencià, reúne las aportaciones de destacados juristas como J. Palao Gil; M. E. Clemente Meoro; J. Barceló Doménech; Mª R. Moliner Navarro; R. Verdera Server o F. Blasco Gascó, entre otros. A través de estudios sobre el Derecho de familia y de sucesiones —régimen económico matrimonial, uniones de hecho, filiación, incapacitación, legitimarias, testamentos o sucesión intestada—, se analiza la regulación actual, su evolución doctrinal y jurisprudencial, y se formulan propuestas de actualización legislativa al amparo de la competencia civil reconocida en el Estatut d'Autonomia.

pleno ejercicio de la competencia autonómica para adaptarlo a las necesidades del siglo XXI.

d) *Tribunales tradicionales*: las obras más destacadas en este ámbito son Juan Sánchez, R. y Bonet Navarro, J. (coord..) (2019). *Rollet de Gràcia de la huerta de Aldaia: Tradición y costumbre en la resolución de conflictos.* València: Tirant lo Blanch; Ramón Fernández, F. (2019). *La gestión de bienes comunes: Tribunal de las Aguas y Comunidad de Pescadores de El Palmar.* València: Universidad Politécnica[98]; y Ochoa i Monzó, V. (2023). *Los tribunales consuetudinarios y tradicionales.* València: Tirant lo Blanch.

4. *Conclusión del cierre de una etapa*

El Botànic II posibilitó, pues, una inversión académica muy valiosa, como se ha podido constatar. Ahora bien, esta base necesaria no llegaría a trasladarse a un acuerdo institucional que sirviera para desarrollar un avance en términos de autogobierno efectivo. Hubo, eso sí fortalecimiento real en ecosistema propio (cátedras institucionales, universidad, tribunales consuetudinarios, colegios profesionales, asociaciones...) y capital cognitivo (RVEA, grupos expertos...). Puede decirse que la dimensión simbólica-conmemorativa tuvo en esta etapa específica un peso mayor que el avance términos de autogobierno (nuevos derechos —limitados en la legislatura anterior a edificar un marco de integridad o reforzar los derechos de ciertos colectivos—: dependientes[99], la población LGTBi[100] o el colectivo

---

98 https://riunet.upv.es/handle/10251/132175

99 Básicamente a partir de la Ley 3/2019, de 18 de febrero, de servicios sociales inclusivos de la Comunitat Valenciana (DOGV núm. 8491, de 21 de febrero de 2019; BOE núm. 61, de 12 de marzo de 2019).

100 Leyes 8/2017, de 7 de abril, integral del reconocimiento del derecho a la identidad y a la expresión de género en la Comunitat Valenciana (DOGV núm. 8019, de 11 de abril de 2017; BOE núm. 112, de 11 de mayo de 2017); y 4/2023, de 28 de febrero, para la igualdad real y efectiva de las personas trans y para la garantía de los derechos de las personas LGTBi (DOGV núm. 9579, de 20 de abril de 2023; y BOE núm. 51, de 1 de marzo de 2023). La constitucionalidad de este último instrumento legal ha sido cuestionada mediante Recurso de inconstitucionalidad n.º 3679-2023, contra sus artí-

valenciano-hablantes[101]- o consecución de transferencias[102]), al no cristalizar en un proceso de reforma (estatutaria) efectiva. En conclusión, el Botànic II preparó el terreno y revalorizó el ecosistema del autogobierno, quedando la reforma "participativa" como promesa pendiente.

VIII. ETAPA ACTUAL (2023-2025)

1. *Rasgos distintivos de la etapa vigente*

La política autonómica de fomento del autogobierno en la actual legislatura se caracteriza por una serie de rasgos distintivos:

i) Una *consolidación institucional*, al integrarse la materia en la Conselleria de Justicia y Administración Pública bajo la Secretaría Autonómica de Justicia y Autogobierno, lo que aporta coherencia y jerarquía funcional.

ii) Un *modelo de gobernanza colaborativa*, basado en subvenciones, convenios y cátedras institucionales que involucran y consoli-

culos 19.2; 43, apartados 1 y 2; 44, apartados 3 y 9; 47, primer párrafo; y 79, apartados 3 b), 4 e) y 4 f) (BOE núm. 153, de 28 de junio de 2023, pp. 90250 a 90250).

101 Ley 4/2018, de 21 de febrero, por la que se regula y promueve el plurilingüismo en el sistema educativo valenciano (DOGV» núm. 8240, de 22 de febrero de 2018; BOE núm. 63, de 13 de marzo de 2018) derogada por la Ley 1/2024, de 27 de junio, por la que se regula la libertad educativa. Comunitat Valenciana (DOGV núm. 9880, de 28 de junio de 2024; y BOE núm. 192, de 9 de agosto de 2024).

102 Como las concesiones en el dominio público marítimo terrestre, olvidadas en las últimas reformas estatutarias (2006 y 2019) y que no incluyeron la competencia en materia de costas. La controversia suscitada por buena parte del articulado de la ley valenciana, 27 artículos y 5 disposiciones adicionales) ha llevado a convocar a la Comisión Bilateral, dando publicidad al Acuerdo de 22 de julio de 2025, a través de la Resolución de 27 de agosto de 2025, de la Secretaría General de Coordinación Territorial (BOE núm. 218, de 10 de septiembre de 2025, pp. 118271 a 118271) como paso previo a la formalización del pertinente recurso de inconstitucionalidad.

dan la "alianza" con la sociedad civil (universidades, corporaciones profesionales y entidades locales).

iii) Una *orientación transversal de género y transparencia*, incorporada expresamente en los objetivos estratégicos de la política de desarrollo estatutario, ampliada expresamente a la conservación, mantenimiento y desarrollo del Derecho Civil Foral.

iv) Una cierta *fragilidad estructural*, derivada de la dependencia presupuestaria anual que se materializa en 2025 como consecuencia de la catástrofe ocasionada por la DANA que supondrá, invevitablemente, laa discontinuidad de proyectos académicos consolidados (como la financiación de las actividades de la Cátedra de Derecho Foral).

En conjunto, la etapa 2023-2025 marca un proceso de reordenación y consolidación que sienta las bases para una política estable de promoción del autogobierno valenciano, articulada a través de los instrumentos tradicionales. Vamos, pues, a continuación a analizarlos por partes.

2. Reconfiguración institucional

En la legislatura actual se constata un rediseño institucional en el ámbito competencial que está siendo analizado. La *Dirección General de Transparencia y Participación*, dependiente de la *Secretaría Autonómica de Relaciones Institucionales y Transparencia*[103], pasará a asumir las funciones referidas al *desarrollo estatutario* y *fomento del autogobierno*[104].

103 Artículo único (Órganos superiores de los departamentos del Consell) del Decreto 12/2023, de 20 de julio, del president de la Generalitat, por el que se determinan las secretarías autonómicas de la Administración del Consell (DOGV núm. 9644, de 20 de 07de 2023) y Artículo único (Órganos superiores de los departamentos del Consell) del Decreto 35/2024, de 2 de diciembre, de la Presidencia de la Generalitat, que establece las secretarías autonómicas de la Administración del Consell (DOGV núm. 9998, de 3 de diciembre de 2024).

104 Artículo 4 del Decreto 131/2023, de 10 de agosto, del Consell, por el que se aprueba el Reglamento orga'nico y funcional de la Presidencia de la Generalitat. (DOGV núm. 9661, de 14 de agosto de 2023).

Este movimiento implica una recentralización "funcional" en torno a la Presidencia de la Generalitat, en contraste con la lógica *transversal* de la anterior etapa del Botànic.

Tras el rediseño del Gobierno valenciano —finalizada la experiencia del gobierno de "coalición" en julio de 2025— la Conselleria de Justicia y Administración Pública, creada con anterioridad[105] y a la que le habían sido asignadas una serie de competencias ("*justicia y de gestión de las competencias en materia de consultas populares, colegios profesionales, fundaciones, asociaciones, registros y notariado, y función pública*"[106]), asumirá el fomento del autogobierno sin que se traslade a la asignación global de competencias que concreta su Reglamento Orgánico y Funcional[107], aprobado con posterioridad[108]. Sin embargo, a partir de la estructura orgánica departamental, a dos de sus órganos, uno superior[109] (*Secretaría Autonómica de Justicia y Autogobierno*) y otro directivo[110] (*Dirección General de Justicia y Autogobierno*), se le

---

105 Artículo 1 del Decreto 32/2024, de 21 de noviembre, de la Presidencia de la Generalitat, por el que se determinan el número y la denominación de las consellerias y sus atribuciones (DOGV núm. 9990, de 22 de noviembre de 2024).

106 Artículo único (Modificación del Decreto 32/2024, de 21 de noviembre, del president de la Generalitat) del Decreto 36/2024, de 3 de diciembre, del president de la Generalitat, de modificación del Decreto 32/2024, de 21 de noviembre, del president de la Generalitat, por el que se determinan el número y la denominación de las consellerias, y sus atribuciones (DOGV núm. 9999, de 4 de diciembre de 2024).

107 Decreto 28/2025, de 18 de febrero, del Consell, de aprobación del Reglamento orgánico y funcional de la Conselleria de Justicia y Administración Pública DOGV núm. 10050, de 19-02-2025)

108 Decreto 28/2025, de 18 de febrero, del Consell, de aprobación del Reglamento orgánico y funcional de la Conselleria de Justicia y Administración Pública (DOGV núm. 10050, de 19 de febrero de 2025).

109 Artículo único (*Órganos superiores de los departamentos del Consell*) del Decreto 35/2024, de 2 de diciembre, de la Presidencia de la Generalitat, por el que se determinan las secretarías autonómicas de la Administración del Consell (DOGV núm. 9998 de 3 de diciembre de 2024) y art. 2.1.a) del Decreto 28/2025, de 18 de febrero, del Consell, de aprobación del Reglamento orgánico y funcional de la Conselleria de Justicia y Administración Pública (DOGV núm. 10050, de 19 de febrero de 2025).

110 Artículo 2.2.b) del del Decreto 28/2025, de 18 de febrero, del Consell, de aprobación del Reglamento orgánico y funcional de la Conselleria de Jus-

asignarán específicamente las competencias de *autogobierno*, correspondiéndole expresamente a este último la programación, gestión y coordinación de las políticas del Consell en "*materia de concordia y fomento del autogobierno*"[111], funciones que hasta la fecha venía desarrollando la *Dirección General de Transparencia y Participación*[112].

Esta configuración apunta a una nueva fase caracterizada por la integración de estas funciones en el ámbito departamental de la Justicia y la Administración Pública, reforzando la dimensión técnica y de gobernanza institucional.

Mientras las relaciones bilaterales con el Estado gravitan de una secretaría autonómica dependiente orgánicamente de la Presidencia. En este período los desencuentros con el Gobierno central como resultado de la acción legislativa trasladada a Les Corts ha sido constante. Podríamos señalar que tales iniciativas y el plan de reconstrucción tras la DANA han condicionado moderadamente la actividad del instrumento moderadamente[113] el instrumento.

---

ticia y Administración Pública (DOGV núm. 10050, de 19 de febrero de 2025).

111 Artículo 9.2.g) del Decreto 28/2025, de 18 de febrero, del Consell, de aprobación del Reglamento orgánico y funcional de la Conselleria de Justicia y Administración Pública (DOGV núm. 10050, de 19 de febrero de 2025).

112 Artículo 4 del Decreto 131/2023, de 10 de agosto, del Consell, por el que se aprueba el Reglamento orga'nico y funcional de la Presidencia de la Generalitat. (DOGV núm. 9661, de 14 de agosto de 2023)

113 Resoluciones de 3 de septiembre de 2024, de la Secretaría General de Coordinación Territorial, por la que se publica el Acuerdo de 7 de agosto de 2024, de la Comisión Bilateral de Cooperación Administración General del Estado-Generalitat, en relación con la Ley 1/2024, de 27 de junio, de la Generalitat, por la que se regula la libertad educativa (BOE núm. 232, de 25 de septiembre de 2024, pp. 117791 a 117791); de 15 de octubre de 2024, de la Secretaría General de Coordinación Territorial, por la que se publica el Acuerdo de 1 de octubre de 2024, de la Comisión Bilateral de Cooperación Administración General del Estado-Generalitat, en relación con la Ley 5/2024, de 26 de julio, de la Generalitat, de Concordia de la Comunitat Valenciana (BOE núm. 268, de 6 de noviembre de 2024, pp. 141857 a 141857); y de 22 de octubre de 2025, de la Secretaría General de Coordinación Territorial, por la que se publica el Acuerdo de 25 de septiembre de 2025, de la Comisión Bilateral de Cooperación Administración General del Estado-Generalitat, en relación con el Decreto-ley 10/2025, de 8 de julio,

3. Orientación estratégica y actuación desarrollada

La acción pública desplegada durante esta etapa responde a una estrategia de fortalecimiento del modelo valenciano de autogobierno desde una perspectiva *igualitaria, inclusiva y transparente.* Insistiendo en la necesidad de dar solución a una competencia estatutaria *capitidisminuida* como la del Derecho Civil Foral; incluso tras la decepción cosechada en 2024, al descolgarse de la reforma constitucional[114] la reclamación valenciana en defensa de la reintegración efectiva del Derecho Civil Foral.

En términos programáticos, los objetivos esenciales pueden sintetizarse en tres ejes estratégicos:

1. *Desarrollo institucional del autogobierno,* mediante el impulso de iniciativas legislativas orientadas a la ejecución integral del Estatuto de Autonomía y al fortalecimiento de las competencias de la Generalitat, como ha sucedido en las materias de *ordenación del litoral* o las *señas de identidad*[115]. Este último despliegue

---

del Consell, de medidas urgentes en materias de puertos de la Generalitat y de minimización del impacto generado por la DANA al Parque Natural de La Albufera (BOE núm. 255, de 23 de octubre, p. 138528).

114 Reforma del artículo 49 de la Constitución Española, de 15 de febrero de 2024 (BOE núm. 43, de 17 de febrero de 2024, pp. 19462 a 19471. En el *Boletín Oficial de las Cortes Generales.* Senado (XV Legislatura). Iniciativas legislativas (Reforma constitucional), núm. 53, de 24 de enero de 2024, pp. 2-5, aparece concretada la enmienda presentada por el senador Enric Morera que, finalmente, no será aceptada para su tramitación por la Mesa del Congreso de los Diputados, lo que llevará a los parlamentarios de Compromís a presentar un recurso de amparo ante el TC.

115 Pese a que poco ha trascendido del *Documento Marco* que sustancia la propuesta legal cabe señalar que, frente al planteamiento reactivo del anterior texto [Ley 6/2015, de 2 de abril, de Reconocimiento, Proteccio'n y Promocio'n de las Señas de Identidad del Pueblo Valenciano (DOCV nu'm. 7501, de 9 de abril de 2015; y BOE nu'm. 101, de 28 de abril de 2015), derogada por la Ley 1/2016, de 26 de enero (DOGV núm. 7706, de 27 de enero de 2016; BOE núm. 35, de 10 de febrero de 2016)] ahora se concibe la protección de las señas de identidad desde una óptica cultural, integradora y participativa, buscando reforzar la cohesión social en torno a los valores y tradiciones propias. A diferencia de su predecesora, el proyecto actual se ha elaborado tras un proceso de consultas con entidades culturales, académi-

legislativo es uno de los principales compromisos de legislatura, que será actualizado en el debate de política general de 2025 y busca situar la promoción de las señas propias como un eje transversal de la acción gubernamental sin caer en los errores del pasado.

2. *La reintegración efectiva de la competencia sobre Derecho Foral Civil Valenciano*, a través de su estudio e impulsando foros de debate y discusión sobre su problemática —la más reciente con ocasión de la antesala de la festividad del 9 de octubre—, tanto a través de sendas jornadas organizadas por la cátedra de Derecho Autonómico Valenciano y una discusión auspiciada por el Colegio de Abogados de Valencia, respectivamente; promoviendo la labor de la *Comisión Asesora de Derecho Civil Valenciano* pese a la no renovación de su composición; así como los trabajos de los grupos de investigación universitarios especializados.
3. *Defensa y difusión de las señas de identidad del pueblo valenciano*, integrando en la acción pública la preservación de las instituciones tradicionales —como el Tribunal de las Aguas de la Vega de València, el Tribunal del Comuner del Rollet de Gràcia y el Juzgado Privativo de Aguas de Orihuela—, entendidas como manifestaciones vivas de la cultura jurídica valenciana.

La política autonómica que ha guiado los pasos del Gobierno valenciano en los últimos años, asumirá, por tanto, una dimensión transversal en la que el desarrollo estatutario se vincula con la igualdad de género, la participación cívica y la transparencia institucional, elementos que configuran un modelo de autogobierno democrático, inclusivo y corresponsable.

---

cas y lingüísticas, con el propósito de cimentar un consenso social amplio. Además, incorpora el principio de transversalidad, de modo que todas las políticas y actuaciones públicas de la Generalitat deberán promover activamente las señas de identidad valencianas. Finalmente, sustituye el antiguo Observatorio de las Señas de Identidad por un nuevo Consejo de Participación, órgano consultivo con representación ciudadana y académica que pretende garantizar una gestión más abierta, deliberativa y plural de este ámbito.

4. Política subvencional y cooperación institucional

El principal instrumento de actuación en esta materia ha sido, nuevamente, la actividad subvencional, orientada al *fomento del autogobierno, el desarrollo estatutario y la recuperación del Derecho Foral Civil Valenciano.* Las ayudas se han materializado en convenios de colaboración y subvenciones nominativas dirigidas a universidades, entidades locales, corporaciones profesionales, asociaciones culturales y organismos históricos.

En 2023 se consolidó un esquema de subvenciones ampliamente diversificado; en la que destacan, por su importe (100.000 euros), las otorgadas al Tribunal de las Aguas de la Vega de València y a las universidades públicas valenciana, siendo un cuarto menor la recibida por ayuntamientos y mancomunidades. Pese a ello, hay resultados tangibles en publicaciones de interés: Valle Escolano, R. (Dir.) (2025): *Participación ciudadana y Estatuto de Autonomía en la Comunitat Valenciana.* València: Tirant lo Blanch[116], que ofrece una visión integral y crítica del marco participativo valenciano, a partir de conceptos como el parlamento "abierto", la digitalización de los procesos electorales, o algunos instrumentos cívicos de ultima generación, con el propósito de fortalecer el autogobierno; Vivancos Comes, M. (2025). *Afianzando igualdades.* València: Tirant lo Blanch[117],

116 La obra colectiva ofrece un análisis multidisciplinar del marco jurídico y político de la participación ciudadana en España, con especial atención a la Comunitat Valenciana, abordando aspectos muy dispares. Como las alianzas parlamentarias (Medina Iborra), el modelo de parlamento abierto (Valle Escolano), la evolución de la participación electoral (Castellanos Claramunt), las formas de implicación local (Martín Cubas) y las oportunidades y retos de la participación digital (Barragán Manjón e Ibartz Moret). Examina también la llamada "iniciativa ciudadana" como instrumento de gobernanza (Vivancos Comes), la relación entre participación y promoción del empleo (Guillén Pajuelo), y la inclusión de las personas con discapacidad en la vida pública (Buchardó Parra). En conjunto, presenta una visión crítica y propositiva sobre cómo fortalecer la democracia participativa mediante la transparencia institucional, la innovación tecnológica, la cooperación social y la garantía de la igualdad en el ejercicio de los derechos ciudadanos.

117 La obra reúne estudios de juristas y especialistas que analizan la igualdad entre mujeres y hombres desde distintas perspectivas jurídicas, constitucio-

que analiza las carencias del orden de género[118] estatutario a la luz de los recientes avances legales estatales y autonómicos; Garrido Mayol, V. (Dir.) (2025). *El estado de los derechos en la Comunitat Valen-*

---

nales y autonómicas. Se examinan su desarrollo en el marco de Naciones Unidas (Durán Lalaguna); la educación en valores democráticos (Souto Galván); el nuevo marco legal estatal sobre la igualdad de trato y la no discriminación (Chano Regaña); la identificación de los obstáculos que impiden una representación equilibrada en el sistema el sistema de partidos español (Macías Jara); los retos del poder y la igualdad tras cuarenta años de autonomía valenciana (Sevilla Merino y Ruíz Martínez); la igualdad ante situaciones de emergencia (Arriola Echániz); las acciones "positivas" (Fliquete Lliso); y el defectuoso "orden de género" estatutario y el marco legal antidiscriminatorio valenciano (Vivancos Comes). En conjunto, ofrece una reflexión coral sobre las múltiples dimensiones que adopta la igualdad en nuestro ordenamiento jurídico estatal y autonómico (valenciano). Con su combinación de rigor académico y vocación transformadora, *Afianzando igualdades* se presenta como una contribución esencial para comprender los nuevos desafíos de la igualdad en la autonomía política valenciana.

118 Este concepto alude al entramado normativo, institucional y cultural que sostiene la distribución desigual de poder, roles y reconocimiento entre mujeres, hombres y otros sujetos de género, desde la lógica de una ciudadanía dividida según el binarismo masculino/femenino. Salazar Benítez, O. (2012). Otras masculinidades posibles: Hacia una humanidad diferente y diferenciada. *Recerca,* (12), pp. 87-112, lo vincula directamente con la persistencia del patriarcado como orden político-jurídico que asigna "género" a sujetos y los ubica en espacios determinados, condicionando identidades, relaciones y derechos. Mientras que en otra obra posterior, Rubio Marín, R. y Salazar Benítez, O. (2024). *El orden de género en la Constitución Española. Lecciones del pasado y propuestas de reconstrucción paritaria.* Granada: Comares, proponen que el régimen constitucional debe reconstruirse desde una "paridad estructural" que transforme dicho orden de género, garantizando una ciudadanía efectiva sin desigualdades estructurales. Esta última obra ha sido ampliamente recensionada: Benussi, S. (2024). I diritti delle donne nell'ordinamento costituzionale spagnolo: una palingenesi con luci e ombre. *Spagna contemporánea, 65,* pp. 195-202; Cárdenas Cordón, A. (2024). Reseña del libro: "El orden de género de la Constitución española. Lecciones del pasado y propuestas de reconstrucción paritaria" de Ruth Rubio Marín y Octavio Salazar Benítez. Blog *IberICONnect,* de27 de mayo, disponible en la siguiente dirección web: https://www.ibericonnect.blog/2024/05/resena-del-libro-el-orden-de-genero-de-la-constitucion-espanola-lecciones-del-pasado-y-propuestas-de-reconstruccion-paritaria-de-ruth-rubio-marin-y-octavio-salazar-benitez/.

ciana. València: Tirant lo Blanch[119], donde se analiza jurídicamente la situación y los desafíos de los derechos lingüísticos, educativos, civiles, sociales y políticos en la Comunitat, evidenciando los avances normativos y las limitaciones institucionales en su plena garantía; Sánchez Barroso, B. (Dir.) (2025). *Derechos en clave autonómica: una relación fecunda, aunque problemática, con los derechos constitucionales*. València: Tirant lo Blanch[120], que ofrece una reflexión integral so-

---

119 Obra colectiva que ofrece una panorámica amplia y crítica sobre la situación jurídica, política y social de los derechos en el ámbito autonómico valenciano. Desde una perspectiva multidisciplinar, los autores analizan la evolución, los desafíos de los derechos estatutarios en distintos campos: la política lingüística y el equilibrio entre las lenguas de enseñanza (Garrido Mayol), destacando las tensiones entre la normalización del valenciano y la libertad educativa; el modelo dual de enseñanza pública y privada, centrándose en los conciertos educativos y el ataque que ha supuesto la última contrarreforma educativa estatal (Vivancos Comes); la participación municipal en la gestión educativa, señalando los límites competenciales y la necesidad de mayor coordinación institucional (Manent Alonso); las distorsiones en la representación política (Catalá i Bas); el derecho de acceso a la documentación parlamentaria como garantía de control democrático (Crespo Hellín) o los derechos civiles reconocidos y suprimidos en la normativa valenciana (Estellés Peralta), entre otros. Desde una perspectiva más amplia, se analiza también la actualidad de la competencia autonómica en materia de derecho civil (Sánchez Ferriz); la evaluación de las políticas de ayudas sociales, especialmente la renta de inclusión y la dependencia, subrayando los retos de implementación (Castellanos Claramunt); el impacto de la administración electrónica en la protección de los derechos ciudadanos (Fliquete Lliso); o, incluso, el grado de cumplimiento del derecho europeo en la Comunitat (Ripoll Navarro). En conjunto, la obra ofrece una visión crítica del estado real de los derechos en el territorio, entre avances normativos y persistentes carencias institucionales.

120 Examina, desde una perspectiva constitucional, política y social, los fundamentos, la evolución y los desafíos de los derechos en el Estado autonómico español. La primera parte se centra en los marcos generales: analizando el modelo constitucional de distribución de competencias y el papel del artículo 150.2 CE como instrumento de cooperación territorial (Garrido Mayol); la evolución de la igualdad política en la representación formal, destacando los avances y las persistentes brechas de género (Burguera Amenave); la transversalidad del informe de impacto de género como herramienta de igualdad efectiva en las políticas públicas (García Mengual); una lectura sociológica del derecho a la vida a través de su representación

bre la articulación entre derechos fundamentales y Estado autonómico, subrayando la necesidad de adaptar la protección y efectividad de los derechos a las dinámicas territoriales; y Melero López, I. (Coord.) (2026). *Els efectes de L'Estat de partits en les instituciones d´autogovern*. València: Tirant lo Blanch[121], que ofrece un análisis interdisciplinar de la interacción entre representación política, partidos y comunicación, con especial atención al ámbito valenciano y a su proyección comparada.

Igualmente se ha continuado con la suscripción de convenios a partir de líneas nominativas, como los establecidos con la cátedra de Derecho Foral Valenciano, la Real Academia de Cultura Valenciana[122] y la *Asociación de Juristas Valencianos*, (AJV). La primera de

---

cinematográfica (Salar Sotillo); y los derechos al cuidado como actualización del Estado social (Bosch Marco). La segunda parte, centrada en estudios de caso, incluye un análisis apresurado sobre la constitucionalidad de la ley valenciana de libertad educativa (Vivancos Comes); otro estudio sobre la protección de la intimidad de las víctimas de violencia de género (Sempere Faus); cerrando el libro colectivo, un estudio acerca de la implementación del *modelo Barnahus* en el contexto autonómico español, orientado a la protección integral de la infancia (Sánchez Barroso). En conjunto, la obra combina un enfoque teórico y práctico que contribuye a comprender cómo se construyen, interpretan y garantizan los derechos en el marco territorial descentralizado.

121 La obra colectiva reúne diversas contribuciones sobre la evolución del mandato representativo y la disciplina partidista en el contexto parlamentario español, valenciano y comparado. Desde una perspectiva jurídico-política, se abordan cuestiones como la transformación del mandato representativo en mandato de partido (Catalá i Bas; y Ramón Villaplana & Guglielmo); la disciplina de voto en distintos sistemas electorales —como el mayoritario o proporcional, a partir de las experiencias británica y valenciana— (Ramón Villaplana y Guglielmo; y García Mengual); el papel de los partidos en la designación institucional (Garrido Mayol); la gobernanza parlamentaria y el escrutinio público en el marco del gobierno abierto (Vivancos Comes); la paridad electoral (Marrades Puig); la fragmentación y polarización parlamentaria (Sánchez Barroso); la relación entre partidos, medios y opinión pública (Melero López; y Vidal Beltrán); la doctrina electoral respecto de las campañas (Crespo Hellín); o, incluso, el control de los partidos valencianos (Sánchez Ferriz).

122 Fruto de esa colaboración se celebró el día 16 de octubre de 2025, un ciclo de Mesas Redondas sobre el Derecho Civil Valenciano que en su tercera

las colaboraciones ha permitido la publicación de un trabajo de interés: Durbán Martín, I.; Palao Gil, J. (Eds.). *Constitución y Estado Autonómico. Cartografía del debate sobre la reforma territorial.* València: Tirant lo Blanch[123] que ofrece una visión rigurosa y plural de los consensos, tensiones y retos que plantea la posible reforma de la "Constitución territorial" española, sintetizable en una frase: una invitación al diálogo informado sobre el futuro del Estado autonómico en España.

El año siguiente (2024), se reforzó la financiación de instituciones emblemáticas, con incrementos en algunas dotaciones como la del Tribunal de las Aguas (30%) y la Real Academia de Cultura Valenciana (multiplicando por tres la ayuda recibida); manteniéndose el apoyo a las universidades y, en especial, a ambas cátedras institucionales (Derecho Foral y Derecho Autonómico Valenciano), a pesar de la diferencia (tres a uno) existente entre ambas en cuanto a la cuantía de la ayuda. Renovándose asimismo la colaboración con el Consejo Valenciano de Colegios de Abogados[124], el Colegio de Registradores

---

sesión llevaría por título "*Els Furs del Regne de València*: lo que fueron y lo que podrían ser" y que contó como ponentes a la catedrática de Derecho Mercantil en la Universitat Jaume I de Castellón, Carmen Boldó Roda y al Profesor Titular de Historia del Derecho en esa misma institución, Vicent García Edo, actuando como moderador el académico de número y registrador de la propiedad Vicente Domínguez Calatayud.

123 La obra colectiva ofrece un análisis crítico y multidisciplinar de las propuestas de reforma del modelo territorial español previsto en la Constitución de 1978, centrándose especialmente en su Título VIII. Reúne once estudios que abordan desde distintas perspectivas los principales debates del sistema autonómico: el cierre del mapa autonómico (González García); la naturaleza jurídica de los estatutos (Antonino de la Cámara); el reparto competencial (Durbán Martín); la reforma del Senado (Hernández Llinás); las relaciones intergubernamentales (Vidal Beltrán y Gomis Jaén); la participación autonómica en la UE (Sevilla Duro); la financiación autonómica (Montesinos Padilla); el Estado social autonómico (Sáenz Royo); la autonomía local (Martín Cubas, Sanjuán Roca y Castellanos Claramunt); así como los debates sobre autodeterminación y convivencia territorial (De Miguel Bárcena y Arrieta Alberdi).

124 Resultado de esta colaboración se edita AAVV (2024). *Nuestro derecho a decidir. Presente y futuro del Derecho Civil valenciano.* València: Tirant lo Blanch. Esta obra colectiva aborda la recuperación y defensa del Derecho Civil Va-

y la *Associació de Juristes Valencians*, consolidando una red estable de colaboración profesionalizada.

Un cambio destacable se produce en 2025, donde a pesar de que las subvenciones evidencian una tendencia expansiva en el ámbito local (150.000 euros para ayuntamientos y diputaciones) y una diversificación en el ámbito asociativo con la incorporación de entidades como *Lo Rat Penat* (50.000 euros) y la Asociación Cultural Cardona Vives (20.000 euros), sí se observa una reasignación en el ámbito universitario, donde la colaboración de la cátedra de Derecho Autonòmico Valenciano[125] se ha visto fortalecida —triplicando su ayuda en este ejercicio— en paralelo a la finalización de la colaboración institucional —que venía desplegándose desde hace más de una década— con la de Derecho Foral, eliminándose su línea de subvención en el anómalo y tardío debate presupuestario del presente ejercicio. Por contraste, se mantuvieron inalteradas las asignaciones a los tribunales consuetudinarios de València y Orihuela.

---

lenciano, destacando su papel como fuente jurídica y como elemento de identidad autonómica. Está estructurada en cinco capítulos donde se examina la labor del Consejo Valenciano de Colegios de Abogados en la promoción del Derecho Civil valenciano (Candela Martínez); su configuración como "seña de identidad" (De Andrés García); los desafíos recientes en el proceso de recuperación del derecho foral (Chirivella Vila); la capacidad legislativa en dicha manera como reflejo de la potestad de autogobierno (Soler i Marco); concluyendo con un decálogo básico que sintetiza los principios esenciales del Derecho Civil valenciano (Palao Gil), respectivamente.

125 Resultado de esta colaboración destacan dos monografías publicadas dentro de la colección especializada de la cátedra: Garrido Mayol, V. (2026). *Por qué y cómo se creo la Comunitat Valenciana.* València: Tirant lo Blanch; y Vivancos Comes, M. (2026). *El debate sobre la constitucionalidad de la ley de libertad educativa.* València: Tirant lo Blanch. La primera una obra fundamental para profundizar en los fundamentos del autogobierno valenciano y su evolución desde el proceso *estatuyente* a nuestros días. La segunda, centrada en uno de los instrumentos legales de esta legislatura, [Ley 1/2024, de 27 de junio, por la que se regula la libertad educativa (DOGV núm. 9880, de 28 de junio de 2024; BOE núm. 192, de 9 de agosto de 2024)] la que mayor atención han suscitado. Rebatiendo uno a uno los argumentos de los recurrentes desde una perspectiva jurídica y ofreciendo una visón global del derecho a la opción lingüística en el sistema educativo valenciano, a través de una propuesta de *lege ferenda*.

Esta política de fomento combina el apoyo a las instituciones históricas con la promoción de la investigación jurídica, consolidando la triple dimensión —*jurídico-institucional, académica y cultural*— anteriormente destacada. A través de ella, la Generalitat ha buscará proyectar un modelo de autogobierno que resulte simultáneamente, eficiente en lo institucional, participativo en lo social y afirmativo en lo identitario.

5. Conclusión: consolidación institucional y desafíos de futuro

Esta etapa final, todavía pendiente de concluir, supone un avance sustancial en la institucionalización del fomento del autogobierno valenciano. La adscripción de esta materia a la Conselleria de Justicia y Administración Pública, bajo la coordinación de la Secretaría Autonómica de Justicia y Autogobierno, dota al sistema autonómico de un marco estable de *gobernanza*. Al mismo tiempo, la acción subvencional y la cooperación con el ámbito universitario, local y asociativo permiten expandir, como en etapas anteriores, la cultura del autogobierno más allá del plano estrictamente normativo.

No obstante, persisten desafíos relevantes: la sostenibilidad financiera de los programas, la necesidad de evaluación sistemática de los resultados y la coherencia estratégica entre los distintos niveles de la Administración autonómica. Asimismo, la financiación de las cátedras institucionales de la Generalitat pone de manifiesto solapamientos sobre su objeto incluso dentro de una misma universidad. Lo que no tiene justificación alguna. No obstante, queremos destacar la necesidad de fortalecer la dimensión académica del autogobierno como espacio de conocimiento, innovación y legitimación democrática y la recuperación del programa dirigido a las universidades valencianas que ha sido un instrumento extremadamente útil durante los últimos años.

En suma, la actual legislatura ha configurado un marco institucional más sólido y coordinado para el fomento del autogobierno valenciano, combinando una base jurídica renovada con una política activa de promoción, divulgación y cooperación interinstitucional que proyecta el Estatuto de Autonomía como referencia viva del autogobierno democrático en el siglo XXI.

IX. CODA: A MODO DE CONCLUSIÓN

A lo largo del periodo analizado (2008-2025), el desarrollo estatutario y el fomento del autogobierno valenciano han seguido una evolución marcada por la reorganización institucional, la renovación normativa y la consolidación de las políticas de promoción social y académica dirigidas a profundizar en el autogobierno. El diseño institucional ha experimentado transformaciones sustanciales: desde la creación inicial de un órgano directivo específico (*Dirección General de Coordinación del Desarrollo Estatutario*) y una *Comisión Interdepartamental* (2008-2011) hasta su actual integración en la Secretaría Autonómica de Justicia y Autogobierno, dentro de la Conselleria de Justicia y Administración Pública, habiendo sido cinco los departamentos por los que los medios personales y materiales dirigidos a tal fin han transitado. Algo que ha supuesto pasar de una estructura experimental y dispersa a un modelo de gobernanza mucho más estable, con mayor jerarquía administrativa y coherencia funcional.

En el plano normativo, los principales desarrollos legislativos han desplegado el contenido estatutario en materias como *participación ciudadana* (Ley 11/2008), *régimen local* (Ley 8/2010) o *derechos sociales* (Ley 4/2012). A ello se suman las leyes de Derecho Civil Foral —*matrimonial, custodia compartida y uniones de hecho*—, cuyo alcance fue limitado por la jurisprudencia constitucional, así como las iniciativas orientadas a la recuperación de competencias y la institucionalización de la cooperación interdepartamental que ha sido intermitente y con nula actividad en según qué etapas (Botànic I). Con posterioridad, el Botànic II reactivaría la reflexión sobre una eventual reforma estatutaria que nunca llegaría a materializarse, impulsándose instrumentos de estudio (*comisiones, observatorios y cátedras institucionales*) y fomentando la proyección académica del autogobierno. Hasta el punto de llegar a configurar un ecosistema propio de investigación y divulgación jurídica que ha alcanzado nuestros días.

La relación bilateral con el Estado ha estado marcada por tensiones competenciales y por la defensa de la capacidad normativa en materia civil, que motivó desde declaraciones institucionales hasta propuestas no articuladas de reforma constitucional si excepcionamos la proposición pactada por la práctica totalidad de los grupos parlamentarios de Les Corts Valencianes. Pese a no alcanzarse acuerdos definitivos, el diálogo institucional y la interlocución en el ámbito de las transferencias y la financiación autonómica han reforzado la visibilidad política de la Comunitat Valenciana dentro del Estado de las Autonomías. De los 59 acuerdos alcanzados por la Comisión Bilateral 49 han conllevado cambios legislativos (83,05 %); 20 (33,90%) una reinterpretación de la legislación; y 15 (25%) otros acuerdos que no pueden enmarcarse en los anteriores[126].

En cuanto a la política de fomento, la Generalitat ha estructurado su acción mediante programas estables de subvenciones y convenios con universidades, entidades locales, colegios profesionales, asociaciones cívicas y tribunales consuetudinarios. Tales instrumentos han permitido financiar proyectos de investigación, formación y divulgación sobre el desarrollo estatutario y el Derecho Foral Valenciano, extendiéndose con el tiempo, también, a las señas de identidad. Esta actividad subvencional ha evolucionado desde un apoyo selectivo y testimonial hasta erigirse en una política más diversificada y transversal, con dotaciones crecientes y una triple proyección jurídica, académica y cultural.

En conjunto, puede afirmarse que el desarrollo estatutario valenciano ha consolidado su dimensión institucional y simbólica, aunque persisten retos de sostenibilidad financiera, coherencia estratégica y efectividad competencial. El autogobierno valenciano se proyecta hoy sobre una base organizativa más sólida y una red de actores públicos y sociales más amplia, configurando un modelo propio de gobernanza democrática que conjuga tradición jurídica, participación cívica y proyección identitaria dentro de la lealtad al marco constitucional español.

En conjunto, la evolución analizada confirma que el autogobierno valenciano ha pasado de una fase de conquista normativa y afir-

---

126 Anteriormente, se había hecho esta distribución que únicamente alcanzaba hasta 2019. Véase Gimeno Fernández, C. (2020). Los acuerdos de la Comisión Bilateral de Cooperación Generalitat Valenciana-Administración General del Estado en Marzal Raga, R. *Estudios sobre el desarrollo estatutario de la Comunitat Valenciana*. València: Tirant Lo Blanch, pp. 351-356.

mación identitaria a otra de gestión estratégica y búsqueda de legitimación social. No obstante, su consolidación plena exige superar su fragmentación y la improvisación organizativa, garantizando la estabilidad de los instrumentos de promoción (especialmente los académicos pero, también, los de cooperación interinstitucional) dotando de una mayor coherencia a las políticas públicas orientadas al fortalecimiento estatutario. Solo una gobernanza autonómica proactiva, integradora y sostenida en el tiempo podrá convertir el autogobierno valenciano en un verdadero proyecto de modernización institucional, cohesión social y ciudadanía democrática en el siglo XXI.

X. BIBLIOGRAFÍA

AAVV (2011): Cinco años de autogobierno entre dos reformas del Estatut: de la consolidacio'n del modelo a la reivindicacio'n de un volumen adecuado de inversiones. *Revista Valenciana de Estudios Autonómicos,* 56.

AAVV (2012): 30 anys de l'estatut d'Autonomia. *Revista Valenciana de Estudios Autonómicos,* 57.

AAVV (2017). Desafíos y necesidades del Estado del bienestar y las CCAAs. *Revista Valenciana d'Estudis Autonòmics,* 63.

AAVV (2020). *Parlaments institucionals. La veu del Regne. 600 anys de la Generalitat Valenciana* (Vol. I). València: Servei de Publicacions de la Universitat de València.

AAVV (2022): Los derechos en el Estatuto de Autonomía de la Comunitat Valenciana. *Drets. Revista Valenciana de Reformes Democràtiques,* 6.

AAVV (2024): Especial 40è aniversari de l'IEA. *Revista d'Estudis Autonòmics i Federals – Journal of Self-Government,* 40.

AAVV. (2024). *Nuestro derecho a decidir. Presente y futuro del Derecho Civil Valenciano.* València: Tirant lo Blanch.

Aguiló Lucia, Ll. (2007). Comunitat Valenciana. *Informe de Comunidades Autónomas 2006.* Barcelona: Observatorio de Derecho Autonómico, pp. 385-410.

Aldeguer Cerdá, B., Pardo Beneyto, G., Abellán López, M.ª A., & Barragán Manjón, M. (Eds.). (2026). *Integridad institucional y Estado de las autonomías.* Granada: Comares.

Bañó León, J. M.ª (dir.) (2007). *Comentario al estatuto de Autonomía de la Comunidad Valenciana.* Cizur Menor: Thomson-Civitas.

Benussi, S. (2024). I diritti delle donne nell'ordinamento costituzionale spagnolo: una palingenesi con luci e ombre. *Spagna contemporánea*, 65, pp. 195-202

Boix Palop, A. (2018). La propuesta de reforma constitucional del Botànic. *Blog del diario.es*, de 4 de mayo. Disponible en https://www.eldiario.es/comunitat-valenciana/arguments/propuesta-reforma-constitucional-botanic_132_2138693.html (Consultado el 27.10.2025)

Boix Palop, A.; y Bethencourt Rodríguez, V. (2019). Perspectivas de la reforma constitucional territorial en España. *Revista Valenciana d'Estudis Autonòmics*, 64, pp. 80-109

Castellanos Claramunt, J. (2023). *Balance y análisis tras 40 años del Estatuto de Autonomía de la Comunitat Valenciana*. València: Tirant lo Blanch.

Castillo del Carpio, J. Mª (2013). *La Generalitat Valenciana durante el siglo XVI. Su estructura burocrática, sus competencias, sus hombres*. València: Publicacions de la Universitat de València.

Castillo Martínez, C. (2019). Hacia una recuperación del Derecho Civil Valenciano. Balance y perspectivas de futuro de nuestro Derecho civil tras los pronunciamientos contenidos en las SSTC 82/2016, 110/2016, 192/2016 y 193/2016. *Revista de Derecho Civil Valenciano*, 23.

Català i Bas, A. (2023). *Anomalías jurídicas durante la pandemia del COVID-19. Un análisis constitucional*. València: Tirant lo Blanch.

Cárdenas Cordón, A. (2024). Reseña del libro: "El orden de género de la Constitución española. Lecciones del pasado y propuestas de reconstrucción paritaria" de Ruth Rubio Marín y Octavio Salazar Benítez. *Blog IberICONnect*, de27 de mayo, disponible en la siguiente dirección web: https://www.ibericonnect.blog/2024/05/resena-del-libro-el-orden-de-genero-de-la-constitucion-espanola-lecciones-del-pasado-y-propuestas-de-reconstruccion-paritaria-de-ruth-rubio-marin-y-octavio-salazar-benitez/

Domínguez Calatayud, V. y Longas Pastor, B. (Coords.) (2017): *El derecho foral valenciano: por qué y para qué*. València: Colegio de Registradores de la Propiedad, Mercantiles y de Bienes Inmuebles de la Comunitat Valenciana.

De Pedro Bonet, J. (2010). La conferencia de los gobiernos de las Comunidades Autónomas en Aja, E. y Tornos Mas, J. *Informe Comunidades Autónomas 2009*, pp. 94-113.

Estellés Peralta, Mª P. (Dir.). (2021). *Del autogobierno valenciano en la memoria colectiva al derecho civil*. València: Tirant lo Blanch.

Fliquete Lliso, E. (2013). Artículo Primero en Garrido Mayol, V. (dir.) *Comentarios al Estatuto de Autonomía de la Comunitat Valenciana: (según redacción dada por Ley Orgánica 1/2006, de 10 de abril, de Reforma de Ley Orgánica 5/1982, de 1 de julio, de Estatuto de Autonomía de la Comunidad Valenciana).* València: Tirant lo Blanch-Consell Jurídic Consultiu de la Comunitat, pp. 87-104.

Furió, A., & García Marsilla, J. V. (Eds.). (2021). *Espais i imatges de la Generalitat. La Generalitat Valenciana* (Vol. III). València: Servei de Publicacions de la Universitat de València.

Furió, A., & García Marsilla, J. V. (Eds.). (2023). *Pactisme, pensament polític i doctrina jurídica.* La Generalitat Valenciana (Vol. IV). València: Servei de Publicacions de la Universitat de València.

Furió, A., & García Marsilla, J. V. (Eds.). (2024). *Les altres "Generalitats". Organismes similars a la Corona d'Aragó i Europa. La Generalitat Valenciana* (Vol. V). Servei de Publicacions de la Universitat de València.

Furió, A., García Marsilla, J. V., & Guia, L. (Eds.). (2021). *Dels orígens a l'abolició. La Generalitat Valenciana* (Vol. II). València: Servei de Publicacions de la Universitat de València.

García Roca, J. (2000). ¿A qué llamamos hechos diferenciales? *Cuadernos de Derecho Público,* (11), pp. 73-110.

Garrido Mayol, V. (2026). *Por qué y cómo se creo la Comunitat Valenciana.* València: Trant lo Blanch (en edición).

Garrido Mayol, V. (dir.) (2013). Comentarios al Estatuto de Autonomía de la Comunitat Valenciana(según redacción dada por Ley Orgánica 1/2006, de 10 de abril, de Reforma de Ley Orgánica 5/1982, de 1 de julio, de Estatuto de Autonomía de la Comunidad Valenciana). València: Tirant lo Blanch-Consell Jurídic Consultiu de la Comunitat Valenciana.

Garrido Mayol, V. (Dir.). (2023). *El control en Les Corts y el control de la actividad de Les Corts.* València: Tirant lo Blanch.

Garrido Mayol, V. (Dir) (2025). *El estado de los derechos en la Comunitat Valenciana.* València: Tirant lo Blanch (en edición).

Garrido Mayol, V., & Martínez Otero, J. M. (2024). *Estado autonómico y derechos fundamentales en la era post-coronavirus.* València: Tirant lo Blanch.

Gobierno valenciano (2018). *Acuerdo del Consell sobre la reforma constitucional.* València: Presidència de la Generalitat.

Göran Rollnert Liern, G. (2013). Comentario introductorio al TÍTULO IV en Garrido Mayol, V. (dir.). *Comentarios al Estatuto de Autonomía de la Comunitat Valenciana: (según redacción dada por Ley Orgánica 1/2006, de 10 de abril, de Reforma de Ley Orgánica 5/1982, de 1 de julio, de Estatuto de Au-*

tonomía de la Comunidad Valenciana). València: Tirant lo Blanch-Consell Jurídic Consultiu de la Comunitat, pp. 879-896

Guillem Carau, J. (2025). STC 82/2016, de 28 de abril de 2016. Ley 10/2007, de 20 de marzo, de régimen económico matrimonial en Soriano Hernández. E. (Coord.). *Les Corts Valencianes ante el Tribunal Constitucional.* València: Tirant lo Blanch-Corts Valencianes (en edición).

Juan Sánchez, R. y Bonet Navarro, J. (coord.) (2019). *Rollet de Gràcia de la huerta de Aldaia: Tradición y costumbre en la resolución de conflictos.* València: Tirant lo Blanch.

Llorenç, A. (2004). L'autogovern: un anhel constant dels valencians. *Revista Valenciana d'Estudis Autonòmics,* (45-46), pp. 57-60.

Maíz Lourido, B. (2024). MARZAL RAGA, R. (dir.). (2020). Estudios sobre el desarrollo estatutario de la Comunitat Valenciana. València: Tirant lo Blanch. *Revista Vasca de Administración Pública (RVAP)*, 130, p. 354.

Martín Queralt, Juan B. y García Moreno, V.A. (2013). Artículo 69 en Garrido Mayol, V. (dir.). *Comentarios al Estatuto de Autonomía de la Comunitat Valenciana: (según redacción dada por Ley Orgánica 1/2006, de 10 de abril, de Reforma de Ley Orgánica 5/1982, de 1 de julio, de Estatuto de Autonomía de la Comunidad Valenciana).* València: Tirant lo Blanch-Consell Jurídic Consultiu de la Comunitat, pp. 2213-2218.

Marzal Raga, R. (Dir.). (2020). *Estudios sobre el desarrollo estatutario de la Comunitat Valenciana.* València: Tirant lo Blanch.

Mas Badía, Mª D. (2013). *El Régimen Económico Matrimonial de la Comunidad Valenciana.* Madrid: Tecnos.

Melero López, I. (Coord.) (2025). *Els efectes de L'Estat de partits en les institucions d'autogovern.* València: Tirant lo Blanch (en edición).

Monterde Ferrer, F. (2013). Comentario Art. 33 en Garrido Mayol, V. (dir.). *Comentarios al Estatuto de Autonomía de la Comunitat Valenciana: (según redacción dada por Ley Orgánica 1/2006, de 10 de abril, de Reforma de Ley Orgánica 5/1982, de 1 de julio, de Estatuto de Autonomía de la Comunidad Valenciana).* València: Tirant lo Blanch-Consell Jurídic Consultiu de la Comunitat, pp. 587-602.

Ochoa i Monzó, V. (2023). *Los tribunales consuetudinarios y tradicionales.* València: Tirant lo Blanch.

Palao Gil, J; Moliner Navarro, R.Mª; Domínguez Calatayud, V.; Torrejón Puchol, J.E. (2013). *Cuatro estudios sobre la competencia de la Generalitat Valenciana para legislar en materia de derecho civil: bases históricas y normativas.* València: Tirant lo Blanch.

Palao Gil, J. (Dir.). (2021). *Un Derecho Civil Valenciano posible: propuestas legislativas y proyección de futuro.* València: Tirant lo Blanch.

Palao Gil, J.; Durbán Martín, I.; y Gomis jaén, E. (Coords). (2022). *Rendimientos y perspectivas del Estatuto de Autonomía de la Comunitat Valenciana.* València: Cátedra de Derecho Foral Valenciano y Desarrollo Estatutario.

Ramón Fernández, F. (2008). *Estudios sobre Derecho Civil Foral Valenciano.* Cizur Menor: Thomson-Aranzadi-Ilustre Colegio de Abogados de Valencia.

Ramón Fernández, F. (2019). *La gestión de bienes comunes: Tribunal de las Aguas y Comunidad de Pescadores de El Palmar.* València: Universidad Politécnica de Valencia.

Ricardo Juan Sánchez, R., & Bonet Navarro, J. (Coords.). (2019). *Rollet de Gràcia de la huerta de Aldaia: Tradición y costumbre en la resolución de conflictos.* València: Tirant lo Blanch.

Ripoll Navarro, R. (2005). La acción exterior de la Comunidad Valenciana en el nuevo Estatuto. *Revista Valenciana d'Estudis Autonòmics,* (49-50) (Ejemplar dedicado a: Un Estatuto para el siglo XXI: volumen II), pp. 285-305.

Ripoll Navarro, R. (2013). Artículo 62 en Garrido Mayol, V. (dir.). *Comentarios al Estatuto de Autonomía de la Comunitat Valenciana: (según redacción dada por Ley Orgánica 1/2006, de 10 de abril, de Reforma de Ley Orgánica 5/1982, de 1 de julio, de Estatuto de Autonomía de la Comunidad Valenciana).* València: Tirant lo Blanch-Consell Jurídic Consultiu de la Comunitat, pp. 2095-2104.

Ripollés Serrano, R.Mª (2023). La construcción jurídica de una Comunidad Autónoma: 40 años de la Comunidad Valenciana 1982-2022. *Revista jurídica de la Comunidad Valenciana,* (84), pp. 9-79.

Rodríguez Blanco, M.ª V. (2022). *Autogobierno valenciano y gestión pública del coronavirus.* Murcia: Editorial DM.

Rodríguez Blanco, V. (Coord.). (2023). *La provincia de Alicante: retos y oportunidades en el 40 aniversario del Estatuto de Autonomía.* València: Tirant lo Blanch.

Rollnert Liern, G. (2001): "Materiales para un estudio del ámbito competencial del Estatuto de Autonomía de la Comunidad Valenciana (1982-1994): competencias propias y transferidas", *Cuadernos Constitucionales de la Cátedra Fadrique Furió Ceriol,* (34-35), 245-261.

Rollnert Liern, G. (2013). Artículo 49.2 en Garrido Mayol, V. (dir.). *Comentarios al Estatuto de Autonomía de la Comunitat Valenciana: (según redacción dada por Ley Orgánica 1/2006, de 10 de abril, de Reforma de Ley Orgánica 5/1982, de 1 de julio, de Estatuto de Autonomía de la Comunidad Valenciana).*

València: Tirant lo Blanch-Consell Jurídic Consultiu de la Comunitat, pp. 1533-1538.

Rollnert Liern, G. (2013). Artículo 51.1.11ª en Garrido Mayol, V. (dir.). *Comentarios al Estatuto de Autonomía de la Comunitat Valenciana: (según redacción dada por Ley Orgánica 1/2006, de 10 de abril, de Reforma de Ley Orgánica 5/1982, de 1 de julio, de Estatuto de Autonomía de la Comunidad Valenciana).* València: Tirant lo Blanch-Consell Jurídic Consultiu de la Comunitat, pp. 1895-1896.

Rubio Marín, R. y Salazar Benítez, O. (2024). *El orden de género en la Constitución Española. Lecciones del pasado y propuestas de reconstrucción paritaria.* Granada: Comares

Salazar Benítez, O. (2012). Otras masculinidades posibles: Hacia una humanidad diferente y diferenciada. *Recerca,* (12), pp. 87-112

Sánchez Barroso, B. (Dir.) (2025). *Derechos en clave autonómica: derechos constitucionales frente a derechos estatutarios.* València: Tirant lo Blanch (en edición).

Sánchez de Movellán Torent, I. (2022). FURIÓ, Antonio *et al.* (eds.). La veu del regne; 600 anys de la Generalitat valenciana. Vol. I: Parlaments institucionals; Vol. II: La Generalitat valenciana; dels orígens a l'abolició Vol. III: La Generalitat valenciana; Espais i imatges de la Generalitat. *Studia Historica. Historia Medieval,* 40(2), 273-281.

Sánchez Ferriz, R. (2022). Els drets dels valencians i les valencianes en l'Estatut d'Autonomia. *Drets: Revista Valenciana de Reformes Democràtiques,* (6), pp. 21-33.

Sánchez Ferriz, R. (2024). VIVANCOS COMES, Mariano (2024). 10 años de vigencia de la Carta valenciana de derechos sociales. De la letra de la ley a su despliegue normativo. Ed. Tirant lo Blanch. *Asamblea. Revista Parlamentaria de la Asamblea de Madrid,* (46), 297-304.

Tajadura Tejada, J. (2018). La Conferencia de Presidentes: origen, evolución y perspectivas de reforma. *Revista de Derecho Político,* 101 (Ejemplar dedicado a: Monográfico con motivo del XL aniversario de la Constitución Española de 1978 (II)), pp. 549-572.

Tasa Fuster, V.; y Bodoque Arribas, A. (2024). 40 años de gobiernos autonómicos (1983-2023). Detalles de su composición en Vivancos Comes, M. (Dir.). *Autogobierno valenciano en perspectiva. 40 años de rendimiento institucional.* València: Tirant lo Blanch, pp. 353-384.

Uceda i Maza, X. (2022). "La defensa i promoció dels drets socials de les valencianes i els valencians. La Carta de Drets Socials". *Drets. Revista Valenciana de Reformes Democràtiques,* (6), pp. 163-180.

Valle Escolano, R. (Dir.) (2025): Participación ciudadana y Estatuto de Autonomía en la Comunitat Valenciana. València: Tirant lo Blanch.

Vivancos Comes, M. (2023). Pulsión y cambio en la reforma constitucional territorial en Castellanos Claramunt, J. (Dir). *Un estudio sobre el Estado autonómico. Propuestas de mejora para el tercer decenio del s. XXI.* València: Tirant lo Blanch, pp. 53-87

Vivancos Comes, M. (Dir.)(2024). *Ensanchando el horizonte del autogobierno.* València: Tirant lo Blanch.

Vivancos Comes, M. (2024). *10 años de vigencia de la carta valenciana de Derechos Sociales. De la letra de la Ley a su despliegue normativo.* València: Tirant lo Blanch.

Vivancos Comes, M. (Dir.) (2024). *Autogobierno valenciano en perspectiva. 40 años de rendimiento institucional.* València: Tirant lo Blanch.

Vivancos Comes, M. (Dir.). (2026). *El desarrollo del autogobierno valenciano durante más de 40 años de autonomía política.* València: Tirant lo Blanch.

Vivancos Comes, M. (2026). *El debate sobre la constitucionalidad de la Ley (valenciana) de Libertad Educativa.* València: Tirant lo Blanch.